Les Mitterrand

DU MÊME AUTEUR

Le Gâchis, Bourin éditeur, 2005.
55, Faubourg Saint-Honoré, entretiens avec Michel Charasse, Grasset, 1996.
Les Dernières Années, Seuil, coll. « L'Epreuve des faits », 1994.
La Haine tranquille, Seuil, coll. « L'Epreuve des faits », 1992 ; coll. « Actuels », 1993.
Michel Rocard, Stock, 1987.
Le Roman de la rose, avec Albert Du Roy, Seuil, 1982.

Robert Schneider

Les Mitterrand

PERRIN
www.editions.perrin.fr

ISBN 978-2-262-02636-3

« Si notre histoire commence, comme je le crois, bien avant que nous soyons nés… »

François MAURIAC.

« Après ma mort, qui se souciera de ce que j'ai ressenti aux côtés de mes parents et de mes grands-parents, dans ma maison et dans ma petite ville ? »

François MITTERRAND.

« Il faut naître en province et toucher aux racines pour comprendre d'instinct les relations des sociétés humaines et du sol où elles vivent. »

François MITTERRAND.

« Je sais qu'il existe en moi-même un lieu immuable où l'enfant que j'étais, avec son caractère, sa nature, sa personnalité, n'a pas changé. »

François MITTERRAND.

Prologue

Ils sont tous là. La fratrie au grand complet. Les huit frères et sœurs. Encore sous le choc de l'événement : huit jours plus tôt, le 10 mai 1981, François, le cinquième enfant de Joseph et d'Yvonne Mitterrand, est devenu président de la République. Pas d'embrassades, pas d'effusions, pas de grands mots : les Mitterrand ne sont pas expansifs. Ils ont appris très jeunes à maîtriser leurs émotions. Entre eux, il suffit d'un mot, d'un regard, d'un geste pour que tout soit dit.

Ils sont tous là dans la belle maison de Philippe, le frère cadet, à Saint-Simon, une petite commune dont il est maire, à une dizaine de kilomètres de Jarnac. Cette demeure du XVIe siècle, qui appartient à la famille de la femme de Philippe depuis 1695, est devenue le point de ralliement de la famille parce qu'elle est habitée toute l'année, contrairement à la maison de Jarnac, et qu'il y règne un climat chaleureux[1]. Même Danielle, la femme de François, qui a toujours détesté Jarnac et peu aimé les Mitterrand – qui le lui rendent bien –, s'y plaît.

François Mitterrand est souvent venu à Saint-Simon avant de prendre des décisions importantes. Sept mois plus tôt, le 26 octobre 1980, c'est ici qu'il a fêté ses 64 ans. Le soir

1. Selon Robert Mitterrand, c'est la première fois depuis 1946, depuis la mort de Joseph, le père, que la fratrie est réunie au grand complet, en Charente. *Frère de quelqu'un*, Robert Laffont, 1988.

même, à Marseille, il a annoncé sa candidature : « Je m'en remets au choix des socialistes. Je serai là où le devoir commande. » Quand Jacqueline, la femme de Philippe, l'entend prononcer ces deux phrases à la télévision, elle s'écrie : « C'est très exactement le texte que j'ai retrouvé griffonné sur une feuille de papier dans la chambre où François a dormi la veille. » Et, comme si la preuve que la formule préméditée pouvait nuire à son auteur, elle a exigé qu'on la déchire[1] !

Ils sont tous là. Différents et pourtant si proches qu'ils se ressemblent. Tous ont été marqués par une éducation catholique très stricte. Tous possèdent une force de caractère, une volonté tenace qui les ont poussés, chacun à sa manière, chacun dans son domaine, à vouloir être les meilleurs. Ils ont appris dès l'enfance à constituer un groupe homogène, solidaire, où « les invités entraient comme par effraction[2] ». Ils forment, pour la vie, un clan que rien ni personne – pas même leurs conjoints ou leurs enfants – ne peut désunir. Ils ne partagent pas tous, loin s'en faut, les idées de François, devenu le leader de la gauche, l'allié des communistes. Mais dans les moments difficiles, lorsque ses adversaires ont essayé de l'abattre, ils ont fait front derrière lui. Pour la fratrie Mitterrand, le mot famille désigne leur famille d'origine, plus que celles qu'ils ont fondées. Certains de leurs enfants le vivront difficilement.

Ils sont tous là. Antoinette, 72 ans, l'aînée, la grande sœur. Elle a un peu joué le rôle d'une seconde mère. Une femme de caractère qui ne s'en laisse pas conter, sympathique mais un peu froide. A 17 ans, elle a épousé Fernand Ivaldi, le fils de riches négociants en cognac qui habitent le château des Cabannes, au bord de la Charente. Ils ont eu deux enfants, Nicole et Michel. Pendant l'Occupation, les Allemands avaient table ouverte au château des Ivaldi. A la Libération,

1. Entretien avec Antoine Mitterrand, le fils de Jacqueline, le 23 juillet 2007.
2. Elie Wiesel, François Mitterrand, *Mémoire à deux voix*, Odile Jacob, 1995.

le mari d'Antoinette a été condamné à l'indignité nationale. Quelques années plus tard, elle a divorcé, s'est remariée avec Pierre Signard qui fut directeur général des Houillères du Nord. Veuve, elle vit seule dans une belle maison, en Ardèche. François lui manifeste encore une forme de respect, presque filial.

Marie-Josèphe, 69 ans, l'originale de la famille. Peintre sculpteur, elle possède plus d'imagination et de fantaisie que de talent. Elle est chaleureuse, désordonnée, affabulatrice. Elle se pique de faire tourner les tables. Marquise de Corlieu à 19 ans, divorcée cinq ans plus tard, elle a voulu se remarier avec Jean Bouvyer, un ami de la famille, cagoulard et collabo, emprisonné à la Libération puis condamné à mort par contumace. Elle a refait sa vie avec Jean Wegmann, plus connu sous son nom de journaliste, Jean Hersan. Avec lui, grâce à lui, elle a fait de la radio. Une femme libre qui affirme volontiers : « Avec toutes les générations de saintes de la famille, on peut se permettre des écarts »... mais qui a inscrit sa fille unique, Anne de Corlieu, aux Oiseaux. Veuve, elle s'est retirée dans la maison des Templiers, à Mérindol-les-Oliviers, en Provence. Quand François, qu'elle a toujours fait beaucoup rire, vient la voir, ils récitent ensemble des poèmes en patois charentais.

Colette, 67 ans, la plus jolie, la plus courtisée, la plus douce. Fragile du cœur comme sa mère. Mariée à seize ans à un spahi, Pierre Landry, un cousin éloigné, elle l'a suivi en Algérie. Lorsqu'il a quitté l'armée, ils sont devenus reporters cinéastes et conférenciers. Ils ont parcouru le monde, laissant le plus souvent leurs trois enfants, Marie-Pierre, Brigitte et Jacques, à la famille, aux parents Mitterrand d'abord, aux frères et sœurs ensuite. A tel point que les trois petits Landry se considéraient comme « des enfants brinqueballés, les saltimbanques de la famille[1] ». A la mort de son mari, Colette a continué, seule, ses voyages et ses

1. Entretien avec Brigitte Landry, le 9 juillet 2008.

conférences. François a beaucoup insisté pour que ce soit elle qui reçoive en héritage – lui et Robert lui ont cédé leur part – la maison de Jarnac… parce qu'elle n'avait pas les moyens financiers d'y faire des travaux ! Elle est devenue la gardienne du mausolée familial.

Robert, 66 ans, l'aîné des frères. L'élève le plus doué, plus jeune bachelier de France en 1925. Le polytechnicien, l'ingénieur, l'homme d'affaires, P-DG de SMH-Alcatel. Brillant, mondain, séducteur, il a épousé Edith Cahier, une belle jeune femme, fille de militaire, nièce d'Eugène Deloncle, le patron de la Cagoule [1]. Ils ont eu trois fils : Olivier, Gabriel et Frédéric, brillants eux aussi. De son second mariage avec Arlette Paris naîtra un quatrième fils, Maxime. Robert est le plus proche de son frère, celui qui lui ressemble le plus, au point qu'on les a parfois confondus. Il a dirigé plusieurs de ses cabinets ministériels sous la IVe République, a été, à sa demande, candidat aux législatives en Corrèze contre Chirac. Il s'est passé peu de semaines, en plus d'un demi-siècle, sans qu'ils ne se voient ou se parlent.

Jacques, 63 ans, le militaire. Brillant lui aussi. Cultivé, féru d'histoire, il s'est toujours vécu comme le rival de François. Si peu suspect d'être proche politiquement de lui, qu'il a été responsable de la force de frappe sous Charles de Gaulle et Georges Pompidou, puis président de l'Aérospatiale sous Valéry Giscard d'Estaing. Le plus bourgeois, le plus respectueux des convenances, le plus fidèle aux traditions familiales. Bref, un style de vie aux antipodes de celui de François, ce que confirme son mariage avec Gisèle Baume, héritière des très chic horlogers franco-suisse Baume et Mercier.

Geneviève, 62 ans, la plus jeune des filles. Catholique et féministe, directrice de la communication du groupe Bayard,

---

1. La Cagoule, surnom donné au Comité secret d'action révolutionnaire d'extrême droite (C.S.A.R.), auteur, à partir de 1935, d'attentats et d'assassinats. Plusieurs de ses membres se rallient au gouvernement de Vichy, d'autres rejoignent la Résistance.

dirigeante de l'Association des femmes chrétiennes. Femme de convictions, à la forte personnalité, autoritaire, démonstrative, généreuse, dont le culot monstre désarçonnait. Mariée avec un polytechnicien, fils de la grande bourgeoisie savoyarde, Eugène Delachenal, elle a eu six enfants dont cinq filles. Des filles Mitterrand, elle est la plus proche de François dont elle est fière et qu'elle adore. Elle n'adhère pas à ses convictions socialistes, mais elle partage, depuis l'enfance, sa passion des livres.

Philippe, 60 ans, le cadet. Le *gentleman farmer*, amoureux de la nature, des animaux. Il cultive sa vigne et distille son cognac. Le plus sympathique, le plus gentil, le seul vraiment affectueux dans une fratrie où la tendresse était considérée comme une faiblesse. Maire de Saint-Simon, il a été candidat UDSR à la députation en Charente quand son frère était le président du parti. Le préféré de François qui lui sait gré d'être resté au pays.

Les Parisiens sont venus en avion avec le nouveau président. Ils ont atterri sur la base aérienne de Cognac. Les autres ont rallié Saint-Simon par leurs propres moyens. Philippe les accueille et leur fait les honneurs d'une maison qui leur est déjà familière. Il les conduit sous les tilleuls, les ormeaux et les chênes, jusqu'à la Charente qui borde la propriété. Il les guide dans la distillerie où ils retrouvent un parfum délicat qu'ils connaissent depuis l'enfance, les conduit jusqu'au chenil où une quarantaine de chiens aboient à leur passage. Puis ils passent à table dans la grande salle à manger. Ils sont une bonne vingtaine : François, Danielle et leur fils Gilbert; Philippe, Jacqueline et leurs enfants Bernard, Sophie, Antoine accompagné de sa femme qui se prénomme, elle aussi, Danielle; Robert, Arlette et leur fils Jean-Gabriel; Jacques et Gisèle; Colette et sa fille Marie-Pierre Landry; Geneviève et son fils Bernard Delachenal; Antoinette, Marie-Josèphe. Et bien sûr, la cousine Yvonne

Lambry, « Lolotte », élevée avec les Mitterrand et que ces derniers considèrent comme leur sœur. Des dix cousins germains, seul manque Pierre, disparu quinze ans plus tôt dans cette province de Saintonge qu'il n'avait jamais quittée.

A la droite de François, la cousine Lolotte puis Philippe. A sa gauche, sa belle-sœur Gisèle puis Robert. Malgré l'atmosphère détendue, malgré l'ambiance joyeuse, « la conversation elle-même n'était pas entièrement affranchie d'une forme de déférence à l'égard de François et de Danielle », note Robert[1]. Les frères et les sœurs de François veulent tous en savoir davantage sur l'élection et surtout sur ce qui va se passer. Mais ils se gardent de poser des questions trop directes à leur frère qui déteste l'indiscrétion. Le nouveau président satisfait en partie leur curiosité, leur livre quelques informations sans rien révéler de ses choix. Mais l'essentiel de la conversation porte sur ce qu'ils ont en commun : leur passé. Robert, comme d'habitude, est le plus disert. Il lit une lettre qu'il a adressée à ses parents, le 30 janvier 1927, pour les alerter sur le fait que François, qui vient d'entrer en sixième, au collège Saint-Paul d'Angoulême, travaille peu et rate systématiquement le tableau d'honneur : « Il m'a dit qu'il se trouvait bien à la place où il était ! » Quelques jours après son sacre républicain, l'anecdote prend toute sa saveur. François, qui l'a entendue cent fois, porte sa serviette à sa bouche, comme chaque fois qu'il rit de bon cœur à table.

Les Mitterrand évoquent les lieux et les êtres chers.

Les hauts murs de Jarnac derrière lesquels ils ont grandi entre eux, protégés. C'est là qu'ils ont appris le respect des traditions, le culte des racines, l'amour de Dieu, le mépris de l'argent.

La demeure des grands-parents Lorrain à Touvent, au-dessus de la Dronne, à la limite des Charentes et de la

1. Robert Mitterrand, *Frère de quelqu'un*, *op. cit.*

Dordogne, avec sa vaste cour, ses granges, ses étables, ses écuries, son chai. Ils y ont découvert les beautés de la nature, l'ivresse des grands espaces et de la liberté.

Le grand-père Lorrain, « Papa Jules », le *pater familias*, dont la forte personnalité les a tous marqués. Selon la tradition des bonnes familles bourgeoises charentaises, il régnait en maître sur le clan.

Mais c'est sa femme, Eugénie, « Maman Ninie » qu'ils ont connue toujours vêtue de noir depuis la mort de son fils Robert, emporté à 20 ans par la phtisie galopante, qui dirigeait la maison. Elle avait reporté son amour maternel sur François.

Yvonne, la mère, si pieuse et si ascète pour elle-même, si dévouée à ses enfants, si acharnée au travail malgré sa maladie cardiaque qu'elle en est morte à 55 ans.

Joseph, le père, secret, solitaire, avare de mots, que ses fils ne découvrirent que sur le tard, après la mort de sa femme, quand il venait leur rendre visite à Paris.

L'après-midi, ils se rendent à Jarnac, la petite ville où ils sont nés plus d'un demi-siècle plus tôt. Elle paraît toujours aussi paisible et continue de vivre au rythme lent de la Charente. Rien n'a changé ou presque, comme si, depuis leur lointaine jeunesse, le temps s'était arrêté. Ils retrouvent les maisons de pierre blanche à toit rouge qui s'étagent sur les coteaux dominant le fleuve et, bien sûr, cette lumière si particulière, si douce, presque onctueuse, sans pareil en France selon Jacques Chardonne[1].

A l'intérieur de la maison familiale, 22, rue Abel-Guy, règne une odeur de poussière et d'humidité. Là aussi tout semble être resté en l'état. La maison n'est plus habitée que l'été par Colette. Ils errent de pièce en pièce à la recherche de leurs souvenirs. Chacune a son histoire. La salle à manger aux murs de bois sombre : c'est là qu'Yvonne, leur mère,

1. Jacques Chardonne, *Le Bonheur de Barbezieux*, Stock, 1984.

a vécu sa longue agonie. Malade du cœur, incapable de monter les marches du petit escalier en colimaçon conduisant aux chambres du premier étage, elle avait fait installer son lit dans cette pièce où elle est morte, le 12 janvier 1936, dans de terribles souffrances. A la place de la tête de lit, une petite croix de nacre qui ornait un de ses chapelets a été incrustée dans le mur. A chacune de ses visites, François Mitterrand s'est toujours assis là, face à cette croix. Plus loin, le petit salon où le soir, à la lumière de la lampe à pétrole, Yvonne leur faisait la lecture. Le bureau du père, avec son odeur de tabac qu'ils croient encore sentir. Ils y entraient après l'école. La grande chambre qui donne sur la rue Abel-Guy, où tous sont nés, sauf Jacques. Celle, plus petite, de Joseph, le père, qui donne sur la glycine et où François dort quand il vient. La chambre aux oiseaux, celle de son enfance, sommairement meublée, avec son lit, son armoire, sa table de travail, son étagère pour les livres et son broc pour la toilette. Et la grande cour intérieure avec son pin, symbole des protestants. La maison qui jouxte le temple a été achetée, peu avant 1850, au pasteur par Léon Beaupré Lorrain, l'arrière-grand-père maternel.

Selon le rituel observé par François à chacune de ses visites, les Mitterrand se rendent à l'église Saint-Pierre où leurs grands-parents, leurs parents et les sœurs de François se sont mariés. Tous y ont été baptisés, y ont fait leur communion. Toujours à pied, ils vont au cimetière pour se recueillir devant le caveau familial des Lorrain, où grands-parents et parents sont enterrés et où il ne reste qu'une seule place… qui sera celle de François Mitterrand quinze ans plus tard.

Pour faire un François Mitterrand, il faut tout ça : des lieux, des maisons, des traditions, une famille. Une famille française, solidement enracinée dans les terres du Berry, du Cher, du Limousin, côté Mitterrand. De Lorraine, de Franche-Comté et de Charente, côté Lorrain. Chez les premiers, aussi loin qu'on remonte, c'est-à-dire au XVe siècle, on trouve des vignerons, des jardiniers, des employés, des cordiers, des épiciers, des éclusiers, des cheminots, des instituteurs. Peu de militaires, pas de curés. Mais un prévôt de Bourges et un ministre de la République, Léon Faucher, un libéral, conservateur, homme d'ordre, qui soutint Louis Napoléon Bonaparte. Chez les seconds, des militaires, des gendarmes, des marchands, des artisans, mais aussi, par la grand-mère de François Mitterrand, Eugénie Faure de la Bouhardière, une lointaine parenté avec la reine d'Angleterre dont Papa Jules, le républicain, n'était pas peu fier.

Sans eux, sans ces ancêtres, sans cette famille, sans Jarnac et sans Touvent, on ne peut pas comprendre François Mitterrand. C'est au bord de la Charente et de la Dronne, dans l'harmonie des collines, des vallées, des prairies, des bois et des vignobles, qu'il a appris à connaître la France. Celle des cartes de géographie qu'il étudiait, le soir, à la lumière de la lampe Pigeon. Celle, charnelle, volontiers conservatrice, des bourgs et des cantons de Saintonge. C'est dans cette famille charentaise, plus aisée et plus conservatrice qu'il ne l'a dit, qu'il s'est formé, qu'il a acquis cette épaisseur, cette densité, cette maîtrise de soi qui lui ont permis en toutes circonstances de rester lui-même. De son grand-père, François Mitterrand a hérité la volonté de demeurer son propre maître, de ne jamais dépendre de personne, de toujours rester libre. De son père, frustré de n'avoir pu devenir écrivain ou journaliste, il a retenu une autre leçon : ne jamais se laisser détourner de son ambition, vivre sa vie comme on l'entend.

La personnalité de François Mitterrand est évidemment trop riche, trop complexe, elle comporte trop de facettes pour la réduire au seul prisme familial. N'empêche ! L'homme a été profondément marqué par ses racines. Il n'a jamais vraiment rompu avec elles, même quand il s'est affranchi des traditions et des croyances familiales pour créer ses propres règles. Il s'est éloigné du catholicisme, de Vichy, de la droite, en douceur, sans heurts, avec la lenteur du paysan saintongeais. Il a accumulé les vies avec la conscience, lui qui détestait les renégats – notamment les anciens communistes qui crachaient sur le PCF –, de tout assumer, de tout concilier, de rester cohérent, de garder son unité.

Pour mieux cerner le mystère d'un homme ambivalent, imprévisible et indomptable, qu'on ne peut ranger dans aucune catégorie, ni réduire à aucun stéréotype, pour comprendre comment il est passé progressivement de la France de sa jeunesse, catholique et conservatrice, à l'autre France, laïque et progressiste, dont il est devenu le chef, il faut revenir encore et toujours à l'enfant de Jarnac et de Touvent, à cette maison, à cette tribu, à l'influence des bons pères catholiques.

Ce 18 mai 1981, au milieu des siens, François Mitterrand n'éprouve pas seulement l'intense satisfaction d'être devenu, après vingt-trois ans d'opposition pure et dure au gaullisme et à la droite, le premier président socialiste de la Ve République, mais aussi celle d'être désormais, sans conteste, le *pater familias* des Mitterrand, le successeur de Papa Jules.

Papa Jules et Maman Ninie

Le 26 octobre 1916, le jour où sa fille Yvonne met au monde à 4 heures du matin son cinquième enfant, son deuxième garçon, François Marie Adrien Maurice, Jules Lorrain préside dans la soirée le Comité pour « les versements d'or et d'emprunt » dans la grande salle des fêtes de l'hôtel de ville de Jarnac. Il s'est déjà rendu à la mairie dans la matinée pour déclarer la naissance de son petit-fils. Joseph Mitterrand, le futur père de François, chef de gare à Montluçon, n'a pu venir, sa présence étant indispensable, notamment pour veiller au bon acheminement des transports de troupes.

Jarnac, comme toute la France, vit à l'heure de la guerre. Dès le mois de juin 1916, il paraît clair que l'offensive allemande est brisée grâce à l'héroïque résistance des troupes commandées par le général Pétain à Verdun. Mais à quel prix ! Des régiments entiers périssent. Et l'offensive alliée sur la Somme, malgré l'engagement de quarante divisions, a peu modifié les lignes de front. En France comme en Allemagne, des voix s'élèvent pour demander l'arrêt de la boucherie. Elles prônent une paix blanche, sans vainqueur ni vaincu. Jules Lorrain n'est pas pacifiste. Il est d'autant plus patriote qu'il n'a jamais admis l'annexion de la Lorraine, la terre de ses ancêtres, après la guerre de 1870. Il fait sien le réquisitoire de Paul Moiret, le directeur politique de *La Charente*, paru le matin même, contre « la monstruosité et l'absurdité de quelques capitalistes timorés pour qui offrir son or, souscrire à l'emprunt, c'est donner les moyens de prolonger la guerre ». Jules Lorrain approuve la formule choc de Moiret : « Les soldats versent leur sang, capitaliste, verse ton or ! » Ce 26 octobre, Jules Lorrain exhorte avec éloquence les Jarnacais à donner de l'argent pour intensifier l'effort de guerre, meilleure garantie, à ses yeux, d'une victoire rapide.

Jules Lorrain a 64 ans. Il n'appartient pas à la caste du cognac qui règne sur la ville. Il n'est que vinaigrier, mais il a réussi. Sa confortable aisance – il possède deux maisons rue Abel-Guy, et deux propriétés agricoles, La Treille et Touvent –, sa présidence régionale du Syndicat national des vinaigriers de France font de lui un notable. Il ne l'a pas toujours été. Plus jeune, il avait la réputation d'un original. Ses prises de position iconoclastes au conseil municipal, où il n'hésitait pas à s'opposer, seul, au maire, son amitié avec le seul lecteur jarnacais de *L'Humanité*, sa sympathie pour le Cartel des gauches faisaient de lui un personnage singulier. Désormais, il appartient au cercle fermé des personnalités qui se réunissent, toutes tendances politiques et toutes religions confondues, au-dessus du café de la Bourse. Il y côtoie l'aristocratie locale, les grands du cognac, presque tous protestants.

Il a beau mesurer un mètre soixante et onze, taille supérieure à la moyenne en ce début du XXe siècle, il se tient toujours très droit, comme s'il voulait se grandir. Son petit-fils Robert le soupçonnera même de demander à son bottier de forcer sur l'épaisseur de ses talons [1]. Il est vrai que, malgré son âge, il soigne toujours sa forme physique. Ancien escrimeur, bon nageur et fin tireur au pistolet, il fait sa gymnastique chaque matin, par tous les temps, la fenêtre grande

1. Robert Mitterrand, *Frère de quelqu'un*, *op. cit.*

ouverte. Puis, coiffé de son chapeau, sa canne à la main, il parcourt quelques kilomètres à pied, sur les quais de la Charente ou dans les rues de Jarnac.

Le nez fort – « gros », avait écrit le physionomiste du 87e régiment d'infanterie sur son livret militaire – bourbonien, dit-on dans la famille – les lèvres charnues, l'œil brillant et noir, le cheveu dru et blanc, la moustache fournie et relevée –, Jules est encore, à 64 ans, ce qu'on appelle un bel homme. Et ce qui ne gâte rien, il a du charme. C'est un personnage chatoyant, gai, optimiste, beau parleur, foisonnant d'idées, débordant d'activités. A Jarnac, il connaît tout le monde et tout le monde le respecte. Il aime sa ville et il la fera aimer.

Jules Lorrain n'a pas vu le jour à Jarnac, mais à quelques kilomètres de là, à Rouillac. Le 17 juin 1853, sa mère, Joséphine, accouche dans sa famille, selon la tradition. Mais le couple habite déjà Jarnac. La famille du père de Jules, Léon Lorrain, négociant en bois, s'est implantée en Charente à la fin du XVIIIe siècle. François Lorrain, l'arrière-grand-père de Jules, s'est fixé à Cognac en 1785.

Jules naît prématurément avec deux mois d'avance. Ses parents s'inquiètent d'autant plus que la mort s'acharne sur la fratrie de Joséphine. Elle a perdu quatre de ses frères et sœurs et la fatalité semble se poursuivre puisque son premier enfant, une fille, est décédé. Un autre, né six ans après Jules, mourra à l'âge de 2 ans. Mais Jules est solide. Ses parents vont reporter tout leur amour et tous leurs espoirs sur lui. Pour sa réussite, ils sont prêts à tous les sacrifices. Comme ses ancêtres, comme ses parents, Jules est élevé dans la religion catholique. Léon et Joséphine tiennent à ce qu'il fasse aussi de solides études. Ils l'inscrivent au collège de Pons, à une trentaine de kilomètres de Jarnac. L'établissement a bonne réputation et il est moins cher que ceux de Bordeaux ou d'Angoulême. Son professeur de philosophie n'est autre qu'Emile Combes, docteur en théologie, rallié au radicalisme et devenu anticlérical. Président du Conseil en 1902, il décidera la séparation de l'Eglise et de l'Etat et provoquera une rupture avec le Vatican. Celui qu'on appelait le « petit père Combes » aura une influence certaine sur Jules qui prend ses distances avec la religion.

Léon destine son fils au commerce. Puisque le cognac se vend dans toute l'Europe et au-delà, il l'envoie en Grande-Bretagne pendant un an pour parfaire son anglais. C'est ainsi que Jules est à Londres en 1873 où il assiste aux obsèques de Napoléon III, ce qui ne veut pas dire qu'il ait été partisan du régime bonapartiste. Jules Lorrain est un républicain. La même année, il doit revenir à Jarnac pour passer le conseil de révision. Il a 20 ans. Affecté le 1er septembre 1873 au 87e régiment d'infanterie, il est libéré après une année de bons et loyaux services. Jules Lorrain a aimé l'armée, les amitiés de chambrée, les exercices physiques, le tir notamment où il excelle, le prestige de l'habit militaire. Pas au point d'y faire carrière. Mais tous les deux ans, de 1879 à 1895, il accomplit volontiers une période d'un mois dans le 95e régiment territorial d'infanterie et devient capitaine de réserve en 1885. En villégiature, il se fait volontiers appeler le « commandant Lorrain ».

Démobilisé, Jules Lorrain travaille avec son père dans le commerce du bois, mais l'envie de voler de ses propres ailes éperonne le jeune homme de 22 ans. Il devient représentant général en Grande-Bretagne de Pélisson, une grande marque de cognac. Son père a acheté la maison qui jouxte le temple protestant, aménagé en 1761 par Jean Ranson de Boisblanchard [1], rue du Chail. Cette rue portera le nom Abel-Guy par décision du conseil municipal du 8 novembre 1891, en souvenir du fils du pasteur Guy qui partit faire fortune aux Etats-Unis et légua 50 000 francs à la ville.

Après chaque voyage en Grande-Bretagne, Jules Lorrain revient habiter chez ses parents. Mais ceux-ci pensent qu'à

1. Sophie Apert, *Les Rues de Jarnac*, La Croix du Lô, 1991.

23 ans, il est temps que leur fils fonde un foyer. Le meilleur ami de son père, François Faure, marchand de chandelles, a une fille, Eugénie, âgée de 19 ans. Les deux hommes veulent sceller leur amitié par le mariage de leurs enfants. Pourquoi Eugénie, bien qu'elle ait d'autres prétendants, refuserait-elle un garçon aussi dynamique, aussi gai, aussi charmeur ? Pourquoi Jules repousserait-il une fille aussi jolie, aussi vive, aussi énergique ? Elle est petite, mince, son visage est harmonieux, avec de grands yeux bleus très clairs, un regard de myope, un large front et une mâchoire carrée. Son nez, un peu large, est court et droit. Ses cheveux sont séparés par une raie médiane en deux bandeaux qu'elle coiffe en tresse autour de la tête. Elle aurait pu être coquette, note son petit-fils Robert, mais elle ne l'est pas. Catholique pratiquante, elle a reçu une éducation religieuse stricte et une bonne instruction de sa mère, Marie-Rose Touzet, qui est institutrice. Voilà pourquoi elle ne manque pas de prétendants. Elle aurait notamment pu épouser Ernest Monis, Charentais comme elle, qui devint ministre de la Justice, puis président du Conseil en 1911. Mais non, ce sera Jules Lorrain.

Le mariage a lieu le 3 juillet 1876 en l'église Saint-Pierre. Curieuse église ! Construite au Xe siècle, elle a été meurtrie par l'Histoire. Tous les grands événements – guerre de Cent Ans, guerres féodales, guerres de Religion, Révolution – ont provoqué d'importants dégâts suivis de réfections obéissant aux goûts de l'époque. « L'église Saint-Pierre n'offre aucun intérêt comme monument : un enchevêtrement de styles qui se heurtent sans harmonie », tranche le maire de Jarnac, répondant à l'enquête préfectorale de 1846. Deux ans plus tard, on fait tomber en cent vingt jours la vieille façade qui avait plus de mille ans d'âge pour la remplacer par une copie de l'église Saint-Jean à Bourg-Charente. Classée aujourd'hui « archaïque pré-romaine », Saint-Pierre n'en reste pas moins le cœur de la ville. C'est là que les catholiques de

Jarnac sont baptisés, font leur première communion, se marient. Là qu'est dite leur dernière messe, celle de l'enterrement.

Le contrat de mariage a été rédigé le 27 mai 1876 par maître Mestrand, le notaire de Jarnac[1]. Les époux adoptent le régime de la communauté réduite aux acquêts. Les parents Lorrain et Faure versent chacun une dot confortable de 20 000 francs aux jeunes mariés qui s'installent dans la maison des Lorrain, rue du Chail. C'est là qu'Eugénie mettra au monde ses quatre enfants : Antoinette en juillet 1877, Yvonne, la future mère de François Mitterrand, le 26 avril 1880, Jules, le 15 mars 1883, et Robert, le 30 juillet 1888. C'est là qu'elle et son mari habiteront jusqu'à leur mort.

Peu après leur mariage, Jules Lorrain décide de se mettre à son compte. Il aime trop sa liberté et son indépendance pour rester l'employé d'une maison de cognac, fût-elle l'une des plus prestigieuses. Puisant dans le magot du mariage, le voilà négociant. Pas seul : il s'associe à Louis Despas, qui a déjà « roulé sa bosse à travers le monde et notamment en Chine[2] ». Au pire moment. Le phyloxera (l'insecte de la mort) frappe en Charente, vers 1880, et détruit une grande partie du vignoble. Les petits vignerons sont ruinés. Seules les grandes maisons qui peuvent gérer leurs stocks d'eau-de-vie peuvent résister. Jules fait faillite. Mais il n'est pas homme à se laisser abattre. Puisque le cognac est en crise pourquoi ne pas se reconvertir dans le vinaigre ? C'est moins noble mais plus sûr. A base de vins de qualité inférieure, le vinaigre nécessite des investissements beaucoup moins lourds.

L'année 1884 commence en fanfare pour Jules Lorrain. A 31 ans, il crée sa propre vinaigrerie dans les locaux attenant à la maison familiale. Et il se lance dans la vie publique. Il devient conseiller municipal en mai. Mais, en novembre,

1. Marie Balvet, *Le Roman familial de François Mitterrand*, Plon, 1994.
2. Robert Mitterrand, *Frère de quelqu'un*, *op.cit.*

son fils, prénommé Jules, comme lui, meurt à 19 mois. C'est, hélas, courant à l'époque, mais Jules est profondément affecté. Très vite pourtant, sa soif d'activités prend le dessus. Dès l'année suivante, son vinaigre remporte le premier prix d'Angoulême. Deux ans plus tard, celui d'Hanoi, au Tonkin. Son entreprise est prospère. Elle l'amène à se rendre souvent en Grande-Bretagne, pays cher à son cœur et qu'il connaît bien. Mais, cette fois, c'est pour son propre compte qu'il démarche les clients et c'est chez lui qu'il reçoit ses amis anglais. Vinaigrier ! Jules Lorrain ne sera jamais aussi célèbre et aussi riche que les grands du cognac. Mais sa réussite le situe en haut de la pyramide sociale, derrière les grandes familles de Jarnac certes, mais loin devant le peuple des artisans et des commerçants. Reconnu par ses pairs, il devient président des fabricants de vinaigre du Sud-Ouest. La légende familiale veut même qu'il ait été président national[1]. En bon disciple de Jules Méline, le saint Jean Bouche d'or de tous les amateurs de barrières commerciales, il avait imposé que le vinaigre soit obligatoirement vendu dans une zone géographique proche de son lieu de fabrication. Moyen radical de se créer une rente de situation.

Jules est un patron social. A Jarnac, il crée la première coopérative ouvrière pour ses employés. A Touvent, il fait construire des maisons pour ses métayers. Mais le paternalisme de Jules a ses limites dès que l'on conteste son autorité : un nommé Souper, qui lui tient tête et répond « merde » à une de ses observations, est renvoyé sur-le-champ.

La politique ? Il se passionne pour les grands événements nationaux comme pour les petites nouvelles de Jarnac. Il lit les journaux, se rend volontiers dans les réunions électorales où il emmène ses enfants. En bon Charentais, il est tolérant, modéré. Républicain de tendance laïque, il vote radical. On

1. Son fils Robert l'affirme dans *Frère de quelqu'un*. Impossible à vérifier puisque les archives de ce syndicat ne remontent pas au-delà de 1934. En revanche Joseph, le père de François, sera président national des vinaigriers.

le dit même « rouge » puisqu'il lit *L'Humanité* chez son ami. Et qu'il vote en 1924 pour le Cartel des gauches.

Mais ses grands hommes s'appellent Clemenceau et Poincaré. En fait, c'est un esprit fort et libre. Elevé dans la religion par ses parents il a subi, on l'a vu, l'influence d'Emile Combes. Il sera libre penseur… jusqu'à la mort de son fils Robert. Il renouera alors avec la pratique religieuse.

A Jarnac, la vie publique est peu animée. Tous les quatre ans, pour les municipales, une liste de notables d'opinions diverses et appartenant aux deux religions protestante et catholique est élue. A partir de 1884, et pendant vingt ans, Jules Lorrain côtoie au conseil municipal les représentants des grandes familles du cognac. Louis Delamain, le maire, l'oncle de l'historien Maurice Delamain ; Edouard et Georges Hine.

Le grand-père du futur président de la République de gauche s'y montre plutôt conservateur. Il a une obsession : lutter contre toute hausse d'impôt. Quitte à diminuer les salaires ou à supprimer des emplois ! Dès 1885, il est élu à la Commission des finances. Au sein d'un conseil, où pratiquement toutes les décisions, et notamment l'adoption du budget, sont prises à l'unanimité, il se fait remarquer par son pointillisme et ses suggestions originales. La lecture des comptes rendus du conseil [1] permet de retrouver ses nombreuses interventions qui, le plus souvent, agacent le maire et ses adjoints. Jules Lorrain n'en a cure : il ne craint pas d'être seul contre tous puisqu'il défend les idées auxquelles il croit. Presque toujours candidat à des postes dans les commissions, il est régulièrement battu, ce qui ne le décourage pas.

Le 19 février 1896, il propose ainsi de faire « l'analyse des terres de toutes les communes du canton pour établir une carte agronomique permettant aux cultivateurs de connaître la nature et la composition chimique des terres

1. L'auteur a pu les consulter grâce à l'obligeance du maire, M. Jérôme Royer.

qu'ils exploitent [...] travail qui pourrait être confié au professeur départemental de l'agriculture ». L'idée est bonne, mais le maire répond que « ce professeur est au service de l'Etat et non à celui de la commune, que le projet de M. Lorrain entraînerait un travail considérable et nécessiterait des dépenses relativement élevées ».

Le 3 juillet 1896, Jules Lorrain demande que le premier adjoint, M. Tiffon, présente des excuses à un conseiller, M. Foucaud, dont il a refusé de mettre aux voix la proposition. M. Tiffon, soutenu par le maire, M. Laporte-Bisquit, refuse et juge « regrettables ces discussions acrimonieuses ».

Le compte rendu de la séance du 6 juillet 1896, rapporte que « M. Lorrain propose de faire des économies notables sur le traitement du chef cantonnier de la ville en le remplaçant par le conducteur des Ponts et Chaussées faisant aussi fonction d'agent voyer sur le canton de Jarnac ». Le maire « ne partage pas l'avis de M. Lorrain, le conducteur des Ponts et Chaussées étant un agent de l'Etat ». M. Edouard Hine juge que « la substitution demandée serait une faute ». Le crédit de 1 500 francs pour le traitement du chef cantonnier est adopté. Au cours de la même séance, Jules Lorrain obtient que « le crédit de 500 francs prévu pour les indemnités de logement aux instituteurs et institutrices soit réduit à 400 francs ». Le 26 juillet 1898, Jules Lorrain se dit « partisan d'une décentralisation complète de la foire de Jarnac, ce qui permettrait à chaque quartier d'en profiter ». Le maire estime qu'une telle décentralisation serait préjudiciable aux intérêts de la ville.

Ces échecs ne découragent pas Jules Lorrain. Il propose « la suppression complète de l'octroi ». Il juge que, de tous les impôts indirects, l'octroi « est le plus dur, le plus injuste, de plus vexatoire, le plus coûteux à recueillir », qu'il « frappe les contribuables sans tenir compte de leurs besoins ni de leurs ressources », qu'il « prélève une taxe relativement plus faible sur les objets de luxe que sur les objets de première nécessité », qu'il « atteint surtout ce que le pauvre est tenu de consommer en plus grande quantité que le riche ». Le maire reconnaît certes que l'octroi est un « impôt fâcheux » mais soutient « qu'il est nécessaire à l'équilibre budgétaire de la ville ». Jules Lorrain persiste et demande un vote. Il ne l'obtient pas.

Au cours du même conseil, Jules Lorrain s'étonne encore de la proposition du maire d'élever de six à dix francs le droit sur les alcools purs : « On trouvera étrange au-dehors qu'une ville comme Jarnac qui vit de l'alcool propose d'élever les droits sur ce produit. » M. Hine approuve « les propos de moralité » tenus par le maire. Le projet est adopté à une très large majorité.

La séance du 12 juin 1893 marque une vraie rupture. Ce jour-là, Jules Lorrain se démarque, à nouveau, à deux reprises. Et, chaque fois, il est déjugé. Le maire a proposé une imposition extraordinaire de 4 centimes pour pallier « l'insuffisance des ressources de la commune ». Jules Lorrain juge que la mesure n'est pas nécessaire. Il propose de faire des économies en supprimant l'emploi du contrôleur de l'octroi (600 francs) emploi qui, dit-il « n'existe dans aucun autre octroi français ». Plutôt licencier qu'augmenter les impôts ! Le maire n'en démord pas : « Cet emploi a été créé pour éviter les malversations, c'est un rouage nécessaire. » Il précise que « si la situation de la ville redevient prospère on renoncera à la perception des centimes ». Jules Lorrain redit son désaccord, rapporté ainsi dans le compte rendu du conseil :

« Quant à faire disparaître les 4 centimes, il a le regret de ne pas y croire car cette promesse a déjà été faite par M. le maire pour d'autres centimes et ils n'ont jamais été enlevés. » M. Tiffon, le premier adjoint vient au secours du maire : « Ce que M. Lorrain avance est faux. » Piqué au vif, Jules Lorrain demande des excuses, qu'il n'obtient pas. La suppression de l'octroi est rejetée, l'augmentation de 4 centimes approuvée à une forte majorité.

Jules Lorrain se singularise une seconde fois. Le président de la République, Emile Loubet, a été bousculé à l'hippodrome d'Auteuil par un antidreyfusard. M. Foucaud propose au conseil de voter une résolution protestant « avec indignation contre l'inqualifiable attentat d'Auteuil », adressant au chef de l'Etat « l'expression de ses sentiments de profond respect » et s'associant « à l'éclatante ovation faite à Longchamp par le peuple de Paris au premier magistrat de la République ». Jules Lorrain demande un changement de rédaction. Selon le compte rendu du conseil, il propose cette formulation : « Tout en affirmant sa foi républicaine, comme il est question d'émettre un vote de principe concernant les atteintes portées au régime républicain, il ne votera l'adresse qu'en tant qu'elle est impersonnelle et adressée simplement à M. le président de la République, premier magistrat de l'Etat. » Jules Lorrain, le républicain, respecte la fonction présidentielle mais manifestement pas l'homme qui l'incarne. Faut-il en conclure que le grand-père de François Mitterrand, nationaliste – il n'est pas hostile à Déroulède, le fondateur de la Ligue des patriotes – est un antidreyfusard ? D'autres témoignages montrent, au contraire, qu'il écoutait volontiers les arguments des défenseurs du capitaine. Mais sans s'engager à leurs côtés. Sans doute son profond respect pour l'armée et pour sa hiérarchie l'en dissuade-t-il !

Cette fois encore, Jules se retrouve seul. Fâché avec l'orthographe, le rédacteur de séance rapporte que « M. le maire et M. Foucaud maintiennent les termes de l'adresse qui est votée à l'unanimité moins la *voie* de M. Lorrain ». Ce genre d'incident est d'autant plus remarqué qu'il est rare. Jules Lorrain boude plusieurs séances. L'année suivante, à nouveau déjugé par l'ensemble du conseil, il sèche la plupart des séances et ne se représente pas en 1904. Désormais, à 51 ans, il se consacre à ses affaires et à sa famille. A ses deux filles qui sont en âge de se marier. A son fils surtout, l'unique héritier du nom puisque son frère est mort en bas âge.

Lorsqu'on demandait à François Mitterrand enfant : « Comment va ton papa ? », il répondait : « Lequel ? » C'est dire que « Papa Jules » était, à ses yeux, un second père plus qu'un grand-père. Le jeune François est un Lorrain plus qu'un Mitterrand. Il est né dans la maison de Jarnac. Il a grandi au sein du clan Lorrain, rue Abel-Guy, mais aussi et surtout dans la propriété de Touvent où il séjournait six bons mois de l'année. Autant dire qu'il a passé plus de temps avec ses grands-parents qu'avec ses parents. « Très jeune, François Mitterrand a compris que son grand-père était un homme remarquable. C'est lui qui l'a le plus marqué. Mais, vis-à-vis de ses parents, il était soucieux que ça ne soit pas la vérité de son cœur », se souvient Lolotte[1].

Dans ses entretiens avec Elie Wiesel, François Mitterrand parle peu de ses parents. En revanche, il décrit ainsi Papa Jules : « Mon grand-père était un personnage chatoyant, ayant des idées sur tout. » Evoquant sa grand-mère Eugénie, il dit : « Je garde d'elle le privilège d'un amour véritable. »

Président de la République, en visite officielle à Jarnac le 10 septembre 1983, il évoque de manière très choisie ses ascendants : « Dans le cimetière de cette ville reposent mes

1. Entretien avec l'auteur, le 13 décembre 2006.

arrière-grands-parents, mes grands-parents que j'ai aimés, mes parents, et dans les cimetières alentour les générations d'auparavant par ma mère qui était saintongeaise, au point que l'on parlait chez moi très souvent, par souci de rester fidèle à cette province, le patois saintongeais. » François Mitterrand évoque encore son arrière-grand-père, Beaupré-Lorrain, qui enseignait le patois « de la façon qu'il aimait, c'est-à-dire à la fin des banquets des mariages, avec Burgaud des Marais dont il était l'ami, au point qu'ils se sont attelé, un moment donné, à une grammaire de saintongeais ». La Saintonge, le patois saintongeais, l'arrière-grand-père et les grands-parents maternels tant aimés, les racines de François Mitterrand sont là.

Il a été conscient, très jeune, que ses grands-parents, désespérés par la mort d'un fils de 20 ans, avaient reporté leur amour filial sur lui. Il était leur préféré et il l'a senti. D'où ce lien très fort qui l'unissait aux Lorrain. La manière dont François, le plus obstiné, le plus solitaire, le plus personnel des petits Mitterrand lui résistait, parfois à la limite de l'insolence, mais sachant jusqu'où ne pas aller trop loin, amusait Maman Ninie qui pourtant ne badinait pas avec la discipline. On l'entendit un jour grommeler : « Ah! François, si tu mets ton intelligence au service de ton ambition, tu iras loin[1]. » Lorsqu'elle mourut, en 1931, il fut le seul de ses petits-enfants – il avait 15 ans – qu'elle appela à son chevet. C'est lui qui recueillit ses dernières paroles. Lui qui resta, seul, de longues heures, à veiller la morte. Comme s'il venait de perdre sa mère.

1. Catherine Nay, *Le Noir et le Rouge*, Grasset, 1984.

Le drame familial
ou la mort de Robert

En ce début du XXe siècle, Jules et Eugénie Lorrain ont tout pour être heureux : l'aisance financière et l'harmonie familiale dans une petite ville où il fait bon vivre. L'Europe est en paix et la Charente l'est plus encore. Leurs deux filles grandissent sagement. Elles sont élevées par leur mère, comme cette dernière l'a été par la sienne. D'abord et surtout, la pratique religieuse. Ensuite, de stricts principes d'éducation : être discret, ne pas afficher ses sentiments, rester maître de ses émotions, ne pas dire du mal d'autrui et ne jamais parler d'argent. Enfin, une solide culture générale : Antoinette et Yvonne apprennent le latin, sont initiées à la littérature et aux Beaux-Arts. Antoinette, l'aînée, plus posée que sa sœur, est vive, curieuse de tout, elle possède l'esprit de repartie. Yvonne, la cadette, future mère de François Mitterrand, plus exaltée, plus pieuse, aime la musique et peint à ses heures.

Antoinette a 11 ans et Yvonne 8 lorsque Robert vient au monde. Une naissance qui comble Jules. Le nom de ses ancêtres ne s'éteindra pas. Robert sera un enfant charmant, un adolescent brillant, un jeune homme exemplaire. Il est à l'évidence promis à un avenir brillant. Rien ne paraissait devoir troubler ce bonheur familial. « Dans une petite ville de Charente, a écrit Chardonne, on ne souffrait que de maux éternels[1]. » Un mal éternel va frapper les Lorrain, le plus cruel qui soit : la mort d'un fils emporté à 20 ans par une phtisie galopante. La famille ne s'en remettra jamais vraiment.

Grâce à Jean Mauriac, un jeune prêtre, frère de François Mauriac, qui a connu Robert chez les maristes, au 104 de la rue de Vaugirard à Paris où ils étaient tous deux pensionnaires, on peut reconstituer des moments de la vie du jeune homme[2]. Jean Mauriac, bouleversé par la disparition de son ami, lui a en effet consacré un long article dans la revue *Montalembert*[3]. Texte frémissant, nourri des témoignages des parents de Robert, de ses sœurs, d'amis, de conversations, d'extraits de textes, de lettres de Robert lui-même. On y découvre comment, dès son plus jeune âge, le fils Lorrain a reçu, comme ses sœurs, une solide éducation religieuse, et comment sa grand-mère, l'ancienne institutrice de Rouillac, a veillé à ce qu'il fasse aussi d'excellentes études.

Jean Mauriac, reprenant sans doute une lettre que lui ont adressée les parents de Robert, raconte comment l'enfant fut élevé dans le culte de la charité. Comment, à l'âge de 6 ou 7 ans, dans le train, « il donne son petit pain frais destiné à sa collation à un malheureux qu'on envoyait à l'hôpital de Cognac ». Ou comment, quelques années plus tard, « il prit sur ses épaules le fagot qu'une vieille femme portait péniblement et le porta jusqu'à sa demeure ». Anecdotes édifiantes qui témoignent de son amour des autres, surtout des pauvres, des déshérités, de ceux qui souffrent. Et aussi d'une sensibilité exacerbée qui se manifestera à plusieurs reprises.

Fin juin 1899, il a presque 11 ans, il est pris de panique lors de son examen de catéchisme précédant sa première

---

1. Jacques Chardonne, *Le Bonheur de Barbezieux*, *op. cit.*
2. François Mitterrand y sera pensionnaire un quart de siècle après son oncle.
3. La revue *Montalembert* était publiée par la « Réunion des étudiants » du 104 de la rue de Vaugirard, un internat pour étudiants de province. L'article de Jean Mauriac paraît dans le numéro du 25 avril 1908.

communion. Incapable de parler, il sourit, de son beau sourire, à ses examinateurs qu'il croyait sévères. Ils répondent par un sourire encourageant qui lui redonne confiance. Un an plus tard, il entre au collège Grand Lebrun à Bordeaux. Pris de désespoir, il se jette dans les bras de sa mère en lui criant : « Maman, tu me laisses dans un désert. » Le collège Grand Lebrun est un établissement prestigieux où étudient déjà les frères Mauriac qui deviendront ses amis. Il est beaucoup plus coté que le collège de Pons où son père avait fait ses études. Mais, pour son fils, Jules est prêt à tous les sacrifices. Les affres de la première rentrée dissipées, Robert redevient le brillant élève qu'il était dans les petites classes. Mais sa sensibilité reste grande.

Quelques années plus tard, alors qu'il expose ses idées sociales devant un auditoire, un interlocuteur lui répond que de telles idées sont certes très nobles mais trop utopiques et que d'ici à quinze ans, la vie, à elle seule, se chargera de les modifier. Robert, les deux mains sur la poitrine crie alors – avec un véritable accent de souffrance, écrit Mauriac : « Oh, que tu m'as fait mal de me dire que je pourrais changer ! » Ces moments de faiblesse et de doute ne doivent pas occulter les traits dominants de sa personnalité. Robert était avant tout d'un tempérament très gai. Comme son père. D'une gaieté exubérante qui ne se démentait jamais. Et d'un entrain communicatif : « Partout où notre ami passait, dira l'abbé Planezet, son confesseur, il mettait tout en fête. Partout où il entrait, c'est la tristesse et les idées noires qui sortaient. » « Un charmant camarade, plus aimable et plus gai que les autres », écrit Jean Mauriac. Mais ce dernier a aussi été déconcerté par « ses silences révélateurs, ses mots profonds qu'il savait glisser furtivement entre deux plaisanteries ». Bref, il était à ses yeux « plus et mieux qu'un joyeux éclat de rire ». Un rire qui n'était ni persifleur ni méchant, celui d'un jeune homme attachant, généreux, qui aimait les autres, surtout les petites gens, les paysans pauvres.

A 16 ans, il fait partie d'un petit cercle d'études qui se réunit tous les mercredis, rue Lalande à Bordeaux, dans les locaux du Sillon de Gironde. Le christianisme social, prôné par Marc Sangnier [1] s'était donné pour mission de regrouper les forces catholiques qui revendiquaient une certaine indépendance vis-à-vis de la hiérarchie de l'Eglise et voulaient s'investir dans le domaine social et la défense des valeurs démocratiques. Robert Lorrain mourra deux ans avant la dissolution du mouvement condamné, en 1910, par le pape Pie X.

En 1905, à l'âge de 17 ans, encore élève à Grand Lebrun, Robert lit *Fils de l'esprit*, le roman social de Georges Fonsegrive, publié sous le pseudonyme de Yves de Querdec. Cet ancien séminariste, professeur de philosophie à Bordeaux avant d'être nommé à Paris, est un militant de l'Action catholique et sociale. Comme Albert de Mun et Paul Renaudin, avant Marc Sangnier, il veut jeter les bases d'un catholicisme social dans l'esprit de l'encyclique *Rerum novarum* rédigée en 1891 par Léon XIII. Il aborde la question ouvrière tout en réfutant le socialisme.

Très influencé par ce livre, Robert écrit à Georges Fonsegrive. Il entend, dit-il, donner un sens, une cohérence, une portée morale à sa vie. Il la veut sérieuse, utile. L'enfant de Jarnac souhaite retourner à ses racines, à la terre, travailler dans l'exploitation agricole de son père pour s'insérer au cœur d'un organisme social, le transformer du dedans, faire autorité dans son métier, jouer un rôle influent dans son pays. Ce ne sont ni la volonté de réussite personnelle ni celle de gagner de l'argent qui le motivent mais bien celle de transformer les rapports sociaux.

A l'automne 1906 – il a 18 ans – Robert Lorrain monte à Paris. Il prend pension chez les frères maristes, au 104, rue de Vaugirard, où il retrouve l'atmosphère provinciale du

1. « Tant qu'il y aura la monarchie dans l'usine il ne saurait y avoir la République dans la société », affirmait Marc Sangnier.

collège Grand Lebrun et son ami Jean Mauriac. Il prépare l'Agro avec cette ardeur, ce perfectionnisme, ce souci constant de faire le maximum qui le caractérisent. Il se lève chaque matin à 5 h 30, même l'hiver. « Un travail peut-être excessif », note Jean Mauriac. Mal récompensé en tout cas : Robert échoue à l'entrée de l'Institut agronomique en juin 1907. Un échec qui le désole et fait apparaître chez lui « une indéfinissable tristesse que son ami ne lui connaissait pas ». Bientôt il lâche : « A quoi bon ! ». Très vite il se ressaisit. Il dit à Mauriac : « Vois-tu, mon cher, je me consolerai toujours de souffrir un peu ; comment connaîtrais-je les âmes si je ne souffrais pas ? » Robert ne renonce pas. A l'automne 1907, il quitte le 104 et s'inscrit comme interne à la prépa du lycée Henri-IV. Il se soumet à nouveau à un rythme de travail hors du commun dont on peut se demander s'il ne se l'impose pas comme une mortification.

Cinq mois plus tard, Robert est atteint de tuberculose, on disait alors la phtisie, une maladie pulmonaire qui frappe surtout les jeunes gens. Jean Mauriac décrit l'agonie de son ami transporté dans la nuit du 20 au 21 février 1908 à l'infirmerie du lycée. A la religieuse qui l'assiste, Robert confie : « Ce n'est pas dur de mourir, ce n'est dur que pour ceux qui restent. » Dans la nuit, il reçoit l'extrême-onction. Il réclame ses camarades, mais ils dorment en bas dans le grand dortoir, ignorant la gravité de son état. A l'aube de sa dernière nuit, il demande la communion : « Quand j'aurai reçu Dieu je souffrirai moins, ou plutôt je saurai mieux souffrir. » Il veut voir son confesseur, le père Planezet : « Mon père, embrassez-moi pour mes amis, unissez-moi à Dieu. » Le père écrira : « Son regard était doux et résigné [...] Il avait toute sa lucidité. Il recommande à ma sollicitude certaines âmes de jeunes gens qu'il nomma. » Le père, la mère, les sœurs de Robert sont à son chevet. Il tente de les consoler. Vers 4 heures du matin, l'un d'eux place sur le lit une touffe de violettes. Il les regarde, les effeuille, elles retombent sur lui, aussitôt flétries. « Elles seront au ciel avant moi », dit-il dans un sourire. « Il unit dans une même étreinte les mains de son père et de sa mère comme lorsqu'il était petit ; désormais il les retiendra jusque dans la mort [...] La mort ne l'arrache pas à sa mère, elle le lui enlève sans la brusquer », écrit Jean Mauriac qui a recueilli le témoignage de Jules et d'Eugénie Lorrain. C'est la fin. « Comme il n'avait pas peur de la mort, il la regarda bien en face [...] Elle ne parvint pas à déconcerter le chrétien qui resta, jusqu'à la fin, logique avec sa foi », écrit encore Jean Mauriac. Son frère, François, évoquera lui aussi la mort de Robert, « un garçon angélique, un de ceux que Maeterlinck appelle les "avertis" parce qu'ils ont le pressentiment que Dieu va les prendre avant que la vie ne les ait souillés [1] ».

A Jarnac, l'émotion suscitée par la mort de Robert prouve à quel point il était aimé. Une foule énorme et recueillie suit le corbillard de l'église au cimetière. Jean Mauriac rapporte ce que lui a raconté un membre de la famille qu'il ne nomme pas : « Les paysans viennent à nous, et au lieu de nous dire : "Que vous avez du malheur", ils disent : "Que nous avons du malheur." » Ou encore que des pauvres gens viennent en grand nombre demander sa photographie. Cette phrase accompagne invariablement leurs requêtes : « Il était si bon, si aimable pour nous. » Ceux, nombreux, qu'il a aidés, n'ont pas oublié. Robert Lorrain est inhumé dans le caveau familial où reposent son grand-père et son frère mort en bas âge vingt-quatre ans plus tôt.

La disparition de ce fils rayonnant, tant aimé, a été « le grand drame de la famille », dira François Mitterrand. Un choc terrible qui plonge pour longtemps les Lorrain dans une ambiance de deuil : « Une blessure profonde qui ne se refermera jamais », selon Robert Mitterrand [2].

1. François Mauriac, *Bloc-notes, tome 1, 1952-1957*, Seuil, 1968
2. Robert Mitterrand, *Frère de quelqu'un, op. cit.*

François confiera plus tard que son oncle « a été sublimé » par les trois femmes : sa grand-mère, sa mère et sa tante Antoinette[1]. A partir de ce jour et jusqu'à sa propre mort, Eugénie, la mère, ne sortira plus qu'en grand deuil, longues jupes et corsages noirs.

1. Marie Balvet, *Le Roman familial de François Mitterrand*, *op. cit.*

La mort de Robert Lorrain, bien que survenue huit ans avant sa naissance, imprègne l'enfance de François Mitterrand. Cet oncle « angélique » lui a été présenté comme un modèle, un exemple à suivre. Ses grands-parents ne le lui ont jamais avoué mais c'est sur lui, on l'a vu, qu'ils avaient reporté leur amour pour ce fils arraché trop tôt à la vie. N'était-il pas celui qui lui ressemblait le plus : même vivacité d'esprit, même passion pour les livres, même ferveur religieuse, même générosité. Même timidité aussi. Robert ne peut articuler une phrase à l'examen de catéchisme, les mots restent dans la gorge de François lors de l'oral de son premier baccalauréat. Et même capacité à vaincre le trac dans un accès d'audace. L'oncle se dresse à son banc de l'amphithéâtre de la Sorbonne pour s'opposer à l'un de ses grands professeurs qui pourfendait le catholicisme et défendre sa religion; trente-cinq ans plus tard, le 10 juillet 1943, salle Wagram, le neveu se lève et apostrophe André Masson, le commissaire général aux prisonniers de guerre nommé par Laval : « La France n'est pas derrière vous! Vous n'avez pas le droit de parler en notre nom... », avant de profiter de la confusion pour échapper à l'arrestation. Sans doute Robert était-il plus gai, plus exalté, plus brillant élève et François plus fort, moins émotif, plus sûr de lui. Mais ils étaient bien du même sang, celui des Lorrain.

A-t-il été demandé, plus ou moins consciemment, à François Mitterrand de réincarner l'oncle Lorrain ? Pierre Jouve et Ali Magoudi[1] *le croient. C'est sans doute excessif. Mais il est vrai qu'il lui a été implicitement présenté comme un modèle. Jules aurait aimé que François fasse une prépa à Henri-IV, comme son fils. Le jeune Mitterrand ne voulut rien savoir. Continuer à être pensionnaire, à bachoter ? Jamais de la vie, dira-t-il. Il choisit droit et Sciences-Po. Mais il était bien conscient de remplacer son oncle dans le cœur de ses grands-parents. A Elie Wiesel qui lui demande précisément si sa grand-mère avait reporté l'amour de son fils sur lui, il répond sobrement : « Je le crois. » Un amour de substitution en quelque sorte qui lui imposait de ne pas décevoir.*

Autre conséquence : Eugénie qui a perdu ses deux fils et Yvonne ses deux frères vont vivre dans l'angoisse que les garçons ne subissent le même sort tragique. Elles tremblent pour Robert souvent malade dans sa jeunesse et pour François dont l'aspect chétif et le teint pâle les inquiètent. C'est pourquoi, au grand bonheur de ses grands-parents, il passera une bonne moitié de l'année à Touvent où le climat était plus clément et l'air plus pur qu'à Jarnac. C'est pourquoi aussi, à son corps défendant, il sera pendant plusieurs années coloré de teinture d'iode, du cou jusqu'au bas de la poitrine et il devra ingurgiter des litres d'huile de foie de morue.

L'ombre envahissante de Robert Lorrain qui planait sur Jarnac, François Mitterrand la retrouve à Paris au 104, le foyer des pères maristes, où la mémoire du jeune homme est vénérée. François ne sera jamais dans l'esprit des bons pères que le neveu de Robert.

Devenu leader de la gauche, François Mitterrand mettra en avant l'engagement de son oncle qui aurait rattaché, à

1. Pierre Jouve et Ali Magoudi, *François Mitterrand, portrait total*, Carrère, 1987.

lui seul, sa famille au centre gauche : « J'ai été élevé dans un milieu catholique très croyant et très ouvert. La tradition dont on se réclamait le plus couramment était d'un frère de ma mère, mort à 20 ans, qui avait appartenu aux premières équipes du Sillon. » C'est oublier que son père, on le verra plus loin, catholique fervent, allait porter la contradiction aux candidats radicaux au titre de fidèle du très calotin et très droitier général de Castelnau, président de la Confédération catholique. C'est oublier que sa mère vouait un véritable culte à Déroulède et au général Boulanger. Que certains amis de la famille, plus tard des parents par alliance, étaient liés à la pire extrême droite. Et que lui-même a milité chez les Volontaires nationaux du colonel de La Rocque. A la fin de sa vie, François Mitterrand reconnaîtra qu'il venait bien de la droite, soulignant, à juste titre, qu'il n'en avait que plus de mérite d'être allé vers la gauche alors que tant d'autres, l'âge venant, parcourent le chemin inverse.

Joseph et Yvonne Mitterrand

Deux ans avant sa mort, Robert Lorrain a assisté au mariage d'Yvonne. Le frère et la sœur sont très proches. Ils se ressemblent : même ferveur religieuse, même propension à l'enthousiasme, à l'exaltation, même volonté de s'imposer une discipline de vie très stricte, presque ascétique, même passion pour la lecture.

Yvonne possède la profonde piété de sa mère et l'esprit vif et enjoué de son père. Sa santé fragile l'empêche d'aller dans un pensionnat de jeune fille. C'est à la maison, avec sa mère et son confesseur-précepteur qu'elle fait ses humanités. Elle reçoit une solide éducation, apprend notamment le latin qu'elle lit couramment. Cultivée, musicienne, elle joue la comédie. Très pieuse, elle organise sa vie intérieure, s'impose des règles qu'elle suit scrupuleusement. Voici le règlement d'hiver qui remonte à 1902 : « Lever à 6 heures du matin, messe à 7 heures ou un moment de piété et de méditation avant le petit déjeuner. Jusqu'au déjeuner fixé à 11 h 30, récréation avec récitation du chapelet, puis travail de bureau, piano et travaux de maison. Un goûter à 16 heures coupe l'après-midi, accompagné d'une méditation. Jusqu'au dîner, à 17 h 30, travail intellectuel. La soirée est consacrée à des travaux pour les pauvres qui se prolongent jusqu'à 22 heures, heure du coucher que précédaient les prières[1]. » Une note précise encore qu'Yvonne doit élever son cœur vers Dieu quatre fois par heure. Cette rigueur ascétique ne l'empêche pas de beaucoup lire. Le soir, elle dévore Balzac, Chateaubriand, Lamartine, Barrès, surtout Barrès dont elle connaît certains passages par cœur. Curieuse de tout, elle s'intéresse notamment à la politique. Dès sa prime jeunesse, elle s'emballe pour le général Boulanger[2]. Elle admire aussi Paul Déroulède, l'ancien député d'Angoulême, le créateur de la Ligue des patriotes, le poète des *Chants du soldat* avec qui elle entretient une correspondance d'un patriotisme enfiévré[3]. Elle lui envoie même des aquarelles où abondent les trois couleurs, bleu, blanc, rouge[4].

Yvonne tient un journal, un livre d'heures. Elle y note une rencontre avec monseigneur Hoggear, primat de Palestine, qui l'a fait longtemps « rêver au bonheur de vivre la vie de Jésus en Galilée ». Ou ce voyage avec son père à San Sebastian, en Espagne, en pleine affaire Dreyfus, au cours duquel elle rencontre Déroulède, exilé pour complot contre l'Etat. « Ses paroles, écrit-elle dans son journal, ont éveillé en moi des sensations délicieuses. » Au retour, dans le compartiment qu'elle partage avec des représentants de la Ligue des patriotes, Yvonne est témoin d'un déchaînement antisémite. Elle est bouleversée. Toujours dans son journal, elle écrit : « Mais enfin, comment peut-on porter tant de

1. Ce règlement pour l'année 1902 a été découvert par François Mitterrand dans des papiers de famille. Il les a lus et les a confiés à son ami Charles Moulin. Dans Charles Moulin, *Mitterrand intime*, Albin Michel, 1982.

2. « Comme toutes les demoiselles de son âge », affirme son fils aîné Robert (interview au *Quotidien de Paris*, août 1981).

3. François Mitterrand, Elie Wiesel, *Mémoire à deux voix*, *op. cit*

4. Dans *Mémoire à deux voix*, François Mitterrand précise que l'une de ses aquarelles qui n'avait pas atteint son destinataire était revenue. Elle était accrochée au mur de la chambre de sa mère à Jarnac. Elle représentait une terre crayeuse, comme il en existe en Charente, parsemée de bleuets et de coquelicots.

haine quand on est chrétien ? Le Christ et la Vierge étaient juifs[1]... » Yvonne a tout juste 20 ans.

Elle note aussi les lectures qui l'ont le plus marquée. l'*Imitation de Jésus-Christ*, des pages de saint Jean de la Croix, le *Jésus* du révérend père Didon, un grand prédicateur de l'époque, puis encore *Les Oberlé*, de René Bazin, qu'elle lit en 1902.

Lorsqu'elle rencontre Joseph Mitterrand, elle a 25 ans. Lui en a 33. Des âges où d'ordinaire, en ce début de XXe siècle, on est marié depuis longtemps déjà. Des amis de la famille Lorrain qui habitent Limoges s'inquiètent de voir ces deux jeunes gens modèles toujours célibataires. Ils décident de les faire se rencontrer. Joseph et Yvonne sont trop pieux, trop sérieux, ils ont trop appris à respecter les codes, à maîtriser leurs sentiments pour qu'on puisse évoquer à leur propos un coup de foudre. Mais chacun des deux comprend, dès cette première rencontre, que l'autre est fait pour lui, qu'il l'attendait inconsciemment.

Yvonne est grande, très typée comme le sont les Lorrain, avec un nez busqué, des lèvres charnues, de grands yeux noirs aux paupières tombantes qui lui donnent un regard mélancolique et, écrit Jean Lacouture, « la font ressembler à Claire Mauriac, la mère de l'autre François[2] ». Ses longs cheveux noirs et lisses descendent jusqu'à la taille et elle en fait un chignon. La famille évoque son « visage émouvant qui ne rend pas compte de son tempérament gai, chaleureux, résolument optimiste ». On dit pudiquement qu'elle n'est pas « spécialement jolie », ce qui veut dire qu'elle ne l'est pas. Qu'importe ! Pour Joseph, seule compte la beauté de l'âme.

Joseph, lui, est mince, malgré une ossature assez forte, et de taille moyenne. Sa calvitie naissante souligne parado-

1. François Mitterrand, entretiens avec Georges-Marc Benamou, *Mémoires interrompus*, Odile Jacob, 1996.

2. Jean Lacouture (qui est aussi le biographe de Mauriac), *Mitterrand, une histoire de Français*, tome 1, Seuil, 1998.

xalement l'expression juvénile de son visage un peu sévère au teint pâle. Son fils Robert le décrit ainsi : « Son profil était d'une grande pureté : le front bien dessiné, le nez fin, la moustache conquérante à la mode du début du siècle et le menton carrément volontaire. De face on remarquait ses joues un peu creusées, ses sourcils bien fournis et son regard déterminé qui pouvait, par instant, manifester une grande bonté ou imposer une certaine distance[1]. » Yvonne, elle aussi, est d'abord sensible à la « beauté de l'âme ». Ce sont le sérieux, la pudeur, la distinction de Joseph qui la séduisent.

Joseph est le fils d'un employé de la Compagnie des chemins de fer. Cheminot lui-même, c'est un jeune homme sans fortune. Il a pourtant fait de brillantes études, collectionnant les prix, notamment dans les matières littéraires, à Notre-Dame-des-Aydes, à Blois. A la fin de ses études secondaires, il a reçu le prix de l'Amicale des anciens élèves qui revient à celui qui « s'est fait le plus remarquer pendant son séjour à l'école par ses succès, sa conduite, son caractère ». Egalement passionné par l'art dramatique, Joseph participe à plusieurs spectacles et se voit décerner le titre d'« académicien pour l'agrégation des Arts ». Le jeune homme, qui aime s'exprimer en public, lire des textes, écrire, paraît promis à un bel avenir. Il rêve de poursuivre des études à Paris, de fréquenter le milieu littéraire, de devenir homme de plume, journaliste ou écrivain. Bref, de se faire un nom.

Mais Paris coûte cher et la réussite y est aléatoire. Son père Théodose choisit la sécurité et la lui impose : comme lui, il sera cheminot à la compagnie Paris-Orléans. Ses qualités et son sérieux lui vaudront, à coup sûr, de belles promotions et son avenir sera assuré.

En famille, à Notre-Dame-des-Aydes, Joseph a appris à obéir. Son rêve s'écroule mais il ne se rebelle pas. Après son

1. Robert Mitterrand, *Frère de quelqu'un*, *op. cit.*

service militaire, le brillant élève entre aux Chemins de fer comme homme d'équipe à la gare de Tours. Il a 25 ans. Il pousse des wagonnets. L'année précédente, il a perdu sa mère Zelma qui n'avait que 48 ans. Terrible choc pour ce fils aimant. Son père, qui se retrouve veuf à 53 ans, perd sa mère la même année. En 1900, à 27 ans, Joseph est en poste en Bretagne. Au cours de ses six premières années, il franchit cinq degrés successifs dans la hiérarchie. Lorsqu'il fait la connaissance d'Yvonne, il est alors sous-chef de gare à Saint-Nazaire.

Le contrat de mariage signé chez le notaire témoigne de cette inégalité de fortune des deux familles[1]. Les parents d'Yvonne s'engagent à lui verser une rente annuelle de 1 000 francs, ils lui offrent une salle à manger complète d'une valeur de 580 francs. Sans compter ce qui appartient déjà à la jeune fille : son piano, le mobilier d'une chambre et son trousseau qu'elle a brodé elle-même. Joseph, lui, possède une somme de 900 francs et deux obligations de 500 francs ainsi que quelques meubles estimés à 230 francs. Soit la moitié environ de la dot de Jules Lorrain trente ans plus tôt.

Le mariage est célébré, le 17 avril 1906, à Jarnac. Jules Lorrain conduit sa fille cadette à la mairie puis le cortège se rend à l'église Saint-Pierre. Il revoit, comme sa femme, son propre mariage dans ces mêmes lieux. Le prêtre, qui connaît bien Yvonne, bénit l'union de ces deux jeunes chrétiens si pieux. Un an après, la jeune mariée note dans son journal qu'elle se souvient comme si c'était hier « des émotions profondes de ce jour et de la marche de *Tannhauser* qui scanda la sortie de l'église, sous la pluie[2] »...

Joseph Mitterrand emmène sa femme en Bretagne. Elle découvre des paysages nouveaux et des légendes anciennes.

1. En juillet 1992, maître Chipault avait autorisé Marie Balvet à lire ce contrat de mariage établi par ses prédécesseurs. Ce contrat est aujourd'hui consultable aux Archives départementales de la Charente à Angoulême.
2. Charles Moulin, *Mitterrand intime*, *op. cit.*

Elle y vit d'abord deux belles années avec un seul regret, celui de ne pas avoir d'enfant. Quand elle s'est mariée, le médecin de famille l'a prévenue : « Avec votre maladie de cœur, il faut que vous évitiez les grossesses. Vous ne le supporteriez pas. » Mais elle ne conçoit pas la famille sans enfant. Elle en veut, et plusieurs. Ce qu'elle craint, ce n'est pas le risque de grossesse, c'est d'être stérile comme ses deux belles-sœurs.

En février 1908, c'est le drame, la mort de Robert. Elle passe plusieurs jours au chevet de son frère, assiste, impuissante, à son agonie[1]. Au cours de l'été de la même année, un événement vient atténuer sa douleur et celle de ses parents qu'elle informe aussitôt : elle est enceinte. Enfin ! Yvonne revient à Jarnac pour accoucher, le 19 juin 1909, dans sa maison natale, auprès de sa mère. Son premier enfant est une fille qu'elle prénomme Antoinette, comme sa sœur. Puis naît Marie-Josèphe, le 24 mars 1912. Cette année-là, Antoinette, déjà âgée de 35 ans, épouse un médecin franc-comtois, François Sarrazin. En 1914, Jules et Eugénie Lorrain vont avoir le bonheur de voir leurs deux filles accoucher à un mois d'intervalle. Le 3 mai, Antoinette, l'aînée, met au monde son premier enfant, une fille qu'elle prénomme Yvonne… comme sa sœur, et qu'on surnommera Lolotte. Le 9 juin, quelques jours avant la déclaration de guerre, Yvonne donne naissance à sa troisième fille, Colette. L'année suivante, les deux sœurs offrent enfin à leur père, Jules, les héritiers qu'il attendait, même s'ils ne porteront jamais le nom de Lorrain. Le 2 juillet, naît Pierre, le fils d'Antoinette, et le 22 septembre, Robert, le premier fils d'Yvonne prénommé comme l'oncle trop tôt disparu. L'année suivante, elle accouche de celui qui deviendra le quatrième président de la Ve République.

Yvonne a accompli son devoir de chrétienne. Elle a cinq enfants, dont deux garçons, tous vivants. Le patronyme de

1. François Mitterrand confiera : « Ma mère a écrit des pages déchirantes sur l'agonie de son frère. » Dans *Le Roman familial de François Mitterrand*, de Marie Balvet, *op. cit.*

Mitterrand ne s'éteindra pas. Sa fragilité devrait l'inciter à renoncer désormais à toute grossesse. Mais non ! Décidément, Yvonne n'est pas raisonnable. Au péril de sa vie, elle aura encore trois enfants : Jacques, le 21 mai 1918 ; Geneviève, le 8 décembre 1919, et Philippe, deux ans plus tard, le 11 décembre 1921. Huit enfants en douze ans ! Qu'importe les risques ! Depuis son enfance, la pieuse Yvonne a mis sa vie entre les mains de Dieu. C'est lui qui décidera de sa longévité.

A chacune des couches d'Yvonne, Joseph se retrouve seul. La jeune femme quitte les logements de fonction, souvent dans la gare même, pour la maison de ses parents, à Jarnac. Elle fuit le grondement des trains, le cliquetis des aiguillages, les sifflements et la fumée des machines à vapeur, les coups de sifflet, les cris des voyageurs. Une agitation dont son fils Robert garde un souvenir enchanté[1]. Chez sa mère, à Jarnac, elle retrouve le doux climat de la Charente, son air pur, le confort de la maison, et surtout l'aide des bonnes que sa mère fait venir de Bretagne et sélectionne avec soin. Un environnement plus propice à sa santé fragile et à celle de ses enfants dont elle craint qu'ils ne subissent le sort tragique de ses frères.

Peu après la naissance de François, Joseph, qui était alors chef de gare à Montluçon, est nommé à Angoulême. A la grande joie de sa femme qui se rapproche ainsi de sa famille. C'est d'ailleurs dans l'appartement de fonction, au premier étage de la gare, qu'elle mettra au monde son troisième fils, Jacques. Il est le seul des huit petits Mitterrand à ne pas avoir vu le jour à Jarnac.

Cette nouvelle naissance accroît encore les charges de travail d'Yvonne qui doit s'occuper seule, sans domesticité, de six enfants. A la sortie de la guerre, en 1919, la compagnie Paris-Orléans propose à Joseph de le nommer à Paris.

1. Robert Mitterrand, *Frère de quelqu'un*, *op. cit.*

Est-ce au poste prestigieux de chef de la gare d'Austerlitz, comme le veut la légende familiale ? En tout cas, il s'agit d'une belle promotion après vingt ans de bons et loyaux services. Mais, pour Yvonne, c'est à nouveau l'éloignement de la famille, d'autant plus pénible qu'elle attend un septième enfant. La jeune femme s'efforce de convaincre son mari d'abandonner sa carrière et de venir vivre à Jarnac. Jules, même s'il est robuste et paraît en pleine forme, vient de fêter son 66e anniversaire. Il se fait vieux. Il n'a pas d'héritier. Seul Joseph peut lui succéder à la tête de la vinaigrerie. Eugénie, qui apprécie beaucoup son gendre, fait pression, elle aussi. Elle sait que sa fille est épuisée et qu'elle ne pourra tenir longtemps ainsi [1].

Pour Joseph, le dilemme est cruel. A Angoulême, il a affirmé une autorité dont il a pris conscience. Il a été le maître de ce monde toujours en mouvement qu'est une gare. Il a fait face à des situations difficiles, des grèves, des conflits sociaux, sans compter les aléas du trafic. Difficile d'abandonner ce service public auquel il est fier d'appartenir, de renoncer à une carrière qui fait l'orgueil de son père. Surtout au moment où on lui offre une belle promotion. Mais son salaire, malgré ses nouvelles responsabilités, restera modeste. Il ne lui permettra pas de faire aider suffisamment sa femme, de lui procurer le confort de vie qu'elle retrouve chaque été à Jarnac. Il comprend qu'Yvonne vit mal l'éloignement de sa famille. C'est avec ses parents, aux côtés de sa mère qui règne en maître sur la maison, et de sa sœur auxquelles elle est profondément liée qu'elle aspire à vivre.

Joseph aime sa femme. Il accède à son désir le plus cher. Il se sacrifie, renonce à un métier qu'il avait fini par aimer et à une carrière qui s'annonçait brillante. Comme il avait cédé à son père, vingt-six ans plus tôt. Il estime que son devoir d'époux et de père le lui impose. Cette fois, Paris s'éloigne définitivement.

1. Entretien avec « Lolotte », le 13 décembre 2006.

Il a 46 ans, il sait qu'il passera le reste de sa vie en Charente, dans cette petite ville qu'il juge un peu étriquée ; dans cette famille dont il apprécie les qualités morales mais qui n'est pas la sienne. A Jarnac, loin de son Berry natal, il se sentira toujours un peu en exil.

Derrière la photographie de sa mère, sur la cheminée de son bureau de l'Elysée, le président Mitterrand cachait son livre d'heures, le journal intime qu'elle tenait, jeune fille. Souvent, entre deux rendez-vous, alors que d'importantes personnalités devaient longuement patienter dans le salon du premier étage du palais, il en lisait quelques pages[1].

Les rares amis auxquels il s'est confié en témoignent. François Mitterrand avait une véritable vénération pour sa mère. Pourtant, il en parlait peu. Il n'évoque pratiquement pas sa mémoire dans ses nombreux écrits. Pas une ligne sur elle dans Fragments d'autobiographie pour une explication politique, *les premières pages de* Ma part de vérité, *où il parle assez longuement de ses grands-parents Lorrain et de son père. Seulement quelques mots dans* Mémoire à deux voix *sur l'agonie de cette mère tant aimée, alors qu'il insiste sur l'amour que lui portait sa grand-mère et sur le choc que lui a provoqué sa disparition. Sans doute est-ce l'incapacité d'exprimer un sentiment trop profond, trop intime, la volonté de garder pour soi un souvenir précieux entre tous. A une cousine, Marie-Claire Sarrazin, que nous retrouverons, il confie, en mars 1942 : « Vous me rappelez ma mère qui souffrait d'être rarement embrassée par ses enfants.*

1. Entretien avec Roland Dumas, le 13 septembre 2007.

J'embrassais les oncles et les cousins indifférents ; avec ma mère la communication intérieure me semblait trop constante et tout geste aurait été dilution vulgaire [...] Avec ma mère c'était tout autre chose[1]*... » La même pudeur qui empêchait cette mère de manifester à ses enfants l'amour qu'elle leur portait. « La tendresse lui paraissait une faiblesse », dit sa nièce Lolotte*[2]. Au fond, François Mitterrand a peu connu celle qu'on appelait dans sa famille l'« admirable mère » Il a passé plus de temps avec ses grands-parents qu'avec elle. Mais il lui a voué toute sa vie un véritable culte.

François Mitterrand a davantage écrit sur son père. L'enfant de Jarnac le craignait : « Il était froid, glacial même, il ne parlait jamais de lui[3]*. » Il a gardé le souvenir d'un « misanthrope » plongé dans ses livres et ses pensées. Ce père ne s'est laissé aller à de rares confidences qu'au bord des eaux de la Charente ou de la Dronne, un œil sur le bouchon qui flotte et qui plonge lorsque le chevesne ou le goujon mordent à l'hameçon. C'est là qu'il a évoqué devant ses fils sa jeunesse, ses études, sa préférence pour les langues mortes, latin et grec, le plaisir qu'il éprouvait à pratiquer la boxe française, à concourir, avec quelque succès, aux agrès.*

Ce n'est que plus tard lorsque, veuf, il viendra voir ses fils étudiants à Paris, qu'il se livrera davantage. François Mitterrand le décrit ainsi dans Ma part de vérité *: « Non par indifférence mais par nécessité il s'était réfugié dans la réflexion, loin de l'action qui le tentait et le repoussait à la fois. L'un des esprits les plus libres que j'eusse connu qui ne pouvait user de cette liberté qu'en tête à tête avec lui-même ou avec nous, ses huit enfants, pendant les vacances, à la maison. Il aurait aimé le mouvement des villes, le mouvement des idées. La solitude et le silence furent ses*

1. Lettre de François Mitterrand à Marie-Claire Sarrazin datée du 26 mars 1942.
2. Entretien avec l'auteur, le 13 décembre 2006.
3. François Mitterrand, *L'Expansion*, août 1972.

compagnons. Il considérait avec un détachement ironique le code proprement brahmanique qui régissait les relations humaines dans ce coin de Saintonge où ma famille maternelle habitait depuis des temps immémoriaux [...] Cependant mon père savait qu'il vivait à la fin d'une époque et s'irritait en silence des rites désuets, des quiproquos compassés qui accompagnaient cette agonie. Il attendait les temps futurs comme on regarde un enfant grandir. Frondant les hiérarchies, détestant les privilèges, mais respectant l'ordre spirituel auquel il avait donné sa foi, il n'y avait pas de place pour lui dans la province de ce temps-là. Mais comme il possédait la paix par la beauté d'un ciel ou l'affection d'un chien, cela était sans conséquence. Si je cherche à me représenter ce que peut être un homme juste, c'est à lui que je pense. »

Bel hommage d'un fils dont les futurs combats contre l'ordre injuste s'expliquent peut-être par la volonté de réparer le tort fait à son père : « Je crois que j'en veux encore à cette société au postulat glacé qui ne demandait pas d'amour et ne voulait pas de justice. Je crois que j'ai attendu et espéré du fond de mon enfance le choc qui l'ébranlerait. »

Racines

La légende familiale voulait que ces Lorrain et ces Mitterrand descendent d'ancêtres prestigieux. Une lointaine parenté avec la famille royale d'Angleterre côté Lorrain, des prévôts de Bourges au temps de Jeanne d'Arc, quand la ville était la véritable capitale de la France, côté Mitterrand.

Depuis leur plus tendre enfance, les enfants Mitterrand ont entendu leurs grands-parents et leurs parents évoquer ces racines qui rattachaient la famille à l'histoire. Eugénie rappelait volontiers la ressemblance de sa grand-mère maternelle, Marie-Rose Bernard, et de la reine Victoria. Après des recherches généalogiques, Jules avait dessiné un grand tableau montrant les liens avec la royauté anglaise. Le grand-père était si fier du résultat de ses travaux qu'il n'avait pas attendu la fin du trimestre scolaire et le retour de ses petits-enfants d'Angoulême pour les en informer. Il avait adressé le tableau à l'aîné, Robert, qui en avait tiré la conclusion qui s'imposait : « On voyait qu'elle [sa grand-mère] descendait en ligne directe d'un certain marquis de Barbezières qui se trouvait, par un autre de ses enfants, être un lointain aïeul de la reine Victoria[1]. » Et, comme il avait

1. Robert Mitterrand, *Frère de quelqu'un*, *op. cit.*

déjà l'esprit mathématique et le sens de l'humour, Robert avait calculé qu'il devait avoir, lui-même, une goutte de sang royal !

Autant Jules Lorrain se montrait volontiers volubile lorsqu'il retraçait les origines familiales de sa femme, autant Joseph Mitterrand était peu disert sur ses propres racines. Il n'a même jamais évoqué la mémoire de sa mère devant ses enfants qui ne l'ont pas connue. « Ma grand-mère... Je n'ai jamais entendu parler d'elle par mon père, qui cependant avait sa photographie au-dessus de son lit », dira François Mitterrand[1].

En revanche, ce père si secret parlait volontiers de l'histoire de ses lointains aïeux telle qu'on la lui avait transmise. En 1969, François Mitterrand prend à son compte avec humour les fondations du mythe familial : « Il n'y a de Mitterrand que de Berry[2]. Ce nom de famille est lui-même du terroir. Il signifie pour certains des miens qui préféraient la poésie à la philosophie "milieu des terres" et un champ qui se trouve en effet au centre géographique de la France près de Bruère-Allichamps s'appelle le Champ des Mitterrand. Mais la philosophie se venge, et révèle avec Albert Dauzat que le mitterrand est un mesureur de grain, modeste profession qui s'exerçait dans les foires. » De même, lorsqu'il évoque ses ancêtres « bourgeois de Bourges » : « Notre généalogie, peut-être complaisante, prétend les suivre à la trace jusqu'aux brouillards du Moyen Age. Deux d'entre eux furent prévôts de la ville au temps du roi de Bourges. » Pour un homme qui aspire à la plus haute fonction politique, quel meilleur ancrage familial que « le centre géographique de la France » ? Quels meilleurs ancêtres que des prévôts de Bourges lorsque la ville était le siège de la royauté française ?

Vingt-trois ans plus tard, François Mitterrand devenu président porte toujours le même intérêt à ses racines. Quand

1. Marie Balvet, *Le Roman familial de François Mitterrand*, *op. cit.*
2. François Mitterrand utilise l'ancienne orthographe pour mieux montrer l'enracinement.

l'historienne et généalogiste Marie Balvet lui propose de collaborer à son projet – expliquer le destin de François Mitterrand à travers l'histoire de sa famille – il accepte aussitôt. Il s'agit, lui dit-elle, de comparer la réalité objective « dans la plus stricte nudité, celle des registres de l'état civil », à la mémoire sélective qui se transmet de génération en génération, comme elle l'avait fait dans un précédent ouvrage avec Drieu la Rochelle, un écrivain que Mitterrand apprécie. Le président lui accorde sept entretiens entre mars 1992 et janvier 1994. C'est dire si, au soir de sa vie, il était encore avide d'en savoir plus sur sa lignée.

Marie Balvet affirme que le premier sujet abordé avec le président fut l'illustre parenté souvent évoquée devant lui par ses grands-parents. Mais il s'attarda surtout sur le destin romanesque de Sophie-Dorothée de Brunswick-Zelle qui inspira Pierre Benoit pour son roman *Kœnigsmark*.

La « vérité historique », fruit du long et patient travail de recherche de Marie Balvet n'a pu que décevoir François Mitterrand. Le lien avec les têtes couronnées d'Europe se révèle pour le moins en zigzag. Il faut remonter au début du XVe siècle, à Pierre de Barbizières. De son mariage avec Catherine Guinée, en 1426, naissent deux fils : l'aîné Jean et le cadet Serrinet. François Mitterrand est le très lointain descendant de cette branche cadette, les Montigné. Or, seule la branche aînée a retenu l'attention des historiens. C'est d'elle que descend Eléonore d'Olbreuse dont l'éclatante beauté fut remarquée par le prince Georges-Guillaume de Brunswick. De leur union naquit Sophie-Dorothée qui hérita de la beauté de sa mère. La jeune fille fut contrainte par son père d'épouser, à 16 ans, son cousin Georges, duc de Brunswick, électeur de Hanovre. Mais elle aimait Philippe Kœnigsmark, un bel aventurier suédois. Ce dernier, après avoir tenté d'oublier Sophie-Dorothée, en menant à travers toute l'Europe une vie aventureuse, revint à Hanovre. Leurs tête-à-tête à la cour éveillèrent la jalousie du duc de

Brunswick. Attiré dans un traquenard, Kœnigsmark disparut à jamais. Fut-il assassiné sur ordre du duc et son corps découpé en morceaux et placé sous la dalle de la grande salle du château, comme l'écrivit Blaze de Bury[1]. En tout cas, Sophie-Dorothée passe le reste de sa vie, trente-deux ans, enfermée dans le château d'Ahlden. Georges de Brunswick, lui, fut couronné roi d'Angleterre sous le nom de George Ier, lointain ascendant de la reine Victoria.

La branche cadette des Montigné – dont les liens se sont distendus depuis le XVe siècle avec la branche aînée – celle dont descend Eugénie, la grand-mère de François Mitterrand, n'a inspiré aucun romancier. Ses membres sont des petits nobles désargentés dont le mode de vie se rapprochait de celui du petit peuple. Ils n'ont laissé aucune trace dans l'histoire et, contrairement à leurs ancêtres, durent travailler pour vivre, quittant la terre pour le commerce. Marie Balvet remonte à Marie-Rose de Barbezieux née en 1750 à Montigné, près de Rouillac. Son fils, Alexandre, épouse une roturière et devient cafetier. Après la Révolution, puis l'Empire, les ascendants d'Eugénie sont de condition modeste : marchands, tisserands, aubergistes. Ses grands-pères, aubergiste et bourrelier, cafetier. Son père, Pierre-François Faure (dit Eugène), l'ami du grand-père Jules, s'installe à Jarnac après sept ans de service militaire et devient marchand de chandelles. Avec Marie-Rose Touzet, il aura, le 8 avril 1857, une fille unique déclarée le lendemain à la mairie de Jarnac sous le nom d'Eugénie Faure et non pas d'Eugénie Faure de la Bouharderie, comme l'écrit Robert Mitterrand[2].

Sans doute Marie Balvet en aurait-elle aussi appris à Jules Lorrain sur ses propres origines, moins prestigieuses que celles de sa femme. L'historienne est remontée jusqu'à François Lorrain, l'arrière-grand-père de Jules[3]. Originaire

1. Blaze de Bury, *Episode de l'histoire de Hanovre*, Lévy Frères, 1855.
2. Robert Mitterrand, *Frère de quelqu'un, op. cit.*
3. Marie Balvet, *Le Roman familial de François Mitterrand, op. cit.*

de l'Est, il a vu le jour le 27 décembre 1757, à Rosières-sur-Mance, près de Vesoul. Sixième enfant de Nicolas Lorrain, vigneron, il s'engage comme grenadier dans le régiment de la reine. En 1785, après huit ans de service, il obtient ce qu'on appelle un « congé absolu », c'est-à-dire qu'il est rendu définitivement à la vie civile. Le 21 août 1786, à 29 ans, il épouse une jeune Cognacaise de 20 ans, Suzanne Cachet, fille d'un postillon, l'ancêtre du facteur. Il s'engage dans la maréchaussée qui deviendra gendarmerie nationale en 1792 et part au front où l'on perd sa trace. On le retrouve sous le Directoire, brigadier à Barbezieux, avec sa femme et ses deux fils. Nommé maréchal des logis de la gendarmerie impériale, à Aigre, toujours en Charente, il aura deux autres enfants. C'est là qu'il meurt en 1805, à 48 ans.

Trois de ses fils choisissent, comme lui, la carrière militaire. L'aîné, Léonard, gendarme, disparaît à 33 ans. Le deuxième, Olivier, chasseur de la garde impériale, blessé pendant la campagne d'Espagne, meurt à 19 ans, à l'hôpital militaire de Bayonne. Le troisième, engagé à 18 ans dans les dragons du régime de Gironde, sert l'armée pendant trente-trois ans[1]. Il prend sa retraite à 50 ans, se fixe à Aigre, où il mourra sans avoir fondé de famille.

C'est le quatrième fils de François Lorrain, Jules, qui permettra à la branche familiale de ne pas s'éteindre. Lui ne choisit pas le métier des armes. Marié à 19 ans à une jeune fille de 15 ans, Marie Saisit, qui n'a pas voulu quitter ses parents, il s'installe à Rouillac, un gros bourg commerçant, à une quinzaine de kilomètres d'Aigre où il tient un magasin d'étoffe. Dévoré par la passion du jeu, criblé de dettes, Jules se suicide. Il a 31 ans. Un drame longtemps caché par la famille et auquel il fut seulement fait allusion devant François Mitterrand et ses frères et sœurs pour les alerter sur les dangers des jeux d'argent. Est-ce ce drame qui a provoqué

1. François Mitterrand se souvient que le portrait du capitaine Paul Lorrain, en uniforme, était accroché dans le salon de ses grands-parents à Jarnac.

chez François Mitterrand l'horreur du jeu ? « Enfant je ne jouais pas aux cartes et je n'y joue pas davantage aujourd'hui, écrira-t-il. [...] Mes amis ne m'ont jamais vu risquer un franc à la roulette... Je suis devenu le contraire d'un joueur. »

Léon, le fils aîné de Jules, travaille de ses mains. Apprenti menuisier, il épouse Joséphine Berthelot, la fille de son patron. Léon aime si peu son prénom qu'il en change à chaque acte officiel. Le jour de son mariage, il signe Lorrain Jules, comme son père. A d'autres occasions, il se présente sous l'identité de Lorrain Jean, comme son grand-père maternel et son beau-père, ou encore Lorrain Beaupré, comme un de ses beaux-frères. Mais, contrairement aux usages, il donne un seul prénom à son unique fils, Jules, en souvenir de son propre père.

A Jarnac, il s'installe, à 35 ans, dans le faubourg du Chail, un quartier populaire où réside son meilleur ami, Pierre-François Faure, le marchand de chandelles. Sociable, Léon Lorrain s'intègre à la petite bourgeoisie jarnacaise. Il apprend le patois saintongeais, se lie d'amitié avec Burgaud des Marets, le barde de fables locales, traducteur du poète polonais Adam Mickiewicz et devient un excellent conteur. Il est ambitieux : puisque le commerce du cognac, notamment avec l'Angleterre, est en pleine expansion, grâce au traité de libre-échange qu'a signé Napoléon III avec la Grande-Bretagne, il décide de se lancer dans le négoce du bois pour approvisionner les fabricants de fûts. Les petits Mitterrand n'ont pas connu leur arrière-grand-père maternel, mais Jules leur parlera souvent de son père Léon qui parlait si bien le patois saintongeais.

Côté paternel aussi, l'enquête de Marie Balvet contredit la légende familiale. L'existence d'un lieu habité nommé Miterran est bien attestée en 1230 mais il s'agit d'un hameau situé dans une forêt en bordure de la Sologne et non d'un champ[1]. Et l'on ne sait s'il est à l'origine du patronyme ou s'il faut retenir la définition d'Albert Dauzat dans le dictionnaire des noms de famille qu'évoquait François Mitterrand : le mittier en vieux français était un mesureur de grain, le mitterrand serait donc celui qui mesure le grain... Voilà qui serait, évidemment moins symbolique ! Mais surtout aucun Mitterrand ne fut prévôt de Bourges lorsque le dauphin Charles y résidait. En consultant une histoire de la cité berrichonne, Marie Balvet a pu établir qu'en 1418 le prévôt, dont la fille épousa Jacques Cœur, s'appelait Lambert de Leodepart et non pas Mitterrand.

D'ailleurs, les lointains ancêtres de François Mitterrand n'habitaient pas Bourges. Ils étaient simples vignerons dans un petit village au nord de la ville. S'il y eut bien un Pierre Mitterand prévôt et marchand, ce fut beaucoup plus tard, en 1697, quand Bourges n'était plus le cœur de la royauté. Mais, selon l'historienne, aucun lien ne peut être établi entre ce Mitterand avec un seul r et les ancêtres de François Mitterrand. En fait, le premier de la lignée dont Marie Balvet a authentifié la trace s'appelle Sylvain Mitterrand. Il est né en 1625, sous Louis XIII, à Saint-Eloy-de-Gy à une dizaine de kilomètres du hameau de Miterran. Il survit aux ravages de la peste qui fit plus de cinq mille victimes à Bourges, en 1628, et à ceux de la Fronde opposant les soldats du prince de Condé aux armées du roi. Il est catholique, comme la fille d'un vigneron de Vézelay qu'il épouse. Les vignobles de Bourges sont alors réputés. Ils fournissent notamment le vin de messe.

Les Mitterrand seront vignerons de père en fils, tantôt propriétaires, tantôt simples journaliers, toujours dans la région de Bourges. Le fils aîné de Sylvain, Claude, épouse lui aussi la fille d'un vigneron de Vézelay, en 1680. Son petit-fils, Mathurin, est le premier Mitterrand à quitter la

1. D'après l'étude de Jean-Yves Ribault et Philippe Golman citée par Marie Balvet.

campagne pour s'installer à Bourges, au printemps 1712, avec sa femme Marie – alors que Pierre Mitterand est prévôt. Mais il continue d'exploiter une vigne hors de la ville. La vie est dure dans le Berry sous Louis XIV : la peste et la famine frappent à nouveau à plusieurs reprises. Mathurin et Marie survivent pourtant. Leur fils, Martin, journalier, épouse la fille d'un maître vigneron en 1738, devient vigneron lui-même et cultive la terre de son beau-père. Son premier fils se prénomme Gilbert[1], le second François. Ils sont les quadriaïeux de François Mitterrand. Gilbert, qui a appris les rudiments de la lecture et de l'écriture chez les frères des écoles chrétiennes, est le premier de la lignée à pouvoir signer son acte de mariage, le 10 juin 1766. Lui aussi fait partie du petit peuple des vignerons. Son fils, né le 27 février 1773, portera le nom de son grand-père et travaillera à son tour dans la vigne. Martin Mitterrand, journalier, a 20 ans lorsqu'il épouse Marie Lecette, une domestique, le 22 avril 1793. Il évite la levée en masse décidée par la Convention. Il ne fera pas partie de ces « patriotes assez souvent morts pour la France » dont parle François Mitterrand. Martin est le premier des Mitterrand à ne pas se marier religieusement. Les biens du clergé ont été confisqués, les églises désaffectées.

Les fils de Martin, Jean-Baptiste, Jean et Charles sont les premiers à abandonner la vigne. Jean-Baptiste devient cordier, Jean épicier, Charles, menuisier. C'est lui qui, le premier, quitte le Berry, berceau de la famille – et non pas le père de François Mitterrand, Joseph, comme l'affirme son fils. Charles participe aux travaux d'aménagement du canal du Berry et lorsqu'ils s'achèvent, décide de devenir éclusier à Roueron, en amont du village de Magnotte. C'est dans la modeste maison de la compagnie – une seule pièce d'envi-

1. Prénom du premier fils de François Mitterrand.

ron 25 mètres carrés et un petit débarras attenant[1] – que la femme de Charles, Augustine, née Desjean, met au monde, le 11 février 1844, Théodose, le père de Joseph, le grand-père de François, le premier Mitterrand à ne pas voir le jour dans le Berry. Le travail est rude. Il consiste à régler la circulation sur le canal où une seule péniche peut franchir l'écluse. Chaque fois, Charles doit manœuvrer seul les lourdes portes du sas. Et surtout arbitrer les conflits entre les mariniers, chacun réclamant la priorité de passage. Le soir, il tient le registre de la compagnie.

Sa sœur aînée, Alexandrine, et son frère, Etienne, morts très jeunes, c'est sur Théodose que reposent les espoirs de Charles et d'Augustine. Ils veillent à ce qu'il reçoive, comme eux, une solide éducation religieuse, mais une meilleure instruction. Théodose ne sera pas éclusier comme son père, mais il choisit, lui aussi, un nouveau moyen de locomotion : le chemin de fer. Il entre à la compagnie Paris-Orléans qui dessert le Centre Ouest de la France. On le trouve, à 25 ans, chef de district à la gare de Limoges-Bénédictins[2]. Il est fier d'appartenir au service public, conscient de ses responsabilités, au moment où l'engouement des Français pour le train est à son apogée. La même année, le 10 avril 1869, à Séreilhac, il épouse Zelma Laroche, fille d'un couple d'instituteurs limousins. Joseph et Marguerite Laroche, catholiques pratiquants, jugent

1. Marie Balvet note qu'en 1994 la maison existait toujours et n'avait pas été modifiée.

Au cours d'une réunion interministérielle consacrée aux voies navigables, tenue pendant le second septennat, Michel Delebarre, ministre des Transports, propose la fermeture définitive d'un certain nombre de canaux, notamment le canal du Berry. Georges Sarre, son secrétaire d'Etat, exprime un avis contraire.

Delebarre : « Ces canaux ne correspondent plus à rien. Ils n'ont plus d'utilité. Les maintenir en l'état n'a plus de sens. » Sarre : « Je crois qu'ils sont encore utiles et ils appartiennent au patrimoine national. » Mitterrand tranche : Sarre a raison. Après la réunion, Delebarre à Sarre : « Qu'est-ce qui t'a pris ? Et le président qui t'approuve ! » Sarre : « J'ai essayé de te sortir d'un mauvais pas. Moi, je savais que son grand-père a tenu l'écluse de Roueron, sur le canal du Berry ! »

2. Ainsi nommée car elle a été construite dans un quartier où se trouvait autrefois un monastère consacré à l'ordre de saint Benoît.

compatible un enseignement respectant à la fois l'Etat et l'Eglise. Ils sont solidement implantés depuis plusieurs générations dans le Limousin où leur famille est respectée. Pour eux, le nom de Mitterrand est totalement inconnu. Mais ils apprécient vite le sérieux de Théodose. Joseph Laroche, en bon instituteur, croit en la science et au progrès. Il se félicite que son futur gendre ait choisi un métier d'avenir, utile au développement de la patrie.

Le contrat de mariage a été enregistré trois semaines plus tôt chez le notaire de Séreilhac, maître Denis, en présence de Charles, l'éclusier, intimidé par les deux instituteurs et par la difficulté qu'il a éprouvée à adapter la dot de son fils à celle de sa future belle-fille. Il ne pourra s'éloigner une seconde fois de son écluse et Théodose se retrouvera bien isolé le jour du mariage. Seule sa mère, Augustine, est présente à son côté.

Théodose quitte son logement de fonction trop petit et peu confortable et s'installe avec sa jeune épouse dans une maison avenue des Bénédictins, près de la gare. C'est là que naîtront ses deux filles : Marie, le 6 mai 1870 et Adrienne, le 19 août 1871.

Lorsque Joseph, le père de François Mitterrand, voit le jour le 26 septembre 1873, la famille a emménagé rue des Tanneries, dans un immeuble de trois étages. Théodose a voulu que les siens vivent dans un quartier moins populaire. Les époux Mitterrand n'auront plus d'enfant. Joseph est donc l'unique porteur du patronyme, comme son père l'a été avant lui. A 31 ans, Théodose démissionne de la compagnie Paris-Orléans. Sans pour autant quitter le service public. Il devient « agent voyer » de la voirie municipale de la ville de Limoges. Il exerce cette fonction pendant six ans. Il supervisera les grands travaux, notamment l'aménagement de l'avenue des Bénédictins qu'il a habitée. Est-ce la nostalgie du chemin de fer ? Est-ce le désir de se rapprocher du berceau familial ? Toujours est-il qu'il démissionne le 9 mai 1881, et qu'il réintègre la compagnie Paris-Orléans. Il est nommé chef de section à la gare de Romorantin. Il perd son père en 1886 et son beau-père l'année suivante. Ce dernier est enterré au cimetière de Sereilhac dans la tombe jumelle de celle de sa femme Marguerite [1]. François Mitterrand viendra s'y recueillir. Au cours d'un entretien avec Marie Balvet, il répétera à plusieurs reprises l'inscription qui l'avait frappé : « Vertu sublime ».

Zelma meurt, brusquement, le 16 janvier 1897. Terrible choc pour Théodose qui devient veuf à 53 ans et pour son fils Joseph. Théodose se retrouve seul à Bourges. Il s'installe dans la vieille maison d'Anne Mitterrand, la sœur de Martin, assisté d'une gouvernante. Sa petite-fille, Antoinette, la sœur aînée de François Mitterrand, lui procure un grand bonheur en venant parfois lui rendre visite.

Après la Première Guerre mondiale, son fils Joseph le fait venir à Jarnac où il meurt le 12 janvier 1920. François Mitterrand n'a que quatre ans, il garde peu de souvenirs de son grand-père paternel. Quant à sa grand-mère, il ne l'a vue qu'en photo. François Mitterrand confiera à Marie Balvet : « Je pense que c'était une personne assez sévère, un peu étroite. J'ai l'impression qu'elle a élevé ses filles de façon aussi étroite. Elle me paraît un personnage assez peu commode. » Sans doute lui reprochait-il de n'avoir eu d'autre ambition pour ses filles que d'en faire de bonnes épouses, de bonnes mères, de bonnes maîtresses de maison. François Mitterrand n'a jamais vu non plus sa tante Marie qui s'est éloignée de la famille après son mariage. En revanche, il a connu sa tante Adrienne et son mari Eugène Thirion qui viendront, eux aussi, finir leurs jours à Jarnac auprès de leur neveu Joseph. Mais François ne savait rien de la famille paternelle, des Laroche, des Robert, des Du Soulier, des Saderne, petits bourgeois limousins qui furent notaires, procureurs, chirurgiens, marguilliers.

1. Sur cette dernière on peut lire : « Ici repose Marguerite Laure Emilie Du Soulier de Clareuil, épouse Laroche, décédée à l'âge de 72 ans. Vertu sublime. »

François Mitterrand a-t-il continué de croire à la légende familiale transmise par son père, reprise par Claude Manceron et Bernard Pingaud [1] et même par le généalogiste Michel Samentery. Ou bien s'est-il convaincu, à la lecture de Marie Balvet, que ses ancêtres appartenaient à la cohorte des anonymes, qu'aucun Lorrain, aucun Mitterrand, avant lui, n'avait, de près ou de loin, fait l'histoire ? Bref, que rien ne le prédisposait à s'y inscrire.

1. Claude Manceron, Bernard Pingaud, *François Mitterrand. L'homme, les idées, le programme*, Flammarion, 1981.

Si François Mitterrand, devenu leader de la gauche après la présidentielle de 1965, évoquait volontiers les ancêtres prestigieux et lointains que la légende familiale lui prêtait et qui le rattachaient à l'histoire, il insistait surtout sur la modestie de ses origines. Il était, disait-il, fils de cheminot. Autrement dit, fils du peuple. C'était en quelque sorte un mensonge par omission. On a vu que son père a cumulé les présidences, celle, nationale, des vinaigriers, celles, régionales, des Ecoles libres de Charente, de la Société de Saint-Vincent-de-Paul. Quant à ses grands-parents maternels, les Lorrain, ils étaient des bourgeois nantis, propriétaires de maisons et de terres exploitées par des métayers.

Cette volonté de se revendiquer d'extraction modeste agaçait Robert qui fréquentait la grande bourgeoisie du 16e arrondissement. Et plus encore Geneviève, très fière de ses origines. Elle ne supportait pas que son frère, qu'elle adorait, rabaisse ainsi la famille. François finit d'ailleurs par corriger ses premières déclarations pour reconnaître que les Mitterrand appartenaient à la bourgeoisie. Petite, précisait-il.

En 1982, un an après l'élection de François Mitterrand à la présidence de la République, la revue GE-Magazine *publie un article titré « Mitterrand cousin des rois ». Il est illustré par un tableau établissant la parenté du chef de l'Etat avec le gotha royal européen, notamment la reine Elizabeth II d'Angleterre, le roi Gustave de Suède, Juan Carlos d'Espagne, Constantin II de Grèce... Qui a fourni la documentation à Arnaud Chaffangon, le patron du magazine ? Le général Jacques Mitterrand, très attaché lui aussi à l'histoire familiale.*

« François ne pouvait pas s'empêcher d'évoquer cette trace de sang royal », se souvient son neveu Frédéric Mitterrand[1]*. Elle le rattachait à cette France éternelle qu'il révérait, à la lignée de Capétiens. Le chef du peuple de gauche se vivait comme le descendant, le fils spirituel de ces rois qui ont fait la France contre les féodalités.*

Quand Elizabeth II vient en France, en 1992, certains journaux titrent sur « le très royal cousinage de Mitterrand ». Lors de l'inauguration du tunnel sous la Manche, le 6 mai 1994, à Folkestone, le président français évoque l'enfance de la reine qui en fut très touchée et le lui dit. Quand Charles venait à Paris, il ne manquait jamais de déjeuner en tête à tête avec François Mitterrand. Ce dernier était le seul dirigeant politique en Europe à qui Charles faisait un tel honneur.

A la fin de sa vie, François Mitterrand écrira : « L'histoire de la France me possédait. J'aimais ses héros, ses fastes et les grandes idées venues d'elle qui avaient soulevé le monde. J'avais la conviction depuis l'enfance que j'aurais à la continuer[2]*. »*

Est-ce cette conviction précoce qui pousse, à 23 ans, le sergent Mitterrand à rendre visite au comte de Paris, le 21 mars 1939, en compagnie de ses camarades du 104, François Dalle, Pol Pilven, André Bettencourt et Bernard Duprey ? C'est Dalle qui a obtenu le rendez-vous au manoir d'Anjou dans les faubourgs de Bruxelles où le jeune prince

1. Entretien avec l'auteur, le 27 mars 2008.
2. François Mitterrand, *Mémoires interrompus, op. cit.*

– il a 30 ans – vit en exil. Mais c'est François qui séduit Henri, comte de Paris, par l'intelligence de son verbe. Le jeune Charentais est flatté de l'attention que lui porte celui qui incarne une tradition millénaire et dont il apprécie qu'il condamne, à la fois, l'Action française et les accords de Munich. « Dans le magnifique regard bleu azur du prince, le jeune provincial, patriote et vibrant aux rappels historiques, a sans doute perçu les images d'un merveilleux kaléidoscope qui, de Bouvines à Yorktown, ravivait le souvenir d'une France que la providence avait placée au premier rang des puissances de l'univers », écrit Guy Gauthier[1].

Mitterrand n'a pas oublié cette rencontre. Dès le début du premier septennat, à l'automne 1981, il invite le comte de Paris et ses camarades du 104 qui l'accompagnaient en 1939 à une chasse en forêt de Fontainebleau. Réception dont le prétendant à la couronne garde un souvenir « idyllique[2] *» A la fin du second septennat, Mitterrand confiera à Pierre Péan : « J'ai noué avec lui [le comte de Paris] une relation qui dure jusqu'à aujourd'hui. »*

En 1987, deux ans avant le bicentenaire de la Révolution de 1789, le président socialiste, successeur de Jaurès et de Blum, accorde son parrainage au Comité d'organisation de la commémoration du millénaire capétien. Et le 3 avril 1987, alors que les socialistes sont réunis en congrès à Lille, le président assiste, en compagnie du comte de Paris, assis à son côté au même rang – il a fallu modifier le protocole ! – à une messe pontificale dans la cathédrale d'Amiens, capitale de cette Picardie arrachée par Philippe Auguste au comte de Flandre à la fin du XIIe *siècle ! Ce qui fera dire au comte de Paris : « François Mitterrand est le dernier des Capétiens*[3]*. »*

François Mitterrand, qui avait conscience d'incarner à la tête de l'Etat la continuité historique de la France ne

1. Guy Gauthier, *François Mitterrand, le dernier des Capétiens*, France Empire, 2005.
2. *Ibid.*
3. A Pol Pilven en 1987 et à Pierre Péan en 1989.

reniait pas cette filiation avec ceux qui, disait-il, étaient « la colonne vertébrale de notre histoire ». Il faisait remonter la fondation de la nation non pas à 1789, ou à Clovis comme de Gaulle, mais à la bataille de Bouvines et à Philippe Auguste.

Pour autant, contrairement à une légende – une de plus ! – Français Mitterrand n'a jamais eu de tentation royaliste. Il était passionné par la royauté jusqu'à connaître les dates des règnes de tous les rois de France et leurs traits marquants, parce qu'ils faisaient partie de l'histoire. « Je n'étais pas royaliste mais cela m'intéressait parce que les royalistes représentent la plus ancienne tradition politique de ce pays », dira-t-il à Bertrand Renouvin[1]*. Mais la monarchie, en cette fin de XX*e *siècle, lui paraît « irréelle », en tout cas « pas d'actualité. » Le comte de Paris se gardait bien d'ailleurs de l'enrôler sous la bannière des monarchistes. Alors qu'il était en conflit avec son fils, il répétait volontiers cette remarque du président : « La succession héréditaire soulève des difficultés car on ne peut pas être assuré de la qualité de sa descendance... Vous en savez quelque chose, Monseigneur*[2]*! » Monseigneur eut l'élégance de ne pas lui répondre : « Vous aussi ! »*

1. Candidat royaliste à la présidence de la République en 1974.
2. Confidence faite, le 21 juin 2004, par le comte de Paris à Guy Gauthier.

Le bonheur à Jarnac

En Charente, les familles bourgeoises sont des clans dont le chef est en général un aïeul. Elles vivent derrière les hauts murs de leurs maisons qui donnent sur de vastes cours. On y est entre soi[1]. Au 22, rue Abel-Guy, le clan est structuré autour de Jules Lorrain. C'est lui qui dirige la vinaigrerie, lui qui subvient aux besoins de toute la famille, notamment de sa fille aînée Antoinette, veuve avec ses deux enfants et sans ressources[2]. Charles Moulin, un intime de François Mitterrand qui a recueilli ses confidences, compare Jules Lorrain à un président de la IIIe République[3]. C'est un personnage public à Jarnac, alors que sa femme, elle, ne sort que pour aller à l'église ou rendre quelques visites. Mais la responsabilité domestique, celle de la vie quotidienne, de l'éducation des enfants, de la marche de la maison, est assumée, comme c'est généralement le cas dans cette Saintonge de tradition matriarcale, par l'épouse. Eugénie, cette petite femme énergique, a beaucoup plus que son mari le sens de l'ordre et de l'autorité. Avec elle, tout est à sa

1. « L'étranger commence hors du cercle familial. Chez nous, comme nous recevions, les invités entraient comme par effraction, nous les regardions avec curiosité. » François Mitterrand, Elie Wiesel dans *Mémoire à deux voix*, *op. cit.*
2. Son mari, le docteur Francis Sarrazin qui a soigné les blessés sans relâche sur le front, est mort d'épuisement en 1917.
3. Charles Moulin, *Mitterrand intime*, *op. cit.*

place et tout fonctionne. Elle sait canaliser l'énergie débordante et parfois brouillonne de Jules.

Pour accueillir leur fille cadette Yvonne, leur gendre et leurs sept enfants – Philippe naîtra deux ans plus tard –, Jules et Eugénie ont bien fait les choses : ils les installent 24, rue Abel-Guy dans une grande maison de deux étages à la longue et belle façade protégée par de hautes grilles. Cette ancienne propriété de la famille d'Eugénie, construite à la fin du XVIIIe siècle jouxte la leur. L'entrée principale ouvre à droite sur la salle à manger, à gauche sur le salon, puis sur le bureau de Joseph. Un couloir mène à la cuisine. Au premier étage, trois grandes chambres et une salle de bains donnent sur le jardin, plein sud. A l'arrière, des pièces plus modestes servent aussi de chambres ou de lingerie. Au deuxième étage, les noirs greniers garnis de livres. Lorsque le couple emménage, on s'y éclaire encore à la bougie ou à la lampe Pigeon alors que les grands-parents ont déjà l'électricité. Elle n'arrivera au 24 que trois ans plus tard, François avait 7 ans environ.

Les conditions matérielles y sont tout autres que dans les appartements de fonction des gares où travaillait Joseph. Yvonne est aidée par sa mère et sa sœur mais aussi par les domestiques. La chef des bonnes, la fidèle Octavie, fait partie de la famille. Les enfants ont de l'espace pour jouer dans un grand jardin planté de troènes et de hauts sapins qu'une tempête abattra quelques années plus tard. Une porte de communication ouverte dans le mur qui longe la vinaigrerie donne accès à un autre jardin, celui de la maison des grands-parents. Puis, on accède à la cour de la vinaigrerie, avec ses hangars encombrés de tombereaux et de charrettes, les bâtiments de la fabrication du vinaigre et leurs énormes cuves, la tonnellerie, les écuries avec quelques chevaux et le grenier à foin, un jardin potager et, plus loin encore, des voitures à cheval et une série d'enclos que les enfants appellent le « Maroc » et où ils s'aventurent avec crainte.

Joseph est entré dans le clan Lorrain par amour pour sa femme. A 46 ans, il fait l'effort de s'y intégrer, de s'adapter à ses rythmes et à ses rites. Mais il se sent trop loin de ces gares qu'il dirigeait, de ces trains qui l'invitaient aux voyages auxquels il rêvait. A Jarnac, il est l'obligé de son beau-père. Sa situation est d'autant plus délicate que Jules Lorrain ne lui laisse pas les rênes aussi facilement que l'avaient prévu sa femme et ses filles. Malgré ses 66 ans, il se sent en pleine forme, pas mûr pour la retraite. Mais, surtout, il comprend vite que son gendre n'est pas fait pour le commerce. Austère, volontiers solitaire, souvent enfermé dans son bureau, il a plus de goût pour la lecture, l'écriture ou la méditation que pour la fréquentation des clients de la vinaigrerie.

Jules Lorrain continue donc à diriger ses affaires. Pour obtenir, au moins en partie, son indépendance financière, Joseph installe un bureau d'assurances agréé par la compagnie l'Union. Le voilà contraint de nouer des contacts à Jarnac et dans les campagnes environnantes dont il sillonne les chemins, d'abord à motocyclette et plus tard en automobile, une Chenard-Walker, dont les bougies avaient une fâcheuse tendance à s'encrasser. Il crée aussi une fabrique de balais qu'il installe dans une aile inoccupée de la vinaigrerie. Ses balais, qui portent le label « de luxe », sont commercialisés sous le nom de « L'As du carreau ». L'austère Joseph Mitterrand avait un faible pour les jeux de mot[1].

Joseph n'est pas malheureux à Jarnac. Il aime profondément sa femme, ses enfants, la vie de famille, les repas pris en commun, les soirées de lecture. Avec Jules, les relations sont bonnes. Les deux hommes se respectent même s'ils ne se ressemblent pas. C'est presque le feu et l'eau. Le beau-père est jovial, expressif, volubile. Le gendre est un homme de peu de mots, introverti, volontiers misanthrope. Le

1. Selon Robert, « cette petite industrie prospérera un certain temps », ce qui veut dire qu'elle cessa assez vite de prospérer…

premier a l'esprit d'entreprise, le goût du risque, le culte de la réussite. Le second, qui gardera toujours la nostalgie du service public, déteste le commerce, la finance. Jules, issu d'une famille aisée, est, on l'a vu, ouvert politiquement. Joseph, originaire d'une famille plus modeste, est plus conservateur, voire traditionaliste. Le grand-père de François Mitterrand est un laïque; le père, un calotin. Militant catholique, brancardier à Lourdes, président des écoles libres de Charente et président régional de la Société Saint-Vincent-de-Paul qui porte assistance aux pauvres, fidèle soutien du général de Castelnau, chef d'un mouvement nationaliste, il ne tolère pas certaines idées.

Pierre Boujut, un jeune Jarnacais qui édite une revue anarchisante et antimilitariste, *Regains*, offre trois numéros à Colette avec qui il joue au tennis. Quelques jours plus tard, ils lui reviennent par la poste, accompagnés d'un petit mot du père de la jeune fille : « Ce genre de littérature n'entre pas chez nous ! » Il faudra attendre la Libération et le retour de captivité de Boujut pour que Joseph, qui ne lui avait jamais adressé la parole, l'arrête dans la rue. Il tenait à lui dire qu'il approuvait les positions politiques de François, devenu membre du Gouvernement provisoire du général de Gaulle et combien il était fier des actions courageuses de son fils pendant la Résistance[1]. A Jarnac, Joseph Mitterrand est si pieux, il a une telle réputation de vertu et de sagesse qu'une paroissienne, apprenant la naissance de son huitième enfant et réalisant brusquement qu'il n'était pas le fruit du Saint-Esprit, pas plus que les sept autres qui l'avaient précédé, s'écria : « Quoi ? Ce bon Monsieur Mitterrand ! Un homme si convenable ! »

Si Jules et Joseph sont différents, ils n'en sont pas moins tous deux des hommes d'ordre, suffisamment tolérants pour apprécier les qualités de l'autre. A leurs yeux, la famille, d'abord la famille, le travail, le respect des règles, l'amour

1. Entretien avec Michel Boujut, le fils de Pierre, le 11 janvier 2007.

de la patrie sont des valeurs essentielles. Et ils nourrissent les mêmes ambitions pour leurs descendants.

Une grand-mère autoritaire, une mère dévote qui s'impose un emploi du temps strict, un père pieux et austère qui se réfugie dans le silence, la vie aurait pu être lugubre derrière les hauts murs du clan Lorrain. Il n'en est rien. Est-ce la convivialité du grand-père Jules, dont l'optimisme finit par triompher de tout ? Est-ce le tempérament chaleureux d'Yvonne hérité de son père ? Est-ce la tendresse de la grand-mère qui reporte sur ses petits-enfants l'amour pour ses deux fils trop tôt disparus ? Ou encore la rectitude morale du père qui cache une grande tendresse sous ses dehors bourrus ? Toujours est-il que la vie rue Abel-Guy n'est pas triste. C'est même tout le contraire, il y règne une atmosphère de liberté dont les enfants ont gardé un souvenir fort [1].

Certes, la discipline est stricte mais elle n'exclut pas un brin de fantaisie voire de romantisme. Certes, on vit sous le regard de Dieu toujours présent [2]. Certes, le bénédicité avant chaque repas, la prière avant le coucher pour demander la protection de Dieu et le remercier de ses bienfaits et la messe du dimanche où se rend au grand complet la famille rythment la vie quotidienne. Mais Yvonne, dévote mais pas bigote, n'oblige pas ses enfants à suivre son exemple. Elle n'est pas sévère. « Avec elle, un enfant n'avait jamais tort », dit la cousine Lolotte. Joseph, lui, se contente de marquer sa désapprobation par de lourds silences. Les grands-parents font confiance à leurs descendants et leur laissent une grande liberté à condition qu'ils n'en abusent pas. Il faut dire que les enfants sont sages, obéissants. Chacun s'épanouit avec sa personnalité mais aucun n'est rebelle.

Une photographie de la famille prise en 1923, quatre ans après l'installation rue Abel-Guy, en dit long sur le couple

1. Entretien avec « Lolotte », le 13 décembre 2006.
2. « Chaque acte de la vie était placé sous le regard de Dieu sans qu'à aucun moment nous ne sentions le poids de la bigoterie ou d'une étroitesse d'esprit. D'ailleurs, aucune contrainte n'empêchait le bonheur et l'enthousiasme d'envahir la maison. » Robert Mitterrand, *Frère de quelqu'un*, *op. cit.*

et sur la fratrie. Au centre, Yvonne, entourée de ses huit enfants. Tous fixent l'objectif. Sauf Joseph, excentré à gauche du cliché, un peu à part, le regard ailleurs. Comme s'il n'était pas tout à fait là. Derrière la mère, Antoinette, l'aînée alors âgée de 14 ans, plus proche des parents que de ses frères et sœurs et qui seconde sa mère dans les tâches quotidiennes. A sa droite, Marie-Josèphe, sa cadette de deux ans, déjà fantaisiste, déjà artiste, qui invente des histoires peuplées de personnages mystérieux. Puis Colette, 11 ans, déjà la plus jolie, très proche de Robert – au point qu'on les appelle « la cane et le canard ». Au premier rang, assis sur une table, Geneviève, 4 ans, la dernière des filles ; Robert, l'aîné des garçons, 8 ans, déjà brillant élève ; Jacques, les yeux bleus, le visage fin ; Philippe, le petit dernier sur les genoux de sa mère, et, à leur gauche, légèrement en avant des autres, une main protectrice posée sur la cuisse de sa mère, François, 7 ans, dont la présence paraît déjà dominer. Il n'est pas le plus brillant, c'est Robert. Pas le plus beau et le plus intrépide, c'est Jacques. Pas le plus gentil, c'est Philippe. Il est différent. Il possède ce quelque chose d'indéfinissable que les autres n'ont pas. Déjà, cette force tranquille, cette faculté de ne jamais se départir de son calme, d'organiser sa vie selon son libre arbitre tout en respectant les règles de la vie commune, de prendre pleinement part aux activités – surtout lorsqu'il s'agit de jeux où il déteste perdre – tout en sachant s'isoler. Déjà, cet art de fractionner le temps, de paraître pleinement là en étant ailleurs, cette soif de liberté, cet appétit sans fin pour la lecture, cet intérêt porté, très tôt, à la conversation des adultes.

Jusqu'à l'âge de 7 ans, les enfants Mitterrand vont à l'école Sainte-Marie située dans la grand-rue, près de l'église. Chaque matin, Robert, Colette, François et les deux cousins Pierre et Lolotte se retrouvent dans la cour de la maison des grands-parents et, accompagnés du chien Athos, gagnent ensemble la petite école composée de deux classes.

Robert est l'élève préféré de l'institutrice, Mlle Baranger. C'est là que les Mitterrand et les Sarrazin vont apprendre à lire, à écrire et à compter. En cette époque d'anticléricalisme militant, ils sont souvent apostrophés dans la rue par des garçons qui leur crient : « Calotins, calotins ! » Robert écrira : « Après enquête auprès de nos parents, nous comprenons qu'en quelque sorte, nous l'étions[1]. » A 7 ans, les garçons vont à la communale de Jarnac fréquentée par les fils du peuple. L'aristocratie protestante a sa propre école.

Souvent, après la classe, les enfants entrent dans le bureau de leur père où règne une odeur de tabac. Robert se souvient : « Nous étions accueillis avec un plaisir évident mais sans démonstration extérieure. Il nous parlait toujours comme si nous étions grands et ses recommandations n'en avaient que plus d'importance. » Joseph surveille attentivement les études de ses fils. Il leur a enseigné les rudiments de latin et d'allemand avant même l'école. Quand il est satisfait, il fredonne un refrain difficile à identifier. Quand il ne l'est pas, il s'enferme dans un silence réprobateur. Mais il ne s'emporte jamais et jamais il ne lève la main sur l'un de ses enfants. Les filles reçoivent une éducation musicale, le piano pour Antoinette et Marie-Josèphe, le violon pour Colette. Robert, lui aussi, apprend le piano, mais François préfère les livres.

Le soir, à la veillée, les enfants se réunissent autour de leur mère. Elle leur lit un article de la *Revue Des Deux mondes* ou un poème d'Alphonse Daudet, de Paul Bourget ou de Théodore de Banville. Marie-Josèphe les apprenait par cœur et les récitait. Premières lectures, les bandes dessinées, Bécassine, Camembert, Cosinus, Fenouillard. La Bibliothèque rose : *Les Malheurs de Sophie,* les *Mémoires d'un âne* pour les plus jeunes ; Jules Verne et Alexandre Dumas pour les autres. En grandissant, les romanciers lus par les parents :

1. Robert Mitterrand, *Frère de quelqu'un*, *op. cit.*

Paul Bourget, René Bazin, Marcel Prévost. Mais aussi les modernes, Mauriac, Giraudoux, Montherlant, Huxley et même Colette. A l'heure du coucher, les enfants se bousculent dans l'escalier pour rejoindre leur chambre. Ils disent une dernière prière avant de s'endormir.

Au-delà des valeurs enseignées à la maison, les enfants Mitterrand ont été marqués très tôt par la culture si particulière de Jarnac. Faut-il croire Jacques Chardonne quand il écrit : « Dans une petite ville de Charente tout le monde était heureux autant qu'il est possible de l'être sur terre » ? Faut-il le suivre lorsqu'il décrit Jarnac comme « une petite ville toute remplie de privilégiés, des hommes comblés qui vivaient librement » ? Vision idyllique.

Sans doute. Mais il est vrai que les pauvres sont rares à Jarnac et qu'ils sont secourus. L'ambition de tous, du riche négociant de cognac au petit vigneron, du modeste tonnelier au petit boutiquier, c'est bien sûr la réussite. Beaucoup y parviennent. Pour autant, l'argent n'est pas roi. Les Jarnacais n'en sont pas esclaves. Ils sont capables, selon l'expression de Chardonne « d'être riches sans pâtir de la fortune ». Belle formule qui correspond à une réalité.

A Jarnac, la richesse n'est pas ostentatoire et le riche n'a pas mauvaise conscience. Il estime, au contraire, avoir mérité sa fortune par son travail même s'il juge indécent de l'étaler. « Le riche dissimulait souvent sa fortune sous des dehors modestes et se contentait des obscurs plaisirs de l'avare », note encore Chardonne. Bien sûr, ici comme ailleurs, c'est l'argent qui détermine la hiérarchie sociale. Les grands du cognac sont maires, députés, président de la société de tir, de la société philharmonique. Mais c'est une hiérarchie acceptée. On respecte le négociant qui fait connaître le cognac dans le monde et dont la fortune profite à la communauté. Le négociant, le vigneron, le tonnelier sont solidaires : chacun sa compétence, chacun sa récompense.

Robert Delamain, l'historien de Jarnac qui fondera les éditions Stock, fait le même constat que Chardonne : « Ce qui semble frapper chez nous, c'est la bonne entente entre les habitants de notre ville. » Cette « harmonie » n'est pas seulement à ses yeux « la conséquence de notre communauté de vie dans un cadre que nous aimons tous et qui nous pénètre de sa paix, de sa sécurité, de sa langueur, mais aussi de notre communauté d'intérêt[1] ».

Dans ce rapport des Jarnacais à l'argent, tous deux omettent l'importance de l'éthique protestante qui a permis de développement de l'esprit capitaliste en glorifiant le travail et en déculpabilisant le profit. L'imprégnation calviniste est d'autant plus forte, à Jarnac, que c'est en Saintonge et en Angoumois que Jean Calvin a commencé à prêcher la Réforme. Il a participé à des réunions secrètes à Jarnac même où un colloque protestant se tient en 1560. Ici, le catholicisme est fortement mâtiné de jansénisme et les catholiques, même les plus dévots, sont influencés dans leurs pratiques religieuses, parfois à leur insu, par le protestantisme. Ils ne se contentent pas de dire des chapelets ou d'implorer les indulgences. Ils lisent la Bible, ce qui n'est pas courant à l'époque chez les papistes. C'est le cas notamment de la très catholique Yvonne Mitterrand et de son fils François dont l'Ecclésiaste restera l'un des livres de chevet.

Ce qui est vrai de la pratique religieuse l'est plus encore des rapports sociaux : « Ainsi les luttes sociales sont-elles ici moins âpres qu'ailleurs, constate Robert Delamain. La misère y est rare, elle n'est en tout cas jamais désespérée. » Chardonne va plus loin : « Nulle classe, nulle caste chez ces gens très divers qui, pour leurs enfants, pouvaient tout espérer au point de n'envier personne[2]. » Nulle classe, allons donc ! L'échelle sociale existe bel et bien. De haut en bas, sur le premier barreau les négociants, sur le deuxième les

1. Robert Delamain, *Jarnac à travers les âges*, Stock, 1925.
2. Jacques Chardonne, *Le Bonheur de Barbezieux*, *op. cit.*

commerçants, sur le troisième les salariés [1]. Encore fallait-il distinguer dans la première catégorie ceux que Jean Lacouture appelle la caste des « maîtres du bouchon », ceux du cognac, art majeur et ceux du vinaigre, art mineur.

Les Mitterrand ont le sentiment d'être différents de ces grands du cognac, discrets à Jarnac, mais qui, souvent, dilapident des fortunes à Paris. Chez eux, on ne parle pas d'argent, on n'aime pas les très fortunés, les deux cents familles, ni les nouveaux riches, on tient les hiérarchies fondées sur la fortune pour le pire désordre. « Que l'argent pût primer les valeurs qui leur servaient naturellement de référence : la patrie, la religion, la liberté, la dignité, révoltait les miens. C'était l'ennemi, le corrupteur, avec lequel on ne fraie pas », écrira François Mitterrand [2]. Les Mitterrand avaient conscience d'appartenir à une espèce d'aristocratie intellectuelle qui les rendait supérieurs, à leurs yeux, aux grands du cognac.

Mais il est vrai qu'en dépit des disparités de revenus les conflits sociaux n'existent pas à Jarnac. Il est des mots que le jeune François n'a jamais entendu prononcer, « lutte des classes », « syndicats », « grèves »...

Les Mitterrand, comme tous les Jarnacais, sont fiers de leur ville. Elle est petite – 4 000 habitants – mais elle n'est pas repliée sur elle-même comme tant d'autres à l'époque. C'est une cité sans frontières qui vit déjà avec un siècle d'avance à l'heure de la mondialisation. Maurice Bures la décrit « sans cesse les yeux tournés vers tous les coins du monde [...] en relation avec tous les pays du globe, de Québec à Bombay, de Hong Kong à Buenos Aires et qui se nourrit exclusivement de l'or de l'étranger [3] ». Albert d'Arnoux, plus connu sous son nom de dessinateur, Bertall, premier illustrateur de Balzac, célèbre lui aussi, à sa manière

1. C'est le jugement que portait François Mitterrand, en 1969, dans *Ma part de vérité* sur la société qu'il a connue enfant et adolescent à Jarnac.
2. François Mitterrand, *Ma part de vérité*, *op. cit.*
3. Maurice Bures, *Le Type saintongeais*, Croît vif, 1991.

volontiers délirante, la renommée mondiale des produits charentais : « Cognac ! A ce nom seul toutes les nations tressaillent, même les plus sauvages. Il n'est pas de Canaques, d'habitants de la Terre de Feu, de nègres Botocoudos, de Patagons, ou de Peaux-Rouges du bord de l'Hudson qui ne sachent ce que veut dire ce mot magique. Le cognac ou l'eau de feu a fait plus d'esclaves et plus de conquêtes que les hommes. »

Les représentants des grandes maisons jarnacaises vont démarcher les clients aux quatre coins de la planète. Les riches acheteurs viennent en Charente du monde entier. Pour les accueillir, Jarnac ne possède aucun hôtel de standing. Les négociants y ont veillé. Ils tiennent à recevoir leurs clients chez eux, à l'abri de leurs murs. Ne pas les quitter, c'est encore le meilleur moyen d'empêcher tout contact avec la concurrence.

Cette ouverture sur le monde explique sans doute que la Saintonge ait donné à la France deux de ses grands Européens : Jean Monnet, né à Cognac et dont les descendants habitent aujourd'hui Jarnac, et François Mitterrand. Le premier fut, avec Robert Schuman, le père de la construction européenne, avec la création, en 1950, de la Communauté européenne du charbon et de l'acier. Le second relança l'Europe en jouant un rôle déterminant dans trois étapes marquantes : le Grand Marché, le traité de l'Union européenne, la monnaie unique.

Les villes heureuses seraient-elles celles qui, comme les hommes, n'ont pas d'histoire ? Jarnac a traversé les siècles sans grand drame. « En somme, résume Delamain, si notre peuple subit une influence propre des Romains au point de vue social, s'il supporte avec patience le voisinage des Goths et avec résignation le joug des Francs, il conservera toujours sa nature propre, ce caractère particulier créé par une longue adaptation à cette terre de Saintonge défrichée et fécondée par ses ancêtres celtes et ligures et qui l'avaient marquée de son empreinte ineffaçable[1]. » Le passage des Maures, des Normands, des Anglais, est ainsi censé ne pas avoir entamé le vieux fond celte ligure.

Ici, même la Révolution sut se garder de trop grands excès. Delamain estime que les cahiers de doléances dont on ne possède que des bribes, le document ayant été égaré vers 1860, « permettent d'apprécier la sagesse et le ton mesuré » des Jarnacais. Ils réclament la liberté de la presse, sous restrictions raisonnables, la légitime défense pour les accusés, le contrôle des malversations de l'administration, le pouvoir donné aux assemblées provinciales et municipales de répartir les impôts. Une milice bourgeoise est créée le 26 juillet 1789. De ce jour, le comte de Jarnac, Charles Rosalie de Rohan-Chabot perd ses pouvoirs, ses privilèges, son autorité. Deux mois plus tard, il quitte Jarnac pour toujours et rejoint l'armée des princes à Coblence. Le 31 janvier 1790, cent soixante « électeurs actifs » désignent la municipalité et son président… le curé de Jarnac. La fête de la Fédération du 14 juillet 1790 est ouverte par une messe et close par un *Te Deum* et un bal.

Le 2 ventôse de l'an 2 de la République, un membre de la société populaire de Jarnac demande le changement du « nom féodal de la commune » – déshonorée à ses yeux par le « coup de Jarnac », ainsi que par les guerres de Religion – pour celui d'« Union-Charente ». Malgré les menaces, le conseil municipal s'y oppose. La Terreur ne fera qu'une seule victime, le notaire Charles Gaboriaux, membre du conseil municipal, dénoncé pour « ses liaisons avec certains aristocrates » et guillotiné à Vincennes.

Et c'est pourtant cette ville harmonieuse et paisible qui fut, lors de la quatrième guerre de Religion, le théâtre de combats meurtriers dont la portée fut immense. Il opposa pendant deux semaines le prince de Condé, chef de l'armée protestante et le duc d'Anjou, frère de François II et de

1. Robert Delamain, *Jarnac à travers les âges*, *op. cit.*

Charles IX, futur Henri III. Le 13 mars 1563, Condé et quatre cents de ses hommes sont tués. Le corps du prince protestant est transporté au château de Jarnac sous les quolibets des catholiques. Il est déposé sur une table de marbre rouge. Le duc d'Anjou « montre une joie indécente »[1]. Il exige de coucher dans une chambre au-dessus de celle où gît le corps du vaincu. La victoire de Jarnac est célébrée avec éclat par tout le monde catholique. Charles IX fait chanter un *Te Deum* à la cathédrale de Metz où il se trouve. Le roi d'Espagne ordonne des fêtes. Le pape fait exposer les vingt-sept drapeaux pris à Jarnac aux protestants pendant la bataille, dans la basilique Saint-Pierre de Rome. De tels événements restent gravés dans la mémoire collective d'une ville. Et dans celle d'une famille aussi férue d'histoire que les Mitterrand.

D'autant que les guerres de Religion ont déchiré les familles jarnacaises pendant plus de deux siècles. Et d'abord, la première d'entre elles, celle des barons Chabot, propriétaires de Jarnac depuis 1400, et dont le château dominait la ville. Le plus célèbre d'entre eux, dont les enfants Mitterrand, comme tous les petits Jarnacais, connaissaient l'histoire, est Guy Chabot, septième baron de Jarnac, l'auteur du fameux « coup de Jarnac » assimilé, à tort, à un coup bas, à une perfidie[2]. Il s'agissait au contraire d'une botte inédite, d'un astucieux coup d'épée qui blessa mortellement François de Vivonne, comte de la Châtaigneraie, une fine lame, réputée invincible, au château de Saint-Germain. Le duel eut lieu en présence du roi Henri II et des princes de sang. Son compte rendu signé de sept « royaux héros d'armes de France » l'atteste : « Guy Chabot s'éloigne, plein d'honneur et de représentation non seulement de la part du roi mais aussi de tous les princes, grands seigneurs, gentilshommes et autres qui avaient vécu ledit combat. » Après cette victoire

1. *Ibid.*
2. Les adversaires de François Mitterrand l'ont souvent présenté comme l'homme des coups tordus en référence au « coup de Jarnac ».

retentissante, Guy Chabot est confirmé, en 1569, dans les charges de Premier gentilhomme de la Chambre du roi Charles IX, de gouverneur de La Rochelle, de maire perpétuel de Bordeaux. Jamais le pouvoir et le rayonnement d'un baron de Jarnac n'ont été tels !

Ce héros jarnacais ne cachait pas ses sympathies pour les huguenots. Il ne s'oppose pas à la tenue du synode de La Rochelle. Puis il intervient auprès des juges de Saintes pour obtenir la liberté de Bernard Palissy, une figure calviniste. Guy Chabot meurt en 1572, l'année de la Saint-Barthélemy où trois mille protestants sont égorgés et leurs corps jetés dans la Seine. Son fils Léonor qui lui succède s'est converti, neuf ans plus tôt au protestantisme « faisant confession de sa foy en une assemblée d'environ trois mille personnes », écrit Théodore de Bèze, un disciple de Calvin. Jeanne d'Albret, reine de Navarre, vient à Jarnac accompagnée de son fils, le futur Henri IV. « Elle prêcha elle-même, comme elle en avait l'habitude, les principes de Calvin, devant une foule enthousiaste [1]. »

Le fils de Léonor, Guy Chabot V, neuvième baron puis comte de Jarnac, est nommé chef du parti protestant, en 1620 à La Rochelle, avec les ducs de la Trémoille et de Soubisse. Mais son fils qui lui succède se convertit au catholicisme et requiert même de la justice l'interdiction du culte protestant. La sentence ne sera appliquée que vingt ans plus tard, l'Eglise oblige alors les protestants à revenir au catholicisme. Son second fils, Louis Chabot, qui devient prieur de Jarnac et doyen de Saintes en 1665 va jusqu'à demander la démolition du temple de la rue Basse que son père et son grand-père avaient édifié. Louis Chabot, troisième comte de Jarnac, élevé dans la religion catholique par sa mère Marie de La Rochefoucauld demandera même à l'archiprêtre de Jarnac de bénir la chapelle du château, « profanée », dira-t-il par la présence du corps de son père mort huguenot.

1. Rapporté par Robert Delamain.

En 1686, cinq cents protestants, artisans et laboureurs, quittent Jarnac de nuit et s'embarquent pour l'Angleterre et la Hollande. Ce n'est qu'un début. En 1701, l'intendant Begon adresse un rapport au roi : « Les deux tiers des habitants de Jarnac et de ses faubourgs ont abandonné à cause de la religion. » Les deux provinces de Saintonge et de Poitou perdent plus de cent mille habitants. L'historien Albert Sorel écrit : « Ceux qui ayant à opter entre ce qu'ils avaient de plus cher au monde et leurs convictions optèrent pour leurs convictions, emportaient avec eux des trésors d'héroïsme et de désintéressement. Ils laissaient dans leur patrie un vide que rien ne peut combler. » Ceux qui restent sont hors la loi, pourchassés jusqu'à la révolution de 1789. La plupart sont contraints d'abjurer. Sous Louis XVI, la grande majorité de la population, à Jarnac comme partout en France, est redevenue catholique.

L'exil massif des huguenots après la révocation de l'édit de Nantes, qui instaurait la liberté de culte, affaiblit la région de Jarnac. Avec le temps, cet exode devait aussi avoir des effets positifs. Des liens très utiles, notamment pour le commerce du cognac, unissent, en effet, les protestants restés au pays et leurs parents exilés.

Dans un rapport adressé au préfet de Charente en 1818, le maire de la ville, M. Garreau, se félicite du fait que les persécutions ont été moins sanglantes qu'ailleurs : « Il est une importante remarque à faire sur l'esprit particulièrement bienveillant et paisible de l'Angoumois et de la Saintonge, c'est que pendant le plus grand feu des persécutions religieuses, au moment même des massacres et des dragonnades, les protestants de cette province ecclésiastique ont souffert sans trouble ni révolte. Il est juste d'ajouter aussi que la répression fut relativement modérée et que s'il y eut nombre d'abjurations forcées, on n'y conserve le souvenir d'aucune exécution sanglante ni à l'égard des pasteurs ni sur les chefs de famille comme cela est malheureusement arrivé dans les provinces limitrophes. »

N'empêche ! Le souvenir de ces deux siècles de déchirements entre les deux communautés reste vivace. Y compris chez François Mitterrand qui note dans *Ma part de vérité* : « Le feu des guerres de Religion couvait encore sous la cendre. Tout catholique se sentait soupçonné d'avoir révoqué l'édit de Nantes. Par mesure de rétorsion, la haute société protestante, très assise sur le négoce des eaux-de-vie, penchait à gauche et fournissait d'excellents maires aux majorités radicales-socialistes. Le dimanche matin, l'église et le temple séparaient en deux assemblées possessives du même Dieu, une bourgeoisie revêtue des mêmes habits de fête. »

Jugement excessif, sans doute. Mais les enfants Mitterrand, dont la maison jouxtant le temple avait été achetée au pasteur – le jardin s'agrémentait d'un pin, emblème de la Réforme et non pas d'un palmier, symbole des catholiques –, étaient bien placés pour savoir que, si les deux communautés vivaient désormais en bonne intelligence, elles ne se mélangeaient pas. Jules Lorrain pouvait fréquenter les seigneurs du cognac, tous huguenots, à l'exception de la famille Bisquit, au conseil municipal ou au cercle. Mais pour ce qui était de l'essentiel, le fossé restait profond. Les patriciens protestants étaient républicains, les bourgeois catholiques restaient souvent de tradition monarchiste. Les protestants avaient leur école, réputée, les catholiques la leur, plus modeste, que fréquentaient les petits Mitterrand. Un mariage mixte était encore impensable : « Les alliances naturelles des protestants se faisaient avec la porcelaine de Limoges ou les châteaux de Bordeaux [1]. »

1. François Mitterrand, *L'Expansion*, août 1972.

Pour comprendre François Mitterrand, il faut revenir, encore et toujours, à Jarnac, à son histoire, à ses rites et à ses codes, au cognac et au vinaigre, aux protestants et aux catholiques, à cette enfance dans laquelle il affirmait puiser « la plus large part des réserves » dont il disposait. Peu avant sa mort, il confie à Jean Daniel : « Je crois que c'est dans cet espace [la Charente], que sont nés et se développent tous les parfums, toutes les saveurs, tous les comportements qui ont fait de moi ce que je suis[1]. » *A son dernier biographe, Jean Lacouture, qui lui disait faire de son identification à tous les Français une ligne directrice de son livre, il objecta : « Bon... mais ce Français, dites bien qu'il est d'Aquitaine*[2]*... » Et pourtant, cette petite ville de Jarnac où il a vécu, dit-il, « une enfance heureuse qui a illuminé ma vie », il a longtemps semblé la délaisser. Ce n'est pas en Charente qu'il s'est implanté électoralement. Est-ce seulement parce qu'il n'avait aucune chance d'être élu, en 1946, en terre radicale face à Félix Gaillard, l'étoile montante des Valoisiens ? La circonscription de la Nièvre qui lui avait été proposée par celui qu'on appelait « le bon docteur Queuille » paraissait, elle aussi, ingagnable. « On*

1. Entretien publié par *Le Nouvel Observateur*, le 11 janvier 1996.
2. Jean Lacouture, *Mitterrand, une histoire de Français, op. cit.*

vous offre cette chance parce qu'elle n'existe pas », lui avait-il dit.

En fait, François Mitterrand considérait Jarnac comme un sanctuaire, le mausolée de ses souvenirs. Il ne voulait pas mêler son nom, sa famille, aux joutes partisanes. En cinquante ans de vie publique, il n'a pas tenu une seule réunion politique dans la ville qui l'a vu naître. Lorsque, en 1981, le petit-fils de Colette, Jérôme Lambert, adhère à la section PS de Jarnac, François Mitterrand désapprouve : « Ce n'est pas une bonne idée ! » Quand, en 1986, le même Jérôme, candidat aux législatives, l'informe qu'il est deuxième de la liste socialiste en Charente, François Mitterrand laisse tomber : « Tu ne seras jamais élu[1] ! » Non seulement il l'a été mais la maison du 22, rue Abel-Guy est devenue sa permanence électorale !

Contrairement à certains politiques qui couvrent d'or leur ville d'origine, Mitterrand n'a jamais privilégié Jarnac et la Charente. Les Jarnacais lui en ont tenu rigueur. Ce qu'ils ont pris pour du désintérêt était, au contraire, un excès d'attachement : il tenait tant à sa ville qu'il souhaitait qu'elle demeure en l'état, telle qu'il l'avait connue.

En un demi-siècle, celui qui fut onze fois ministre sous la IVe République et président de la Ve pendant quatorze ans, n'a effectué que trois visites officielles à Jarnac. La première a lieu le 16 octobre 1947, à l'occasion d'une journée du souvenir. Accompagné de son frère, Robert, qui est son directeur de cabinet, le jeune ministre des Anciens Combattants – il n'a que 30 ans — évoque son enfance dans ce qu'il appelle « la petite patrie ».

Il faudra attendre trente-six ans pour qu'il y revienne, le 8 octobre 1983, à l'occasion, cette fois, de l'émission du timbre sur Jarnac. Le président tient à préciser que c'est la société de philatélie de la ville qui lui a demandé le timbre commémorant son élection. La vignette représente le Quai

1. Entretien avec l'auteur, le 26 septembre 2007.

de l'Orangerie qu'on appelait le Quai des protestants, avec ses belles maisons, propriétés des négociants du cognac et leurs cours plantées de pins et de cèdres. Ce 8 octobre, Mitterrand ne dit pas que, visionnant la maquette du timbre, il a voulu qu'on rajoute un palmier, l'emblème des catholiques ! Dans son allocution, il réaffirme son attachement à sa terre : « Je n'ai jamais quitté Jarnac à vrai dire. J'y suis revenu de temps à autre. Je reviens dans la maison où je suis né, dans la maison où mes grands-parents ont vécu cela fait quelque cent trente ans, dans laquelle une de mes sœurs vit [...] J'ai souvent regretté de ne pouvoir garder davantage le lien avec la Charente bien que la vie politique m'ait conduit sur un territoire auquel j'ai voué beaucoup d'attachement [...] Bref, je suis resté fidèle à Jarnac, même si je n'y reviens pas souvent [...] L'essentiel, c'est d'abord le plaisir d'être chez soi et cela, c'est très profond [...] J'aimerais bien que la France tout entière ressemble à Jarnac [...] C'est un retour non seulement sur le sol, le vôtre, le mien, mais sur soi-même. » Comment mieux dire son attachement, très barrésien, à ses racines, à sa terre ?

La troisième visite officielle, le 6 mars 1995, sera la dernière. Deux mois avant la fin de son septennat, Mitterrand, à bout de forces, inaugure, accompagné de sa femme Danielle, de son fils Gilbert et de sa sœur Geneviève Delachenal, l'espace culturel de l'Orangerie, son musée abritant les cadeaux reçus pendant quatorze ans des autres chefs d'Etat. Il a veillé à chaque détail pendant les travaux d'aménagement. Surtout aux larges ouvertures vitrées donnant sur la Charente dont il était si fier, enfant, parce qu'elle était un fleuve qui se jetait dans la mer. Devant les élus locaux, il évoque ses souvenirs d'enfant des deux écoles, la catholique et la communale, se félicite de retrouver « cette ville qui a su garder son caractère », dit « son attachement profond pour les choses et pour les gens [...] pour cette communauté humaine de Jarnac ». Ce jour-là, Madeleine

Chapsal, Charentaise comme lui, l'entend affirmer : « La Nièvre, ce n'est qu'une greffe. Les vraies racines, le pied, c'est ici[1]*. » Confidences d'un homme qui sait sa fin proche et qui a déjà choisi d'être enterré dans le caveau familial où il ne reste qu'une seule place, la sienne.*

Après avoir déjeuné à Saint-Simon, chez sa belle-sœur Jacqueline, la femme de son frère Philippe décédé trois ans plus tôt, il revient presque incognito à Jarnac. Malgré sa grande faiblesse et sa difficulté à marcher, il va, à pied, de l'église Saint-Pierre à sa maison natale du 22, rue Abel-Guy, puis au cimetière des Grand' Maisons où reposent les siens. Parcours traditionnel lors de ses visites privées. Celui qu'empruntera, à sa demande, sa dépouille mortelle, le 11 janvier 1996.

Alors que son hélicoptère l'attend depuis plusieurs heures sur la base aérienne de Cognac, il flâne, prend son temps. Comme si, conscient qu'il ne reviendrait plus, il ne voulait pas quitter Jarnac. Comme s'il voulait s'imprégner une dernière fois de son atmosphère, de sa lumière, de ses maisons blanches, de ses rues calmes, de ses pins protestants et de ses palmiers catholiques.

Si les déplacements officiels de François Mitterrand à Jarnac furent rares, ses visites privées furent nombreuses. Ministre de la IVe République, il s'y arrêtait deux à trois fois par ans, notamment l'été lorsqu'il descendait dans sa maison d'Hossegor. Il déjeunait chez son cousin Pierre Sarrazin, ou, plus souvent, chez son frère Philippe à Saint-Simon. Mais ce n'est que plus tard, à partir des années 1970 qu'il revint régulièrement. Lorsqu'il séjournait rue Abel-Guy, il choisissait toujours la chambre de son père qui donne sur la glycine, et non pas sa chambre de jeune homme, la chambre aux oiseaux où il rêvait à son destin.

Il dormait aussi à Saint-Simon où il aimait l'accueil chaleureux de Philippe et de sa belle-sœur. Il connaissait mieux

1. Vincent Rousset, *François Mitterrand et les Charentes*, 1988, Croîx vif.

qu'eux l'histoire de leur maison. En 1971, il dégote chez un libraire parisien un livre de 1890, édité à La Rochelle, où l'abbé Tricoire, curé de Moulidars, retrace l'histoire de la demeure appelée Maison La Roque. Ancienne métairie noble possédée par les Montalembert, elle fut acquise en 1695 par Pierre Rambaud, « conseiller du roi, lieutenant au siège de Cognac ». Une de ses descendantes épousa un Anglais, Pierre-Philippe Marett. En 1793, sous la Terreur, soupçonné d'être un espion britannique, M. Marett sauva sa tête de justesse grâce à l'intervention de M. Martell, un des grands du cognac épargné par les révolutionnaires parce qu'il était un patron très social. De peur d'être, à nouveau, accusé d'être un aristocrate dans ce pays décidément imprévisible qu'était pour lui la France, M. Marett fit raser les quatre tours de la Maison La Roque. Surtout qu'elle ne ressemble plus à un château ! Le 10 février 1971, François Mitterrand adressa le livre à son frère et à sa belle-sœur, accompagné d'un petit mot : « Je pense qu'il vous intéressera ! » Il connaissait la réponse, son frère partageant sa passion pour l'histoire locale.

François Mitterrand s'arrêtait aussi volontiers chez Violette Fognet et son mari, un couple d'instituteurs socialistes à Montboyer dans le sud du département de la Charente[1]*. Il prévenait toujours au dernier moment, arrivait souvent seul, parfois accompagné de ses frères Robert ou Philippe, plus rarement de Jacques, et de ses sœurs Colette, Geneviève ou de son fils, Gilbert. Exceptionnellement de sa femme Danielle. Le plus souvent, il se promenait seul, sur les chemins, dans les champs, dans les vignes, sur les rives de la Charente. Il obéissait à une sorte de rituel, d'abord Saint-Simon, ensuite Jarnac. Il appréciait la discrétion des Jarnacais qui ne l'importunaient jamais. Comme lui, ils savaient garder leurs distances. Le libraire, Bernard Giresse, un ancien du collège Saint-Paul, se souvient : « Il venait*

1. *Ibid.*

toujours vers midi ou vers dix-neuf heures, peu avant la fermeture quand il n'y avait pratiquement plus personne. Il voulait être tranquille. Il regardait les rayons, feuilletait quelques ouvrages. Il recherchait de vieux livres d'histoire locale. Mais je crois qu'il aimait surtout respirer l'air du temps à Jarnac[1]. »

François Mitterrand allait aussi régulièrement chez Emile Pillot, un bouquiniste qu'il connaissait depuis 1952. Ce dernier appelait Pierre Boujut. Les trois hommes se retrouvaient dans l'arrière-boutique. Boujut aurait aimé discuter politique ou littérature avec Mitterrand, mais ce dernier préférait évoquer le passé, parler de sa ville, de sa famille. Il était à la recherche d'ouvrages anciens sur l'histoire de la Charente et de numéros de la revue de Boujut – celle que son père ne tolérait pas chez lui ! – qu'il faisait relier. Devenu président, Mitterrand invita Boujut à l'Elysée. Cet homme de gauche espérait enfin pouvoir l'interroger sur la situation politique. Mais non ! L'occasion était trop belle pour l'enfant de Jarnac de parler encore et toujours terroir et poésie[2].

Le besoin de retrouver ses racines augmentant avec l'âge, il se rendra de plus en plus souvent en Saintonge. La fonction présidentielle lui en donne les moyens : il fait de fréquents sauts en hélicoptère. Pour voir la famille, mais aussi les vieux amis. Par exemple, Michel Berger, le maire de Nabinaud ou Etienne Lhoiry, médecin à Aubeterre, un ancien de Saint-Paul avec qui il joua au football. Il interdisait à son frère Philippe, puis au fils de celui-ci, Antoine, de prévenir le préfet. C'est ainsi que l'automobile de Philippe étant tombée en panne, on vit le président de la République la pousser comme un citoyen ordinaire. Début 1995, il confie à Elie Wiesel[3] *: « Lorsqu'on vieillit et qu'on approche de la mort, on revient à ses origines, à ses premières*

1. Entretien avec Bernard Giresse, le 24 juillet 2007.
2. Entretien avec Michel Boujut, le fils de Pierre, le 11 janvier 2007.
3. François Mitterrand, Elie Wiesel, *Mémoire à deux voix*, *op. cit.*

émotions, à ses premières sensations. Je me rends ainsi de plus en plus souvent dans la province de Saintonge où je suis né et je parcours les chemins. Même si je n'y habite plus depuis longtemps je conserve dans cette région des points d'attache. Eh bien, à force de la parcourir, j'en viens aujourd'hui à mieux en connaître les villes et les villages que lorsque j'y vivais autrefois. A croire qu'une distance m'en séparait, une distance intérieure, et que mes promenades à bicyclette ou dans l'automobile fatiguée de mon père ne m'avaient pas assez rendu sensible à sa beauté, à sa grâce discrète. »

Il avoue aussi à Elie Wiesel : « J'ai un goût plus prononcé pour les photographies de mon enfance ou de mon adolescence, de mes parents, de leurs amis, des lieux où nous vivions. Quand on m'en apporte, je m'y attarde, je cherche à travers elles ce qui m'a échappé. Je découvre un monde que je croyais connaître. » Lorsqu'il apprend que le syndicat d'initiative d'Aubeterre-sur-Dronne organise une exposition de vieilles cartes postales retraçant l'histoire locale à la fin du XIXe *siècle et dans la période de l'entre-deux-guerres, il s'y rend à deux reprises, le 7 mai et le 10 août 1990*[1].

Avant chaque grande décision, François Mitterrand reviendra au pays. Pour, dit-il, « réfléchir en toute quiétude, loin de Paris, pendant les deux ou trois jours qui précèdent un affrontement important. Rien de pire que l'étau parisien pour le provincial que je suis resté. A cinquante et quelques années et malgré un bagage d'expériences assez fourni, je ne connais pas d'endroit plus riche d'idées que le raidillon pierreux où j'allais cueillir des mûres dès que j'arrivais chez mes grands-parents pour les vacances d'été en Charente. J'aurais besoin d'y retourner[2]. *» C'est le premier secrétaire du PS qui parle ainsi en 1975. Le*

1. Vincent Rousset, *François Mitterrand et les Charentes, op. cit.*
2. François Mitterrand, *La Paille et le Grain*, Flammarion, 1975.

candidat à la présidentielle de 1981, le président à la veille de la guerre du Golfe, n'agira pas autrement : il retournera à Jarnac et à Saint-Simon, loin de l'agitation parisienne pour réfléchir et préparer ses interventions. Comme s'il avait besoin, pour voir clair, de retrouver ses racines.

Touvent

Parmi les racines de François Mitterrand, il en est une qui plonge plus profondément. C'est à Touvent[1], aux confins de la Saintonge et du Périgord, à la frontière de la langue d'oc et de la langue d'oïl. Là, en pleine campagne, à trois kilomètres du premier hameau, il vit une partie de ses jeunes années, des premiers bourgeons du printemps aux derniers feux de l'automne.

Est-ce la volonté de soulager Yvonne qui peine à élever ses huit enfants ? Est-ce la recommandation du médecin de famille qui, ayant attribué, à tort, à François ainsi qu'à son cadet Jacques une santé fragile, a préconisé qu'en dehors de l'hiver, où la maison de Touvent n'est pas habitée, les deux petits Mitterrand soient élevés à la campagne ? Est-ce le désir de Jules et d'Eugénie de vivre plus près de ce petit François qui leur rappelle tant leur fils Robert ? Sans doute chacune des trois raisons a-t-elle joué. Toujours est-il que chaque printemps, tante Antoinette, dite Mammie, emmène ses deux neveux et ses deux enfants, Pierre et Lolotte, chez ses parents.

Le domaine de Jules Lorrain, qui compose l'essentiel du hameau de Touvent, n'est qu'à 70 kilomètres de Jarnac mais,

1. C'est ainsi que François Mitterrand l'orthographiait. On écrit aussi « Toutvent ».

à l'époque, il s'agit d'une véritable expédition. Un voyage que les enfants jugent magique et dont ils conservent un souvenir ébloui. Il faut se lever très tôt pour ne pas rater le train jusqu'à Angoulême. Ensuite, il faut emprunter l'omnibus en direction de Bordeaux et descendre à Parcoul-Mérignac. Enfin, prendre une seconde correspondance en direction de Ribérac et Périgueux qui serpente dans la belle vallée de la Dronne et s'arrête à chaque village. La tante et les quatre enfants descendent à la gare de Petit-Barsac, où les attend Denis, le bon gros cocher des grands-parents. Au rythme des sabots du cheval, on parcourt deux kilomètres par la route d'Aubeterre, avant de tourner à droite, de monter le plateau et d'atteindre enfin l'allée des tilleuls donnant deux cents mètres plus loin sur la masse sombre de la maison aux murs recouverts de lierre. Un grand portail ouvre sur une vaste cour. A droite, les bâtiments agricoles, à gauche la maison avec son étage et ses volets verts.

C'est là, dans le jardin d'agrément, séparé des activités agricoles par une grille et une haie, qu'Eugénie les attend, dans son « uniforme » noir et le plus souvent la tête au fond d'une quichenotte, une coiffe charentaise, sorte de tunnel de tissu que les filles portaient, dit-on, pour se protéger du regard des soldats anglais. Quichenotte signifie *kiss me not!* (« ne m'embrassez pas ! »), ce qui rend son sourire encore plus lumineux.

Les voyageurs ont tout juste le temps de poser leurs bagages et déjà la cloche retentit qui annonce le repas servi dans la salle à manger poutrée. La maison est assez grande pour accueillir tout le monde l'été. Le confort est à l'ancienne : pas d'électricité, pas d'eau courante et les commodités à plus de cent mètres. Au premier étage, la chambre de François – poutres au plafond, toile de Jouy au mur, lits à baldaquins – donne sur la cour arrière. L'été, il la partage avec Robert. Les parents, eux, occupent un appartement baptisé « La Chaumière », dans une aile de la ferme voisine[1].

A Touvent, tout est différent, ou presque, de Jarnac : le climat, plus chaud et plus sec; la végétation, avec les coteaux plantés de trembles et d'ormeaux, les allées piquetées de peupliers, l'odeur de menthe qui se dégage des fourrés, l'accent déjà chantant et si caractéristique des Périgourdins, et l'espace, surtout l'espace. Comme elles paraissent petites les cours de la rue Abel-Guy comparées à la bonne centaine d'hectares de Touvent ! Avec ses granges, ses étables, ses écuries, ses maisons pour les métayers, ses ruches, ses oiseaux, ses basses-cours, ses collines, ses coteaux, ses prairies, ses bois de chênes et de sapins, ses rivières, ses îles, le domaine est un monde à lui seul où le petit François éprouve un sentiment enivrant de liberté. Lorsqu'il quitte la maison et son jardin par l'allée des tilleuls, il rejoint ce qu'il appelle *le*[2] raidillon qui, après avoir traversé la route d'Aubeterre, descend jusqu'à la Dronne.

Pour accéder au moulin de Vigeraud[3] avec sa roue à aube et sa presse pour la fabrication de l'huile de noix, on emprunte des barques plates et longues mues à l'aide d'une perche, ou des petits bateaux de fer rectangulaires et profonds. Le canal, sur lequel il a été bâti au XVIe siècle, relie trois cours d'eau – la Brousse, l'Auzonne et la Dronne – qui forment sept charmantes petites îles. La plus grande est plantée de peupliers. La plus sauvage qu'on appelle « l'île Eugénie », du nom de la grand-mère, recouverte d'un tapis de mousse et d'arbustes très dense est la plus difficile d'accès. Les autres sont plus propices à la pêche. L'été, François y vient avec son père et ses frères. Les femmes les rejoignent et la famille pique-nique. Avant le repas, les enfants se baignent dans les eaux claires, toujours sous la surveillance des parents.

---

1. Robert Mitterrand, *Frère de quelqu'un*, *op cit.*
2. Ce LE lui conférait une unicité.
3. Aujourd'hui disparu.

Les enfants inventent des jeux à la mesure de cet espace. La « petite guerre » qui oppose les filles, plus âgées, aux garçons. Une guerre de mouvement où chaque camp se cache dans les bosquets, les fourrés ou les champs de maïs, ponctuée de brefs affrontements à coups de pommes de pin. Mais aussi, la construction d'abris naturels dans les haies, puis de cabanes, les courses de descente sur les aiguilles de pin avec les luges improvisées. Les plus âgés des enfants jouent au tennis et au croquet, dévalent le raidillon à bicyclette [1].

L'événement, ce sont les sorties. « Un vrai changement de monde », confiera plus tard François [2]. On prend la charrette pour descendre à Petit-Barsac où on fait les courses. On monte dans le break pour aller à Aubeterre, la petite ville et son église monolithe creusée dans le rocher où François, enfant, aime à méditer. Le dimanche, la famille part pour la messe à Nabinaud, dans la calèche aux allures de diligence. Six adultes prennent place à l'intérieur avec les plus jeunes enfants. Le cousin Pierre s'assoit à côté du cocher. Quatre enfants s'installent sur l'impériale, la meilleure place pour voir défiler les paysages : l'allée des tilleuls, le virage à droite, la route qui descend jusqu'à la Dronne. Et soudain, apparaissent l'église de Nabinaud et son cimetière qui dominent les ruines du château de Poltrot de Méré, le seigneur protestant qui assassina le duc de Guise.

La petite église romane ne compte guère que deux douzaines de fidèles : une moitié, les Lorrain et les Mitterrand venus de Touvent, l'autre la famille Ségovia. Les filles Mitterrand vêtues de robes blanches vont chercher la clé de l'église chez le maire, un radical anticlérical. Elles la décorent de fleurs. Les garçons font sonner les cloches à toute

1. Un jour, Pierre Sarrazin qui avait emprunté le vélo du curé fait une chute et l'abîme. Il n'ose pas le lui annoncer. Encore moins lui ramener la bicyclette endommagée. Alors, François Mitterrand, moqueur : « Je ne vois qu'une solution, tu n'as plus qu'à te suicider ! » (rapporté par Cécile Mithois, la fille de Pierre, entretien du 12 janvier 2007).

2. Charles Moulin, *Mitterrand intime*, *op. cit.*

volée. Puis François, Robert et Pierre Sarrazin revêtent la tenue d'enfant de chœur et accompagnent jusqu'à l'autel le curé Marcellin arrivé de Laprade à bicyclette.

Joseph Marcellin, surnommé « le cardinal de Nabinaud » par Louis de Ségovia est un personnage hors du commun. A Roumazières-Loubet, où il est né, il a soutenu la grève des ouvriers des tuileries Polakowsky dont le propriétaire est le maire radical de la commune. L'édile a sanctionné l'abbé en le privant de son presbytère. Marcellin a répliqué en fondant une usine concurrente, une coopérative ouvrière, avec les ouvriers licenciés. L'initiative déplaît d'autant plus aux notables locaux qu'elle est couronnée de succès. Ils obtiennent la mutation de Marcellin[1]. Nommé à Laprade, il y exerce son esprit d'entreprise avec des succès divers : création d'une fabrique de cierges, élevage de chevaux, de bovins, de pigeons, de cochons d'Inde, plantation de vignobles. Marcellin est grand, athlétique, toujours vêtu d'une longue soutane, toujours coiffé d'un large chapeau, et ses écarts de langage sont célèbres dans la région. A une paroissienne qui lui montre son décolleté profond : « Je vois, Madame, que tous les saints ne sont pas au paradis. » A Pierre Sarrazin, qui, enfant de chœur, parle latin avec la prononciation italienne apprise à l'école : « Je me fous des Italiens ! » Il n'est pas rare qu'il s'interrompe en plein sermon pour demander à François ou à Robert d'aller fermer une fenêtre qui fait courant d'air. Le bon curé pratique si peu le pardon qu'il a appelé son vieux cochon Herriot pour protester contre les lois sur les congrégations et la séparation de l'Eglise et de l'Etat imposée par les radicaux et les francs-maçons. Et qu'il clame volontiers qu'il « n'a jamais embrassé les fesses » de la République, ce régime honni[2]. Ses passes d'armes avec le maire radical et anticlérical, M. Delugin, qui durèrent près de vingt ans auraient pu

1. Un demi-siècle plus tard, celui-ci fut reçu en bienfaiteur à l'occasion du cinquantième anniversaire de la coopérative ouvrière.

2. Robert Mitterrand, *Frère de quelqu'un*, *op. cit.*

inspirer l'auteur de *Don Camillo*. Avant la Libération, le curé, résistant de la première heure, et le maire qui mit du temps à s'émanciper de Vichy dirigèrent ensemble un rassemblement de maquisards.

La foi inébranlable et la ferveur communicative de l'abbé font oublier à Eugénie Lorrain son côté fort en gueule et ses façons rustiques qui plaisent au jeune François. Chaque dimanche, après la messe, elle l'invite à déjeuner à Touvent en compagnie d'un autre prêtre, l'abbé Roux, curé de Pillac, un excellent latiniste. Plus petit que Marcellin, plus corpulent, il est surtout plus précieux, plus mondain, plus moderne. Les joutes oratoires des deux ecclésiastiques qui entourent la grand-mère à table sont une des distractions dominicales. Quinze à vingt personnes prennent place autour de la table. Les enfants participent au repas même en présence d'autres invités. Ils sont tenus à une certaine réserve mais ils peuvent intervenir dans la conversation, à condition d'en demander la permission. Ce qui, à l'époque, est peu courant dans les familles bourgeoises de province.

A Touvent, la discipline est moins stricte qu'à Jarnac. Mais Eugénie veille à ce que les quelques règles imposées soient respectées. Il faut répondre à l'appel de la cloche pour le repas. L'été, les enfants arrivent le plus souvent à table les joues en feu, à peine descendus de vélo. S'ils sont en retard, ils sont privés de dessert.

Pendant l'année scolaire, la cloche annonce aussi les cours de 9 heures à midi et de 14 heures à 16 heures, donnés par les deux curés de Laprade et de Pillac. La tante Sarrazin, à l'aide d'une publication destinée aux instituteurs, surveille les devoirs de François et Philippe, plus tard de Geneviève et ceux de ses enfants Pierre et Lolotte. C'est l'abbé Marcellin qui donne à François Mitterrand ses premières leçons de latin. Il a un faible pour son élève et ne le cache pas, qui répète souvent : « Cet enfant fera parler de lui ! »

A Touvent, plus encore qu'à Jarnac, Papa Jules est un seigneur. Il règne en maître sur ses terres, sur ses métayers, reçoit des amis qu'il charme avec ses talents de conteur. Le petit François est subjugué par son charisme. Joseph, le père, a lu son admiration dans le regard de son fils et il en a souffert. En fait, ce sont Jules et Eugénie qui ont vu grandir François. Il est pour eux comme un fils[1]. Il leur rappelle tellement Robert ! Certes, François est plus entêté. Quand Eugénie lui interdit de toucher un objet, il en rapproche le doigt le plus près possible. Elle le gronde, il répond : « Mais je ne touche pas ! » Lorsqu'elle lui inflige la plus sévère des punitions, acceptée de bonne grâce par tous ses frères et sœurs – être attaché à un meuble par un fil qu'il ne faut pas rompre – il se détache aussitôt. « Il admettait mal l'autorité et moins encore les entraves à sa liberté », se souvient Lolotte[2].

A Touvent comme à Jarnac, le petit François s'isole souvent pour lire. Le soir, lorsqu'il ne dévore pas un livre, il joue aux échecs avec son grand-père. Il déteste à ce point perdre qu'il gagne souvent. Le grand-père admiratif a la même réaction que l'abbé Marcellin, sans que l'on sache qui a copié l'autre : « Cet enfant fera parler de lui ! »

1. François Mitterrand, *Ma part de vérité*, *op cit.*
2. Entretien avec la cousine Lolotte, le 13 décembre 2006.

Touvent ! Un demi-siècle plus tard, ce nom dans la bouche de François Mitterrand est synonyme de bonheur. C'est là, dans ce lieu magique que son frère Robert appelle le « domaine enchanté » ou le « paradis de notre enfance[1] *», en pleine nature, loin de tout, au milieu des siens, dans ce décor « où le temps et les choses parlent de Dieu comme d'une évidence*[2] *», qu'il fut le plus heureux.*

Là qu'il a connu des sensations qui l'ont marqué à jamais : la griserie de la liberté, la contemplation des horizons à perte de ciel et de terre, la communion avec la nature.

Là qu'il a appris le rythme immuable des saisons, découvert la vie obscure qui monte de la terre, perçu très tôt le mystère du temps qui, à Touvent plus qu'ailleurs, paraissait immuable et qui pourtant ne cessait de changer.

Là que s'est imprimée à jamais dans son esprit l'idée qu'il s'est faite du paysage français : « Le petit garçon qui était en moi et dont l'image visite ma mémoire à la façon de l'aiguille sur le disque rayé glisse toujours vers les mêmes sillons qui poussent les mêmes notes, je ne sais pas grand-chose hors trois ou quatre situations fixées une fois pour toutes et dont l'éclat brouille l'alentour. Un chemin creux

1. Robert Mitterrand, *Frère de quelqu'un, op. cit.*
2. François Mitterrand, *La Paille et le Grain, op. cit.*

que notre géographie familiale nommait le raidillon conférant à ce diminutif une majesté singulière, une allée plantée de pommiers qui traversait le champ de blé, un mur en haut duquel, le dos sur la pierre plate, je plongeais dans le ciel, une fenêtre de grenier qui sentait le maïs et d'où je contemplais par-delà les tilleuls le paysage qui a commandé à jamais l'idée que j'ai du paysage français[1]. »

François Mauriac évoquant son terroir, la Guyenne, disait : « Il faut me prendre avec ma motte. » La motte de François Mitterrand est là, dans cette terre qui colle aux talons du paysan charentais dont il disait qu'elle était « une terre amoureuse. » Cette communion intime avec la nature sera déterminante pour François Mitterrand : « Il faut naître en province et toucher aux racines pour comprendre d'instinct les relations des sociétés humaines et du sol où elles vivent... Trois mois à Paris et je m'embrouille dans les odeurs de la forêt. C'est le signe d'alerte. Lorsque je ne reconnais plus la démarche de la nature je suis près d'ignorer celle des hommes[2]. »

Le leader de la gauche des années 1970 a souvent la nostalgie de Touvent. Il y retourne à plusieurs reprises. La première fois, au milieu des années 1960. Il se présente dans la cour de la propriété.

« Madame, j'ai une petite faveur à vous demander...

– Oui, monsieur.

– Voilà. J'ai passé une partie de mon enfance ici et j'y reviens pour retrouver mes souvenirs.

– Vous en avez de la chance, monsieur. Moi aussi j'ai des souvenirs. Mais la route qui conduit à ces souvenirs est coupée... »

1. François Mitterrand, *L'Abeille et l'Architecte*, Flammarion, 1978.
2. François Mitterrand, *La Paille et le Grain*, *op. cit.*

La nouvelle propriétaire est rapatriée d'Algérie. C'est un voisin et ami, Marcel Alberola-Rèche, rapatrié lui aussi, qui raconte la scène[1] *:*

« François Mitterrand se promène dans le parc, va vers le puits, regarde autour de lui. Tout a beaucoup changé ici. Il le déplore mais n'en dit rien. Sur le côté gauche de la façade, la maison a été agrandie de quelques pièces. La corde de la cloche qui sonnait les repas a disparu mais l'entrée n'a pas changé et la rampe de l'escalier non plus. Le visiteur caresse le bois de chêne, monte aux chambres du premier étage. Il parle peu. Il remercie. Il s'en va. Le mari et le fils de la propriétaire :

– Sais-tu qui sort d'ici ?

– Un homme qui se souvient de son enfance.

– Son nom ?

– Qu'est-ce que cela ajoutera à l'affaire !

– C'est François Mitterrand. »

Lors de sa visite suivante, la propriétaire lui demandera :

« Pourquoi ne m'avez-vous pas révélé votre identité l'autre fois ?

– J'avais pensé, madame, que vous m'aviez reconnu. »

François Mitterrand est devenu l'ami de Marcel Alberola-Rèche. Il lui rendra visite chez lui, à Saint-Antoine de Rouillac, à quelques kilomètres de Touvent, à plusieurs reprises, entre 1975 et 1995. Seul ou accompagné de ses frères, Robert, Philippe et Jacques, de ses sœurs Colette et Geneviève, de son fils Gilbert[2]*. Le 10 mai 1984, pour l'anniversaire de son élection, le président l'invite avec sa femme et quelques proches – deux de ses sœurs et des amis charentais, Etienne Lhory, le médecin d'Aubeterre, Violette Fognet, secrétaire locale du PS à Chalais, une amie proche depuis 1975 et leurs conjoints. On évoque le décalage entre l'exubérance des pieds-noirs et la mesure charentaise.*

---

1. Marcel Alberola-Rèche, *Des pieds-noirs dans le jardin charentais de François Mitterrand*, Le Cercle d'or, 1984.
2. Vincent Rousset, *François Mitterrand et les Charentes, op. cit.*

Mitterrand dit à son hôte : « D'autres ont écrit sur la Charente que je n'ai jamais invités à ma table, vous, vous l'avez comprise. » Le soir, il convie Alberola, grand amateur de football, à la finale de la Coupe de France.

François Mitterrand ne montrait Touvent qu'à de vrais intimes, proches parmi les proches. Charles Moulin, son ami de la Résistance, était de ceux-ci. Il raconte l'une de ses visites : « Il me prend par la main, m'entraîne en hâte vers la remise et l'écurie pour saluer le break toujours présent, retrouver le souvenir des caresses données aux deux mulets, Romain et Bamboche, plonger à nouveau dans les mystères du chai avec son pressoir toujours solide comme les cuves dans lesquelles, la saison venue, il jouait, près des grands, à fouler de ses pieds nus le raisin avant de rejoindre, en passant par la mare et l'arbre de Judée, le potager et l'espace réservé aux arbres fruitiers. Soudain, il me passe le bras sur l'épaule et m'entraîne d'un pas vif sur la gauche vers un petit mur bas et large, son refuge de prédilection, là où il aimait s'allonger au soleil, lisant des livres de son âge comme le Capitaine Corcoran *de Paul Féval, ou laissant venir à lui des parfums, les chants des oiseaux, les rêves*[1]. *» Ce petit muret, il le montre aussi à son vieil ami Roland Dumas et lui explique : « Il bordait l'espace où se tenaient les adultes. C'est là que je me couchais. Je me faisais oublier et j'écoutais les conversations des grands. Parfois, je m'endormais et on me portait dans mon lit sans me réveiller*[2]. *»*

Qu'entendait-il, le petit François, lorsque son père et son grand-père discutaient politique ? Il écrira : « Le soir, on parlait d'Herriot avec une sympathie méfiante, de Poincaré, sans chaleur mais avec révérence, de Briand, plaintivement, des communistes, comme on l'aurait fait de Martiens plutôt que de loups-garous, des Russes avec rancune (à cause de

1. Charles Moulin, *Mitterrand intime, op. cit.*
2. Entretien avec l'auteur, le 13 septembre 2007.

l'emprunt), des Anglais avec réserve (à cause de Fachoda). On s'affirmait républicains et l'on évoquait l'arrière-grand-père emprisonné sous le Second Empire. On était patriotes jusqu'aux saintes colères avec, heureusement, un côté Barrès et Colline inspirée *et, moins heureusement, un côté René Bazin et* Blé qui lève. *Soyons justes : Barrès l'emportait sur Bazin. Concession faite à l'attendrissement dû à la France éternelle on gardait bon œil et bon goût*[1]. »

Dans une interview donnée à L'Expansion *en août 1972, alors qu'il était l'allié du PCF, François Mitterrand précisera : « Je n'ai jamais entendu chez moi de propos durs sur les socialistes et les communistes. » Robert a gardé un autre souvenir. Il a confié en août 1981 au* Quotidien de Paris *: « Quand j'avais moins de quinze ans, les noms des leaders socialistes et radicaux étaient toujours l'objet de critiques chez nous, à table. » Le second témoignage paraît plus proche de la réalité !*

Dumas se souvient aussi des visites à la petite chapelle de Nabinaud, des ballades au bord de la Dronne où François Mitterrand évoquait les parties de pêche avec son père, ses frères et sa cousine Lolotte et s'extasiait sur la beauté des lieux. Robert et Elisabeth Badinter eurent droit, eux aussi, à plusieurs reprises au voyage initiatique en Charente. A Jarnac et à Touvent. Il leur fit découvrir l'église monolithe d'Aubeterre. Celle dont son biographe Jean Lacouture[2] *dit : « Un centième de Mitterrand vient de ces pierres. » Et, à Nabinaud, l'église de l'abbé Marcellin, celui qui lui a appris le latin. Les montra-t-il, ces églises, à Michel Charasse qui n'y entrait jamais ? En tout cas, lui aussi l'accompagnera en Charente.*

Mitterrand tenait tellement à Touvent qu'il caressa l'idée de racheter la maison. Mais la dame de Touvent, la propriétaire, Mme Gras, ne voulait pas vendre. Sans doute aimait-

1. François Mitterrand, *Ma part de vérité, op. cit.*
2. Entretien avec l'auteur, le 23 janvier 2008.

elle trop la maison, elle aussi. Ou bien refusa-t-elle simplement parce que François Mitterrand était à ses yeux un des bradeurs de l'Algérie française ? Son fils, Paul-Henri Gras, qui devint maire de Nabinaud, n'aimait pas beaucoup le président de la République. Devenu propriétaire de la maison en 1993, il la mit en vente. « Robert, Jacques et François Mitterrand ont exprimé l'intention de l'acheter. Gilbert Mitterrand aussi. Mais ils n'ont pas donné suite », affirma-t-il[1]*. Sans doute était-il trop tard pour Mitterrand qui savait sa fin proche. Après son départ de l'Elysée, il revint à Touvent, début août 1995*[2]*. Accompagné de son chauffeur, d'une infirmière et de deux gardes du corps, l'ex-chef de l'Etat qui souffrait beaucoup parcourut l'allée des tilleuls et se recueillit dans l'église d'Aubeterre. Pour la dernière fois.*

1. Paul-Henri Gras, interview au journal *Sud-Ouest*, le 9 janvier 1996.
2. Vincent Rousset, *François Mitterrand et les Charentes, op cit.*

Saint-Paul

A quoi pense-t-il, le jeune François Mitterrand dans le train qui l'emmène à Angoulême ? Il a 10 ans. Il vient de quitter la chaleur de sa petite communauté familiale à Jarnac pour retourner au collège Saint-Paul où il a vécu un premier trimestre difficile. Il n'est pas seul. Son frère aîné, Robert, entré au pensionnat un an plus tôt, l'accompagne. Lui aussi a la gorge serrée, mais il n'en dit rien. Il s'enquiert : « François, ça va ? » Réponse : « Ça va. » Comme elle paraît loin déjà, la messe de minuit à Saint-Pierre ! François a pu y assister pour la première fois, parce qu'il est collégien. Et le repas de réveillon qui a suivi ! Et la traditionnelle remise des cadeaux devant la cheminée ! Ce bonheur en famille, qui a « illuminé » ses premières années.

A Angoulême, en ce début d'année 1927, il fait froid, très froid. En uniforme bleu l'hiver, avec le blason de Saint-Paul brodé au revers – une croix et quatre roses rouges illustrant la devise *« gratiam in veritate »*, la vérité est dans la grâce –, ils empruntent les rues qui grimpent de la gare au collège. Ils portent une lourde valise contenant des vêtements chauds et des provisions de bouche glissées par Yvonne bien que ce soit interdit par le règlement. Robert à François : « Ce n'est pas trop lourd ? » Réponse : « Non, ça va[1] ! » Décidément, les Mitterrand tiennent de leur père, ils ne sont pas loquaces. François ne se plaint pas. Il ne se plaindra jamais. Et il détestera que les autres se plaignent devant lui.

A la rentrée d'octobre, François, malade, est arrivé accompagné de ses parents avec un jour de retard. Un seul petit jour. Mais l'enfant est si sensible que cela a suffi à rendre son intégration difficile. Il se sent étranger dans cette communauté qui s'est formée, la veille, en son absence. Un demi-siècle plus tard, dans *L'Abeille et l'Architecte*, il se souvient : « Je mis des semaines à m'intégrer dans cette société et son ordre établi qui s'était constitué la veille. Je veux dire le banc de la classe, le lit du dortoir, le rang de l'étude, la place au jeu, les cénacles de la récréation. Des semaines à franchir, à l'extrême périphérie où je pensais qu'un injuste destin m'avait rejeté, des cercles concentriques qui me séparaient du chœur des anciens comme si, en vingt-quatre heures, s'étaient bâtis et refermés les murs des habitudes, le cercle clos des amitiés. »

Les résultats scolaires de François pâtissent de cette difficulté d'intégration. Une lettre de Robert à ses parents datée du 30 janvier 1927 – celle qu'il a lue, le 18 mai 1981, à Saint-Simon et qui a tant fait rire le nouveau président – l'atteste : « Chers parents. François est redevenu habituel car vous savez qu'il a été pris de cafard. Seulement il est un peu trop habituel car il a manqué son tableau d'honneur (je crois qu'il ne l'avait pas le mois dernier). » Suivent quelques notes, médiocres. Robert annonce à ses parents que lui aura encore une meilleure place au cours de la semaine. Il ajoute : « Quant à François il ne m'a pas parlé d'avoir une meilleure place. Il m'a dit qu'il se trouvait très bien à la place où il était. A vous de lui démontrer le contraire dans la prochaine

1. Robert Mitterrand, *Frère de quelqu'un*, *op. cit.* Saint-Paul, que l'auteur a visité avec Jacques Baudet, professeur depuis 1973, et historien de l'école, s'est agrandi depuis de classes supplémentaires et de cours. Il rassemble aujourd'hui quatre fois plus d'élèves qu'au temps des frères Mitterrand.

lettre. » Robert avait fait lire sa lettre à François qui l'avait signée. Déjà cette propension à assumer, à affirmer sa volonté d'aller à son rythme sans se laisser manœuvrer.

Robert comprend le malaise de son frère. Lui aussi a eu du mal à s'adapter, la première année. Le soir, blotti sous ses draps, les larmes aux yeux, il pensait à François et à Pierre Sarrazin encore à Touvent, à leurs jeux, à leur liberté ! Jarnac n'est pas loin, une trentaine de kilomètres, mais à l'époque, pas question de s'y rendre en dehors des vacances. Les visites au parloir ou les sorties en ville avec les parents ne font qu'augmenter les regrets d'être éloignés de la famille. « Elles nous mettaient paradoxalement mal à l'aise, se souvient Robert. On se trouvait alors dans la situation de faire des choses ennuyeuses avec des gens qu'on aimait bien. Au parloir, il fallait chuchoter pour éviter que les voisins nous entendent et, après avoir échangé des nouvelles, on se sentait parfois embarrassés pour alimenter la conversation[1]. »

Comme ils le feront plus tard à Paris, les petits Mitterrand se regroupent dès qu'ils peuvent sortir du collège. Robert et François retrouvent Colette et la cousine Lolotte. Ils vont chez une amie de la famille, une vieille dame, veuve de guerre qui vit avec sa sœur. Chez elle, ils ont le plaisir de retrouver une belle bibliothèque et de déguster de succulentes confitures.

Le collège Saint-Paul est situé, comme le lycée Guez de Balzac dont la bâtisse est beaucoup plus imposante, sur le rempart du Midi. La vue y est splendide sur la plaine de Charente et l'Angoumois. Mais, la porte franchie, fini pour les petits rousseauistes de Touvent les horizons illimités.

Robert Mitterrand décrit ainsi les lieux, qui ont changé depuis : « On pénétrait, après une petite cour basse sur laquelle donnait le parloir, dans un grand quadrilatère dont l'intérieur formait une vaste cour de récréation partiellement

1. *Ibid.*

plantée d'arbres. A droite, les bâtiments de la direction, l'administration et l'économat ; en face, la chapelle surmontée d'une salle des fêtes et sur le côté droit le bâtiment principal qui comportait trois ou quatre étages abritant, en bas, les salles de classe et les études et, en haut, les dortoirs. Face au grand bâtiment, sur le quatrième côté de la cour se trouvait un préau couvert où l'on se réfugiait par mauvais temps – le tout était conçu pour recevoir 350 élèves dont une bonne moitié de pensionnaires [1]. » C'est derrière ces murs, dans ce décor austère, que les quatre fils Mitterrand vont passer de l'enfance à l'adolescence.

La vie à Saint-Paul ressemble à celle d'un petit séminaire. Les professeurs sont des prêtres diocésains, souvent d'origine paysanne, pas des jésuites. La Compagnie de Jésus n'avait pas voulu venir dans une ville jugée trop parpaillote. Mais les jésuites sont bien le modèle de l'école. D'ailleurs, les élèves se rendent chez eux à « La Coquille » pour des retraites de trois jours. L'emploi du temps à Saint-Paul fait une très large place à l'instruction religieuse et le catholicisme imprègne l'ensemble de l'éducation. Voici le déroulement d'une « journée ordinaire » pour l'année scolaire 1927-1928 lorsque François Mitterrand est en cinquième [2] :

– 5 h 45 : lever, toilette
– 6 h 05 : prière à la chapelle suivie d'une lecture méditée. Pendant ce temps on dit la sainte messe
– 6 h 30 : étude
– 7 h 30 : déjeuner
– 7 h 45 : récréation
– 8 heures : classe
– 10 heures : récréation
– 10 h 15 : étude
– 10 h 45 : classe
– 12 heures : dîner

1. *Ibid.*
2. Documents fournis par Jacques Baudet.

– 12 h 30 : récréation
– 13 h 30 : étude
– 14 h 30 : classe
– 16 h 30 : récréation, goûter
– 17 heures : étude
– 19 h 30 : souper
– 20 heures : prière du soir à la chapelle, coucher

Le jeudi, « jour de congé », le petit déjeuner est à 7 h 30, la messe à 8 heures suivie, de 8 h 45 à 10 h 45, d'un cours d'instruction religieuse et d'une lecture spirituelle. La toilette est à 13 heures, suivie d'une promenade de trois heures. Le reste, à l'ordinaire. Drôle de congé !

Le dimanche, lever à 6 heures, prière à 6 h 25, grand-messe de 8 heures à 9 h 15, angélus à 12 heures, vêpres à 13 h 15, promenade de 14 heures à 16 h 15, le reste à l'ordinaire.

La vie est spartiate. La toilette, rapide, est faite en commun dans un lavabo qui compte une vingtaine de robinets d'eau froide, glacée l'hiver. Le petit déjeuner est pris « dans de gros bols très lourds » où l'on versait « un liquide bizarre que j'avais peine à boire et qui ressemblait d'assez loin à un café au lait », se souvient Robert. La nourriture, grossière, est servie dans une seule assiette qu'il faut retourner à la fin du repas pour ne pas mélanger salé et sucré. Rien à voir avec la cuisine raffinée servie à Jarnac et à Touvent. Chaque repas est précédé de la lecture de textes des Ecritures. Jeudi et dimanche, on descend de la ville haute pour gagner la campagne… avant de regrimper jusqu'au rempart du Midi. Dans le dortoir aux longues rangées de lits, à la lueur pâle de la veilleuse, il faut s'endormir et se réveiller sur un simple signal.

Le règlement est sévère. Les cas d'exclusion sont « le mépris de la règle ; une paresse obstinée ; une désobéissance formelle et soutenue ; une faute grave contre le respect dû aux maîtres ». Mais également « introduction ou garde dans la Maison des armes, de la poudre, ou des substances dangereuses – ce qui se conçoit –, de liqueurs enivrantes; de mauvais livres ou de mauvaises chansons, ou des désirs inconvenants; se trouver ensemble sans autorisation et sans surveillance dans un lieu fermé; sortir de la Maison sans permission; se séparer de la communauté pendant la promenade, commettre une faute grave contre la religion, la probité ou les bonnes mœurs ». Le règlement stipule encore qu'« aucun livre de lecture, aucune revue, aucun journal, aucune brochure ne doivent être introduits dans la Maison sans autorisation spéciale. La transgression du règlement sur ce point devient facilement un motif d'exclusion ».

En octobre, pendant le mois du rosaire, la messe du mercredi est à 16 h 25. Les autres jours, les élèves doivent réciter une dizaine de chapelets à la messe. Les premiers jours de novembre, retraite de la Toussaint. Chaque mois a ses célébrations et ses horaires particuliers : l'Immaculée Conception en décembre, l'Adoration dominicale en février, le Carême en mars, la Semaine sainte en avril, le mois de Marie en mai, celui du Sacré-Cœur en juin, ainsi que la communion solennelle et la confirmation en uniforme d'hiver, avec brassard, cierge, cravate, gants blancs (fournis par l'école), chapelet et livre.

Le chanoine Bouchard est-il conscient du poids que le règlement, la discipline et la morale font peser sur ses élèves? A la rentrée de 1933, il les exhorte à l'optimisme : « Sachez sourire au travail, voyez la vie en rose, la discipline, voyez-la aussi en rose! Elle n'est pas faite pour vous contrarier mais pour vous soutenir et vous garder. » Les maîtres? « Voyez en rose les rapports avec eux. Ils vous aiment, ils veulent votre bien même et surtout lorsqu'ils vous grondent. La vie, voyez-la en rose [1] ! » Le chanoine fait référence à la rose du blason de Saint-Paul. Il ne pouvait pas

1. Catherine Nay, *Le Noir et le Rouge*, *op. cit.*

se douter, bien sûr, qu'elle deviendrait, près d'un demi-siècle plus tard, celle du PS de François Mitterrand !

Comment le jeune François, épris de liberté, rétif à toute autorité, amoureux des grands espaces de Touvent, vit-il ces années quasi recluses où, prisonnier de la règle, il doit constamment se soumettre ? Apparemment, plutôt bien ! Il démontre déjà une exceptionnelle faculté d'adaptation. En 1996, quelques mois avant sa mort, il écrira : « Tout m'intéressait au collège. J'avais certes la perception d'un déchirement, mais pas de problème d'existence. J'évoluais dans un monde inchangé [1]. »

Comme ses frères, François sait que sa présence à Saint-Paul est presque naturelle. Les garçons d'Yvonne, la dévote, et de Joseph, le pieux, ne peuvent être élevés ailleurs que dans un collège religieux. Tous les enfants des bonnes familles charentaises le sont. Le « déchirement » qu'évoque François, c'est l'arrachement à la famille, au cocon de Jarnac et de Touvent. Le « monde inchangé », c'est celui du catholicisme. Ses rituels, ses prières, ses chants font partie de l'univers de l'enfant pieux et charitable de l'école Sainte-Marie de Jarnac, de l'enfant de chœur de Nabinaud, de l'élève des curés Marcellin et Roux. Les messes, les vêpres, les prières avant les repas et avant les couchers ont rythmé ses premières années. A Saint-Paul, il est dans son monde.

A Jean Lacouture qui évoquait devant lui, à la fin de sa vie, une possible révolte, il répond, haussant les épaules : « Révolte ! Contre qui ? Contre quoi [2] ? » Contre sa famille, ses parents ? Contre l'éducation qu'ils lui ont donnée ? Pas question ! L'enfant de Jarnac n'est pas un rebelle. Il s'adapte aux rigueurs de la vie communautaire tout en restant

1. François Mitterrand, Elie Wiesel, *Mémoire à deux voix*, *op. cit.*
2. Jean Lacouture, *Mitterrand, une histoire de Français*, *op. cit.*

lui-même. Sans doute l'épreuve renforcera-t-elle sa tendance au repliement sur lui-même [1].

Mais s'il se ménage des plages de solitude pour lire et méditer, il participe volontiers aux activités du collège, à la vie religieuse et sociale dans le cadre de la Société de Saint Vincent de Paul. Il communie chaque jour, sert la messe et l'abbé Jobit, son professeur de philosophie, le citera en exemple en février 1935 dans la revue *Notre école*, saluant : « La vie profonde et recueillie de François Mitterrand. » Il pratique aussi plusieurs sports, s'illustre à la pelote basque, en simple et en double, avec Robert ou avec Pierre Charron, futur maire (de droite) d'Angoulême, avec lequel il gagnera plusieurs tournois. Plus tard, il sera gardien de but de l'équipe de football du collège. Le poste le plus individualiste de ce sport collectif. Comme de Gaulle à Stanislas, comme Camus au lycée d'Oran. La revue de Saint-Paul *Notre école*, datée du 30 novembre 1933, rend compte de ses exploits lors d'un match contre le 107e régiment d'infanterie : « Mitterrand plonge et bloque la balle ainsi... que deux joueurs qui roulent à terre avec lui. Le goal dégage, à moitié étourdi [...] En deuxième mi-temps un penalty est accordé au 107, mais notre goal l'arrête. » Grâce à ses parades acrobatiques, Saint-Paul gagne deux à un. Mais c'est surtout au ping-pong que François brille, remportant le tournoi du collège à plusieurs reprises.

Robert et François, Jacques plus tard, apprécient les rares distractions qui leur sont offertes. C'est à Saint-Paul qu'ils découvrent le cinéma, muet bien sûr. Qu'ils prennent conscience de l'existence de l'Afrique noire grâce aux visites périodiques de missionnaires qui viennent parler de l'évangélisation de ces terres lointaines. Grâce aussi à la présence d'élèves africains, fils de diplomates. Ils font encore la connaissance de personnages excentriques comme les frères Bénouville, arrivés à Saint-Paul avec leur précepteur personnel.

1. C'est la thèse de son ami Charles Moulin dans *Mitterrand intime*.

Au collège, François se fait des amis, plus que son frère Robert. Ses premiers amis, de son aveu même. « Je n'ai pas eu de camarades de mon âge, sauf au collège, et je ne le regrette pas », confiera-t-il à Elie Wiesel[1]. Plusieurs anciens de Saint-Paul lui sont restés fidèles. Même s'ils ne partageaient pas ses idées. Pierre Charron le décrit comme « un mystique au tempérament généreux, toujours disponible quand il faut s'engager[2]. » Le général de Bénouville qui servait la messe avec lui : « C'était un garçon très pieux, avide de connaître et d'aimer. »

S'il se distingue, s'il acquiert un certain prestige, auprès de ses camarades, c'est plus par sa personnalité, sa manière d'être que par ses résultats scolaires. L'élève Mitterrand est irrégulier. Bon, parfois très bon, dans les matières qui l'intéressent : l'histoire, la géographie, le français, l'instruction religieuse et, en dernière année, la philosophie. Moyen, médiocre souvent dans celles qu'il n'affectionne pas : les mathématiques, la physique, l'anglais. La note dite de « diligence » qui additionne les résultats des sept notes de devoirs et des sept notes de leçons, de la note d'instruction religieuse et des trois notes de tenue, constitue un palmarès général. Robert, le bon élève, s'y distingue. François, lui, très rarement. En sixième, il est moyen. En troisième, il brille en français, en prosodie latine et en instruction religieuse où il remporte les premiers prix. Mais en seconde, il décroche[3].

Le règlement stipule que la meilleure note est 1, la plus mauvaise 5. Pendant les trois trimestres de l'année 1930-1931, François n'obtient pas un seul 1 ou 2, ni à l'écrit ni à l'oral. Mais beaucoup de 3 et de 4, même en composition française, une de ses matières favorites. A la rubrique « mention », même jugement pour chaque trimestre :

1. François Mitterrand, Elie Wiesel, *Mémoire à deux voix*, *op. cit.* En effet, à Jarnac et à Touvent, les Mitterrand vivaient entre eux.
2. Témoignage recueilli dans *Sud-Ouest* du 16 janvier 1971.
3. Jacques Baudet a retrouvé ses bulletins et les a communiqués à l'auteur.

« Insuffisant ». L'année suivante, celle du premier bac, on constate une légère amélioration, avec des 2 en français et en latin, mais encore 3 en histoire, en géographie et en physique. Le jugement global est le même : « Insuffisant ». Il est malgré tout admissible à l'écrit mais échoue à l'oral. Est-ce la conséquence logique de ses mauvais résultats en cours d'année ou, comme il l'affirmera, d'un accès de timidité ? « Les mots dansaient dans ma tête et ils restaient au niveau du larynx[1]. » Toujours est-il qu'il redouble. La seconde première est bien meilleure. Beaucoup de 2, quelques 3. Il obtient le premier prix d'excellence d'instruction religieuse, de composition française, d'histoire, de géographie, le deuxième prix d'anglais et de chimie, le deuxième accessit de version latine. Globalement, mention plus qu'assez bien au premier trimestre, plus que passable au second. Il est admissible à l'écrit et reçu à l'oral en juillet.

En philosophie, il brille enfin : prix d'excellence de géographie, de physique et d'instruction religieuse, accessit en diligence, en composition française, en sciences naturelles. Il obtient aussi le prix accordé à l'élève qui n'a pas mérité une seule note inférieure à Assez bien et le prix du tableau d'honneur décerné à celui qui y a été inscrit dix fois. Son professeur de philosophie le juge « bon élève, intelligent, travailleur, bien qu'il demeure parfois obscur dans ses dissertations ». L'essentiel est qu'il obtienne sans problème son baccalauréat. En octobre 1934, il aura 18 ans. Rien à voir, bien sûr, avec Robert qui, reçu en juillet 1931 à 16 ans à l'examen de mathématiques élémentaires, devient, selon *Notre école*, le plus jeune bachelier de France.

Pourtant, c'est François qui s'impose. Dès l'âge de 12 ans, selon son frère Robert : « J'étais chez les grands, lui chez les petits, et je voyais qu'il avait des adeptes qui se réunis-

1. François Mitterrand, *La Paille et le Grain*, *op. cit.*

saient autour de lui. C'était lui qui assurait la direction de la conversation, lui que les autres écoutaient. Ils le considéraient comme le patron[1]. »

François Mitterrand en impose. Par son port altier, sa capacité à mettre une distance entre lui et les autres et, en même temps, à se montrer amical et sensible. Par la force de son caractère, son audace, son goût du défi aussi qui le pousse parfois à contester l'autorité. Ainsi lorsqu'il prend des notes sous les yeux de l'abbé Perrino qui vient de l'interdire. Stupéfait, le professeur s'écrie : « Vous vous moquez de moi ? » Réponse du jeune Mitterrand : « Vous nous avez défendu d'écrire à la plume, j'emploie le crayon et rien dans le règlement ne l'interdit[2]. » L'affaire vient devant le responsable de la discipline qui donne raison à l'élève. Un autre jour, il interpelle un surveillant à la fin d'une étude en déplorant l'absence d'un terrain de sport au collège et l'obligation de s'entraîner dans des prés, au pied du rempart du Midi, inondés une partie de l'année. Il conclut son vibrant plaidoyer pour le sport à l'école en s'écriant : « Il n'y a pas de liberté sans moyens ! » Le sens de la formule, déjà !

A Saint-Paul, François a pris de l'assurance. A force de volonté, il a vaincu cette appréhension qu'il éprouvait – elle ne le quittera jamais vraiment – à parler en public. Il remporte, le 27 janvier 1933, la coupe de la Drac, un concours d'éloquence. Mais il échoue en finale à Bordeaux. Son père écrit à Robert : « Le silence de notre candidat me paraît assez éloquent ! » A-t-il pris conscience au collège de son aptitude à s'imposer aux autres ? A l'écouter, c'est bien à 15 ans qu'il a pressenti un destin. « Veut-on savoir si je me voyais roi ou pape ? Pour peu que cette idée m'eût visité elle a duré moins d'un été. Mais ce monde dont je ne connaissais que dix villages de province, j'avais l'intolérable sensation

1. Interview de Robert Mitterrand parue dans *Le Figaro* du 9 janvier 1996, le lendemain de la mort de son frère.
2. Catherine Nay, *Le Noir et le Rouge*, *op. cit.*

de le supporter tout entier. Je communiquais avec lui au point de m'en attribuer la vocation sublime. Bref, j'étais plus proche de moi-même et des autres à 15 ans que je ne le suis à deux pas de la soixantaine[1]. »

La vocation sublime ! Ses rêveries adolescentes visent les sommets, mais pas ceux de la politique. Le début des années trente est pourtant propice à l'engagement, avec la montée du fascisme en Italie et en Allemagne, les menaces en France d'une guerre civile opposant les ligues d'extrême droite antiparlementaires aux organisations de gauche. Sans compter les scandales financiers, l'arrogance des trusts, les cortèges de chômeurs. Mais les fracas du siècle franchissent mal les hauts murs de Saint-Paul. Selon ses professeurs, le jeune Mitterrand est avant tout un mystique, dévoué à la cause des humbles. C'est aussi un littéraire. Avec son ami, l'écrivain Claude Roy, Jarnacais et pensionnaire à Angoulême comme lui, mais au lycée Guez de Balzac, ils évoquent leur goût commun pour les écrivains aquitains, Mauriac, Chardonne, Fromentin. Claude Roy écrira : « François Mitterrand admirait avant tout Mauriac. C'est lui qui me fit lire Bernanos et Claudel. Il était catholique et posé[2]. » Puis, après la mort de Mitterrand : « Il avait beau incliner vers une sympathie perplexe pour le catholicisme social, ce n'est ni la philosophie, ni l'idéologie qui me semble avoir dominé notre exploration avide de la forêt des livres [...] Nous lisions beaucoup de poètes [...] Nous échangions surtout des livres de fiction, des titres de romans, des biographies [...] Pour nous, les romans c'était une répétition à blanc de la vie à venir, un exercice de l'imaginaire. Les romans nous proposaient des rôles où nous mettions à l'épreuve sans risque, sans danger, nos ressources[3]. »

1. François Mitterrand, *L'Abeille et l'Architecte*, *op. cit.*
2. Claude Roy, *Moi je*, Gallimard, 1978.
3. *Le Nouvel Observateur*, 17 janvier 1996.

Personne à Saint-Paul, ni les professeurs, ni les camarades du jeune homme pieux et littéraire qu'était François, n'a pressenti que sa « vocation sublime » s'exercerait sur le terrain politique. Ils l'imaginaient plutôt ecclésiastique de haut rang portant la robe rouge des cardinaux ou écrivain renommé vêtu du vert de l'Académie.

Malgré l'éloignement familial et la rigueur de la discipline quotidienne, les frères Mitterrand ont gardé un bon souvenir de leurs années à Saint-Paul. « Les cinq années qui s'écoulèrent depuis mon entrée jusqu'au premier bac représentent, en définitive et malgré les contraintes qu'impose la pension, une période heureuse. François et moi, et Jacques un peu plus tard nous nous étions bien adaptés à cette vie communautaire et nous savions en goûter tous les menus plaisirs », note Robert[1].

François juge ces années « enrichissantes » : « Nul ne m'a lavé le cerveau, j'en suis sorti assez libre pour user de ma liberté [...] J'ai gardé mes attaches, mes goûts et le souvenir de maîtres bienveillants[2]. *» Il n'a pas été rebuté par la messe et la récitation des grâces quotidiennes, les vêpres dominicales, les confessions hebdomadaires, les activités caritatives dans le cadre de la Société Saint-Vincent-de-Paul, les retraites semestrielle, sous la houlette d'un jésuite. Il se remémorait même les années passées à Saint-Paul avec nostalgie.*

Jeune ministre des Anciens Combattants dans le gouvernement Ramadier, il vient inaugurer, le 18 mai 1947, deux

1. Robert Mitterrand, *Frère de quelqu'un, op. cit.*
2. François Mitterrand, *L'Abeille et l'Architecte, op. cit.*

plaques gravées portant les noms des anciens élèves morts au combat de la guerre et de la Résistance. Arrivé du Mans, dans un avion piloté par son frère, le capitaine Jacques Mitterrand, accompagné de son directeur de cabinet, son autre frère Robert, François se recueille devant les noms des jeunes gens qu'il a connus : Henri Moreau, le fils d'amis de ses parents, François de Bénouville, le frère du général Pierre de Bénouville, héros de la Résistance, Maurice Laporte Bisquit, avec lequel il jouait au tennis. Après la cérémonie, visiblement ému, François Mitterrand revoit les places qu'il a occupées, enfant puis adolescent, au dortoir, au réfectoire, dans les salles de classe, à la chapelle. A son côté, sur la photo parue dans La Charente libre, *le chanoine Clovis Coudreau, supérieur de l'école de 1941 à 1977. Il a succédé à l'abbé Jobit comme professeur de philosophie à la rentrée de l'année scolaire 1934-1935 et n'a donc pas connu François Mitterrand, déjà à Sciences-Po, à Paris. Mais cet ecclésiastique de gauche, lecteur de la revue* Esprit, *sera jusqu'à sa mort, en 1990, un admirateur et un ardent défenseur de l'ancien élève de Saint-Paul.*

En mai 1981, devant d'anciens élèves qui critiquaient le nouveau président socialiste, le chanoine s'était fâché tout rouge : « Nous sommes fiers d'avoir eu François Mitterrand comme élève. Fiers, vous m'entendez, fiers ! » Dans la revue de l'école, il lui rend un vibrant hommage : « Après son frère Robert, avant Jacques et Philippe il a donc passé huit ans de sa jeunesse en nos murs [...] Ce que je sais de lui pour la période de ses études je le tiens des maîtres d'alors qui visiblement l'aimaient tous beaucoup. Il y avait dans leur façon de s'exprimer sur lui comme une espèce de pressentiment [...] Le mouvement de la culture a ses points d'inflexion qui s'inscrivent comme des signes, savoir les lire est le propre d'une clairvoyance [...] Une rose brodée, inerte symbole, ornait jadis l'uniforme de l'école. Le jour vint où elle s'est animée. Des mains ardentes l'ont saisie pour un long parcours. A l'Elysée, maintenant, elle s'offre au regard, toujours inspiratrice. »

Des anciens de Saint-Paul, des parents d'élèves comme Jacques Chavanes, futur maire UDF d'Angoulême n'ont pas apprécié cet éloge, trop appuyé à leurs yeux. Le président des anciens élèves, Marcel Lhomme, félicite le nouveau président mais s'inquiète pour l'école libre. François Mitterrand lui répond le 5 juin 1981 : « Le temps qui passe et la diversité des chemins parcourus par les uns et les autres ne peuvent dissiper le souvenir des années passées ensemble à Angoulême ni briser les liens qui nous rattachent à notre institution. Vous pouvez être assuré qu'il ne saurait être question de remettre en cause le principe qui vous est cher de la liberté de l'enseignement. Si des évolutions sont nécessaires, je veillerai à ce qu'elles soient conduites dans le respect des intérêts et des opinions en présence et après débat approfondi. »

A Fabrice et Christophe Caillaud qui, au nom de leur formation commune, lui reprochent d'avoir utilisé la rose de l'école comme emblème du PS et de vouloir nationaliser les écoles privées, il répond plus sèchement, le 30 juin 1982 : « Je me souviens très bien de certains de mes professeurs mais je serais étonné que vous et moi ayons eu les mêmes maîtres. Les socialistes ont choisi la rose comme emblème parce que c'est une fleur que connaissent tous les Français. Mon gouvernement souhaite un enseignement de qualité pour tous [...] pour que les chances soient les mêmes pour tous, les professeurs devant tous avoir réussi les mêmes examens. »

Même s'il fut soutenu par le chanoine Coudreau, Antoine Mitterrand, le fils de Philippe, professeur de biologie à Saint-Paul avant de reprendre l'exploitation viticole de son père, a mal vécu la période 1981-1986 : la plupart des professeurs étaient hostiles au projet de loi du gouvernement sur l'école privée.

François Mitterrand n'a jamais oublié les anciens de Saint-Paul. Le 28 décembre 1982, il fait décorer le chanoine Coudreau de la Légion d'honneur au titre de l'Education nationale. Le 25 septembre 1987, chez son frère Philippe à Saint-Simon, il lui remet lui-même les insignes d'officier de l'ordre national du Mérite. Il donne aussi la Légion d'honneur aux frères Chiron, Roland, président de l'Amicale des anciens élèves de Saint-Paul qui fut maire d'Angoulême avant Jean-Michel Boucheron et Pierre qui, du Maroc où il était militaire, lui avait adressé un message de soutien au moment de l'affaire de l'Observatoire.

Lorsque, dans le cadre de l'année Mozart, l'Association des professeurs et des parents d'élèves de Saint-Paul organise un concert à la mémoire du chanoine Coudreau et au profit des œuvres hospitalières françaises de l'ordre de Malte, en la cathédrale d'Angoulême, François Mitterrand fait accorder une subvention de cent quinze mille francs par le ministère de la Culture.

Le 25 novembre 1987, les élèves de cinquième du lycée Guez de Balzac et de Saint-Paul, conduits par les professeurs Antoine Mitterrand et Jacques Baudet, sont reçus au Conseil d'Etat par Pierre Nicolaÿ, un ami proche de François Mitterrand, fils d'une famille de Cognac et dont le propre fils était à Saint-Paul. Puis, à l'Elysée, où le président devait venir les saluer, mais il ne le put pas. Il écrivit à Jacques Baudet : « ... Navré de n'avoir pu vous recevoir mais ce n'est que partie remise. » Le 5 décembre 1988, il accueille les professeurs de Saint-Paul. Ce jour-là, d'humeur badine, il les provoque et crée un certain malaise lorsqu'il affirme : « Au fond, les écrivains catholiques sont nuls, même Mauriac ! »

La fin de l'enfance

Avril 1928, Yvonne Mitterrand vient à Saint-Paul et demande à voir son fils Robert. Elle obtient de ne pas rester avec lui au parloir, comme le règlement du collège l'exige, mais de sortir de l'établissement. Visiblement préoccupée, elle entraîne son fils sur le rempart où le soleil tape déjà fort. Pour la première fois, Robert qui n'a que 12 ans et demi entend sa mère lui parler d'argent. Elle lui dit en substance : « Ton père va avoir 55 ans et voilà bientôt neuf ans qu'il attend de prendre la succession de ton grand-père. Il avait quitté les chemins de fer pour exercer des responsabilités mais ton grand-père ne s'est toujours pas décidé à prendre sa retraite. Ton père, évidemment, n'est pas resté dans l'inaction. Comme tu as pu t'en rendre compte il s'est créé de toutes pièces une situation. Mais avec vous deux (Robert et François) au collège, et Colette dans le sien, Marie-Josèphe qui va fréquenter à Paris son école de dessin, Jacques, qui viendra l'année prochaine vous rejoindre à Saint-Paul, Geneviève et Philippe qui commencent à grandir, nous avons quelque peine à assurer toutes ces charges [1]. »

Robert est flatté que sa mère le traite en adulte mais il n'en revient pas. Pourquoi elle, si pudique, et qui a toujours veillé à ce que ses enfants soient préservés de tout souci

1. Robert Mitterrand, *Frère de quelqu'un*, *op. cit.*

matériel, est-elle venue à Angoulême pour lui faire part de difficultés auxquelles il ne peut rien ?

Yvonne s'en est-elle ouverte aussi à son père ? Jules a-t-il compris de lui-même qu'il était temps de passer la main ? Est-ce la crise qui le pousse à assurer l'avenir des siens ? Toujours est-il qu'en 1929, il réalise le partage de ses biens entre ses deux filles. A Yvonne, le 22, rue Abel-Guy, la vinaigrerie, ses dépendances et son fonds de commerce. A Antoinette, l'aînée, le 24 qui sera vendu peu après à l'administration des Finances, « un certain nombre d'immeubles[1] » et le domaine de La Treille, avec sa maison de maître que Jules, un quart de siècle plus tôt, destinait à son fils Robert.

Joseph prend enfin la direction de la vinaigrerie. Mais, pour les enfants, le résultat le plus triste c'est la vente de Touvent. Un déchirement. « Voilà mon premier deuil, un deuil comme la perte d'un être cher », dira François Mitterrand[2]. Soixante-six ans plus tard, les images restent gravées dans sa mémoire : les meubles qu'on emmène, sa grand-mère assise dans un fauteuil, dans le coin d'une pièce déjà vide, les yeux rougis par les pleurs : « Moi, j'étais là, à ses côtés, et je me sentais désespéré. » Robert écrira : « Touvent se fige dans l'ère glaciaire, celle des souvenirs. » Les deux frères feront le même constat nostalgique. François : « Mon enfance basculait. » Robert : « En quittant le domaine enchanté, ce que nous quittions c'était l'enfance, ce temps si court et si long qui va influencer tous le reste de l'existence. »

Les enfants Mitterrand avaient vécu heureux au sein d'une famille où tout leur paraissait éternel. Et voilà que survient une cascade d'événements. Toute la famille se retrouve au 22, rue Abel-Guy : les grands-parents, la tante Sarrazin et les deux cousins, les parents Mitterrand et tous les frères et

1. *Ibid.*
2. François Mitterrand, Elie Wiesel, *Mémoire à deux voix*, *op. cit.*

sœurs. On construit une aile sur le côté ouest de la maison pour loger l'oncle Eugène Thirion et sa femme, la tante Adrienne, sœur de Joseph, qui paient un loyer. Côté est, vivent les grands-parents et la tante Sarrazin. Dans le cœur de la maison, les Mitterrand, de moins en moins nombreux au fil des ans. Robert, François, Jacques, Colette ainsi que la cousine Lolotte sont pensionnaires à Angoulême pendant l'année scolaire.

Mais surtout les filles vont quitter le domicile familial. « En Charente les filles aimaient le mariage », a écrit Chardonne. Il aurait dû ajouter : leurs parents aussi ! Ils les ont élevées dans ce but et rien n'est plus triste à l'époque que de rester « vieille fille ». Antoinette, l'aînée, part la première, en 1926. Elle se marie à 17 ans avec le fils d'un négociant en cognac, Fernand Ivaldi, venu s'établir à Jarnac. Elle s'installe dans le centre de la ville avant d'habiter le château de ses beaux-parents. Le jeune homme ne plaît pas beaucoup à la famille avec son style trop voyant et sa luxueuse voiture, une Avion Voisin. Les Ivaldi, le père notamment, un fonceur qu'on appelait « le petit taureau de Turin », ne partagent pas le mépris de l'argent et de son affichage qui est la règle chez les Lorrain et les Mitterrand. Mais, après tout, le jeune Ivaldi est un moindre mal. Avant lui, Antoinette s'était amourachée... d'un Allemand, ce qui avait mis la famille en émoi.

Après Antoinette, c'est Colette qui, à 16 ans, le 15 juillet 1930, se marie à l'église de Jarnac avec Pierre Landry, un cousin éloigné qui se prépare à Saumur à la carrière militaire. « Comme elle était jolie dans la blancheur du voile et de la robe émergeant du sanctuaire au bras de son cavalier de mari sous la voûte angulaire que formaient les épées des officiers présents [1] », note Robert. Elle s'éloigne vraiment : elle suit son mari en Algérie.

L'année suivante, c'est Marie-Josèphe qui épouse, à 19 ans, le fils d'amis bretons de ses parents. Grand, mince,

1. Robert Mitterrand, *Frère de quelqu'un*, *op. cit.*

flegmatique, ce jeune ingénieur timide qui possédait au dire des filles de la rue Abel-Guy, de si beaux yeux, est marquis de Corlieu. Le jeune couple s'installe rue du Château, à Boulogne-Billancourt.

Le tissu familial des Lorrain et des Mitterrand était si serré, si solide que le jeune François le croyait indéchirable. Pourtant, cette année-là, en plein mois d'août, les enfants Mitterrand font connaissance avec la mort. Le 3 août 1931, Eugénie disparaît. Elle avait 75 ans. François en a 15. Trois ans plus tôt, son camarade de classe, Alphonse, s'était noyé à cent mètres de lui, victime d'hydrocution. François était là quand on a sorti le corps de l'eau. « Cette mort m'a touché[1]. » Celle de sa grand-mère le marque pour la vie. Car Eugénie l'a appelé avant de mourir. Ses dernières paroles ont été pour lui, le petit-fils préféré. « Quand ma grand-mère est morte je suis resté pétrifié, assis dans un fauteuil, à m'emplir les yeux pendant des heures. J'aurais eu l'impression de trahir si je m'en étais allé. La mort n'est pas la séparation d'un instant. Je n'ai donc pas quitté des yeux ma grand-mère, jusqu'à la mise en cercueil. Je garde le privilège d'un amour véritable[2]. »

Que ressent-il, l'enfant de 15 ans, pendant ce long tête-à-tête avec sa grand-mère morte ? « Je ne pensais pas à la mort mais à la morte. Je me sentais solidaire [...] J'avais encore plus de chagrin en pensant qu'un jour j'aurais moins de chagrin. Je pensais que l'œuvre du temps, la vie même me feraient oublier et qu'ainsi je trahirais un peu [...] Ma grand-mère était née sous le Second Empire. Je me sentais responsable de sa mémoire, témoin de sa vie. »

Yvonne, très proche de sa mère, est elle aussi profondément affectée. Mais ses responsabilités l'accaparent. C'est elle, à 51 ans, qui dirige la maison, ce qui ne l'empêche pas de suivre avec attention les études de ses fils pour qui elle nourrit une grande ambition.

1. François Mitterrand, Elie Wiesel, *Mémoire à deux voix*, *op. cit.*
2. *Ibid.*

Robert, opéré d'une péritonite l'année de son bac, a dû se contenter d'une mention « passable » en mathématiques élémentaires. Tout à fait insuffisant pour intégrer une classe préparatoire à Sainte-Geneviève, l'école de Versailles que sa mère a choisie pour lui. Excipant des excellents carnets de notes de son fils, de son jeune âge, et comptant sur quelques relations dans les milieux ecclésiastiques, elle vient à Versailles plaider la cause de son aîné avec un tel enthousiasme qu'il est admis en taupe.

Dans une lettre datée du 20 août 1933 et adressée à Robert, qui est en Belgique, avec François et Geneviève, chez leurs amis Gaveau, la famille des fabricants de pianos, Yvonne s'inquiète d'être sans réponse de Sainte-Geneviève. Le 30, c'est Jules qui écrit à ses petits-enfants pour leur donner des nouvelles de Jarnac : « Nous subissons, ici, une nouvelle vague de chaleur ! Les propriétés de La Treille en souffrent énormément [...] Mais je crois que le vin sera bon. Lolotte est allé passer une dizaine de jours chez son amie Guyenne de Lavalette. Pierre [Sarrazin] est retourné à Paris pour suivre les cours de l'Ecole centrale d'électricité. Il vient de fabriquer un poste TSF pour son usage personnel. Je crois que Jacques partira pour Paris le 2 ou 3 septembre. Pierre nous dit l'attendre avec une grande impatience. Nénette, avec Marcel et leurs enfants, sont à Royan depuis une dizaine de jours. Mme et M. Thirion sont allés au pèlerinage national de Lourdes et sont installés à Argelès. J'ai reçu une lettre de Josette qui est de retour à Boulogne après un séjour en Bretagne. Bonnes nouvelles aussi de Colette, mais elle se plaint de la chaleur. »

Le 2 septembre, Yvonne est enfin rassurée. Elle a reçu les papiers d'inscription et le dossier a été envoyé à l'école où on attend son fils à la rentrée. Elle donne des nouvelles de la famille : la veille, Jacques est parti pour Boulogne et les Ivaldi sont rentrés de Royan ; les Thirion, eux, sont à Lourdes. Yvonne conseille à son aîné : « Puisque tu reviens le

14, il me semble qu'il vaut mieux que ton frère et ta sœur reviennent avec toi. Aussi aimables que soient vos hôtes, il ne faudrait pas abuser de cette amabilité même[1]... » Maurice Gaveau est le meilleur camarade d'école de Joseph. Il est le parrain de François. Courtier en laines à Tourcoing, il voyage dans le monde entier. Il est expansif, chaleureux, le contraire de Joseph, et pourtant les deux hommes resteront très liés tout au long de leur vie.

Depuis deux ans, Joseph gère l'entreprise familiale qui, à partir du 1er juillet 1929, porte le nom de « F. Mitterrand-J. Lorrain Compagnie ». F. Mitterrand fait bien sûr référence au deuxième prénom de Joseph, Félix. Il s'est installé dans le bureau de la vinaigrerie à l'angle nord-ouest de la maison. Il s'intéresse surtout à la fabrication du produit. Il fait équiper le laboratoire d'appareillages supplémentaires, introduit un procédé nouveau de vinification qui permet à la fois d'améliorer la qualité du vinaigre et d'augmenter la productivité. Mais il déteste le rituel marchandage charentais, lui qui répugne à parler d'argent. Son fils, Robert, qui l'accompagne quelquefois en voiture automobile dans ses tournées, constate qu'il emploie avec ses clients une méthode très personnelle. Il aborde longuement les grands problèmes politiques et économiques du moment, notamment la crise américaine qui, par ricochet, frappe l'Europe. Il ne parle « affaires » qu'à la fin parce qu'il le faut bien. Est-ce la conjoncture défavorable ? Est-ce son peu d'intérêt pour le commerce ? En tout cas, la vinaigrerie est beaucoup moins florissante que sous Jules Lorrain. Et la famille connaît des difficultés financières.

Mais ses qualités d'orateur, sa culture, sa grande probité, ses activités caritatives valent à Joseph l'estime des milieux économiques. Nommé, sans l'avoir sollicité, président de l'Association des industriels et des commerçants de Jarnac, il siège à ce titre à la chambre de commerce de Cognac. Il

1. Lettre que Béatrice Gaspard, la fille de Geneviève, a lue à l'auteur.

deviendra président du Syndicat des fabricants de vinaigre de l'ouest de la France, fonction exercée avant lui par son beau-père puis, en janvier 1939, malgré ses réticences, il est élu président du Syndicat national, poste qu'il occupera jusqu'en janvier 1942 où il démissionnera « malgré l'insistance du Conseil ». Il avait notamment lutté avec succès contre un projet de trust du vinaigre que voulaient imposer les grands patrons d'Orléans. Ses activités lui procurent quelques satisfactions, lui qui rêvait jeune d'imposer ses idées. Mais l'essentiel reste à ses yeux l'avenir de ses fils dont il espère que, contrairement à lui, ils pourront accomplir leur destin.

C'est Yvonne qui suit au jour le jour cette ascension programmée. Quelques lettres d'elle retrouvées par Robert dans un vieux carton en témoignent. L'une d'elles, datée de novembre 1933, se félicite de la première place de Jacques en français et de François en physique. Deux autres, du même mois, font état de victoires de François à des championnats de ping-pong à Barbezieux et à Jarnac à la mi-novembre. Le 2 février 1934, Yvonne écrit à Robert : « Tes frères repartent pour Saint-Paul, ils ont travaillé avec persévérance et constance. » Puis, après leur réussite au bac et la distribution des prix : « ... Tes frères ploient sous les lauriers. »

Au fil des mois sa santé se dégrade. Ce qui ne l'empêche pas de continuer d'écrire. En février 1934, elle demande conseil à son aîné Robert : « Je n'ai pas encore confié à ton père... Je fais un grand projet : je voudrais mettre Jacques à Sainte-Geneviève s'il est reçu en juin pour qu'il fasse ses mathélem. Mais la grosse question c'est la question budgétaire ! J'ai commencé des coupes sombres dans mes dépenses qui ne sont pas somptuaires... Je vais organiser un service moins cher. Ce sera plus de travail mais vraiment je suis bien mieux portante qu'il y a six mois. Sans cela, je devrai abandonner mon projet car il va falloir cette année, je l'espère, commencer pour François son budget d'étudiant et parer aux frais de son trousseau. Enfin, je te raconte tout cela pour que tu y réfléchisses et que tu me donnes conseil à bon escient… N'oublie pas le Quinquina[1]… »

Fin août 1934, plusieurs enfants Mitterrand sont chez les Gaveau, comme l'année précédente. Le 30, Joseph leur écrit : « Votre mère aurait été heureuse de répondre à votre dernière lettre mais elle a dû s'aliter et est trop fatiguée. Il m'est bien pénible de troubler votre joie des vacances auprès de ces bons amis mais l'état de votre maman est sérieux. Il faut que chacun de nous fasse pour l'amélioration de sa santé tout ce qu'il peut : vous pouvez et devez prier Celui qui peut tout. Je vous tiendrai au courant. Mais surtout que vos lettres ne reflètent pas vos inquiétudes […] Je vous embrasse tous les trois mes chers petits, de tout mon cœur. P.-S. La pensée de votre mère vient vers vous[2]. »

Yvonne se traîne pendant deux ans. La dernière année, elle ne quitte plus son lit. Au début de 1935, elle évoque à peine l'aggravation de son mal dans ses lettres, s'inquiétant d'abord de la santé de ses enfants, leur rappelant de bien prendre leur huile de foie de morue, leur Quinquina et autres fortifiants, s'informant de la bonne marche de leurs études, s'enquérant de leurs besoins d'argent et de vêtements.

En février 1935, Jules alerte son petit-fils Robert : « Depuis une quinzaine de jours ta bonne mère semblerait un peu moins fatiguée mais elle continue à garder le lit et son fauteuil sans être autorisée à faire un pas dans la chambre. » Le même jour, Robert reçoit une longue lettre de sa mère où elle ne consacre que quatre lignes qui se veulent rassurantes à sa santé : « L'amélioration se maintient, il y a juste un mois que je n'étouffe plus. Mais je ne fais aucun mouvement. » En revanche, elle évoque longuement les conséquences de l'attaque de diphtérie dont a été victime

1. Robert Mitterrand, *Frère de quelqu'un*, *op. cit.*
2. Lettre que Béatrice Gaspard a lue à l'auteur.

Philippe qui souffre tantôt de paralysie du voile du palais et du nerf optique, tantôt de la jambe gauche. Et de conclure : « Sans être inquiets tu comprends que nous soyons ennuyés. » Elle termine en évoquant la mémoire de son frère : « Demain 22 février, anniversaire de la mort de notre bien-aimé frère Robert. Qu'il soit dans la vie ton soutien et ton modèle, mon cher grand fils qui est en même temps l'objet de ma tendresse et de mon orgueil. »

Deux semaines plus tard, nouvelle lettre : « J'ai été si heureuse de te voir, mon cher Robert, et je donnerais beaucoup pour avoir avec toi de bonnes causeries. Au moins écris-moi ce que tu penses et à quoi tu penses. Nous pourrions avoir, si tu le veux, une correspondance à cœur ouvert qui serait, je crois, une source de satisfaction pour nous deux [...] Le temps est merveilleux ! Je m'enchante du chant des fauvettes dans le jardin d'en face. Je vais bien. Peut-être pourrais-je marcher pour Pâques. » Voilà qui relativise beaucoup le « Je vais bien ».

En mai 1935, Geneviève, qui n'a que 15 ans, redoute une fin imminente. Elle se confie à une amie en des termes qui seront rapportés à Robert : « Maman va beaucoup plus mal [...] Elle veut qu'on lui donne l'extrême-onction demain [...] son cœur peut s'arrêter d'une minute à l'autre. Elle se rend compte de son état et éprouve une peine horrible à la pensée de nous quitter. Elle passe des moments atroces, sans dormir, avec des hallucinations et des plaintes [...] A l'école, je tremble chaque fois que j'entends sonner [...] Colette et Antoinette restent souvent ici, elles sont si gentilles [...] Il faudra penser à mes frères chéris qui eux n'auront pas des êtres affectueux pour leur donner des conseils [...] Priez pour maman, pour moi[1]... »

Grâce aux lettres qu'elle adresse régulièrement à ses fils, le plus souvent à Robert, on peut suivre l'aggravation du mal qui va l'emporter, entrecoupée de courtes périodes

1. Robert Mitterrand, *Frère de quelqu'un*, *op. cit.*

d'accalmie sur lesquelles elle insiste pour rassurer les siens. En juin, Yvonne paraît avoir surmonté sa crise de mai. Comme toujours, elle cherche à minimiser ses souffrances : « Depuis quinze jours je traverse une bonne période, pas trop d'accidents du cœur, je souffre aussi moins de l'estomac. Tous ceux qui me voient s'extasient de ma bonne mine ! » Elle pense d'abord à ses fils : à Jacques qui attend les résultats du bac, à François, admissible à l'examen de Sciences Po et qui passe l'oral.

Pour les grandes vacances de 1935, tous se retrouvent à son chevet à Jarnac. Mais Yvonne tient à ce que ses enfants profitent de l'été. Robert, François, Jacques et Geneviève vont bientôt rejoindre les Gaveau, à La Panne, en Belgique. Un séjour au bord de la mer du Nord et ses immenses plages ventées propices au char à voile. On jouera aussi beaucoup au tennis dans un club chic où François se fera remarquer en accumulant des victoires.

Le 9 août 1935, Jules Lorrain, de La Treille où il surveille les moissons, répond à une lettre de Geneviève qui est encore à La Baule. Il tente de la rassurer : « Ta mère traverse une meilleure période, espérons que cela durera. » Mais elle est trop faible, il le sait, pour donner, comme elle en a l'habitude, des nouvelles de la famille et des amis. C'est donc lui qui la supplée : « Odile et Henry [Moreau] sont à La Treille depuis quelques jours. Lolotte, Pierre, Odile, Henry, Marie et Henry Bouvyer, Max et François Moreau et Philippe, ont été enchantés de leur pique-nique à La Motte [...] Ton père est allé à Paris, le 5 courant, pour assister à la réunion de bureau du Syndicat des fabricants de vinaigre [...] Lolotte est toujours à Royan avec son mari et ses enfants [...] Elle est toujours pleine d'entrain et bien amusante. Pierre continue ses visites pour la vente de ses huiles [...] Je crois que les nouveaux domestiques peuvent donner satisfaction. Nous sommes sans nouvelles de Robert et de François. Quant à Jacques, l'air de Royan lui est très salutaire [...] Ton vieux grand-père qui t'aime bien[1]. »

Le 19 août, Yvonne réussit à écrire quelques lignes : « Mes chers enfants, j'ai continué une si pénible période avec forte fièvre et étouffements qu'il m'a été impossible de répondre à vos lettres. Je vais peut-être avoir quelques jours plus reposants [...] Pour éviter que la crise de ces derniers jours empire je me suis fait un barrage de piqûres très sérieux [...] Je vous aime bien. »

En septembre, Robert passe trois semaines à Jarnac auprès de sa mère. Elle peut parler à son aîné à cœur ouvert comme elle le souhaitait. Le 22, jour de ses vingt ans, elle l'embrasse longuement, elle si pudique qui répugne d'ordinaire aux effusions et lui demande de prendre soin de son père, de ses frères et sœurs qui n'ont pas encore « tout leur bagage », dit-elle. Robert lui répond qu'il est trop tôt pour parler de tout ça, qu'ils auront le temps d'en reparler, mais il n'y croit pas et elle non plus. Il doit quitter Jarnac pour rejoindre Polytechnique, tout comme François doit regagner Paris pour entrer en deuxième année de droit et en première année à Sciences-Po.

Le 10 novembre 1935, Yvonne écrit sa dernière lettre au crayon à ses trois fils parisiens et l'adresse à François. Lettre poignante qui en dit long sur la force de caractère de cette femme :

Mes chers garçons bien aimés. Depuis plusieurs semaines j'ai été si fatiguée qu'il m'a été impossible de vous écrire. Mon état, déjà très précaire, a empiré le jour du départ de votre père pour Paris. J'ai eu une semaine d'agonie. Le docteur m'a laissée le vendredi soir, me donnant espoir que tout s'arrangerait tout seul... et n'est pas revenu. Samedi, monsieur le curé, navré, m'a préparée à la mort et j'étais tellement à bout de forces que je n'avais plus aucune

1. Lettre que Béatrice Gaspard a lue à l'auteur.

réaction. Dans la nuit, j'ai retrouvé quelques bribes de volonté. Dès le matin du dimanche, je faisais appliquer sur mes reins quatre sangsues qui m'ont fait une saignée qui a duré jusqu'au lendemain matin, médication défendue parce que trop affaiblissante. Mais je ne pouvais tout de même pas partir bien docile, sans rien faire !

Mes étouffements terribles se sont calmés. Mes reins, complètement bloqués, ont recommencé à fonctionner ! J'étais d'une faiblesse si grande, impossible à exprimer ! Je me suis fait servir des huîtres avec du vin de Bordeaux pur. Enfin, me voilà ravigotée, personne n'en revient ! Irai-je jusqu'à Noël ? Je me sens bien malade, mais je vous aime d'une tendresse, d'un amour profond qui vous suit, vous protège. Pensez, vous, que je suis toujours avec vous. Votre maman.

En post-scriptum, elle s'inquiète : « Comment Jacques peut-il vivre sa vie religieuse entre ses deux lycées [1] ? »

Elle tient jusqu'à Noël et au-delà. Pour les fêtes de fin d'année, toute la famille l'entoure. Seuls manquent Robert, opéré d'une mastoïdite à Paris, et Colette, restée en Algérie avec son mari et ses enfants.

Robert reçoit à l'hôpital une lettre de son père datée du 24 décembre :

Ta mère, depuis hier soir, est moins douloureuse parce que certainement sa sensibilité diminue avec ses forces. Elle a recommandé hier soir de préparer ta chambre pour ce matin 6 heures. Ensuite, elle n'a pas demandé ce matin pourquoi tu n'étais pas là. Alors je n'ai eu jusque-là aucune explication à fournir. Peut-être s'endormira-t-elle dans la paix éternelle sans autre question. Dans ces heures douloureuses nos cœurs sont près de toi, près de cette chère Colette qui a envoyé à ta mère une lettre si douce que je l'ai gardée

1. Robert Mitterrand, *Frère de quelqu'un*, *op. cit.*

pour la lire à ta mère à la grande heure de la séparation. Accepte, mon cher Robert, le grand sacrifice qui t'est imposé par affection et reconnaissance. Et puis reprenons notre route, l'âme forte, pour assurer tous nos devoirs qui resteront nombreux. Nous aurons à soutenir et à guider ceux qui vont rester. Pensons au travail de demain.

Yvonne s'éteint le 12 janvier 1936. Elle était inconsciente depuis trois jours.

La mort d'Yvonne frappe Joseph qui a été, pendant de longs mois, le spectateur impuissant du calvaire de sa femme. Depuis trente ans, ils formaient un couple exceptionnellement uni. Ils avaient en commun une profonde piété, l'amour de leurs enfants, le goût de la lecture et de l'écriture et, par-dessus tout, un profond respect mutuel. Jamais un des huit enfants n'a été témoin de la moindre dispute entre eux. Joseph réagit en chrétien : « Reprenons notre route. »

En dehors des vacances où toute la famille se réunit autour de lui, fini les grandes tablées joyeuses. Joseph se retrouve avec Geneviève et Philippe, ses deux plus jeunes enfants. Geneviève, qui n'a pas 16 ans, prend en main les affaires de la maison. La charge est d'autant plus lourde qu'elle doit faire servir trois repas : un pour les Thirion, à l'aide d'un passe-plat, un pour Jules et l'autre pour Joseph, chacun déjeunant désormais chez soi. A la Saint-Michel, où se tient une sorte de foire aux domestiques, c'est elle qui doit choisir les bonnes !

Six mois après la mort de sa femme, Joseph écrit, le 15 juillet 1936, à des amis qui viennent de perdre un enfant : « Vous avez, vous aussi, suivi le cruel chemin du calvaire, brisés dans vos membres ou dans vos cœurs. » Il les exhorte à réagir, comme lui, en chrétien : « Permettez à ma vieille affection de vous rappeler un mot que vous connaissez si bien, qui a toujours été le vôtre : le devoir [...] Dieu a pris sa part, il vous en reste une très belle. Le devoir consenti jusqu'au bout vous sauvera. Devoir de sauver la nichée après la tourmente. Dieu qui vous a durement éprouvés vous aidera [...] Vous vous aiderez mutuellement car vous êtes deux – deux ! Méditez ce mot : se soutenir réciproquement, pleurer ensemble, être fort ensemble. Ensemble, ne point s'abandonner et trahir le devoir [...] Vous avez le cruel mais magnifique orgueil d'avoir au ciel un ange né de vous. Haut les cœurs vers l'avenir[1] ! » François réagit lui aussi en chrétien. Il écrit le même jour aux parents de la petite disparue : « J'espérais tant que nos prières seraient exaucées [...] Je garderai l'image d'Anne-Marie comme un de ces souvenirs très chers et très précieux, auxquels on donne une place privilégiée. J'unirai chaque jour son souvenir à celui de maman ; Dieu leur a certainement dispensé l'immense joie de sa Présence. En même temps qu'à votre peine, je veux participer à cette foi qui est désormais leur part... »

Joseph devient le point fixe de la famille, le lien entre tous. Dans une lettre datée du 12 mars 1939 et adressée à Geneviève, il donne des nouvelles de Jarnac : Marie-Josèphe a la grippe et Colette les oreillons. Il a reçu des lettres des garçons, de François notamment qui souffre des réticences de Béatrice : « Il se dit mieux, bien même physiquement. Je veux le croire. Côté moral, cela semble douloureux. Excessive générosité ? Sans doute. Ignorances des complications affectives de la vie ? Certainement. Ceci et cela arrivent à fabriquer des hommes qui s'attachent judicieusement plus au fond qu'aux apparences, souvent trompeuses. L'expérience naît de la souffrance. » Joseph joint un chèque de mille francs, la moitié pour Colette dont c'est l'anniversaire, l'autre pour Geneviève. Il se félicite encore de la qualité du personnel de Jarnac : « Je ne saurais assez reconnaître la bonne régularité du service, cuisine et autres, de nos domes-

1. Lettre que Béatrice Gaspard a lue à l'auteur.

tiques. J'ai l'impression qu'ils calculent pour nous comme pour eux – serré[1]. »

L'été, la famille est à nouveau réunie à Jarnac autour de lui et de Jules. Mais, début septembre, le grand-père est hospitalisé à Angoulême. Alerté par une lettre de leur père, les trois garçons, étudiants à Paris, reviennent juste à temps pour le voir encore vivant. Ce nouveau deuil touche particulièrement François, le plus proche de Jules.

Joseph a 60 ans. Il devient le *pater familias*. Pour la première fois de sa vie, il se retrouve sans tuteur, sans entrave. C'est lui qui, désormais, écrit régulièrement à ses fils, lui qui veille à ce qu'ils ne manquent de rien. Papa Jules et Yvonne ne sont plus là mais l'esprit de la famille demeure. Pour les fêtes et pour les vacances d'été, les enfants se retrouvent autour de leur père.

Edith Cahier, la fiancée de Robert, découvre Jarnac en juillet 1939. Elle a 18 ans. Fille d'un officier autoritaire, coléreux et antisémite, nièce d'Eugène Deloncle, fondateur de la Cagoule, elle a vécu dans un climat oppressant. Elle a connu Robert au bal de l'X. Il lui a présenté François qu'elle a trouvé « incroyablement beau, ténébreux, au charme romantique, avec un je-ne-sais-quoi de douloureux ». A Jarnac, elle découvre une ambiance familiale à laquelle elle n'est pas habituée : « Les repas sont chaleureux, animés, on y disserte philosophie, littérature, politique, chacun est à l'écoute de l'autre, curieux et respectueux de son opinion. Dans cette atmosphère détendue où chacun (quatre filles, quatre garçons) s'exprime librement, je découvre une grande gaieté, un climat de confiance, d'intelligence et de générosité[2]. » C'est ce qu'Edith appellera « l'esprit de Jarnac ». Son futur beau-père lui fait, dès le premier abord, « forte impression ». Elle le décrit ainsi : « C'est un homme exceptionnel, emprunt d'une grande noblesse, d'une grande bonté

1. *Idem.*
2. Edith Cahier, *Ma famille Mitterrand*, *op. cit.*

inépuisable, d'une vaste culture, il est toujours discret et modeste [...] Il parle assez peu mais il écoute attentivement nos conversations, refuse qu'elles s'orientent vers des sujets anodins. » Dans le jardin, Joseph explique les arbres et les fleurs à sa future belle-fille. Comme François le fera plus tard à ses visiteurs, à Latche.

François Mitterrand a attendu la fin de sa vie pour révéler à quel point il a été déterminé par son enfance. Jusqu'alors, parlant de ses jeunes années, il n'avait évoqué que des émotions, des sensations, des souvenirs. Dans son dialogue avec Elie Wiesel, il dit, pour la première fois, qu'à ses yeux, l'enfant qu'il fut était bien le père de l'homme qu'il est devenu. « Je sais qu'il existe en moi-même un lieu immuable où l'enfant que j'étais, avec son caractère, sa nature, sa personnalité, n'a pas changé. Naturellement, cela occupe une petite place en superficie, mais importante en valeur [...] Ce petit diamant-là s'est perpétué[1]. *»*

C'est au cœur de cette enfance qui, dit-il, lui servait de référence, que se sont imprimés ce qu'il appelle « les éléments de mon existence ». Une enfance qui représentait à ses yeux « la fraction la plus pure et la plus nette de sa personnalité ». Il avait conscience, adulte, de tout lui devoir ou presque : « J'avais plus d'intuition à quinze ans qu'aujourd'hui. J'avais une perception de la fugacité très conforme à ce que j'ai vécu après. Aujourd'hui, ce qui est sensible en moi, ce qui est capital aussi, correspond à ces élans de mon enfance. L'enfant d'autrefois détermine mes impressions et mon jugement, non mon action. » Mais cette action

1. François Mitterrand, Elie Wiesel, *Mémoire à deux voix*, *op. cit.*

n'est-elle pas déterminée, elle-même, au moins en partie, par ce jugement qui vient de si loin ?

C'est par rapport aux ambitions, aux rêves, aux exigences de son enfance que Mitterrand affirmait se juger : « Je vois bien quels ont été les manques et les défaillances. De ce point de vue mon enfance serait mon juge. » Il ajoutait aussitôt : « Mais enfin, ne dramatisons pas. » Ce qui signifiait que si l'enfant-juge n'était pas sévère, c'était que la vie de l'homme, en dépit de sa propension aux zigzags, avait su garder une continuité, une cohérence, une unité.

Ce monde familial, qui l'a marqué à jamais, s'est, on l'a vu, « détruit », selon son expression, avec la perte, en six ans, de trois des siens auxquels il tenait le plus : sa grand-mère, sa mère et son grand-père. C'est la mort de « Maman Ninie » qui l'a le plus durement frappé. Parce que c'était la première, parce que c'était elle qui l'avait tant aimé, parce que c'était lui qui a recueilli ses dernières paroles, lui qui est resté, seul, auprès d'elle, pendant des heures, après que la vie l'avait quittée, parce qu'il avait quinze ans.

C'est en veillant le corps de sa grand-mère qu'il s'est voulu responsable de sa mémoire. C'est ce jour-là qu'il s'est juré d'être « le tombeau du souvenir ». Il a tenu son serment. Pendant toute sa vie, chaque soir ou presque, avant de s'endormir, il s'est livré à la récapitulation de ses morts. Il a été le tombeau de ses grands-parents, de ses parents, de son frère Philippe, de Georges Dayan[1], l'ami irremplaçable, mort deux ans avant son sacre, et de son frère Jean, de Jean Riboud, de Jean Chevrier, le patron du Vieux Morvan, à Château-Chinon, où il avait sa chambre. Et d'autres encore, comme ce jésuite marginal connu derrière les barbelés, dont le nombre grossissait au fil des ans. « Penser aux morts, c'est assurer la survie des gens qu'on a aimés, en attendant que d'autres le fassent pour vous. C'est un

1. Le 11 mai 1981, le lendemain de son élection, il s'est recueilli sur sa tombe, au cimetière Montparnasse à Paris.

devoir de mémoire. Je me vois en gardien de la porte d'une forteresse, gardien de la mémoire, gardien du souvenir », disait-il.

Cette fidélité aux disparus, son goût pour les cimetières ont fait croire qu'il était fasciné par la mort. S'il l'était, c'est qu'il était fasciné par la vie. Il s'y est accroché jusqu'au bout, reculant le plus possible l'échéance, goûtant chaque jour de survie, malgré la souffrance. A la fin, il disait : « J'aime tellement la vie que je n'arrive pas à mourir. »

Le 104, rue de Vaugirard

Le 17 octobre 1934, François Mitterrand s'installe au 104 de la rue de Vaugirard, un foyer d'étudiants tenu par des frères maristes. Une « balzacienne maison Vauquer », selon François Mauriac qui la fréquenta un quart de siècle plus tôt. Ici, la maman Vauquer est un ecclésiastique, le père Plazenet. François va avoir 18 ans. Il quitte sa famille et la Charente. Parce qu'il monte, selon l'expression de Mauriac, d'Angoulême à Paris, parce qu'il a déjà conscience qu'un destin l'attend, on a souvent comparé le jeune homme de Jarnac à deux héros de Balzac : Lucien de Rubempré et Eugène de Rastignac. Et pourtant, Dieu qu'ils sont différents ! Contrairement au premier, François Mitterrand n'arrive pas dans les bagages d'une maîtresse, Louise de Barjeton. Contrairement au second, il ne s'écrie pas, apostrophant Paris : « A nous deux, maintenant ! » Et il ne reniera jamais ses origines ni son éducation alors que Rastignac n'aura de cesse d'effacer ses traces au fur et à mesure de son ascension. En entrant dans sa petite chambre monacale du 104, laide, étroite, meublée sommairement – une table, une armoire, un lit et des rayonnages pour les livres – il ne pense pas « A moi, Paris ! » : « Je me suis senti perdu, tout petit, au bas d'une montagne à gravir. J'étais sans identité [...] A Paris, j'étais dans un monde indifférent, dans des conditions d'âpreté, de solitude qui exigeaient de ma part toutes les ressources de la lutte et de la conquête [1]. »

Perdu ? Sans doute. A Jarnac et à Touvent, le jeune Mitterrand a tout appris du rythme immuable des saisons, de la lumière du ciel qui permet de lire les heures – il ne portera jamais de montre – des arbres, des rivières, des plantes, des oiseaux. Il ne sait rien de la jungle des villes, de la tristesse des banlieues, de la misère, de la saleté, de la violence. Il lui faudra du temps pour se fondre dans ce Paris qui lui paraît immense, pour connaître ses quartiers et ses rues dont Balzac disait qu'ils avaient « des qualités humaines » et dont il deviendra l'infatigable promeneur.

Sans identité ? Allons donc ! On mesure mal, aujourd'hui à quel point les Français instruits sont alors peu nombreux. Les gens cultivés se connaissent et se reconnaissent. Quand François Mitterrand arrive à Paris, il possède, comme son frère Robert avant lui, des contacts grâce aux relations familiales. Il a en poche quatre lettres de recommandation. Une pour François Mauriac, l'ami de son oncle Robert et de sa mère ; une pour le général Guillaumat [2], lointain parent de Jules Lorrain ; une pour le préfet Joinot, frère d'une amie de sa mère ; une enfin pour Maurice Marcilhacy, avocat au Conseil d'Etat et conseiller général de Jarnac [3]. Seule la rencontre avec François Mauriac présentera un intérêt à ses yeux : « Il m'a parlé de moi, de mon avenir, alors que les trois autres dissertaient sur eux-mêmes, aussi n'ai-je revu que le premier [4]. »

1. C'est le souvenir qu'il en garde soixante ans après. François Mitterrand, Elie Wiesel, *Mémoire à deux voix*, *op. cit.*

2. Père de Pierre Guillaumat qui fut président d'Elf Aquitaine mis en cause dans l'affaire des avions renifleurs.

3. Père de Pierre Marcilhacy qui sera candidat, comme François Mitterrand, à la présidence de la République en 1965. Deux Saintongeais ! Pierre Marcilhacy sera nommé au Conseil constitutionnel en 1983.

4. Une amitié durable va naître entre les deux hommes. Elle fut seulement altérée par leurs divergences sur le général de Gaulle. Mais Mauriac défendit toujours Mitterrand lorsque ses adversaires voulurent le tuer politiquement,

Mauriac, lui, se souviendra d'un jeune homme « avec son visage de Clouet » qui a visiblement choisi un « autre royaume » que celui uniquement spirituel de son oncle : celui de la politique. L'écrivain a pressenti cette volonté de s'affirmer, de conquérir, de « gravir la montagne ». C'est pour cela qu'il a, lui aussi, comparé François Mitterrand à Rastignac, ce que le futur leader de la gauche lui a difficilement pardonné.

Un quart de siècle plus tard, il écrira dans son « Bloc-notes » de *L'Express* : « Il a été un garçon chrétien, pareil à nous, dans une province, il a désiré comme nous devant ces coteaux et ces forêts de Guyenne et de Saintonge qui moutonnaient sous son jeune regard. Il a été cet enfant barrésien, souffrant jusqu'à serrer les poings du désir de dominer sa vie. Il a choisi de tout sacrifier pour cette domination. »

Au 104, François Mitterrand n'est pas un pensionnaire ordinaire. Il est le neveu de Robert Lorrain dont la présence une seule année, de l'automne 1906 à l'automne 1907, n'a pas été oubliée. Le portrait de Robert dont le visage rappelle celui de Barrès jeune est toujours présent en bonne place, dans le bureau du directeur, le père Plazenet qui fut son professeur et son confesseur. Cette parenté confère à François Mitterrand un préjugé favorable et une attention particulière des maristes mais lui fait obligation d'être toujours à la hauteur, de ne jamais décevoir.

Rue de Vaugirard, l'enfant de Jarnac n'est pas dépaysé. Avec sa haute verrière, ses boiseries sombres, sa belle

notamment au moment de l'affaire des fuites et de celle de l'Observatoire, alors que beaucoup de ses amis l'avaient abandonné. Ainsi, dans son « Bloc-notes » du vendredi 8 octobre 1954, à propos de l'affaire des fuites : « Mitterrand, je l'aime bien, et depuis des années, si je le rencontre guère [...] Avant de subir ces attaques sordides et policières, Mitterrand en a connu d'autres [...] L'ambition politique chez un jeune est une passion noble dans la mesure où elle se confond avec l'ambition pour la grandeur de la patrie. Ainsi, chez François Mitterrand qui avance d'un pas tranquille – du pas de ceux qui se rappellent l'avertissement de Saint-Just : "L'empire appartient aux flegmatiques." Et, le 4 décembre 1954, après les attaques du député Legendre accusant François Mitterrand, ministre de l'Intérieur, de trahison : « François Mitterrand est sorti à son honneur de l'épreuve affreuse. Il a tenu tête avec calme, avec un excès de calme il me semble, à un spécialiste des coups bas ! »

bibliothèque soigneusement expurgée des ouvrages jugés immoraux, le 104, cet ancien couvent où Mauriac disait « végéter dans l'odeur de soutanes et de réfectoire [1] », entretient en plein Paris, à deux pas de Saint-Germain-des-Prés, une atmosphère provinciale. François Mitterrand y retrouve des jeunes gens qui lui ressemblent. Ce sont les fils de la bourgeoisie de province qui viennent, comme lui, de collèges catholiques. Ainsi font-ils l'apprentissage de la liberté dans un environnement protégé qui prolonge, en quelque sorte, le cocon familial. Henri Lacombe, président de la « Réunion des étudiants », nom officiel de l'institution, accueille ainsi les nouveaux venus en cette rentrée d'octobre 1934 : « Vous ne sentirez jamais d'isolement. C'est une chose bien digne d'être notée que cette demeure ancienne ait su conserver les traditions d'urbanité et le charme de la vie française, de la société polie aux meilleures époques. Ici, le nom d'étudiant ne saurait jamais, et par personne, être pris en mauvaise part, et la délicatesse des manières et des codes y a créé un climat que vous aimerez où fleurit avec prédilection l'amitié [2]. » François Mitterrand se fera, en effet, de solides amis au 104. Ils lui resteront fidèles pour la vie : François Dalle, Jacques Benet, Jacques Marot, Pol Pilven, André Bettencourt.

Un quart de siècle plus tôt, François Mauriac écrivait à son frère Pierre : « Les petits jeunes gens bien-pensants sont à la longue bien crispants. Ils ont une façon de défendre la famille, la religion et la propriété qui donnerait au pape lui-même l'envie de saper cette auguste trinité [3]. » Ces commensaux étaient, pour la plupart, proches des idées de l'Action française. En vingt-cinq ans, les temps n'ont pas beaucoup changé. Les petits jeunes gens sont toujours bien-

1. Mauriac n'y a passé qu'un an, l'année universitaire 1906-1907. Il exaspérait ses commensaux par ses idées « avancées ». Il avait notamment fait scandale en faisant l'éloge dans la revue *Montalembert* du pacifisme de Jaurès.

2. Témoignage recueilli par Catherine Nay dans *Le Noir et le Rouge, op cit.*

3. Jean Lacouture, *François Mauriac.* Tome I : *Le Sondeur des abîmes,* Seuil, 1989.

pensants. « Beaucoup, au 104 comme à Sciences-Po, étaient encore à l'Action française », se souvient Jacques Benet[1]. Mais d'autres affichent désormais une distance élitiste avec la politique.

Le nouveau pensionnaire du 104 se comporte, comme le collégien de Saint-Paul, en chrétien pratiquant. A Paris, la discipline est beaucoup moins sévère qu'à Angoulême. Il faut être à l'heure pour les repas donnés dans deux réfectoires – la nourriture est copieuse et de bonne qualité –, se recueillir quelques minutes à la chapelle après le dîner. Les sorties du soir sont autorisées à condition de rentrer avant 23 h 30, ce qui permet d'aller au cinéma ou au théâtre. La messe n'est pas obligatoire. La grande majorité des pensionnaires, qui ont subi une overdose religieuse dans leur collège de province, s'en dispensent. François y assiste régulièrement et communie tous les dimanches. C'est bien l'enfant de Jarnac qui a débarqué à Paris : un bon jeune homme, chaste, profondément chrétien, très attaché aux valeurs morales qui lui ont été inculquées dans sa famille.

Chaque mercredi soir, des conférences suivies de débats sont données, souvent par d'anciens pensionnaires prestigieux. François Mauriac vient parler de littérature, Jean Guitton de philosophie, Daniel-Rops de Dieu. François Mitterrand, qui a vaincu sa timidité à Saint-Paul, s'impose très vite. Il deviendra président de la Conférence des étudiants, comme Mauriac avant lui. Il participe aux débats, écrit dans la revue *Montalembert*, le bulletin mensuel du 104. Cette dernière se définit comme une revue « religieuse, littéraire, sociale ». Elle se donne pour mission « d'aider à l'épanouissement de la pensée chrétienne ». Son fondateur, Charles de Montalembert, un des précurseurs du catholicisme social, a publié dans le premier numéro, celui du 25 janvier 1908, une adresse à son neveu qui résume bien la philosophie du 104 : « La virilité chrétienne suffira pour

1. Entretien avec l'auteur, le 15 novembre 2006.

distinguer de cette tourbe de jeunes gens soi-disant bien nés et bien élevés dont toute l'ambition se borne à être bons propriétaires et bons pères de famille et dont la sottise et la fainéantise ont compromis plus qu'on ne saurait dire la famille, la propriété et la religion, c'est-à-dire les trois bases de la société. » Les parents de François, à Jarnac, ses professeurs, à Angoulême, auraient volontiers signé le texte.

Membre de la JEC, la Jeunesse étudiante chrétienne, François Mitterrand fréquente assidûment, rue d'Assas, le père Drujon qui en est l'aumônier général. Il sert des soupes chaudes aux chômeurs – « œuvre vraiment magnifique », écrit-il, fait « du patronage dans la banlieue rouge » et s'emballe pour ce qu'il appelle « ce passionnant apostolat ». Mais c'est surtout au sein de la Conférence de Saint-Vincent-de-Paul du 104, une association charitable dont il deviendra le président, qu'il se dévoue. Chaque samedi après-midi, il rend visite à des familles dans le besoin. Le père O'Reilly, le second puis le successeur du père Planezet se souvient : « Il menait sa tâche avec fermeté car c'est un autoritaire. Il réprimandait ceux de ses camarades qui ne s'acquittaient pas régulièrement des devoirs pour lesquels ils s'étaient portés volontaires [1]. »

Voilà pour l'activité du jeune chrétien. Et l'action politique ? François Mitterrand débarque dans un Paris en pleine effervescence. Le 6 février 1934 est encore dans toutes les mémoires. Ce jour-là, la France a été au bord de la guerre civile. Les leaders de l'Action française, ceux de Solidarité française et surtout, plus nombreux, les Croix-de-Feu, avaient forcé les barrages des gardes mobiles au pont de la Concorde. Ils avaient marché sur l'Assemblée nationale aux cris de : « Les députés à la Seine ! » Dans l'hémicycle, des parlementaires de droite et de gauche en étaient venus aux mains. Mais, les Croix-de-Feu s'étant retirés, l'assaut final

1. Catherine Nay, *Le Noir et le Rouge*, *op. cit.*

ne fut pas donné. Le 9 et le 12 février, les organisations de gauche répliquaient en faisant descendre des centaines de milliers de manifestants dans les rues de Paris pour barrer la route au fascisme.

A Jarnac, les affrontements entre les deux France ont inquiété la famille Mitterrand. Tout comme la dégradation des mœurs qui paraît à l'origine des troubles. Dans une lettre datée du 22 avril 1934, Yvonne Mitterrand renvoie dos à dos les communistes et l'Action française. Elle s'interroge, angoissée : « Qui entend les paroles de sagesse de M. Doumergue ? »

La veille de l'arrivée de François Mitterrand dans la capitale, quelques jours après l'assassinat à Marseille du roi Alexandre de Yougoslavie et de Louis Barthou, ministre des Affaires étrangères, Julien Green note dans son *Journal* : « Paris est morne [...] Rumeurs de guerre comme toujours. La vie quotidienne est comme imprégnée de cette peur générale[1]. » Peur de la guerre – Hitler est au pouvoir à Berlin – peur des Camelots du roi, de la Cagoule, peur des communistes « armés jusqu'aux dents », selon la propagande de droite.

François Mitterrand choisit vite son camp. Pas celui de la gauche si étranger à sa famille et à sa culture catholique. Pas celui de l'Action française condamnée par l'Eglise. Celui de son père, proche des idées du général de Castelnau et du colonel de La Rocque. Dès février 1935, moins de quatre mois après son arrivée à Paris, il prononce deux conférences sur les Croix-de-Feu devant ses camarades du 104. Jacques Marot, futur journaliste à l'AFP, commente ainsi sa prestation dans la revue *Montalembert* : « François Mitterrand, lui, apporte une solution à d'autres problèmes aussi graves. C'est la solution "Croix-de-Feu". Il nous montre un idéal, un idéal mesuré, un idéal très humain d'abord parce que

1. Julien Green, *Journal*, Plon 1938, cité par Jean Lacouture dans *Mitterrand, une histoire de Français*, tome I, *op. cit.*

social, accessible parce que largement compris, très grand parce que français. Félicitons surtout Mitterrand d'avoir su garder un ton de parfait honnête homme dans une discussion qui eût pu tourner à la politique pure, domaine où les gens les plus sensés deviennent stupides et furieux sans savoir pourquoi. Cela vient sans doute d'un calme absolument admirable doublé chez lui d'une sage et philosophique lenteur. »

Grâce à un courrier adressé à l'abbé Jobit et publié dans la revue *Notre école* de janvier 1935, on connaît les sympathies politiques de l'étudiant installé depuis peu à Paris. François Mitterrand y décrit ses condisciples de Sciences-Po : « Sciences-Po est une école de droite : le Front national y est largement représenté et plusieurs des chefs des groupements de jeunesse y suivent des cours [...] Le 11 novembre, lors de la dernière grande manifestation, j'ai reconnu dans la foule immense de nombreux élèves de l'école. La question politique y est même si primordiale que la question religieuse semble souvent de second ordre. L'étudiant de Sciences-Po est en général catholique mais il n'est pas militant. Il n'a pas compris que la crise actuelle ne relève pas de l'ordre politique, mais dépend profondément de l'ordre moral [...] L'action chrétienne n'exclut pas l'action politique : elle la complète. Seulement il ne faut pas que l'action politique prenne le pas sur l'action chrétienne. » Et le jeune Mitterrand de s'interroger : « Quel rôle jouer dans ces conditions ? Je crois qu'il n'y en a qu'un seul : apporter, dans les groupements politiques auxquels il est nécessaire d'adhérer et admis par l'Eglise, les directives et les pratiques de notre foi : n'est-ce pas ce qu'ont enseigné les papes Léon XIII et Pie XI ? » François Mitterrand justifie ainsi l'adhésion à une formation politique : « Par une action sociale qui rejoint l'action politique et s'y relie de plus en plus étroitement il faut apprendre à ceux qui nous entourent que seul le christianisme est capable d'entreprendre une rénovation politique. » La politique oui, à condition qu'elle soit au service de la religion. L'engagement religieux doit conduire tout naturellement à militer à droite mais pas à l'Action française condamnée par l'Eglise.

Ainsi apprend-on que François Mitterrand était présent, le 11 novembre 1934, à la grande manifestation du Front national qui regroupait droite et extrême droite après la chute du gouvernement Doumergue.

Un an plus tard, le 2 février 1935, la photo de François Mitterrand apparaît à la une de plusieurs quotidiens parisiens. Il participait à plusieurs manifestations d'étudiants inspirées par l'Action française et organisées par les jeunes « nationaux » – Camelots du roi et JP[1] – pour ressusciter le climat de crise de l'année précédente. Les jeunes gens défilent au cri de « Contre l'invasion métèque ! », « A bas les métèques ! », « La France aux Français[2] ! »

Faut-il en conclure que le jeune François Mitterrand a été proche alors des idées des amis de Maurras ? Sa famille elle-même, si l'on en croit le texte de l'abbé Jobit, a été sidérée de découvrir sa présence à une manifestation de l'Action française : « Par ailleurs il a assisté – et pas seulement en spectateur – aux incidents récents de la faculté et sa famille ne fut pas peu étonnée de reconnaître dans un grand journal, au premier rang des étudiants chahuteurs... la figure de l'ami François. » L'abbé précise aussitôt : « Il demeure toujours fidèle à la formule jéciste et tient à nous le dire. »

François Mitterrand a voulu rassurer son ex-confesseur, tout comme il a dû rassurer sa famille. Surtout qu'ils ne se méprennent pas : il ne transige pas avec les directives de l'Eglise. Depuis la condamnation du pape Pie XI – que les amis de Maurras appellent « Lévy XI » – en 1926, 1927 et 1928, les catholiques membres de l'Action française sont privés d'eucharistie, ils ne peuvent se marier ni être

1. Les Jeunes patriotes de Pierre Taittinger.
2. Photos publiées dans le livre de Pierre Péan, *Une jeunesse française*, *op. cit.*

enterrés religieusement. Comment lui, le pieux François qui communie tous les dimanches, lui qui voue un véritable culte à une mère dévote qui lutte contre la mort, prendrait-il le risque d'être excommunié ? Ses sympathies, exprimées dès janvier 1934, vont aux Croix-de-Feu, pas à l'Action française. En novembre de la même année, il adhère aux Volontaires nationaux, l'organisation de jeunesse des partisans de La Rocque. Il s'inscrit au siège de la 3e section parisienne, le café de la Petite Source, boulevard Saint-Germain. Cet engagement à lui seul lui interdirait de frayer avec les amis de Maurras.

Le président des Croix-de-Feu, le comte François de La Rocque, colonel retraité, n'est ni un activiste, ni un fasciste, ni un raciste. A la tête de son mouvement qui n'était ouvert au départ qu'aux anciens combattants de la Grande Guerre, il a fait échouer le coup de force du 6 février 1934. Il a condamné l'antisémitisme et organisé des hommages aux anciens combattants juifs de 14-18 en présence des rabbins Weil et Kaplan. Il refusera, en 1937, d'adhérer au Front de la liberté créé par Jacques Doriot contre le Front populaire. Celui que l'Action française traitait « d'âne Casimir » affirme volontiers être ni de gauche, ni de droite. C'est bien ainsi que le jeune catholique Mitterrand voit alors les Volontaires nationaux.

Revenu à Jarnac pour les vacances de Pâques, il participe à Angoulême, le 16 avril 1935, à une réunion organisée par l'abbé Jobit, précédée d'une messe. La discussion s'engage entre anciens de Saint-Paul et élèves de terminale sur le thème « action politique et formation ». Tout le monde s'accorde sur le fait que la formation n'est pas nécessaire aux jeunes pour s'engager aux JP ou aux Volontaires nationaux dont les programmes sont orientés dans le sens « national ». Les aînés doivent ensuite décrire le climat politique du milieu dans lequel ils évoluent. François Mitterrand fait part de ce qu'il a constaté : « A Paris, les divers partis se regroupent sous deux étiquettes : le Front national et le Front commun. En milieu étudiant les JP, les Camelots du roi, les Francistes constituent le Front national. Les Volontaires nationaux qui entendent rester à l'écart sont les plus nombreux (38 000). Ils ne forment pas à proprement parler un parti politique et il serait difficile de les classer "à droite" ou "à gauche". Comme les Croix-de-Feu, ils veulent une France propre et forte et s'efforcent, pour cela, de recréer la mystique du Front faite de courage, d'entraide et d'honneur. »

Cette affirmation très militante – ni droite ni gauche –, confirme l'engagement du jeune François chez les Volontaires nationaux dont il portera pendant deux ans – selon ses commensaux du 104 – l'insigne au revers de sa veste. Elle n'en est pas moins fausse. D'ailleurs, Mitterrand lui-même, à la fin de sa vie, venu s'expliquer à la télévision sur son passé controversé, le reconnaîtra comme une évidence. La Rocque et les Croix-de-Feu étaient bien de droite, une droite patriote et sociale, celle de la famille Mitterrand. La devise vichyste : Travail, Famille, Patrie, dont La Rocque fut l'inventeur… avant Vichy, ne résumait-elle pas les valeurs inculquées au jeune François par ses parents et ses grands-parents ? On ne saurait oublier que La Rocque fut aussi le père de la participation capital-travail – théorisée dans le livre *Service public* – que de Gaulle tentera d'imposer après la guerre. Ni que, devenu chef d'un réseau de résistance, il fut déporté en Allemagne : il meurt à son retour.

L'engagement de François Mitterrand aux Volontaires nationaux est dans le droit fil des idées enseignées à Jarnac et à Angoulême. C'est le fils de Joseph, mais aussi le jéciste, le président de Saint-Vincent-de-Paul, le président du 104, toujours solidement encadré par le clergé – ses anciens professeurs d'Angoulême et les dirigeants du 104 –, qui milite, au nom même de sa foi et de la fidélité à ses racines.

Au 104, La Rocque n'est pas considéré comme un fasciste mais comme un patriote. Le père O'Reilly qui, à la rentrée d'octobre 1936, alors que le Front populaire est au pouvoir, donnera des consignes strictes à ses étudiants – pas de compromission avec les Ligues – ne voit pas d'inconvénient à ce que La Rocque soit invité le 16 mai 1935. L'intervention du président des Croix-de-Feu est l'objet d'un compte rendu élogieux, non signé, dans la revue *Montalembert*.

Léon Blum, lui, ne fait pas la différence. A la tête du gouvernement de Front populaire en juillet 1936, il décide la dissolution des Ligues. La mesure frappe aussi les Croix-de-Feu et les Volontaires nationaux. François Mitterrand en était-il encore membre ? On l'ignore. En tout cas, il n'adhère pas au PSF, le Parti social français, la nouvelle formation de La Rocque. Mais il ne change apparemment pas de convictions. Il collabore désormais à *L'Echo de Paris*. C'est le journal de la bourgeoisie proche des idées de La Rocque, « la succursale de l'archevêché, de l'état-major et de la Banque de France », dit la gauche. Son directeur, Henri de Kerillis, est un proche de La Rocque. A la rubrique « La vie étudiante », dont il devient rapidement le responsable, Mitterrand succède à des jeunes gens qui, eux aussi, ont de l'avenir : Jacques Isorni, futur grand avocat d'extrême droite, Louis-Gabriel Robinet et Jean-Jacques Gautier, futures grandes plumes du *Figaro*. Le 4 juillet 1936, paraît le premier papier du jeune François. Il a 20 ans. Il évoque sa participation aux « glorieuses journées de mars », c'est-à-dire aux manifestations organisées par les « nationaux » contre Gaston Jèze, un professeur de droit fiscal. L'homme est détesté pour son extrême sévérité. Mais si des étudiants de droite et d'extrême droite veulent l'empêcher de faire son cours, c'est parce qu'il a accepté de conseiller le Négus qui a introduit un recours à la Société des Nations contre l'invasion italienne en Ethiopie. Léon Blum écrit dans *Le Populaire* : « La faculté de droit n'est en l'espèce qu'un terrain de manœuvres organisées par les ligues factieuses. »

Il n'a pas tort ! Au cours de ces « glorieuses journées de mars », les militants de l'Action française ont crié : « Jèze au poteau ! » Mitterrand les approuve-t-il ? Quelques jours après ces manifestations, rédigeant le compte rendu d'une conférence donnée, au 104, par Marcel Griance sur l'Ethiopie, il écrit dans la revue *Montalembert* : « Il est toujours utile de connaître l'histoire des peuples si particuliers et en même temps si pareils aux autres car, au fond, ce n'est pas la couleur et la forme des cheveux qui vont donner quelque valeur aux âmes. » Ce Mitterrand-là n'est pas raciste. Le jeune homme de Jarnac reste fidèle à l'enseignement de sa mère.

A *L'Echo de Paris*, Mitterrand côtoie Kerillis et Jean Delage qui s'en prennent violemment à Blum, aux communistes, aux républicains espagnols, et défendent Mussolini. Cette compromission ne semble pas le gêner bien que ses héros littéraires, ceux de la NRF, soient, eux aussi, les têtes de Turc des milieux proches du journal qui les appellent « les longues figures ».

Mitterrand collabore à la rubrique « La vie des étudiants ». La direction du quotidien lui a demandé de ne pas aborder les sujets politiques. Il lance des débats du style : « Y a-t-il encore des poètes ? ». Puis, il devient président de la section littéraire et du Cercle de la Vie des étudiants. Dans ses articles, dont il n'aura pas à rougir plus tard, il insiste surtout sur le « devoir moral » que l'étudiant doit remplir, sur l'entente et l'union des jeunes, sur leur nécessaire solidarité. C'est encore et toujours le jeune catholique qui parle. Sa signature dans ce journal très marqué à droite, apparaît pour la dernière fois le 2 juillet 1937.

Mais Mitterrand ne passe pas, loin s'en faut, son temps dans les manifs, auprès des pauvres ou dans les locaux de *L'Echo de Paris*. Il a déjà plusieurs vies qu'il cloisonne.

Le droit ne passionne guère l'étudiant. Sauf, confie-t-il à sa cousine Marie-Claire Sarrazin[1], « le droit des gens (ça c'est du programme) et je passe en revue les notions

1. Lettre du 8 février 1938.

de souveraineté, d'individualisme, d'étatisme, etc. avec l'impression (fausse évidemment) de tout remettre en question ». Mais il est conscient des sacrifices financiers consentis par ses parents et des espoirs qu'ils ont mis en lui. Pas question de les décevoir alors que Robert et Jacques réussissent brillamment. Il suit régulièrement les cours. « A l'époque, beaucoup d'étudiants en droit étaient des branleurs. On disait d'eux : "Ils sont étudiants en droit, mais le sont-ils en fait ?" François, lui, travaillait », se souvient Jacques Benet. Sans forcer son talent, comme à Saint-Paul, il est reçu à Sciences-Po, en 1937, avec la mention bien et au cinquième rang. La même année, il obtient une mention bien en droit public. En 1938, il passe des certificats à la faculté de lettres, est reçu au concours de rédacteur à la préfecture de la Seine et se classe cinquième au concours de la marine marchande.

L'enfant de Jarnac a rêvé des Six Jours et de la Coupe Davis. Ses héros de jeunesse étaient les tennismen Cochet, Borotra, Lacoste ; le cycliste André Leduc ; l'athlète Jules Ladoumègue ; le navigateur Alain Gerbaud ; les aviateurs Nungesser et Coli, Costes et Bellonte, Lindbergh, Mermoz. Il connaît par cœur leurs performances. L'année de son arrivée à Paris, il se précipite au Vélodrome d'Hiver et à Roland-Garros. Chez les maristes, il joue au tennis et au ping-pong. En 1935, il gagne le tournoi de tennis. En 1936, il est vainqueur au ping-pong. En 1938, nouvelle victoire au tennis, en double cette fois. Son ami Marot commente sa victoire de 1935 dans la revue *Montalembert* : « Cet homme, Mitterrand, qui est bien le meilleur lobbeur du 104, accroche et arrive à emporter le titre envié de champion du 104 en poussant, geignant, souffrant, bras recourbés et gestes courts. Nos compliments ! » Bref, c'est Lacoste plus que Borotra : le crocodile Mitterrand renvoie inlassablement la balle jusqu'à ce que son adversaire commette la faute. Et cela avec d'autant plus d'acharnement qu'il déteste perdre.

L'inlassable lecteur a transporté sur les bords de Seine sa passion pour la chose imprimée. Celle-ci devait être de notoriété publique puisque, en 1936, ses amis de la revue *Montalembert* l'interrogent sur ses goûts littéraires :

« Les auteurs qui selon vous marquent le plus ?

– Valéry, Baudelaire, Mauriac, Claudel.

– Si vous partez à la guerre, quels livres emportez-vous ?

– Les *Pensées* de Pascal, *L'Abbaye de Thélème* de Rabelais [1].

– Si c'était seulement pour un long voyage ?

– *Eupalinos* de Valéry, *Dieu et Mammon* de Mauriac, *Aux frontières du désir*, de Montherlant, *Le Soulier de satin* de Claudel. »

Ce sont là les choix assez classiques d'un jeune bourgeois catholique et cultivé.

Grâce à son frère Robert avec qui il échange livres et jugements sur les livres, on sait que, en 1938, il lit, entre autres, *Devant Dieu* de Maeterlinck, *Diane à la croisée des chemins* de Meredith, *Le Secret du Père Brown* et *Les Hérétiques* de Chesterton, *Le Jeune Joseph* de Thomas Mann, *Le Mendiant ingrat* de Léon Bloy, *Jean Barois* de Martin du Gard, *Les Compagnons hallucinés* de Verhaeren, *Aux aguets* de Galsworthy.

A la fin de sa vie [2], il dira avoir aimé Malraux à 20 ans. Avoir jugé, quinze ans plus tard, que « c'était un homme hors du commun » mais pas « un grand écrivain ». Avoir dit, aux approches de la quarantaine, que le plus beau livre qu'il ait lu était *Les Frères Karamasov*. Puis avoir mis plus haut Tolstoï que Dostoïevski. Avoir découvert et aimé Faulkner et Hemingway et leur préférer, sur le tard, Joyce et Styron. Avoir apprécié la concision, toute française, de Chardonne et la profusion de Tolstoï. Sans compter, bien sûr, le livre des livres, la Bible, découvert tôt à Jarnac et lu

1. Pierre Péan note qu'il est parti à la guerre trois ans plus tard avec les *Pensées* de Pascal… et l'*Imitation de Jésus-Christ*.
2. François Mitterrand et Elie Wiesel, *Mémoire à deux voix, op. cit.*

et relu tout au long de sa vie, même pendant sa longue période d'agnosticisme. On comprend mieux pourquoi ses amis du 104 s'étonnaient, comme ses frères et sœurs à Jarnac, comme les pensionnaires de Saint-Paul avant eux, de le voir soudain disparaître et s'isoler de longues heures.

Grâce à sa correspondance avec sa cousine Marie-Claire Sarrazin [1], on connaît aussi son jugement sur ses lectures du moment.

Journal de Mauriac : « J'ai trouvé là un Mauriac que j'aime hors ses routines et ses problèmes traditionnels et récurés. »

Défense des Lettres de Duhamel : « Inutile et inconsistant. »

Jude l'Obscur de Thomas Hardy : « Un peu vieilli mais intéressant. »

Les poèmes de Verhaeren : « A part quelques-uns, ils m'ont peu enlevé. »

Devant Dieu de Maeterlinck : « Sa position est attrayante. Dieu varie selon chacun d'entre nous. Pourquoi Dieu a-t-il créé des hommes imparfaits ? Dieu doit exister, mais le Dieu d'une religion doit être rejeté. L'homme est prédestiné et est plus estimé de Dieu s'il doute de lui car il se sert ainsi de l'intelligence qu'Il lui a donnée tandis qu'en suivant les canons d'une Eglise il fait acte de foi et néglige cette même intelligence. Beaucoup d'interrogations. Au total peu de profit. »

Variété II de Valéry : « J'ai aimé quelques parties : Valéry est toujours fin et s'il ne découvre rien, donne l'impression d'une perpétuelle découverte. »

Le *Journal* de Stendhal : « M'a surtout intéressé parce que j'apprécie Stendhal et que ce journal est assez révélateur de son état d'esprit. Mais c'est peu substantiel. »

Le Livre de San Michele d'Axel Munthe : « Il m'a fort plu : la fantaisie s'y mêle de vérité : livre sans fard et qui serre l'homme de près. »

---

1. Lettre du 8 février 1938.

Mais le jeune Mitterrand, dès son arrivée à Paris, ressent aussi le besoin d'écrire. Il écrit même beaucoup : lettres, contributions à la revue du collège Saint-Paul à Angoulême, articles pour *L'Echo de Paris*, on l'a vu, mais surtout de longs textes pour la revue *Montalembert*[1].

En décembre 1935, il rédige une critique de *Service inutile* de Montherlant. « Fier d'une vie libre, ne dépendant de rien, pas même de l'ambition et de la célébrité, Montherlant affirme son individualisme intransigeant. De même que Barrès dans le *Culte du moi* Montherlant n'a que « l'idée qu'il se fait de lui-même pour se soutenir sur les mers du néant » [...] Montherlant lui aussi cherche la solitude et ne se mêle pas aux luttes des « barbares ». A quoi bon se mettre à la tête des autres hommes et les diriger vers un idéal ? [...] Mais l'inutilité du service ne signifie pas l'abandon par les âmes bien trempées [...] La générosité est la marque de la qualité d'un homme (Montherlant entend par générosité le civisme, la fierté, la droiture, le désintéressement) [...] Un être bien né est « ce qu'il y a de plus rare au monde » et l'artiste véritable, sans s'inquiéter de l'opinion du vulgaire doit avant tout vivre selon l'honneur. Ainsi se trace le rôle de l'écrivain. »

Le jeune catholique qui fait la charité, le militant politique qui défend la patrie, la famille, le social, ne peut cacher son admiration pour l'individualisme, l'élitisme, le mépris des masses de Montherlant. Sans doute faut-il voir là son attirance pour le métier d'écrivain – illustré à ses yeux par Barrès – dont son père a longtemps rêvé et qui le tente. Mais aussi déjà l'affirmation de soi. Est-il conscient, le jeune homme de 20 ans que ce « fier d'une vie libre ne dépendant de rien » dont il crédite Montherlant deviendra son propre credo ?

En mars 1936, dans *Les Anges noirs*, le dernier roman de François Mauriac avant la guerre, il prend la défense de

1. L'auteur a pu les lire grâce à Marie-Françoise Billy qui dirige l'équipe du Forum 104.

celui qui fut l'ami de sa mère et de son oncle Robert. Le roman qui dépeint une certaine bassesse humaine n'a pas plu aux bien-pensants. « Quant à nous, nous savons ce que nous devons à Mauriac. Quelle que soit la façon de le résoudre, un problème profondément humain a été posé. » Mitterrand écrit encore : « Etrange spiritualité du mal : dans un blasphème se révèle la soif insatisfaite de la vraie joie [...] "Le damné est un saint manqué" : c'est exact, ils sont de même nature. A la recherche de l'infini ils ont dépassé leurs forces. » Le jeune homme sage s'émanciperait-il de la morale de Jarnac ? Son père ou sa mère, malgré leur admiration pour Mauriac, n'auraient pas signé ces lignes.

Le mois suivant, toujours dans la revue *Montalembert*, le pensionnaire du 104 publie « La chasse au grand homme ». Texte important écrit à un moment particulièrement agité : le Front populaire mobilisé derrière Léon Blum s'apprête à prendre le pouvoir alors qu'éclate la guerre civile en Espagne. François Mitterrand, d'un ton polémique qu'on ne lui connaissait pas encore, règle leur compte aux partis politiques, droite et gauche confondues, à leurs dirigeants et aux intellectuels qui les soutiennent. « Chaque parti veut ses grands hommes, magnétiseurs des gogos en veine de formule [...] Du côté gauche, parmi bien d'autres, nous trouvons Romain Rolland tout étonné de se voir soudainement apprécié, spécialement, et pour cause, de ceux qui n'ont jamais feuilleté ses écrits; André Gide qui sachant la porte étroite a choisi le neuvième passage, celui qui donne sur Moscou; Jules Romains en quête d'hommes qui seraient enfin de bonne volonté [...] il arrive que le merle se prenne pour une grive. Ainsi les merles Chamson, Cassou, Guéhenno, Aragon, ont miré leur plumage dans la mare de leurs illusions et se sont déclarés satisfaits. Seul parmi eux, Julien Benda ne doit pas croire encore que cela puisse être vrai. Mais Karl Marx les bénit ceux-là qui ne l'ont peut-être jamais lu.

« Du côté droit, s'il faut écouter leurs programmes, il vaut mieux se boucher les oreilles car ils parlent tous ensemble. Et si l'on rencontre sur les murs la tache inepte de noms tels que Jean Renaud ou Jean Hennessy, on peut estimer inutile d'aller plus loin. »

Anticommuniste, antifasciste – Renaud, leader de Solidarité française, et Hennessy, fondateur du Parti social national, sont des admirateurs de Hitler –, le jeune Mitterrand affiche aussi son mépris pour les partis traditionnels et ceux qui les soutiennent, réaffirmant son ni droite ni gauche, façon La Rocque. Même si ses critiques contre la première sont beaucoup moins violentes que celles visant la seconde, il renvoie dos à dos les signataires de droite du « Manifeste pour la défense de l'Occident » et ceux de gauche du « Manifeste pour la défense de la culture ». « Serions-nous donc, ainsi que les partis, en quête de grands hommes ? Ceux que l'on est allé chasser pour les empailler et nous les offrir nous les donnerons à ramasser à nos chiens [...] Pas un d'entre eux (sauf peut-être Maurras) qui ait correspondu à quelque attente impatiente », écrit Mitterrand. Ce « sauf peut-être Maurras » révélerait-il un penchant caché pour l'Action française ? Mitterrand s'en est toujours défendu. On l'a dit : c'eût été contraire aux prescriptions de l'Eglise et de sa famille. Mais il admirait l'écrivain. « Maurras avait quelque chose, aux yeux d'un garçon de vingt ans. C'était un grand intellectuel rigoureux. *La Musique intérieure* était un livre magnifique et son approche de la civilisation grecque était séduisante. C'était un patriote intransigeant », confiera-t-il à Pierre Péan [1].

En février 1937, François Mitterrand écrit un nouvel article : « Les géants fragiles ». Il s'attaque, cette fois, aux grands écrivains qu'il descend en flamme : « Ils portent haut le front, car leur sacerdoce est d'exhiber la vérité, et ne se doutent pas qu'une parcelle de vérité les guette pour les tuer

1. Au cours d'un entretien le 21 mars 1994.

[...] Leur prétention forge leur grandeur et la gloire leur sert de socle. Mais que d'impuissance et de stérilité dans leurs positions ! [...] Cette fragilité découle du manque de vie, lui-même provenant de l'absence d'un sentiment pur, d'une passion vraie. Aussi ces œuvres sont-elles passives, car l'homme ne s'y retrouve que pour mesurer ses grimaces ou pour disséquer ses élans. »

François Mitterrand éreinte Gide, Romains, Giraudoux, Maurras et même deux de ces auteurs dont il disait un an plus tôt qu'ils l'avaient le plus marqué : Valéry et Mauriac. « Gide a-t-il fait autre chose que *Le Voyage d'Urien* ? Valéry a revêtu de splendeur son inutilité. Maurras a dépouillé de foi son effort. Et si Giraudoux sait caresser, parfois pénétrer la folie des hommes, si Mauriac les met devant un problème à la solution douloureusement accordée, si Romains et Martin du Gard rebâtissent les étages d'une génération ou d'une famille, qui répond aux besoins de réalités mêlées de rêves, qui répond gravement du centre de la vie ? Que signifient les commentaires quand nous demandons une raison ? Il y a plus de certitudes dans un poème balbutié que dans l'explication des idées et des passions. A vouloir examiner la vie, on la tue [...] Si la littérature était raisonnable elle limiterait son royaume. »

Seuls Claudel et Carco trouvent grâce à ses yeux : « Une scène du *Soulier de satin* et la littérature revit. Un poème comme "L'ombre" de Carco et la fragilité disparaît. »

Contrairement à ses parents, le jeune Mitterrand ne tient pas de journal intime. Il théorise même dans la revue *Montalembert* (janvier 1938) son refus de tenir « les archives de son esprit et de son cœur : les auteurs de confessions, ou de souvenirs ou de journaux intimes sont invariablement les dupes de leur espoir de choquer ; et nous, dupes de ces dupes. Ce n'est jamais soi-même que l'on veut exhiber tel quel [...] On écrit donc les aveux de quelqu'un d'autre plus pur, plus vif, plus noir, plus sensible et même plus soi qu'il n'est permis. Qui se confesse ment... » Mais il comprend, pour l'éprouver lui même « le plaisir d'écrire : il est agréable de noter une sensation, de l'enserrer dans une formule comme il est précieux de transcrire un sentiment : c'est le plaisir de la recherche difficile, la mise au clair de l'obscur ».

Parfois, Mitterrand déconcerte ses propres amis. Ainsi, le 13 juin 1937, lorsqu'il parle, devant les pensionnaires du 104, de la Conférence de Saint-Vincent-de-Paul. Chacun sait qu'il la préside depuis quelques mois et qu'il n'est pas tendre avec ses camarades moins zélés que lui. Ecoutons-le : « Il est d'usage de penser que les visiteurs de Saint-Vincent-de-Paul sont de la cohorte de ces bonnes âmes qui font la charité – comme si la charité pouvait se résumer dans l'offrande à la sébille, le denier du culte et le sou aux pauvres de la semaine ! Comme si l'on pouvait faire la charité à ces privilégiés que sont les pauvres ; ces pauvres auxquels est tout l'avantage, s'il est vrai, selon l'Evangile, qu'il n'y a de meilleure spéculation que celle qui rapporte le Tout contre le Rien [...] Il n'est pas en effet de plus grand scandale pour les bons esprits que de constater le luxe dont se pare l'indigence, l'exigence que montrent les affamés, l'insouciance qu'exhibent les démunis [...] Quant aux principaux intéressés ils sont malheureusement absents : ce sont eux qui, en échange de nos faibles dons, nous ont offert le spectacle de leur pauvreté. A nous qui venions leur porter secours avec, au fond d'un cœur, la sensation d'un beau sacrifice à faire chaque semaine, ils nous ont appris que le sacrifice n'est que le contraire de la pénitence. »

L'humour distancié de Mitterrand, qui se moque de lui-même et de ceux qui se donnent trop facilement bonne conscience en distrayant un peu de leur temps pour aider les plus démunis n'est pas compris de tous. L'aurait-il été de son père ? Est-ce une première prise de conscience des limites sociales de la charité ?

Si François Mitterrand n'écrit pas de journal intime, sa longue correspondance avec sa lointaine cousine Marie-Claire Sarrazin[1] y ressemble tant il s'y livre. Il a fait sa connaissance le 23 décembre 1937, à l'occasion du mariage de son cousin Pierre Sarrazin. Elle a quatre ans de plus que lui. Elle est belle, elle a du caractère, l'esprit vif et partage sa passion pour les livres. Professeur de physique à Boulogne-sur-Mer, elle se passionne, comme François, pour la littérature. « J'aimais trop le français pour l'enseigner », dit-elle. C'est à elle qu'il va confier ses états d'âme, révéler ses espoirs fous et ses contradictions. Tombe-t-il dans les travers qu'il reprochait aux auteurs de journaux intimes? Sans doute un peu puisque, manifestement, il veut séduire sa belle cousine, la provoquer pour susciter son intérêt. Ses propos n'en sont pas moins révélateurs de la soif de vie et de pouvoir d'un jeune homme qui commence à prendre ses distances avec l'éducation familiale.

Dans sa première lettre du 14 janvier 1938, il écrit à celle qu'il appelle « Clairette » ou « Clo » et qu'il connaît à peine : « Je vis dans un perpétuel coup d'Etat, c'est-à-dire que je change de gouvernement, que j'édicte puis révoque mes constitutions, que j'arrête puis libère mes adversaires ou mes amis "du dedans" chaque minute [...] Chaque instant, je vis sur la pointe des pieds et, comme je n'ai point l'entraînement des souris de l'Opéra, je retombe aussitôt. D'un risque à l'autre, je me bande les yeux. Mais je sais qu'il y a risque, et où il se trouve, et je sais comment l'éviter. Mais je n'aime pas côtoyer un risque : il me renverse ou je l'écrase. Le résultat est toujours le même : un peu plus de souffrance pour moi et quelquefois pour les autres.

« Le risque serait donc en réalité, en l'absence de risque : car je mourrais d'ennui. Là où l'on peut vivre davantage, j'y vais ; et mon grand regret est de ne pouvoir me mêler à toute

1. Elle a confié à l'auteur l'intégralité des lettres que François Mitterrand lui a adressées de janvier 1938 à juin 1944.

chose. J'aimerais que le destin de tous ceux que je rencontre soit une proie où je pourrais faire à ma volonté des incursions. Comment Dieu a-t-il pu créer le monde sans que je sois à l'origine ? Cela ne veut pas dire que je ne puis me fixer : ce besoin de connaître est surtout intellectuel et si je m'attache rarement de façon totale, c'est avec les griffes plantées, inébranlable. »

Il y a de l'humour bien sûr dans ces propos, mais ils révèlent à la fois la confusion de ses idées et la volonté de dominer.

Pas dupe, François Mitterrand prend soin de préciser : « Je me laisse aller à ce besoin de fiche d'identité que j'éprouve chaque fois que j'écris. Comble de l'égoïsme : une lettre est pour moi l'occasion de préciser sur moi – même la pensée – et je la précise toujours avec passion quand celui – ou celle – qui la reçoit, vaut la peine. Vous voilà cataloguée, Clairette : valoir la peine, c'est quand même quelque chose… »

Sa deuxième lettre, datée du 8 février 1938 est tout aussi révélatrice : « Depuis ma dernière – et première – lettre, je suis allé en zigzags. Maintenant la ligne droite est rétablie : c'est-à-dire que je sais ce que je veux, je me suis débarrassé des fioritures, en apprenant – ou plutôt en me confirmant dans cette idée – que pour vivre sans entraves, il faut mépriser considérablement son voisin. Est-ce de l'orgueil ? Est-ce une vue réelle d'un état de fait ? Je considère tout autre – ou à peu près – que moi-même en me baissant un peu. Or je ne puis m'attacher qu'à ce qui m'élève – ce qui signifie que je ne peux m'attacher qu'à peu de choses. »

Quel orgueil, en effet ! Mais François Mitterrand relativise aussitôt ces affirmations élitistes et fort peu chrétiennes – pense-t-il à Montherlant ? – « Je me prends même au jeu de ma fausse folie et j'arrive à m'en amuser de bon cœur. Ce que je vous dis là, c'est la note de la semaine : c'est ainsi que j'ai vécu et pensé ces derniers temps – c'est l'attitude que je m'accorde sans le vouloir. » Sous-entendu : peut-être penserai-je autrement la semaine prochaine. Il n'en a donc pas fini avec les zigzags.

Un mois après l'Anschluss, l'annexion de l'Autriche par les troupes allemandes, François Mitterrand publie un long article dans le numéro d'avril 1938 de la revue *Montalembert.* C'est son premier texte politique, son premier texte important. Jusqu'alors, il s'était surtout fait remarquer par une recherche systématique de l'effet, du mot précieux, de la tournure ampoulée qui sentait le lecteur de Mallarmé. Dans la même revue, son ami Marot se moque : « Mitterrand n'écrit-il pas à propos des *Anges noirs* : « Enclos immarcescible, où le Christ viendra reposer » Immarcescible ? Immarcescible ? Pardon cher ami, vous n'auriez pas un dictionnaire ? [...] Ne parle-t-il pas de parentèle ? Parentèle ? Et puis ce style dense et serré comme du Chardonne travaillé, c'est fatigant à lire... »

Cette fois, l'écrivain politique s'annonce. Un demi-siècle plus tard, Mitterrand parlera à propos de ce texte, de « son entrée en écriture ». Le titre de l'article, « Jusqu'ici et pas plus loin » fait référence aux propos tenus par le chancelier autrichien Schuschnigg à Hitler. En lui disant cela, analyse Mitterrand, il avait déjà accepté le reste. « Pourquoi le fort irait-il jusqu'ici s'il n'avait l'intention de poursuivre plus loin ? [...] Dans la vie des peuples aussi bien que dans la vie des individus, tout recul est une bataille perdue [...] Qu'est-ce que la pureté si, une fois, elle défaille ? Qu'est-ce que la volonté, si elle plie ? Qu'est-ce que la liberté, si elle cède ? [...] La France, l'Angleterre et l'Italie enregistrent l'Anschluss. Plus ou moins sèchement, elles signifient leur agrément. [...] Jusqu'ici mais pas plus loin. C'est ce qu'on appelle la mauvaise humeur. Mais la mauvaise humeur n'a jamais remplacé la colère [...]

L'Autriche n'est plus qu'une province. L'œuvre de Wilson est déchirée. La foule, hier pressée le long des avenues de Vienne pour acclamer Schuschnigg hurle maintenant les louanges d'un nouveau maître. Les tanks et les canons martèlent les rues. Les Docteurs et les Professeurs expliquent que l'évidence est ainsi respectée [...]

Il est peut-être vrai que la France serait folle de tenter une guerre pour sauver une paix perdue. Mais sous le faisceau de ces raisons, j'éprouve encore une inquiétude. [...] Devant la venue triomphale du Dieu de Bayreuth sur le sol de Mozart, je ne sais quel sacrilège se prépare et, malgré moi, j'éprouve une sorte de honte, comme si je m'en reconnaissais responsable[1]. »

Voilà qui situe François Mitterrand loin de tous les experts consacrés, qui jugent logique cette annexion sous prétexte que « l'Autriche, c'est la culture allemande ! ».

L'étudiant Mitterrand cherche sa voie. A-t-il déjà choisi « l'action », le « monde réel » du politique plutôt que le monde rêvé de l'écrivain ? A Paris, il a pris conscience de son ascendant sur ses camarades. Il a 21 ans et il a déjà cumulé les présidences : celle de la Conférence des étudiants et celle de Saint-Vincent-de-Paul au 104, celle de la Section littéraire et du Cercle de la vie des étudiants à *L'Echo de Paris*. Partout, il en impose et il s'impose. Il sent en lui une soif de dominer, d'instrumentaliser ceux qui l'entourent tout en veillant à conserver son entière liberté. Et si ce destin dont il rêvait, enfant, à Jarnac et à Touvent, s'ouvrait à lui ? Mais comment l'accomplir ? Sur quel terrain ?

1. Mitterrand a choisi cet article, écrit à 21 ans, lorsqu'il s'est agi de sélectionner ses textes politiques pour Fayard.

Comme il met en avant le catholicisme social de son oncle Robert qui aurait influencé toute la famille, le François Mitterrand des années 1960-1970 tente de convaincre que l'étudiant qu'il fut à Paris à partir de 1934 était un socialiste en devenir, que son évolution vers la gauche fut lente, certes, mais naturelle. Dans Ma part de vérité *paru en 1969, il se décrit comme un jeune provincial qui, découvrant le Quartier latin écoute, regarde, musarde. Un guetteur esthète dont les amis étaient, dit-il, « plus férus de musique et de littérature que de politique ». Cet étudiant flâneur, curieux de tout, a bien existé.*

C'est lui qui découvre le jazz, approche Erik Satie, Honegger, Stravinski. Lui qui, en mai 1935, s'amuse à devenir le préfet de police, puis le président du Conseil de Ferdinand Lop. Cet original mégalo qui voulait prolonger le boulevard Saint-Germain jusqu'à la mer...

Mais il y a l'autre Mitterrand, « avide d'une époque qui [l']avait accueilli au Quartier latin dans la bourrasque de 1934 ». Qu'écrit-il trente ans plus tard ? « J'allais écouter Thorez et Doriot, Blum et La Rocque. Je passais des heures à l'Union pour la vérité. D'instinct, j'éprouvais de l'horreur pour Franco, sa bande et sa bandera. Je suivais les meetings des intellectuels antifascistes où s'exprimaient

Malraux, Chamson, Benda. » Dans la préface de Ma part de vérité, *Mitterrand a pris soin de préciser « qu'il verse au dossier quelques fragments d'autobiographie, préférés à d'autres ». Sage précaution ! Ses écrits de l'époque dans la* Revue du 104 *et dans* L'Echo de Paris, *dont les dirigeants sont violemment anti-Front populaire, le témoignage de ses amis, sa présence attestée par la une des journaux à des manifestations de droite et d'extrême droite, son adhésion aux Volontaires nationaux, ses goûts littéraires eux-mêmes démontrent, on l'a vu, qu'il est alors plus proche de La Rocque que de Blum !*

Le jeune romantique à la sensibilité exacerbée a senti, avec trente ans de retard souffler, en 1936 « le grand vent de la joie populaire ». Son récit, superbe reconstruction, doit tout à l'écrivain et non au journaliste : « Je me souviens de la nuit des élections dans les rues de Paris, de l'allégresse, des "ça ira". Je retrouvais dans cette liesse les élans des courses à perdre haleine d'autrefois, je découvrais qu'il y avait encore des causes à vivre et à mourir. J'aimais que mes vingt ans fussent au commencement d'un monde dont la délivrance m'exaltait sans que j'eusse éprouvé ses douleurs. Ce n'était pas un choix politique. Je ne distinguais pas les forces en présence. Je ne possédais pas la clé. Mais sans en comprendre les raisons, je croyais distinguer de quel côté étaient le droit et la justice. Cela suffit à me mettre en retrait du conformisme ambiant où l'Eglise, dont j'avais continué d'observer les préceptes, avait enfermé les siens. Puisqu'elle n'était pas dans le camp de la souffrance et de l'espoir, il fallait, me disais-je, le rejoindre sans elle. Ainsi ai-je quitté le chemin de mon père afin de mieux le retrouver[1]. *»*

Les témoins de l'époque gardent un souvenir différent. Pierre Boujut se souvient du 14 juillet 1935 qui annonçait le grand espoir du Front populaire. A Jarnac, avec ses amis de gauche, il chante L'Internationale *pendant la tradition-*

1. François Mitterrand, *Ma part de vérité, op. cit.*

nelle retraite aux flambeaux. « Il y avait un grand enthousiasme dans la foule, une grande joie chez les jeunes gens. Pas tous. Ce soir-là, François Mitterrand, oui, le futur grand François, socialiste, était sur le trottoir avec quelques jeunes bourgeois catholiques et fascisants, regardant passer le défilé avec animosité [...] Le lendemain, quelques-uns de ces jeunes gens étaient allés dénoncer mon ami Fred Bourguignon à son patron comme "dangereux révolutionnaire" parce qu'il avait défilé avec nous[1]*. » Témoignage d'autant moins sujet à caution que Boujut, futur ami de François Mitterrand, ajoute aussitôt : « Je n'en ai d'ailleurs aujourd'hui que davantage de respect pour son évolution vers le socialisme. »*

Les camarades du 104 n'ont pas davantage retenu qu'un élan du cœur ait porté le jeune François vers le Front populaire. Le plus proche, François Dalle qui allait à la fac de droit avec lui et le voyait tous les jours ne se souvient pas qu'il ait participé à une seule manifestation de gauche. Sans doute François Mitterrand a-t-il regardé passer les cortèges ! S'il a éprouvé de la sympathie pour les manifestants, il n'en a pas pour autant changé d'idée. Il ne s'est éloigné ni de ses amis de droite ni de l'Eglise. Léon Blum s'installe à Matignon le 6 juin 1936. Le 4 juillet, Mitterrand signe son premier article dans L'Echo de Paris *!*

Mitterrand sera plus près de la vérité lorsqu'il confiera, en 1982, à son ami Charles Moulin : « Les outrances, les violences, l'autoritarisme esclavagiste d'un Hitler, d'un Mussolini me heurtaient profondément, sans que je ressente vraiment le poids de ces fascismes qui encerclaient la France. Mais au fond, trop longtemps tenu à l'écart, je n'avais pas senti s'éveiller en moi, la véritable conscience politique[2]*. »*

La rupture avec la droite et avec l'Eglise attendra les épreuves de la guerre, du stalag, de l'Occupation, de Vichy.

1. Pierre Boujut, *Un mauvais Français*, Arléa, 1989.
2. Charles Moulin, *Mitterrand intime, op. cit.*

Les amis de la famille

Le 23 décembre 1937, Pierre Sarrazin, fils d'Antoinette, le cousin germain des enfants Mitterrand, élevé avec eux à Jarnac et à Touvent, épouse Odile, la fille cadette du colonel Moreau. Les Moreau habitent une propriété à Rouillac, le berceau des familles Lorrain et Faure, les grands-parents maternels de François, à une quinzaine de kilomètres de Jarnac. Ils ont connu les Mitterrand grâce à Henri, leur second fils, condisciple de Jacques à Saint-Paul, puis à Saint-Cyr. Robert, François et Jacques sont sensibles au charme des deux sœurs Moreau : Odile, tendre, rieuse, pleine d'entrain, et Zabeth qu'ils trouvent d'autant plus belle, écrit Robert, que « ses fréquents séjours au sanatorium l'auréolaient d'une fragilité romanesque ».

Trapu, moustachu, le colonel est un fort en gueule qui déteste la contradiction. Ses maître mots : honneur et discipline. Il affiche ses convictions royalistes, son admiration pour Maurras. Ce « national », selon l'expression de l'époque, croit que seules les vertus militaires permettront de redresser la France. Sa femme, plus austère, plus douce, est en fait la maîtresse des lieux. Est-ce parce que François est le seul à oser tenir tête à son mari ? Toujours est-il qu'elle lui porte une si grande affection qu'elle en est gênante pour ses propres fils.

Le jour du mariage, c'est François, en habit, qui prononce le traditionnel discours de fin de repas. Il l'a écrit dans le train entre Paris et Jarnac. D'un seul trait.

Chère Odile, cher Pierre,

En vous voyant gravir, après la bénédiction du prêtre, les trois marches qui mènent au chœur, je me disais que vous veniez de nous signifier une rupture. D'un même pas, d'une mesure égale, vous exprimez votre départ vers un univers strictement fermé. Je me représentais tout ce qui venait de finir là dans cet instant où pour vous deux tout commençait [...]

Quand nous étions enfants, il n'y eut jamais parmi nous de Mitterrand, ni de Sarrazin : on disait les garçons et les filles. Ah ! Ces luttes que seul l'esprit formé aux aventures du capitaine Corcoran ou de Marius Cougourdan pouvait trouver chevaleresques ! Ces « petites guerres » qui n'étaient que l'esquisse du plus grave des jeux, la vie, et de sa plus fantasque application, l'amour.

Car voilà qu'aujourd'hui ce nouveau partenaire est au milieu de nous. Sans doute avait-il fait parmi les filles plusieurs victimes, mais il nous avait épargnés, nous les garçons, nous les plus forts qui ne voulons pas croire que nous sommes les plus faibles [...]

Et voilà que toi, Pierre, le premier des garçons, tu montres le chemin. Il ne s'agit plus de conduire les moissonneuses dans la Grand Combe ou dans les Bouèges [...] Tu te souviens des bœufs avec les taons tout autour de leurs yeux... des cailles qu'on découvrait parmi les blés coupés... Tu te souviens des randonnées en charrette à âne ou à bicyclette, tu te souviens, tu te souviens, mais on pourrait tellement en égrener des souvenirs !

D'ailleurs, tu en fais un peu fi en ce jour. Te voilà lié, ligoté, attaché ! Te voilà qui, d'un saut, a franchi l'autre partie du monde et désormais pas une parole qui pour toi n'ait un écho, pas un regard qui n'ait un reflet. C'est chose faite : comme l'ombre perpétuellement à nos pieds, à partir d'aujourd'hui tu possèdes cette autre partie de toi-même perpétuellement à tes côtés.

Et toi, Odile, comment t'exprimer notre accueil ? A toi de donner l'amour ou le bonheur, peut-être l'amour, à Pierre que nous te laissons. N'oublie pas que l'amour est rarement le bonheur et que, s'il faut choisir, l'amour doit être préféré [...] Songe surtout à ce que représente pour nous ce mari – quel nom solennel ! – que tu nous as ravi. Nous avons connu les mêmes tendresses, nous avons connu les mêmes baisers. Trois de ceux qui nous veillèrent et que nous aimions plus que tout au monde sont morts : Maman Ninie, Maman Yvonne et Papa Jules, nos trois gardiens disparus. Papa Joseph et Mammie (la tante Antoinette), nos deux gardiens présents sont les garants de notre alliance et cette alliance est pour nous d'une valeur infinie.

Mais parlons d'avenir avec d'autant plus de gaieté qu'il nous est inconnu. Songeons que l'enfer serait le paradis si le paradis n'existait pas [1]...

En raison de l'intimité qui règne entre les Mitterrand, les Sarrazin et les Moreau, François dévoile sans fard sa conception du mariage : un engagement total, exclusif et pour la vie. Mais le jeune homme de 21 ans n'est pas dupe de la vie : en précisant que l'amour est rarement bonheur, sans doute pense-t-il à son père.

La première demoiselle d'honneur, la cavalière de Jacques, est Marie Bouvyer. Depuis 1933, les Bouvyer passent l'été à Rouillac. La mère, Antoinette, originaire des Charentes, est une royaliste enflammée. Elle admire le comte de Paris, est abonnée à *Courrier Royal*, vomit les bolcheviques, les socialistes, le Front populaire et tous les républicains. Comme Mme Moreau, Marie Bouvyer règne sur la maisonnée. Comme elle, elle admire François Mitterrand, et le montre trop. Il est le fils qu'elle aurait aimé avoir : beau, brillant, cultivé. Le père, inspecteur des Impôts à Angers, puis à Paris à partir de 1934, est lui aussi de droite, mais républicain. Il n'a pas droit au chapitre. D'ailleurs, il préfère le tennis à la politique.

Les Moreau et les Bouvyer sont catholiques. Mais, contrairement aux Mitterrand, ils n'ont pas obéi au décret de Pie XI condamnant l'athéisme de Maurras en 1926. Malgré les risques d'excommunication, ils se revendiquent de l'Action française. Il faut dire qu'ils ne sont pas les seuls à

1. Robert a retrouvé ce texte cinquante ans plus tard, sur un petit carnet à spirales qu'il avait prêté à François.

braver Rome. Monseigneur Arlet, évêque d'Angoulême, a bien publié le décret pontifical mais ne l'a pas fait appliquer. Il a fallu attendre l'arrivée d'un nouvel évêque, Jean-Baptiste Megnin, consacré le 6 février 1934, pour que les premières mesures soient prises et que plusieurs prêtres des villes, toujours membres de l'Action française, soient mutés dans des cures de campagne.

Les convictions royalistes des Moreau et des Bouvyer sont telles qu'ils n'en continuent pas moins à défier la hiérarchie catholique. L'un des cinq enfants Bouvyer, Jean, est aussi exalté que sa mère. Agressif, mal dans sa peau, « malsain », dira plus tard François Mitterrand, il milite d'abord chez les Camelots du roi, participe à la manifestation du 6 février 1934 avant de rejoindre, à l'insu de sa famille, la Cagoule, l'organisation terroriste d'extrême droite qui se donnait pour objectif d'abattre la République.

Tout cela n'empêche nullement les parties de tennis, les descentes en kayak ou les virées à la plage et au casino à Royan. « Les Bouvyer faisaient partie de notre vie, confiera Colette. Nous connaissions bien cette famille. Mais je n'aimais pas Jean [...] Il était dissimulé, peureux [...] Il est probable qu'il était jaloux de François [...] Il était né malheureux et il était écrit qu'il ferait toujours ce qu'il ne fallait pas faire[1]. »

Depuis son arrivée à Paris, en 1934, François Mitterrand se rend souvent, le dimanche après-midi, chez ses amis Bouvyer, rue Gustave-Zédé dans le 16e arrondissement. « Il venait chez nous, comme un fils, comme un frère », se souviennent Marie et Etienne Bouvyer. Selon eux, il partageait leurs idées. Ce dont François Mitterrand s'est toujours défendu. Croise-t-il chez les Bouvyer, les Méténier, Derville, Tenaille, Corrèze et autres cagoulards qui s'y donnaient souvent rendez-vous ? Sait-il que Jean Herpin, qu'il connaît, et qui deviendra le mari de Marie Bouvyer, est lui aussi membre de l'organisation terroriste ?

1. Pierre Péan, *Une jeunesse française*, *op. cit.*

En juin 1937, Jean Bouvyer a assuré la filature de Carlo Rosselli, un leader antifasciste italien, et de son frère, puis assisté de loin à leur assassinat par quatre tueurs de la Cagoule. Arrêté à Constantine, où il effectue son service militaire, il est transféré à Paris. Le 14 janvier 1938, dans sa première lettre à Marie-Claire Sarrazin, François Mitterrand écrit : « Vous lisez peut-être les journaux : si oui, vous aurez appris que les assassins des frères Rosselli étaient découverts et que, parmi eux, se trouvait un certain Jean Bouvyer. Or ce Jean Bouvyer, frère de Marie Bouvyer, première demoiselle d'honneur du mariage du 23 décembre et cavalière de Jacques, est l'un de mes meilleurs amis. Absolument bouleversé, j'ai passé la journée d'hier chez les parents de Jean, accompagné sa mère à la Sûreté générale et vécu des moments terribles avec son frère. Toute l'accusation repose sur les aveux de Jean Bouvyer ! Je suis persuadé qu'il n'est pas coupable. Mais je crains que la justice ne soit très dure à cause du caractère politique de l'affaire. Vous pouvez imaginer l'effondrement de la famille, bourgeoise jusqu'à la moelle des os et ignorant tout. »

Inculpé d'assassinat, Jean Bouvyer est incarcéré à la Santé. François Mitterrand lui rend visite à plusieurs reprises. Comme ses frères et sœurs, il tente de réconforter l'ami et sa famille.

A la Santé, Antoinette Bouvyer fait la connaissance de « Mimi », la femme de François Méténier, un des chefs de la Cagoule, incarcéré lui aussi. Cet aventurier, ancien officier, industriel à Chamalières, est accusé de deux attentats contre le siège du patronat français, rue de Presbourg. Il deviendra l'ami et le protecteur de Colette Landry, la sœur de François Mitterrand.

Aux liens amicaux avec des gens liés à la pire extrême droite, s'ajoutent des liens familiaux. Le petit-fils de tante Pauline, Yves Dautun, dont la marraine n'est autre qu'Yvonne Mitterrand, a adhéré, au début de 1937, au PPF de Jacques Doriot. Le 2 juillet 1939, Robert se fiance avec Edith Cahier. Elle est la fille du commandant Cahier dont la sœur, Mercédès, a épousé Eugène Deloncle, le chef de la Cagoule.

Ni la guerre, ni l'Occupation ne distendront ces liens, comme l'a montré l'enquête minutieuse de Pierre Péan. En 1941, Marie-Josèphe vit rue de la Paix, à Paris, avec Jean Bouvyer, sorti de prison, et qui travaille avec son ami avocat Xavier Vallat au Commissariat aux questions juives. Elle voudra même l'épouser après la Libération, mais lui refuse, pour ne pas froisser sa mère : Marie-Josèphe est divorcée ! Colette, de passage à Paris chez sa sœur Marie-Jo, fait, grâce à cette dernière, la connaissance de François Méténier et de sa femme, avec laquelle elle se lie d'amitié. Méténier travaille alors pour une industrie d'armement mise au service des Allemands. « Je ne l'ai pas vu très souvent mais j'avais la sensation qu'il avait pour moi une amitié paternelle, protectrice. Il était très droit, très officier français, très sympathique [...] Il était cultivé, mélomane, il composait de la musique classique, écrivait des romans policiers à ses moments perdus. Un personnage de qualité qui a traversé ma vie et y a gardé une grande place », reconnaîtra Colette sans le moindre embarras[1]. Elle affirme ne pas savoir pour qui il travaillait et ignorer son passé de cagoulard.

Edith Cahier, la femme de Robert, et ses parents qui, désapprouvant l'engagement de Deloncle à la Cagoule, avaient rompu avec lui, le revoient à l'occasion du baptême d'Olivier, le deuxième fils de Robert. Lorsque, en décembre 1943, Robert et Edith fêtent leur quatrième anniversaire de mariage, Deloncle, devenu chef du Mouvement social révolutionnaire, s'invite à la fin du repas sous prétexte de raccompagner sa fille Claude qui, elle, avait été conviée. Deloncle glisse à Robert : « Je rentre d'Espagne où j'ai eu des contacts avec les émissaires du général Giraud. Je suis

1. *Ibid.*

heureux de participer à la réconciliation des Français. Les Allemands sont perdus et notre pays doit tout faire pour s'en tirer à moindre mal. » Double jeu, véritable conversion ? Toujours est-il qu'un an plus tard, Deloncle est abattu à son domicile par les hommes de la Gestapo.

Ses amitiés avec les Moreau, les Bouvyer, plus tard les Méténier, ses parentés, fussent-elles par alliance, avec un Deloncle, ont nourri la rumeur tenace, qui ne cessera d'accompagner François Mitterrand, selon laquelle ils auraient été liés, lui et sa famille, au mieux à l'Action française, royaliste, au pis à la Cagoule terroriste. Et cela d'autant plus que Mitterrand, même s'il les désapprouvait, n'a jamais renié ses amis et s'est même battu, à la Libération, pour améliorer leur sort.

A la Libération, curieusement, Jean Bouvyer n'est pas inquiété. Il affirme avoir rejoint le maquis fin avril 1944, et plusieurs résistants viennent témoigner en sa faveur. Il aurait notamment hébergé, 17, rue de la Paix, chez Marie-Jo, des gens recherchés par la Gestapo, et leur aurait fourni vêtements et papiers. Il devient VRP pour la maison Ivaldi, le fabricant de cognac de Jarnac dont le fils, qui a épousé Antoinette Mitterrand, a été condamné à la Libération à l'indignité nationale.

Début septembre 1944, François Mitterrand déjeune avec Henri Frenay, le héros de la Résistance, au Claridge. Il tombe sur Méténier : « Vous êtes fou ! Vous allez vous faire arrêter ! » Mais non ! Méténier n'est pas poursuivi pour fait de collaboration. Il est libre. Peu de temps après, Colette, reconnaissante, l'invite à dîner en compagnie de François et Danielle. « A partir de cette rencontre Danielle et François ont beaucoup sympathisé avec le couple Méténier », affirme Colette[1]*. Danielle confirme que les Mitterrand ont invité ensemble les Bouvyer et les Méténier. La jeune résistante, fille de francs-maçons de gauche, se lie avec Antoinette, la royaliste, mère d'un collabo, au point de lui*

1. Méténier lui a sauvé la vie en la faisant hospitaliser d'urgence grâce à l'intervention du médecin du cabinet du Maréchal.

demander d'être la marraine de son premier fils, Jean-Christophe. Elle apprécie aussi beaucoup « Mimi », la femme de Méténier qui, dit-elle, « m'aimait comme sa fille ». En juin 1945, Bouvyer et Méténier, rattrapés par leur passé cagoulard, sont à nouveau incarcérés à la Santé.

François Mitterrand n'abandonne pas Bouvyer. Il rédige, sur papier à en-tête du MNPGD, l'attestation suivante, datée du 2 août 1945 :

> Je soussigné François Mitterrand, ancien secrétaire général aux prisonniers de guerre et déportés du gouvernement provisoire de la République française, président du Comité national de coordination MNPGD, certifie avoir été hébergé, à diverses reprises, par M. et Mme Louis Bouvyer, 7, rue Chernoviz, Paris 16e, alors que j'étais recherché par la police allemande. Par l'hospitalité sans réserve qu'ils m'ont accordée en ces moments où le courage n'était pas commun, ils ont manifesté sans défaillance leurs sentiments de bon Français.
>
> Etant chez eux, j'ai demandé à leur fils Jean Bouvyer, de garder, sous sa propre responsabilité, les documents et le matériel de faux papiers nécessaires à nos organisations de résistance. Jean Bouvyer a accepté ma proposition et s'est ensuite chargé de la confection de faux papiers qui ont été utilisés par des évadés, des réfractaires et des camarades vivant dans la clandestinité.
>
> De ce fait, je sais et demeure convaincu que Jean Bouvyer a eu, pendant l'Occupation, une attitude irréprochable.

Attitude irréprochable! Même s'il ignore, comme il l'affirme, le rôle joué par Jean Bouvyer au Commissariat général aux questions juives, le culte de l'amitié égare François Mitterrand qui, d'ordinaire, a l'art du mot juste.

Dans l'une de ses nombreuses lettres à sa mère, publiée par Pierre Péan, Jean Bouvyer, qui veut donner à François Mitterrand les noms de hauts responsables de l'armée et d'hommes politiques qui dirigeaient de fait la Cagoule, demande qu'on fournisse des détails précis à celui qui est devenu ministre du gouvernement Ramadier car, écrit-il, « il ignore tout de l'affaire ». C'est bien la preuve que François Mitterrand n'a jamais appartenu ni de près ni de loin à l'organisation terroriste.

Dans une autre de ses lettres à sa mère, Jean Bouvyer dit son amour pour Josette (le surnom de Marie-Josèphe) : « Je sais par expérience que sentimentalement, intellectuellement (et ce point est essentiel pour moi), socialement, Jo est sans contestation possible la femme avec laquelle je m'accorde le mieux [...] C'est le seul être – toi exceptée – auprès duquel je n'ai jamais ressenti une seconde d'ennui[1]*... » Jean Bouvyer est mis en liberté provisoire le 1er juin 1947 et François Méténier onze jours après. Peu après sa sortie, Bouvyer rencontre une ancienne FTP du maquis du Vercors déportée à Ravensbruck, qui travaille pour les services spéciaux. Ils se marient, le 7 février 1948. La jeune femme convainc son mari de quitter la France pour éviter une lourde condamnation. Il part avec elle au Paraguay où elle est nommée. Condamné à mort par contumace, le 27 novembre 1948, il ne reviendra jamais en France.*

Méténier, qui est retourné en prison, est libéré pour raisons de santé en 1951. François Mitterrand est intervenu en sa faveur. « Nous avons fêté son retour. Quelle fête ! Nous étions fous de joie », se souvient Danielle Mitterrand[2]*. Elle décrit Méténier comme un « aventurier sympathique... » sans trop savoir ce qu'était la Cagoule. François Mitterrand qui, lui, le sait, dit de Méténier : « Il a rendu un grand service à Colette. Méténier m'aimait. Il m'a beaucoup servi et beaucoup nui. » Atteint d'un cancer, l'ancien cagoulard meurt en octobre 1956. François Mitterrand, qui est alors garde des Sceaux, assiste à son enterrement. Geste élégant et courageux qui ne fera qu'accentuer un peu plus la rumeur de son appartenance à la Cagoule.*

1. Pierre Péan, *Une jeunesse française, op. cit.*
2. *Ibid.*

Les Mitterrand continuent d'entretenir des relations avec les Bouvyer. Jean-Christophe voit régulièrement sa marraine dont François dit : « Elle m'avait pris en grande affection. » François et sa sœur Geneviève aident aussi la famille Dautun. François, alors ministre de la France d'outre-mer, obtient que les deux condamnations, à vingt ans de travaux forcés, d'Yves Dautun, le filleul de sa mère, soient commuées en une seule peine de vingt ans. Il interviendra à nouveau auprès de son ami Edgar Faure, président du Conseil en 1955, pour que Dautun soit libéré par anticipation pour bonne conduite. Comme il interviendra pour demander une réduction de peine en faveur de François Moreau, le frère de la femme de son cousin Sarrazin, condamné, à la Libération, pour avoir dirigé un centre de jeunesse vichyssois.

François Mitterrand n'aura laissé aucun de ses amis, aucun de ses parents, sur le bord de la route où ils s'étaient égarés. Comme il le fera plus tard pour ses camarades résistants et socialistes indélicats. On a beaucoup dit que l'amitié, pour lui, transcendait tout. Mais on n'a pas suffisamment insisté sur sa grande compassion pour la nature humaine. Il détestait qu'on s'acharne sur celui qui était tombé, même quand il avait participé à sa chute.

Le visage merveilleux

Elle est jeune, très jeune, elle n'a que 15 ans. Elle est belle, très belle. Elle est blonde, délicieusement blonde. Les traits de son visage sont d'une grande pureté. Lorsqu'il la voit pour la première fois, le 28 janvier 1938, François Mitterrand est frappé, c'est le mot, par ce qu'on appelle le coup de foudre. Deux ans plus tard, prisonnier au stalag IXA en Hesse, il décrit sa rencontre avec Marie-Louise Terrasse à Jacques Biguet, un de ses compagnons de captivité : « Un samedi, j'avais le cafard, je rentre dans ma chambre, je tombe sur un bristol que j'avais oublié sur une table. C'était une invitation au bal de Normal sup. J'y vais. Je vois une blonde qui me tourne le dos. Elle se tourne vers moi. Je suis resté les pieds rivés au sol. Puis je l'ai invitée à danser. J'étais fou d'elle[1]. » La jeune fille blonde est accompagnée de ses parents qui lui ont interdit de donner son nom à ses cavaliers. François Mitterrand la prénommera Béatrice, en référence à Béatrice Portinari, la Florentine de Dante dans *La Divine Comédie*.

Dès cette première rencontre, François a décidé qu'il l'épousera, qu'elle s'appellera Mitterrand. Il éprouvera pour elle un amour fou, celui du jeune homme pur, romantique, exalté qu'il est. Curieusement, ce séducteur-né, qui

1. Pierre Péan, *Une jeunesse française*, *op. cit.*

multipliera les conquêtes, a manifesté jusqu'alors une grande timidité avec les filles. Pourtant ses lettres à Marie-Claire Sarrazin en témoignent, il sort beaucoup : le théâtre, le cinéma, les conférences, les expositions, les soirées musicales et, chaque dimanche ou presque, la danse. Oublierait-il, loin de Jarnac, la stricte morale familiale ? Pas du tout. S'il sort, c'est en famille.

François Mitterrand est toujours un jeune homme sage. Robert, très ordonné, a reconstitué, presque jour par jour, son emploi du temps de l'année 1938[1]. Il est élève officier à l'école d'artillerie de Fontainebleau, François prépare son doctorat en droit et un certificat de lettres à Paris, Jacques poursuit ses études à Saint-Cyr. Les trois frères s'écrivent chaque semaine pour se donner rendez-vous le dimanche. Ensemble, ils vont à la messe. Puis, souvent avec leur sœur Marie-Josèphe qui habite Boulogne-Billancourt, parfois avec leur cousine Marie-Claire Sarrazin, ils sont reçus chez des parents, ou dans des familles amies, chez les Buart, chez Jacqueline Lévy-Despras, chez Guyonne de La Valette, une ancienne camarade de classe de Colette et de Lolotte à Angoulême, dont la mère est la veuve d'un Toulouse-Lautrec.

Les trois garçons Mitterrand fréquentent beaucoup d'amies, d'amies d'amies, de cousines, d'amies de cousines. Avec elles, ils jouent au tennis, au bridge, sont invités dans les grands bals, ceux de l'Elysée, de Normale sup, de Polytechnique. François affiche un désintérêt condescendant pour ses cavalières : « Je commence à me faire une idée de tous les spécimens de jeunes filles qu'il est possible de rencontrer. Le plus récent de ces spécimens est un mélange d'agrément physique et de sottise. Pourquoi faut-il qu'une jolie bouche me parle du roman *Kilomètre 83* et me demande une définition du bonheur ("Vous qui êtes calé" [...]) Quelle

1. Robert Mitterrand, *Frère de quelqu'un*, *op. cit.*

bêtise ! Si des yeux sont beaux pour couvrir du vide, je les crève[1]. »

A 22 ans, François Mitterrand ne sait rien des femmes et pas grand-chose des jeunes filles. Il rêve d'un amour éperdu, idyllique. Une fusion totale, celle qu'il évoquait lors du mariage de son cousin Pierre Sarrazin, quand il parlait de sa femme Odile, « cette autre partie de toi-même perpétuellement à tes côtés ». Aucune des jeunes filles qu'il a rencontrées ne lui paraît digne d'une telle union.

Béatrice, elle, l'est. Il l'a senti d'instinct. Il danse avec elle. Elle lui dit seulement qu'elle est élève du lycée Buffon, en classe de troisième. Dès le lundi, François guette sa sortie du lycée, la suit de loin, découvre qu'elle habite près de la place Denfert-Rochereau. Il évite de l'aborder. Elle lui a confié que ses parents lui ont interdit de parler avec des garçons dans la rue. Lorsqu'il connaît ses horaires, il s'arrange pour la croiser, comme par hasard. Il l'invite à manger une crêpe, à prendre un verre. Elle accepte. Plus il la voit, plus il lui parle et plus il est fou d'elle. Il met son ami François Dalle dans la confidence : il ne lui parle plus que de Béatrice. « Je n'en pouvais plus », dira Dalle.

Cet amour excessif tourne au harcèlement. Il flatte Marie-Louise, qui devait connaître la célébrité, après la guerre, sous le nom de Catherine Langeais, la plus populaire des speakerines de télévision. Mais il lui fait peur.

A l'époque et dans le milieu que fréquentaient les Mitterrand, tout flirt suivi ne pouvait déboucher que sur des fiançailles ou une rupture. Robert en a fait l'expérience en juillet 1938. Douze jours ont suffi pour « qu'il se trouve en situation de pré-fiançailles sans l'avoir voulu », selon son expression. Il écrit à son père qui, déjà, prévoit de rendre visite à la famille de la jeune fille et s'enquiert du budget nécessaire à un jeune couple… tout en conseillant à son fils de ne rien brusquer. Robert, avec l'accord de sa « pré-fiancée », se désengagera.

1. Lettre du 8 février 1938 à Marie-Claire Sarrazin.

Les parents de Marie-Louise ont l'esprit plus large. Elle finit par leur présenter son bel amoureux. Il est invité à Valmondois, dans leur résidence secondaire. Le père de Marie-Louise est professeur d'université et ses frères sont normaliens. Chez eux, Mitterrand fait la connaissance de brillants esprits, écrivains comme Georges Duhamel, ou hommes politiques. Le père de Marie-Louise a été membre du cabinet de l'ancien ministre des Affaires étrangères Paul Flandin. Il est secrétaire général de l'Alliance démocratique, un petit parti, créé au XIXe siècle par Waldeck-Rousseau, et dont l'un des plus illustres représentants fut Paul Deschanel. François Mitterrand se plaît dans ce milieu plus ouvert que celui qu'il a connu chez lui, en Charente.

L'été sépare les deux jeunes gens. François le passe chez son père, à Jarnac. Chaque jour, il écrit à Béatrice des lettres enflammées. François Dalle, à Paris, sert de facteur afin que les missives ne tombent pas entre les mains de la mère de la jeune fille. Dalle confiera à Pierre Péan : « Il l'assommait avec ses lettres ! Son amour était d'une telle violence ! J'avais le pressentiment que cet amour ne s'épanouirait pas. Il m'en parlait tout le temps et si je relâchais mon attention il m'engueulait : "Tu ne t'intéresses pas à moi..." »

Marie-Louise en recevra des centaines, qu'il numérotait. En voici deux qu'elle n'a pas lues [1]. La première est datée du 23 décembre 1938. François Mitterrand connaît Marie-Louise depuis près d'un an. Il vient de la quitter pour Jarnac où il est arrivé la veille et où il va, comme chaque année, passer les fêtes de fin d'année en famille. Déjà elle lui manque :

Quel voyage splendide je viens d'accomplir ! Je suis parti avec vous au fond de moi, votre présence toute chaude en moi – la couleur de votre visage, la douceur de votre amour,

1. Elles ont été confiées par François Mitterrand à une amie qui n'a pu, à l'époque, les remettre à leur destinataire.

« cette effraction de l'âme » – je m'éloignais de vous et, peut-être pour la première fois, sans qu'il y ait contradiction avec mon amour, j'étais heureux, même séparé de vous. Dans notre tendresse, notre confiance, notre abandon d'hier, j'ai puisé une force extraordinaire. Vous avez été si délicieuse, je vous ai aimée, je continue de vous aimer avec tant de ferveur. Voyez-vous, ma chérie, mon grand tourment a toujours été l'accord si difficile de l'éphémère et de l'éternel : toujours cette vieille lutte du relatif et de l'absolu. Chaque minute de bonheur éprouvée avec vous, je la sens qui part, qui nous abandonne et nous laisse avec une secrète inquiétude : la vie n'est précieuse qu'avec vous, mais comme elle se dépêche de nous rejeter dans le passé ! Comme elle se hâte de changer notre bonheur en souvenirs !

Alors je me surprends à l'épier, à la supplier de nous accorder un délai. En somme, je joue avec le relatif : je confonds un délai avec une grâce. Je trompe mon besoin de durée par des demi-mesures.

La deuxième lettre est datée du 5 mai 1939. Elle témoigne d'un amour éperdu qui ne faiblit pas, en dépit des réticences manifestes de la jeune fille, dont il se désole.

Ma Marie-Louise. Je vous écris parce que tout me ramène à vous. A la fin de ce dimanche, si désolé par votre absence, et après avoir tenté de respirer hors de vous, je ne puis que revenir vers vous. Tout à l'heure il pleuvait, et la pluie me brûlait le visage comme me brûle tout ce qui me rappelle mon bonheur. Maintenant, avec devant moi des livres que j'aime et qui ne peuvent m'apporter l'apaisement, pendant qu'au-dehors le bruit de la rue me dit que la vie continue, je veux vous parler, comme toujours, *parce que je vous aime.*

Hier, nous nous sommes vus. Nous avons parlé comme *des étrangers, puis trop de souvenirs nous ont envahis. Vous, malgré tout, malgré cette apparence qui nous divise, étiez quand même, mon zou bien aimé, de tant de jours heureux, que vous ne pouvez pas avoir oubliés.*

François Mitterrand, trop pressé, a déjà demandé la main de Marie-Louise à ses parents. La mère de la jeune fille a jugé ce mariage prématuré. Marie-Louise n'a pas encore 16 ans et François n'a pas accompli son service militaire. « Qu'à cela ne tienne ! », a-t-il répondu. Etudiant, il aurait pu bénéficier d'un nouveau sursis. Il devance l'appel, par amour. Il aurait pu demander à être affecté à une école d'officiers de réserve en province. Il choisit le 23e régiment d'infanterie coloniale, toujours par amour. Une décision qu'il paiera cher. Pour l'heure, il peut se féliciter de ne pas s'éloigner de Béatrice qu'il appelle aussi « sa petite pêche ». Il est incorporé au fort d'Ivry, puis affecté à la caserne de Lourcine, boulevard du Port-Royal, à Paris.

Le 4 novembre 1938, il déjeune avec son père et Robert, puis il rejoint le fort d'Ivry. Le hasard fait qu'il est incorporé avec Georges Dayan. Les deux jeunes gens se sont connus à la faculté de droit. *A priori*, ils n'ont rien en commun : Dayan est juif, athée et de gauche. Mais lorsqu'un jour de 1938, au café *Le Biarritz*, sur le boulevard Saint-Michel, Dayan a été pris à partie par de jeunes excités de l'Action française qui l'ont bousculé et traité de « sale Juif », c'est Mitterrand, le catholique, l'ex-Volontaire national, qui s'interpose. Un geste qui scelle une amitié. Leur complicité sera encore renforcée par l'épreuve commune de la vie militaire.

Jusqu'à la déclaration de guerre du 3 septembre 1939, cette épreuve n'est pas trop rude. Une photo montre les deux conscrits en uniforme, bras dessus bras dessous, sourire aux lèvres et calot sur la tête. Ils ont même loué un studio rue Gay-Lussac, et y couchent souvent, avec ou sans autorisation. Ils deviennent à ce point inséparables qu'on les surnomme Jallez et Gerphanion, les héros jumelés des *Hommes de bonne volonté* de Jules Romains.

C'est une première inflexion dans la vie de François Mitterrand. Celui qui va devenir son meilleur ami, et Dieu sait si l'amitié jouera un rôle essentiel dans sa vie, est socialiste. Pas militant encarté : « Comme la plupart des intellectuels juifs oranais, nous étions sympathisants socialistes. Comme notre ami Camus, notre sensibilité était alors celle du Front populaire [1] », se souvient Irène Dayan, la femme de Georges. Dayan est le premier homme de gauche qui entre dans le cercle fermé des très proches de François Mitterrand.

Le 3 septembre 1939, les deux copains descendent le boulevard Saint-Michel lorsqu'ils apprennent que la France et l'Angleterre ont déclaré la guerre à l'Allemagne. Ils ont la même réaction : c'est, se disent-ils, la fin de leur jeunesse, peut-être la fin prochaine de leur vie. Deux jours plus tôt, Hitler a envahi la Pologne. François se détendait sur une plage de Normandie. Il lisait *Lucien Leuwen*, qu'il tenait alors pour le meilleur livre de Stendhal, lorsque la mobilisation générale a été déclarée. Il a aussitôt rejoint la capitale. Le 4 septembre, il part pour l'Alsace avec son régiment. Mais, jusqu'au printemps, la drôle de guerre fera espérer à certains que la paix est encore possible.

Désormais, c'est à Georges Dayan que François se confie. A lui, qu'il parle de celle qu'il appelle « le visage merveilleux ». Dans une lettre datée du 29 décembre 1939 – il a été affecté avec son régiment à l'extrême ouest de la ligne Maginot, près de Stenay, à la frontière belge, mais a obtenu une permission – il lui écrit : « A minuit, je suis allé à la messe de Saint-Dominique où j'ai rencontré le visage merveilleux. Toute pour moi : elle y était seule. Je l'ai accompagnée chez elle avec, entre nous, un rendez-vous en bonne et due forme pour le lendemain. Le lendemain, légère déception : la sortie était collective, elle était accompagnée d'une autre jeune fille.

Le lendemain, rendez-vous avec Marie-Louise : nous avons pris le thé à l'hôtel du Louvre. Platonique. Le soir, je

1. Entretien avec l'auteur, le 19 décembre 2007.

l'ai emmenée dîner au Bœuf sur le toit. Tu ne peux pas savoir comme le visage merveilleux était ravissant, splendide. Nous sommes revenus à pied de l'avenue Pierre Ier-de-Serbie à Denfert-Rochereau et j'ai vécu une de ces nuits extraordinaires où on peut tout oublier[1]. »

François Mitterrand connaît Marie-Louise depuis près de deux ans et il s'émerveille de pouvoir passer une soirée seul avec elle ! La jeune fille est devenue proche de Marie Bouvyer, la sœur de Jean, et d'Edith Cahier, la fiancée de Robert. Elle leur confie qu'elle trouve la passion de François envahissante, excessive. Mais le jeune homme exerce une telle pression sur elle qu'elle finit par accepter les fiançailles. Avant même qu'elle n'y consente, François considère son acceptation pour acquise. Dans une lettre à sa sœur Colette, restée en Algérie, il fait une description idyllique de « sa belle-sœur prochaine ».

François a mis longtemps à informer les siens. Le 2 avril 1938, il rejoint son père, venu à Paris présenter Orloff, le mâle de son couple de barzoï, à l'exposition canine de la porte de Versailles. Il est accompagné d'une jeune fille blonde, mais il la présente comme une simple amie. Le 8, Joseph, rentré à Jarnac, écrit à Robert qu'il a l'impression que François « a un faible pour la jeune fille blonde photographiée avec Orloff ». François restera très discret. Robert, dont il est si proche, ne fait la connaissance de Marie-Louise que le 1er décembre 1938. Il note dans sa chronique de l'année 1938 : « Aujourd'hui, grand événement ! François, qui a pu quitter la caserne en fin d'après-midi, vient me voir et m'annonce qu'il a donné rendez-vous chez moi – en tout bien tout honneur – à une jeune fille de ses amies [...] mais je vois bien qu'en parlant de celle-là il a un ton particulier. Elle arrive à 6 heures et j'ai noté sur mon carnet : "Très jolie blonde, vive et intelligente – très jeune –, c'est bien la fille de la photo." Elle reste une heure pendant laquelle nous

1. Lettre qu'Irène Dayan a lue à l'auteur.

parlons de tout et de rien [...] Quand on se quitte, mon opinion est faite : François est amoureux. » C'est peu dire !

Avant même de partir à l'armée, François avait « confié » Marie-Louise à Edith : « Elle est fragile, tu verras. » Edith découvre, au contraire, une jeune fille très sûre d'elle-même, très consciente de son charme, « plutôt du genre entreprenante et extravertie[1] » qui a reçu une éducation très libre, très différente de celle inculquée à Jarnac. Ce qui, remarque Edith, semblait inquiéter son beau-père. Au cours d'une permission, François déjeune avec Marie-Louise et Edith, à Paris. Au moment de rejoindre son régiment, il demande à nouveau à sa belle-sœur de veiller sur sa future fiancée : « Il faut la voir souvent », lui dit-il.

Le 3 février 1940, François écrit à Geneviève :

J'ai appris par Papa qu'il avait été à Paris et avait vu M. Terrasse. Inutile de te dire que je n'allais pas à l'aventure en lui disant de se déplacer. Papa ne m'a pas dit ses impressions. Que pense-t-il de son entrevue ? Tu as dû en entendre parler. Dis-le-moi.

Je ne sais comment tu pourras faire la connaissance de Marie-Louise. Si tu as l'occasion d'aller à Paris, ne te gêne pas pour lui donner rendez-vous. Elle est bien parisienne (quoiqu'elle soit née à Valence et qu'elle ait habité longtemps Valence et Lyon). C'est-à-dire qu'elle possède cette allure faite de nonchalance et d'étude bien caractéristique de la capitale. Tu verras qu'elle est très jolie (je ne crois pas être partial !) et très fine. Elle est, je crois, capable de beaucoup de sérieux. Elle est en effet trop jolie et a trop vécu à Paris pour n'avoir pas appris le vrai et le faux en beaucoup de choses. Ni ses parents ou ses frères ne pratiquent, bien qu'ils soient catholiques de baptême. Elle a été Guide et va à la messe. Il lui faut donc un certain mérite pour demeurer pratiquante. Enfin tu l'apprécieras

1. Edith Cahier, *Ma famille Mitterrand*, *op. cit.*

toi-même. Pour moi je la connais depuis longtemps : personne ne la connaît mieux que moi et je n'ai pas connu fille plus ravissante.

Elle est pour l'instant à Valmondois et ne s'amuse pas beaucoup! J'ai des nouvelles nombreuses et régulières : mes journées passent ainsi plus vite.

Je ne te parle que de Marie-Louise! (Quel drôle de nom!) Mais c'est un peu le sujet du jour, aussi tu me pardonneras[1]*...* »

Quelques jours avant la cérémonie, il écrit à Dayan : « Je célèbre un événement qui ne m'est pas indifférent : je me fiance avec le visage merveilleux. Viens donc si tu peux dans la capitale. »

Le 3 mars 1940, les fiançailles ont lieu chez les Terrasse, à Paris. Dayan est là. Il fait la connaissance de Joseph Mitterrand et des frères et sœurs de François. « Les fiancés sont radieux et Marie-Louise fait part à ma femme du bonheur qu'elle éprouve », se souvient Robert[2]. Edith, plus perspicace, remarque que Marie-Louise est « un peu absente ».

Le 22 avril 1940, François écrit à Georges : « Je reçois chaque jour des lettres de Marie-Louise. Elle doit être si jolie par ce soleil. » Serait-elle éprise pour de bon? Il le croit. Mais la guerre va séparer les deux jeunes gens. Le 11 mai 1940, la drôle de guerre est terminée. Entre deux bombardements, François écrit à son père : « Si je suis blessé, préviens Marie-Louise. » Blessé, puis prisonnier au stalag XXA, il écrit à Robert, le 28 août 1941. Il est inquiet : les lettres de Marie-Louise lui font comprendre qu'elle s'éloigne de lui. François demande à son frère de la revoir, de la convaincre de retarder toute décision définitive. Il veut aussi qu'il rencontre le père de la jeune fille, « un homme

1. Lettre que Béatrice Gaspard, la fille de Geneviève, a lue à l'auteur.
2. Robert Mitterrand, *Frère de quelqu'un*, *op. cit.*

très juste et très bon ». Peut-être réussira-t-il à persuader Marie-Louise de ne rien brusquer : « Tu crois peut-être qu'il vaut mieux pour moi que tout finisse, mais j'ai entière confiance en toi et je te demande, même malgré toi, de faire ce que je viens de dire [...] Je lui garde mon amour et mon estime [...] Je ne veux pas la retenir ni qu'elle souffre pour moi [...] Si elle vous paraît faible, insouciante du mal qu'elle me fait, sachez surtout qu'elle souffre intensément avec une violence que vous ne pouvez pas deviner. Elle mérite beaucoup de compréhension et d'amitié [...] »

François prête ses propres sentiments au visage merveilleux !

Puis, Béatrice ne lui répond plus. Biguet, son camarade de captivité, se souvient : « François faisait les cent pas dans une baraque vide. Ça le rendait fou de ne plus avoir de nouvelles de Marie-Louise[1]. »

Antoinette Bouvyer, qui a fait la connaissance de Marie-Louise et qui a servi, elle aussi, de boîte aux lettres entre les deux jeunes gens, a compris la première. Elle réunit chez elle, dans le courant de l'année 1941, Marie-Louise et deux amis de François, Dalle et Benet. Comment faire le moins de peine possible à François qui souffre déjà de sa captivité ? La décision est prise de ne rien lui dire. Mais le silence de Béatrice est, à lui seul, éloquent. François, meurtri, confie à Edith : « Avec Marie-Louise, tout est fini. » Il n'en continue pas moins de lui écrire des lettres pathétiques, bouleversantes, et dont la jeune fille révélera à Edith la violence désespérée.

En 1942 – la lettre n'est pas datée –, Georges Dayan répond à Geneviève qui lui a annoncé son prochain mariage. Il lui parle de sa correspondance avec François : « Je le trouve beaucoup mieux. Dans sa deuxième lettre, il me parle assez vaguement de Marie-Louise. Il ne doit plus parler de ce qui est cassé. Il va remonter le courant. » Dans une autre

1. Pierre Péan, *Une jeunesse française, op. cit.*

lettre, il tente de rassurer Geneviève qui lui a dit ses inquiétudes : « Que tout ne soit pas irrémédiablement perdu, j'en doute. Mais il vaut mieux qu'il garde cette espérance. Il est certainement encore illuminé par son dernier séjour avec elle : ça avait été un amour si parfait. Je connais François, il surmontera le choc. »

Visiblement, François souffre et ne se résout pas à la séparation. A son retour de captivité, malgré les risques, il monte à Paris pour tenter de reconquérir Marie-Louise. Cette fois, il doit admettre la réalité : la rupture est définitive. Elle lui rend sa bague de fiançailles qu'il jettera dans la Seine.

Pour le jeune François, peu habitué qu'on lui résiste, la blessure sera profonde et longue à cicatriser. Edith Cahier se souvient « d'un homme méconnaissable, aliéné, en pleine déroute sentimentale. Sa détresse semblait ne jamais devoir finir ». Il sombre alors dans une profonde mélancolie. Cet homme, soudain vulnérable, aura-t-il conclu que cet amour fusionnel avec « cette autre partie de soi-même » évoqué lors du mariage du cousin Sarrazin était un rêve impossible ?

Au début du premier septennat de François Mitterrand, Catherine Langeais est invitée à l'Elysée pour une remise de Légion d'honneur. Après la cérémonie, François Mitterrand la convie à dîner avec quelques invités. Elle se retrouve à côté de Jean Glavany, le chef de cabinet du président. L'ex-speakerine de la télévision glisse à l'oreille de son voisin :

– Vous travaillez depuis longtemps avec François ?

– Depuis quelques années, bien avant qu'il soit président.

– Vous êtes proche de lui ?

– Je suis un proche collaborateur.

– Si je vous donne un courrier pour lui, vous êtes suffisamment proche pour le lui remettre ?

– Bien sûr.

Quelques jours plus tard, elle fait passer une lettre à Glavany qui la remet aussitôt à François Mitterrand. Sans doute ce dernier a-t-il répondu à son ex-fiancée puisqu'elle lui adressera plusieurs autres lettres, toujours par l'intermédiaire de Glavany. Mitterrand, qui aimait cloisonner, passera par un autre canal pour faire parvenir ses propres lettres.

Le 28 avril 1987, Catherine Langeais est à nouveau à l'Elysée. Cette fois, c'est elle qui reçoit la Légion d'honneur. François Mitterrand a fait en sorte qu'elle soit la vedette de la soirée. Aucune autre personnalité marquante parmi les récipiendaires! François se retrouve face à celle qu'il a tant aimée. Edith Cahier est là aussi, elle qui fut témoin de son amour fou : « Je suis alors sans doute la seule à mesurer précisément ce que doit être leur trouble. » François Mitterrand n'en laisse rien paraître. Il ne fait pas la moindre allusion à leur passé commun mais dresse un portrait très élogieux de celle qui fut la speakerine vedette de la télévision française : « Catherine Langeais, c'est l'affirmation d'un talent, d'une personnalité. » Le président rappelle que, ministre de l'Information en 1948, il a connu « les balbutiements de la télévision ». Il poursuit : « Il a bien fallu trouver quelques pionniers autour de Jean Darcy. D'autres pionniers, dont Catherine Langeais, ont appris cette façon d'être là, de donner une certaine image. Elle a laissé le souvenir d'une femme cultivée, discrète, qui inspirait confiance. Elle a touché le cœur des Français, ils ne l'ont pas oubliée [...] Elle dont l'image s'identifie à une certaine conception de la France et de la femme française, à une certaine forme de dignité. »

Retrouvailles poignantes. Lui atteint d'un cancer, elle diminuée par une sclérose en plaques. Mesure-t-elle ce soir-là à quel point le jeune Mitterrand l'a idéalisée? A quel point il a souffert de leur rupture ? Il était trop fier, on lui avait trop appris à se contrôler, à maîtriser ses émotions, pour s'épancher. Sa grande douleur restera muette. Il ne parlera pas de sa blessure, à deux exceptions près.

La première, pour Marie-Claire Sarrazin qui, après la rupture avec Béatrice, devient, plus que jamais, sa confidente. Elle lui a écrit qu'à son avis, il aimait encore Marie-Louise Terrasse. Dans une lettre datée du 11 juin 1942, il lui répond :

Je ne vois pas cette conclusion « évidente, accablante » que vous voyez à mon histoire. Est-ce que j'aime encore cette

Béatrice aux colombes inquiétantes ? Sûrement. Mais je l'aime parce que je l'ai aimée et il y a là une nuance. Je ne souffre pas et puis aimer hors d'elle. Mais elle ne me sera jamais étrangère et est pour moi désormais l'une de ces « petites déesses allégoriques » dont parle Proust. Est-ce que je suis conduit à ne plus aimer qu'à travers elle ? Est-ce que celle que j'aimerai serait vaincue d'avance par cette ombre ? Non. Tout est si différent et je change moi aussi et ne me prends plus au même piège. Mais quel amour choisir ? Je suis gauche devant l'union spirituelle ; la Foi de mon enfance est trop lointaine et avec elle tout son appareil mystérieux et enchanteur. La belle route des promenades idéales qui m'attire est encore dure à mon pas – l'amour ne me semble parfait ou plutôt complet que sensible. Et pourtant, là aussi l'amertume est proche.

La seconde exception est pour Edith, sa belle-sœur. Il lui confie les lettres que Marie-Louise lui a rendues. Des années plus tard, il lui demandait encore parfois, à brûle-pourpoint, si elle les avait gardées. « Chaque fois, ma réponse affirmative déclenchera de sa part un sourire dont je comprendrai ce qu'il implique de mélancolie diffuse », écrira-t-elle[1].

Ce 28 avril 1987, à l'Elysée, Catherine Langeais a-t-elle conscience qu'en repoussant François elle a métamorphosé un jeune amoureux romantique en un séducteur désinvolte ? Sait-elle que cet amour fusionnel dont il rêvait à 20 ans, cet amour fou, lui aussi, parce que si longtemps secret, une autre, Anne Pingeot, a su le lui donner vingt-cinq ans plus tard ?

1. Edith Cahier, *Ma famille Mitterrand, op. cit.*

La maison de Jarnac
avec son fameux pin et
les grands-parents,
Eugénie et Jules Lorrain.

François (debout) avec ses six frères et sœurs, dans les années 1920.

1937, mariage du cousin Pierre (au centre). François, Robert et Jacques en saint-cyrien (en partant de la gauche) et Philippe, le cadet, à l'extrême droite.

Mai 1981, déjeuner de fête après l'élection de François.

1986, les quatre frères à l'abbaye de Bassac.

La fratrie en mai 1989, un an après la réélection.

Collégien
à Angoulême.

Etudiant en droit, lors d'une manifestation contre Gaston Jèze, défenseur d'Haïlé Sélassié, devant la SDN après l'agression de l'Italie contre l'Ethiopie.

.9.41/Frib.9
ITTERRAND François
26.10.16

La guerre et la captivité.

Nom et Prénom: MITTERAND François
Date et lieu de naissance
Grade: Gefangenennummer 21.716
Incorporation
N° matricule du recrutement: Stalag IX C Deutschland
n'a plus donné de ses nouvelles depuis le 13 octobre.
Jeanne Aroud. 14 rue Jean Ligonnet Givors Rhône

Case à laisser en

Ae Reo 13 I 4
Form 349
STALAG IX C
No 21716
Com par Fam

Message périmé

Remplir le plus complètement possible dans l'ordre indiqué et en LETTRES CAPITALES

François et son père
Joseph en 1943.

13 janvier (?) 1943.
François, peu attentif aux
propos d'André Masson,
le successeur de Maurice Pinot
au secrétariat aux Prisonniers.

Janvier 1943, avec les « vieux Romains et les jeunes cyclistes » de l'administration à Vichy.

© SIPA

Henri Frenay (au centre) et François, qui se succéderont à la tête des Prisonniers.

© AFP

28 octobre 1944, mariage à Saint-Séverin.

© JEAN-CLAUDE FRANCOLON/GAMMA/EYEDEA

Le plus jeune ministre de la IVe République en père modèle à côté de son premier enfant, Jean-Christophe, né trois mois plus tôt.

© ROGER-VIOLLET

Dix ans plus tard, il est à la Justice.

20 décembre 1967,
les 21 ans de
Jean-Christophe
à Château-Chinon.

Déjeuner rituel de Pentecôte avec les filles
de Gilbert (en haut, à doite) et, de dos,
sans doute Roger Hanin (à gauche) et
Georges Kiejman (à droite).

19 décembre 1986. Inauguration du musée d'Orsay. De dos, Anne Pingeot.

© AFP

Mazarine Pingeot à l'époque de *Premier roman*.

© EFFIGIE/LEEMAGE

Solutré, 8 mai 1981. Le sourire de la victoire anticipée
en compagnie de Charles Hernu.

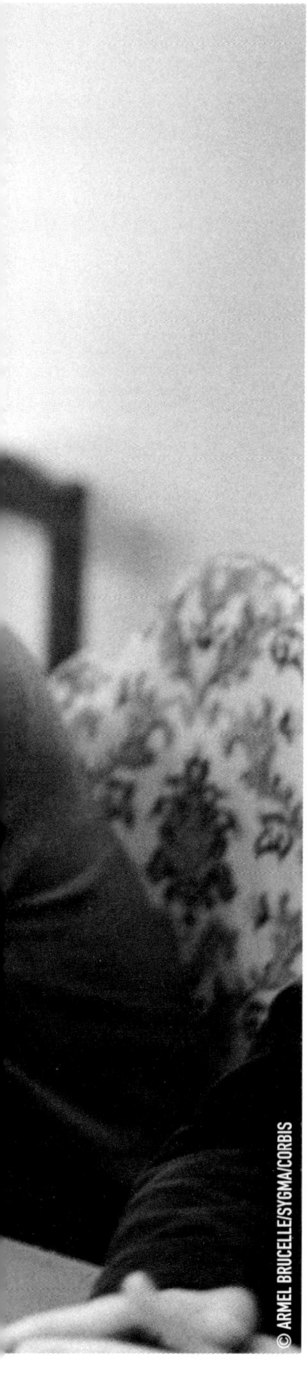

L'ami de toujours, Georges Dayan, le 25 juillet 1967.

Trois des lieux
et des activités
préférés de François :
jardinage à Hossegor,
promenade à Latche,
écriture à Château-Chinon.

© PASCAL SAURA/SIPA

Dix ans après,
avec Gilbert et Danielle.

© COLLECTION PARTICULIÈRE/DR

Le prisonnier

Il est le descendant du capitaine Paul Lorrain dont le portrait était accroché au mur du salon de Jarnac. Le petit-fils de Jules Lorrain, qui se faisait volontiers appeler le commandant Lorrain. Le fils de Joseph, le sympathisant de la Ligue des patriotes du général de Castelnau, et d'Yvonne dont les idoles de jeunesse étaient Déroulède et le général Boulanger. Le frère de Jacques, qui a comblé ses parents en choisissant la carrière militaire… – Ah si François, le pieux, était entré dans les ordres, le bonheur familial eût été complet ! Il a été Volontaire national de La Rocque, l'idole des anciens combattants. Il a collaboré à *L'Echo de Paris*, le journal de l'état-major… et pourtant, il va détester la vie militaire. C'est sa première rupture, brutale celle-là, avec la culture familiale. Elle porte en germe une autre rupture qui se produira beaucoup plus tard avec l'idéologie bourgeoise.

Incorporé au fort d'Ivry, le 4 novembre 1938, il livre dès le 9 ses états d'âme à Geneviève : « Beaucoup de corvées : j'ai déjà nettoyé les réfectoires, balayé les couloirs ! Ce soir, j'ai briqué le plancher. C'est assommant et fatigant. Toute la journée, on reste debout ou on manœuvre. On se fait attraper. C'est un peu lassant, quelquefois vexant, mais supportable parce que l'espoir est là d'arriver au bout des deux ans ! […] Avec tout cela, on est un peu abruti (même beaucoup). On a peine à imaginer le changement de vie. On ne peut croire aux privilèges de la vie civile.

De vie spirituelle : aucune. Je ne sais ce que pensent mes voisins. Je fais tous les soirs ma prière au pied de mon lit. On ne me dit rien (et on fait bien !). Mais on a peu le loisir de penser [...] Jusqu'ici défense absolue de sortir. Ce qui ne m'a pas empêché de le faire ! Ça a provoqué l'admiration générale ! Le sergent de semaine est brave. L'aspirant a l'air borné. Il m'irrite. Surtout avec mes réactions de civil qu'un officier a peine à impressionner ! Je serai très content de recevoir une lettre de toi et de tous ceux qui voudront m'écrire. Ça fait plaisir de penser qu'on n'est pas trop seul. (Ici, je ne connais personne...) »

Malgré la présence à son côté de l'ami Dayan, malgré une discipline assez souple qui lui permet souvent de dormir hors de la caserne, de voir Béatrice, de passer les fêtes à Jarnac, il est vite en révolte contre cette institution qu'on lui avait appris à admirer et à respecter.

Simple soldat, puisqu'il n'a pas voulu préparer les EOR, l'Ecole des officiers de réserve, il doit obéir à des badernes imbéciles. Lorsqu'on connaît son besoin irrépressible de liberté, son refus de se plier à toute discipline dès lors qu'il ne se l'est pas imposée à lui-même, son goût du commandement, sa propension à l'élitisme... et son amour fou pour Béatrice, on comprend mieux sa réaction. En 1945, dans le journal *Libres*, François Mitterrand écrira : « Etre soldat, pour nous, qui fûmes appelés en 1938, c'était apprendre de quelle manière un citoyen honnête dans sa médiocrité pourrait s'accoutumer dans le minimum de délai à la saleté, à la paresse, à la boisson, aux maisons closes et au sommeil. »

En septembre 1939, François Mitterrand monte au front en Alsace, près de Bitche avec son bataillon, le 23e RIC, régiment d'infanterie coloniale. Les troupes recrutées outre-mer, considérées comme de la chair à canon, sont traditionnellement exposées aux affrontements les plus meurtriers. Aux pires moments, dans les tranchées, sous la mitraille, au stalag, François Mitterrand ne cesse d'écrire. Grâce aux nombreuses lettres adressées à ses parents et à ses proches, on connaît l'état d'esprit du soldat Mitterrand devenu sergent. Ses lettres décrivent par le menu ses conditions de vie dans les tranchées, témoignent de sa révolte, de son interrogation sur la hiérarchie des valeurs qui lui ont été inculquées, elles révèlent aussi sa force de caractère, sa soif de vie, sa volonté de rester le plus possible maître de son destin, son ironie intacte, sa capacité d'abstraction qui le rend spectateur de son propre destin et parfois même son exaltation, face au danger de mort.

Le 22 septembre 1939, il écrit à Marie-Claire Sarrazin : « Je vis en sauvage qui se souvient d'avoir été civilisé [...] Drôle de vie. Plus de TSF, de téléphone, de danse, de pick-up, plus de Mozart, de Beethoven, de JS Bach [...] Quelle nuit apocalyptique, quel trajet hallucinant ! Et pourtant, je n'ai presque rien vu. Je souhaite seulement avoir l'âme à la hauteur de mon désir [...] Je ne suis pas malheureux. Je me sens même libéré, plus fort. Mais le passé est là quand même, avec sa facilité, ses délices – et l'avenir. Et tous deux crient contre le présent. »

C'est encore la drôle de guerre : François aura le temps de se fiancer avec Marie-Louise, de lire *Terre des hommes* de Saint-Exupéry, les *Pensées* de Pascal, l'*Imitation de Jésus-Christ*. Le 16 novembre 1939, toujours à Marie-Claire Sarrazin : « J'ai quitté les avant-postes après les avoir tenus pendant huit jours et je me trouve maintenant en première ligne [...] C'est quasiment une sinécure quand on s'est trouvé en avant d'elle, perdu et comme repoussé en avant de tout. Emploi du temps : tranchées, barbelés. Mais aujourd'hui le soleil a transformé l'apparence des choses et le travail est devenu fantasmagorie de casques, de pelles, de pioches, dressés, abattus, avec, de temps de temps, des arrêts : c'était un avion allemand accompagné d'une fantasia d'obus née de dix points de la campagne auparavant parfaitement sereine [...]

« Maintenant il fait nuit ; je suis assis dans mon gîte : une écurie, je couche là. Le foin constitue un excellent sommier, nettement supérieur à la paille, au ciment ou au feuillage. Vous parlez d'héroïsme, où est-il ? Phénomène inconscient. L'héroïsme collectif n'existe pas : il n'y a que l'instinct de conservation. L'héroïsme individuel surgit parfois, car il lui arrive de nier l'instinct de conservation. Les hommes se plaignent ? On les appelle grognards ou poilus. Ils ne savent pas exactement pourquoi ils risquent la mort. Ils tiennent quand même, il faut survivre [...]

« A côté de cela, il y a les relèves avec leur grandeur certaine : ces files indiennes, silencieuses, où chaque pas vous rapproche du danger, vous éloigne du monde des vivants. Dans les sentiers de ces forêts, avec les pas de tous ces hommes, étouffés, amortis par les feuilles et la boue, j'ai connu des heures vraiment sublimes, inhumaines même. Telle cette heure avancée de la nuit où dressés sur un coteau à brève distance des premières lignes allemandes sculptées par un clair de lune implacable, nous avons assisté comme au jeu à un tir de harcèlement : tracé de feu, explosion gigantesque. Puis le silence. Pas un cri d'homme [...] Drôle d'idée de vous parler ainsi de ma vie. Comme si je pouvais déjà en extraire des souvenirs particuliers alors que tout crie en moi et autour de moi que la guerre est une chose stupide, terrible. Que c'est la négation de la vie, du progrès, du bonheur. Qu'elle n'exalte que les qualités déjà nées ou qui serait nécessairement nées sans elle. Le pittoresque : mon ami Dayan m'accuse chaque jour de m'occuper encore de pittoresque, de finesse des lignes, des formes, des tons de civilisation. Faut-il sauver nos réactions de « derniers civils » devant la mort ? Je voudrais avoir pour seul testament le vœu : que les barbares (armée barbare) soient détruits et que vivent les civilisés. Mais il ne s'agit pas de mon testament. J'ai l'intention très nette de m'en tirer... et je ne négligerai rien pour ça ! »

Le sergent Mitterrand a connu l'épreuve du feu. Il réagit en héros romantique : cette guerre qu'il juge « stupide » lui offre des « heures sublimes » et il ne lui dénie pas, par moments, une certaine grandeur.

Le 21 octobre, encore et toujours à Marie-Claire Sarrazin : « Aujourd'hui mon automne ressemble aux autres. Le soleil redonne aux coloris leur exactitude ; harmonie en roux patiné, clarté diffuse et la destruction tranquille. Je suis là, avec mes douze hommes ; j'aime cette séparation du bloc ; j'ai mieux l'impression de puissance, de décision ; mon petit secteur possède le dispositif que j'ai voulu.

« Nous sommes libérés depuis ce matin d'une violente tempête ; quelle somptuosité dans les remous de la forêt ; et quelle difficulté dans le travail. Vêtements trempés, doigts gourds, terre collante, il fallait nous voir, pauvres pantins qu'un peu d'eau démoralise. Moi, je ne me trouvais pas mal, mais je dispose d'un capital poétique, d'une raison préparée par des lectures et par des exemples. Les autres sont seuls [...] Mais comment oublier que le spectacle qui m'est offert est fait de la peine des hommes ? [...] Je ne connais pas encore toutes les horreurs de la guerre puisque les infanteries se sont presque toujours tues. Mais cette artillerie de malheur a la voix solide. Vite, le ventre par terre. Je sais désormais un sifflement que toutes les trompettes du monde ne me feront pas oublier... »

Le sergent Mitterrand ne peut pas cacher le sentiment de puissance qu'il éprouve à commander, à se sentir, grâce à « son capital poétique » moins vulnérable que ses hommes.

A Edith, sa future belle-sœur, le 5 novembre 1939 : « La guerre ne change rien. C'est une histoire qui paraît un peu plus grosse que les autres et qui au fond ne l'est pas. Ce qui m'ennuierait c'est de mourir pour des valeurs (antivaleurs) auxquelles je ne crois pas. Alors je m'arrange avec moi-même. Je décide de vivre si Dieu le veut; je décide que le froid doit être supporté, que la boue doit être supportée et le reste à l'avenant. Je décide qu'il faut payer une dette. Laquelle ? Celle de la sottise. Et pour désencrasser un peu la civilisation je décide que ça vaut peut-être la peine de mourir... [...] Je me porte bien mais pas tout à fait car un uniforme blesse qui aime la vie [1]. »

Le « ce qui m'ennuierait », à propos de la mort, rappelle furieusement l'élitisme à la Montherlant. C'est encore le jeune homme de Jarnac, l'élève d'Angoulême, le pensionnaire du 104 qui s'exprime ici.

Nouvelle lettre à Marie-Claire Sarrazin, le 3 novembre 1939 : « Aujourd'hui, trois mois de guerre. Gains ? Pertes ? Tensions surtout sur l'appréciation des valeurs. Je crois que je sortirai de là (sinon le corps en pourriture) révolutionnaire et positif [...] Retour à Auguste Comte : vive la Révolution, vive l'idéal conquis pièce à pièce par l'intelligence forgée de volonté. [...] Russie, Finlande, Allemagne, Angleterre, France, etc. Et puis le monde. La bagarre sera jolie. Restera-t-il une pierre de ce qui était en août 1939 un homme ? Et beaucoup croient que tout va continuer sur cette corde raide en demi-teinte.

« Pourrons-nous aimer le même amour qu'hier ? Un bon coup de vent va secouer les cimes, les bases, tuer le fragile, l'inutile – et aussi un peu de solide et d'utile – Un souhait ? Vivre ça. Mais qu'y a-t-il pour moi sur les tables éternelles ? Peut-être seulement une petite histoire de peu d'importance, terminée sans bruit pour une raison bête... »

En novembre, cantonné à Stenay, il écrit à Robert : « J'ai vu au-delà de la ligne Maginot des villages évacués, saccagés. Il faudra raconter un jour. » S'il s'indigne c'est parce que les villages ont été pillés par les soldats français.

Le 14 janvier 1940, il écrit à son ami Dayan, parti faire les EOR près du Mans : « Mes bons souvenirs sont liés à

1. Robert Mitterrand, *Frère de quelqu'un*, *op. cit.*

toi. » A nouveau, le 12 avril : « Nous sommes toujours sur une position de combat avec une perpétuelle attaque d'avion [...] Si tu n'étais pas un détestable mécréant je dirais : prie pour moi. Je voudrais tant vivre. »

Le 10 mai 1940, l'aviation puis les divisions de Panzers déclenchent un déluge de feu. Cette fois, c'est vraiment la guerre. Dès le lendemain, François Mitterrand, entre deux bombardements, écrit à son père. Il donne sa position, une colline d'où il voit des soldats, français et belges, s'enfuir. Le ton sobre vise à ne pas alarmer le vieil homme de Jarnac. Mais il lui demande quand même de lui envoyer sept à huit sacs de jute de 80 centimètres sur 20 centimètres pour y entasser de la terre et se constituer un abri *(sic)* contre les avions, « une arme redoutable ». Après lui avoir encore demandé un peu de rhum et de cognac et cinquante enveloppes, il termine par un « A demain, je l'espère » qui ne manque pas d'inquiéter Joseph.

Dans une lettre à Dayan datée du 21, il décrit les combats très durs auxquels il a participé et les hommes qui tombent autour de lui. Il s'interroge : « Pourquoi suis-je rescapé ? Je crois, tu le sais, et les prières qui m'ont accompagné n'y sont pas sans doute pour rien. » Mitterrand a perdu beaucoup d'illusions mais pas la foi. Les prières qu'il évoque sont celles de sa famille dont il n'oublie pas de donner des nouvelles dans chacune de ses lettres. Son père est à Jarnac, avec Philippe, le plus jeune des garçons, et avec toutes les femmes, notamment la cousine Lolotte qui doit accoucher en septembre ; Robert est sur le front à Sedan, Jacques à Versailles dans l'artillerie et Pierre Sarrazin, le frère de Lolotte, s'est engagé dans le train. Tous prient pour lui, le plus exposé, il en est sûr. Et peut-être même sa mère, qui, du ciel, le protège.

Le 29 mai, nouvelle lettre à Dayan : « Quel crime, la guerre ! » Et le 9 juin 1940 : « ... Toujours en vie, ce qui n'est pas si banal que ça... »

Le 14 juin, le jour où les Allemands défilent sur les Champs-Elysées à Paris, il est blessé à la fameuse cote 304 devant Verdun : deux éclats d'obus sont venus se loger l'un sous les côtes droites, l'autre sous l'omoplate. On l'allonge sur une civière roulante. Il se retrouve sur la route, au milieu de la foule de l'exode. Quand les avions ennemis descendent en piqué pour mitrailler la colonne, son infirmier fait comme tout le monde, il se jette dans le fossé. Lui, allongé sur sa civière, seul au milieu de la route, regarde le ciel d'où fusent les balles… « Des moments qui comptent », dira-t-il plus tard. Un an après, au stalag, il raconte à un autre prisonnier, l'écrivain Robert Gaillard [1] ce qu'il a ressenti au moment où il a été blessé : « Quand je suis tombé, meurtri, sanglant et choqué, je n'ai pas perdu toute ma littérature. J'ai continué à être un acteur. Il y avait un Mitterrand intact et sauf qui regardait, navré, désespéré, un autre Mitterrand blessé. Il n'arrivait pas à comprendre qu'une telle chose ait pu m'arriver à moi ! A moi ! J'en étais suffoqué et offensé. »

Trois jours après la blessure de François Mitterrand, le 17 juin, le maréchal Pétain, nommé la veille à la tête du gouvernement, appelle « le cœur serré » les Français à cesser le combat. L'armistice est signé le 22 juin à Rethondes. Deux jours plus tôt, le sergent-chef François Mitterrand a été cité à l'Ordre de la division par le général Falby et s'est vu attribuer la Croix de guerre avec étoile d'argent ! Mitterrand, hospitalisé à Toul, puis à Bruyères dans les Vosges où il est arrêté par les Allemands, le 21, n'en saura rien avant longtemps ! Transporté à Lunéville, après un mois d'hospitalisation, il se retrouve prisonnier.

Il est sans nouvelles des siens. Dans une lettre à Marie-Claire Sarrazin datée du 17 juillet, il s'inquiète : « Quand cela prendra-t-il fin ? Tout le monde est dans la peine. Je n'ai aucune nouvelle de Jarnac. Que s'y passe-t-il ? »

---

1 Cité par Pierre Péan dans *Une famille française*, *op. cit.*

A Jarnac, Joseph Mitterrand est dans l'angoisse. Sa famille, comme toutes les familles françaises ou presque, est éclatée. Et plusieurs de ses membres sont en danger. Il a appris que François est en vie mais qu'il a été blessé et qu'il est prisonnier. Il ne sait rien de la gravité de son état. Le mari de Colette est prisonnier lui aussi. Et Lolotte est sans nouvelles de son époux, Georges.

Le 27 juillet, Joseph Mitterrand écrit à Robert qui, lui, n'est plus au front. Il a été envoyé dans le sud-ouest de la France pour suivre les cours d'une école de commandement de batterie d'artillerie. Joseph vient de recevoir une lettre de François, vieille d'un mois, où il parle de sa blessure : sa vie n'est pas en danger. Le père informe aussi son fils aîné que Jacques est au Canet en attente d'un départ pour l'Afrique du Nord. Et qu'il a accueilli à Jarnac Marie-Louise Terrasse et sa mère qui fuyaient vers Bordeaux. Edith, la femme de Robert, enceinte de six mois, sa mère et ses deux frères, en route pour Bordeaux eux aussi, ont également fait escale à Jarnac. Ils sont sans nouvelles du commandant Cahier qui était au front en première ligne. Est-il mort, est-il prisonnier ?

A la mi-décembre, Robert apprend que son meilleur ami, Robert Castanier, a été tué le 8 juin. Une lettre de Joseph l'informe qu'Henri Moreau, le beau-frère du cousin Pierre Sarrazin, l'ami de Jacques, saint-cyrien dans la même promotion est mort, le 9, sur le champ de bataille. Eugène Delachenal, le mari de Geneviève, a failli périr en mer. Il avait réussi à quitter Dunkerque avec quelques hommes sur un canot muni d'une seule rame. Il dérivait dans la Manche, sans espoir de gagner la Grande-Bretagne, quand un bateau anglais l'a recueilli.

A Lunéville, François Mitterrand prépare son évasion mais il n'a pas le temps de mettre son projet à exécution. On l'embarque pour l'Allemagne, entassé avec d'autres prisonniers dans un wagon à bestiaux. Ce voyage au bout de la nuit, François Mitterrand l'a raconté, avec un talent de plume qui s'affirme, dans un long article « Le pèlerinage à Thuringe », publié en décembre 1942, par *France, revue de l'Etat nouveau*[1] : « J'étais tout de même étonné de la facilité avec laquelle les hommes s'accoutumaient à la vie de troupeau. Comme les paysans de Saintonge qui entourent leur cour de hauts murs pour mieux affirmer leur indépendance, ils avaient vécu dans des zones obscures qu'ils imaginaient visitées de lumière et bordées de murs qu'ils appelaient leurs droits [...] Je m'attendais à la révolte, ou tout au moins à la stupéfaction; mais je constatai une fois de plus que le drame touche rarement ses acteurs : l'homme devant le malheur ou le bonheur est faible [...]

« Nous avons fait là un curieux voyage, un curieux pèlerinage. Notre train paresseux a mis dix heures pour faire 200 kilomètres [...] La campagne alentour ressemblait à mon Angoumois, toutefois moins plissé, moins altier, moins délié [...] Nous traversâmes Elsenach, que Luther habita pour y traduire la Bible en langue populaire; Erfurt où, devant son parterre de rois, et le cœur plein d'angoisse de sa puissance solitaire, Napoléon dicta ses volontés suzeraines [...] Weimar où Goethe saluait la grandeur de la Révolution française [...] Il me semblait que l'Histoire déroulait pour moi sa leçon continue [...] Le duel franco-allemand, le long des siècles, était là, ramassé [...]

« Notre convoi misérable me paraissait symbolique. Il marquait dans sa tragique réalité les conséquences de l'abandon progressif du réel. La France, en nourrissant l'Europe de ses ambitions fraternelles, en imposant son ardeur guerrière, en répandant son sang hors de ses frontières et pour d'impossibles frontières, s'était épuisée; [...] J'en voulais à cette histoire triomphale et qui précédait imparablement cette marche lente d'une génération dans des wagons à bestiaux [...] Je songeais aux jugements qui condamneront

1. Repris dans *Politique 1*, Fayard, 1977.

notre débâcle ; on incriminera le régime affaissé, les hommes nuls, les institutions vidées de substance, et l'on aura raison. Condamnera-t-on les erreurs glorieuses ? Je voyais dans cette rencontre de la splendeur et de la misère françaises, au cœur de l'Allemagne, les deux boucles d'un même cycle et qui devaient fatalement se rejoindre. » Le jeune captif condamne cent cinquante ans d'histoire, autrement dit la Révolution, les deux Empires, la Restauration, la IIIe République. L'évocation du « régime affaissé » fait écho à ce que sera le discours de Vichy, mais pas l'incrimination parallèle des heures glorieuses !

François Mitterrand décrit ainsi son arrivée au camp dans un texte publié le 15 août 1941, dans *L'Ephémère*, la revue du stalag[1]. « Nous avions tant de peine, tant d'espoir, tant de fatigue aussi, à oublier ; tant de nous-mêmes à enfouir dans cette première nuit d'Allemagne, ce commencement d'une très longue nuit [...] Quand nous nous sommes réveillés, le soleil frappait en oblique le sommet des tentes. Vite animés par la fraîcheur matinale, nous avons fait le tour d'horizon. Ville étrange, irrégulière, le camp s'emplissait de rumeur. Tout le jour partagés entre l'angoisse de la tonte et celle de la fouille, sollicités par les appels contradictoires de l'estomac et de la résignation, nous avons erré d'un cercle à l'autre de notre comédie plus humaine que divine. Derrière les barbelés, le soleil continuait son chemin coutumier, et avec lui les champs, les bois et les villages recommençaient les gestes d'hier et de toujours. C'était la vie qui jouait le jeu ; ce jeu dont, pour la première fois, nous comprenions que nous étions exclus. »

C'est là que le captif va connaître ce qu'il appellera « la deuxième expérience notable de sa vie ». A la caserne, puis au front, l'ex-Volontaire national a perdu tout respect pour cette armée française qu'on admirait tant dans sa famille. Elle se croyait, les siens la croyaient, la meilleure armée du

1. Repris dans *Politique 1*, *op. cit.*.

monde avec ses généraux qui paradaient. Elle a été mise en déroute en quelques jours. La marine, si fière d'elle-même, n'a même pas combattu. Au stalag, le jeune bourgeois catholique, l'enfant de Saintonge, va faire connaissance d'hommes qu'il n'a jamais côtoyés ni à Jarnac, ni à Saint-Paul à Angoulême, ni au 104 à Paris : des ouvriers d'usine, des communistes, des Juifs. Et même des prêtres contestataires ! « Ma première rencontre avec d'autres hommes », dira-t-il curieusement. Il va découvrir qu'ils sont souvent, ces « autres hommes », plus forts, plus courageux, plus généreux que ces jeunes bourgeois catholiques qui lui ressemblent.

Plusieurs deviendront des amis à la vie à la mort : Jean Munier, le fils de vignerons de Bourgogne, taillé à la serpe, qui sera deux ans plus tard le chef du service Action de son réseau de résistance; Patrice Pelat, l'ouvrier, fils d'ouvrier, ancien des Jeunesses communistes, combattant des Brigades internationales en Espagne qui, lui aussi, intégrera son réseau. Plus dur, plus aguerri, d'un courage à toute épreuve, il jouera un rôle éminent à son côté. « Sans lui, dira plus tard Mitterrand, je n'aurais pas survécu. » Bernard Finifter, ancien boxeur, Juif d'origine russe, émigré à Berlin, qui a fui l'Allemagne en 1933 pour Londres, puis pour Paris. Engagé dans la Légion étrangère, il s'est battu, a été décoré et fait prisonnier. Il parle plusieurs langues et il est l'interprète du commando. Alphonse Delobre, le jésuite qui ressemble si peu aux prêtres que le jeune Mitterrand a connus : il compare le grand séminaire à la prison, critique l'Eglise, se révolte contre les injustices de l'ordre établi.

Près de trente ans plus tard, François Mitterrand est revenu sur la vie au stalag : « Sur le flan de la colline de Hesse, avec 30 000 hommes jetés là pêle-mêle, tout a recommencé à zéro. A midi, les Allemands faisaient apporter des bassines de soupe au rutabaga ou des boules de pain, et débrouillez-vous pour la journée. D'abord, ce fut le règne du plus fort, le gouvernement du couteau. Ceux qui s'emparaient des bassines se servaient par priorité et il convenait d'attendre de leur extrême bonté un peu d'eau sale pour la survie. Par l'effet de quelle prise de conscience la masse a-t-elle renversé ce pouvoir obscur ? [...] Il faut avoir vu les nouveaux délégués, désignés on ne sait comment, couper le pain noir en six tranches au millimètre près, sous le contrôle écarquillé du suffrage universel. Spectacle rare et instructif. J'ai assisté à la naissance du contrat social. Je n'apprendrai rien à personne en notant que la hiérarchie naturelle du courage et de la droiture qui venait ainsi de s'affirmer plus puissante que le couteau ne correspondait que de loin à la hiérarchie d'autrefois, à l'ordre social et moral antérieur à l'univers des camps. Dérision ! L'ordre ancien n'avait pas résisté à l'épreuve de la soupe et du rutabaga[1] ! » Ces scènes-là ont profondément marqué le jeune Mitterrand.

Mais à peine ce que Jean Lacouture appelle la « République socialiste du rutabaga » est-elle instaurée que François Mitterrand est transféré dans un autre camp où sont regroupés des « intellectuels » – étudiants, professeurs, prêtres, Juifs, républicains espagnols –, le stalag de Schaala en Thuringe, un camp de travail forcé.

A Schaala, les intellectuels sont soumis à des travaux manuels intenses : corvée de jardinage, d'homme à tout faire, travaux des champs, travaux sur les voies ferrées, emploi chez les artisans locaux. Mitterrand travaille chez un charpentier. Dès le premier jour, à sa grande surprise, ce dernier lui explique qu'il voue un véritable culte à Napoléon dont il conserve des portraits. Pendant six mois, François Mitterrand va « tailler des chevrons, mesurer des lattes et scier des planches ». Un jour, le charpentier lui fait découvrir sa petite ville. Il lui fait lire une plaque : « Goethe avait vécu là et Schiller l'avait visité. » « Goethe ! écrit Mitterrand. C'est donc ainsi que je devais à mon tour le

1. François Mitterrand, *Ma part de vérité*, *op. cit.*

visiter. En foule, accouraient les souvenirs de mon adolescence enthousiaste et studieuse. » Mais comme elles lui paraissent déjà loin ces années heureuses !

Comme à Saint-Paul, comme au 104, Mitterrand s'impose auprès de ses camarades par sa culture, son brio, son autorité aussi. Il participe activement à la vie collective, donne des conférences, écrit dans la revue du camp. Il exerce sur ses camarades ce que Françoise Giroud appellera des années plus tard une « séduction de capitaine ». On le regarde, on l'écoute, on l'admire, on le suit. Pierre Péan, qui a interrogé plusieurs de ses compagnons de captivité, résume ainsi leurs réponses : « Dites-lui qu'on l'aime. » Dans *L'Ephémère* du 1er septembre 1941 paraît un portrait de lui signé Asmodée, particulièrement perspicace : « Tel Vautrin, François Mitterrand est l'homme aux incarnations multiples. Il a en effet le don d'ubiquité et je le soupçonne fort d'être en possession du secret redoutable du dédoublement de la personnalité. Nouveau Janus, on le voit ici élégant rédacteur du journal, fin lettré, philosophe perspicace et subtil, et on le rencontre là, sanitaire ponctuel et affairé, dévoué à la cause d'Hippocrate [...] Soit qu'on rencontre le penseur, pénétrant, soit qu'on frôle le sanitaire absorbé dans ses agitations quotidiennes et matinales, il ne faut pas oublier que François Mitterrand a un culte intime pour l'aristocratie, c'est-à-dire qu'il est incessamment consumé par les flammes dévorantes du lyrisme, de la beauté, de l'élévation de pensée. Il est au physique une créature simple et tranquille, qui a l'air, comme Marianne, d'être conservée dans le miel. Qu'on ne s'y trompe pas, il a, comme l'abeille, le nectar et l'aiguillon ; il a l'esprit ironique et l'âme tendre. Il a de l'esprit mais il a mieux encore : il a du cœur [...] Cela permit à Mitterrand, dira-t-on, de traverser la vie avec des lunettes roses [...] Mais Mitterrand est un sage plein de scepticisme [...] Pourtant, comme il peut dire avec l'élégiaque latin : "Je suis doucement lié par une chevelure blonde et des bras délicats." Il me fait invinciblement songer à Babooz qui, endormi dans un ruisseau, et foulé aux pieds par des passants, sentait malgré tout sur ses lèvres, les lèvres parfumées d'une reine... »

François Mitterrand, si secret et si pudique, n'a pu s'empêcher d'évoquer Béatrice devant cet Asmodée.

Quelques semaines plus tard, dans un numéro spécial de *L'Ephémère* intitulé « Douce France » paraît une caricature de Mitterrand en empereur romain, la tête couronnée de lauriers et suivi de ce quatrain :

Hautain, sensible et péremptoire
Temple incontesté de l'esprit,
il a le front nimbé de gloire,
on dirait Dante Alighieri...

Là encore, l'allusion à Béatrice...

A ce Mitterrand qui les impressionne par l'assurance tranquille qu'il dégage, ses compagnons d'infortune prédisent un destin politique. Certains le considèrent toujours catholique et de droite. D'autres, comme l'abbé Dentin le jugent en crise religieuse et en pleine évolution vers la gauche.

Il ne cache pas, en tout cas, son désaccord avec les mesures prises par Vichy en faveur des prisonniers. Et, déjà, il parle en leur nom. Le 15 novembre, dans *L'Ephémère*, il ironise : « La nomination d'un fonctionnaire préposé au service d'accueil des prisonniers, la distribution dans les gares de chocolat et de sandwiches et les sourires des dames de la Croix-Rouge, cela ne peut suffire, croyons-nous, à guérir les inquiétudes, à exalter les courages [...] Et je crains qu'on ne parle des prisonniers comme on parle des morts : en vantant leur mérite, en tressant leur louage, mais en estimant que leur première qualité est surtout de ne plus gêner les vivants [...] Qu'au moins notre Patrie, blessée et qui souffre et qui, malgré sa peine et ses angoisses, refuse de mourir, puisse compter sur le soutien de ses fils exilés [...] Maintenant qu'il s'agit de renaître, que notre voix, que notre apport participe à l'œuvre selon le droit que nous avons acquis. »

Paul Charvet, un écrivain qui tient son journal, raconte un incident survenu à la veille de Noël. Comme il s'indigne de voir dans la presse autorisée par les Allemands, une photo montrant le haut clergé français aux côtés d'Abetz, un prêtre l'interrompt : « Jeune homme, vous êtes sectaire... » Et d'expliquer que, grâce au Maréchal, tout se déroule dans la souveraineté française. Mitterrand intervient : « Quelle souveraineté quand la France est occupée aux deux tiers et que nous sommes deux millions de prisonniers ? Ce ne sont que des mots [1]. » Mitterrand, au stalag, n'est pas maréchaliste, il ne participe pas aux activités des « Cercles Pétain ». Il fait preuve, derrière les barbelés, d'une lucidité qui l'abandonnera, pendant quelques mois, à Vichy.

Dès son premier jour de captivité, il a une obsession : s'évader. Il s'en expliquera trente ans plus tard dans *Ma part de vérité* : « Tout prisonnier rêve de liberté mais peu tentent de la conquérir. J'ai accompli dans ma vie deux ou trois actes qui n'ont dépendu que de moi, pas davantage. Le premier fut de m'évader d'Allemagne. Non sans mal. »

Mitterrand s'y reprendra à trois fois, ce qui démontre une force de caractère et une détermination exceptionnelles. Peu s'évadaient. Très peu, après avoir été repris, recommençaient. Mais combien ont réussi à leur troisième tentative ? La première, en compagnie de l'abbé Xavier Leclerc, échoue après trois semaines de marche dans la neige. Les deux hommes, épuisés – « comme hallucinés », dira Mitterrand – perdent toute prudence : ils s'aventurent sur la route en plein jour et sont arrêtés dans un village du Wurtemberg. Retour à Zigenheim où ils sont placés sous haute surveillance. La deuxième fois, il arrive jusqu'à Metz, en Lorraine annexée. Il est donné par les propriétaires du petit hôtel où, à bout de

1. Rapporté par Pierre Péan dans *Une jeunesse française*, *op. cit.*

forces, il a décidé de passer la nuit. Repris, il est incarcéré à Boulay-Moselle. Avant d'être réexpédié en Allemagne ou en Pologne, il réussit à fausser compagnie à ses gardiens et, grâce à la complicité d'un réseau de patriotes, cette troisième tentative, la seule qu'il n'ait pas minutieusement préparée, sera la bonne.

Le 1er décembre 1941, il franchit la ligne de démarcation vers la zone libre. Il est dans le Jura, se dirige vers Lons-le-Saunier en autocar, lorsque, soudain, il voit un panneau : Mantry ! Le village où habite sa cousine Marie-Claire Sarrazin. Elle est là. Elle allait partir pour Beyrouth où elle devait enseigner les maths et la physique lorsque la guerre a éclaté. Elle est restée avec sa sœur Marguerite et leur mère. Les deux jeunes femmes ont ouvert un collège avec quelques élèves bientôt rejoints par des enfants juifs cachés dans la région.

François est à ce point amaigri que Marie-Claire le reconnaît à peine. Chouchouté par les trois femmes, gavé de fromages de chèvre, de miel, de légumes, il se remet vite. A Lons-le-Saunier, il accomplit les formalités de démobilisation et, à sa grande surprise, touche une prime d'évasion. Eh oui, le régime de Vichy, qui n'en était pas à un paradoxe près, demandait aux prisonniers restés en Allemagne de ne surtout pas chercher à s'évader et il récompensait, modestement certes, ceux qui ne lui avaient pas obéi !

Robert, informé par Marie-Claire, accourt à Mantry et trouve François « si maigre et si fourbu » qu'il le convainc d'aller se « remplumer » chez des amis « très sûrs, qui ne manquaient de rien », les Lévy-Despas. Ils possèdent une grande maison proche de la Citadelle, à Saint-Tropez. Ils accueillent les deux frères Mitterrand à bras ouverts, le 23 décembre. Leur fils, qui a déjà rejoint la Résistance, se réjouit d'héberger un prisonnier évadé. François aurait pu rester plusieurs semaines à Saint-Tropez.

Dans la journée du 1er janvier, il quitte brusquement ses amis, prend le train pour Bordeaux, passe la ligne de démarcation, à Langon. Pourquoi une telle précipitation ? A coup sûr, la hâte de rejoindre Jarnac, de revoir son père et ceux de la famille qui ont pu venir passer les fêtes de fin d'année avec lui. Sans doute aussi un appel téléphonique du beau-père de Robert, le commandant Cahier, qui lui a trouvé un emploi à Vichy et lui demande de venir d'urgence. Dans la maison familiale, dont il a si souvent rêvé derrière les barbelés, il retrouve Joseph son père, Philippe, son plus jeune frère, ses quatre sœurs : Antoinette l'aînée, Colette et ses enfants revenus d'Algérie, Marie-Josèphe venue de Paris, Geneviève qui gère la maison depuis la mort de sa mère. Et aussi la tante Antoinette et ses deux enfants, Pierre et Lolotte, ainsi que le ménage Thirion.

L'une des sœurs de François raconte ainsi la scène des retrouvailles : « Un soir, on frappe à la porte. C'est François, amaigri, mal vêtu, minable. Nous n'avions pas de nouvelles de lui depuis des mois. Il me dit comme s'il m'avait quittée la veille : “Alors, je peux coucher ici ?” Pas une exclamation, pas un éclat de voix. Sa joie se lit seulement dans son regard. Il est raide comme la justice. Il est ainsi, François, jamais il ne se laisse aller, jamais il ne perd le contrôle de lui-même. Il sait se dominer, comme personne au monde [1]. »

Rue Abel-Guy, tous brûlent de lui poser mille questions sur ce qu'il a vécu pendant près de deux ans, derrière les barbelés, et sur ses trois évasions. Tous sont frappés par son mutisme. Comme si l'expérience des camps était incommunicable. Comme si elle ne pouvait être partagée que par ceux qui l'ont vécue.

Trois ans plus tard, François Mitterrand reviendra sur cette coupure entre les prisonniers et le reste de la nation. « Quiconque n'a pas connu l'expérience des camps ne pourra jamais la comprendre. Porteurs d'une vision nouvelle du monde, saurions-nous la communiquer à ceux que les barbelés avaient séparés de nous ? »

1. *Paris Match*, 27 avril 1974.

En mai 1947, jeune ministre, à l'occasion d'une conférence prononcée au théâtre Marigny, il évoque les retrouvailles familiales à Jarnac : « La liberté c'était sans doute cette maison blanche dans une petite ville d'Aquitaine, qui s'ouvrait simplement parce qu'un vieillard qui était mon père accueillait un de ses fils [...] C'était... quand on croit avoir à se dire tant de choses, ce silence qui nous prend parce que tout cela est trop vaste, parce que tout cela dépasse la conscience d'un homme... et que la liberté n'est peut-être en fin de compte pour chacun que la simple possession du silence. »

Même à son frère Robert, si proche, François ne dira rien ou presque, pendant des années, rien... seulement quelques bribes lâchées au détour d'une conversation.

A l'Elysée, François Mitterrand avait toujours froid. Même lorsque ceux qui l'entouraient avaient trop chaud. A Michel Charasse qui s'en étonnait, il a confié un jour : « Lors de mes évasions, j'ai dormi n'importe où, parfois même dans la neige. C'est comme si le froid était entré en moi et s'y était incrusté. Depuis, je ne peux plus m'en débarrasser[1]. »

Marqué dans sa chair par la guerre et la captivité, le jeune homme pieux qui, à vingt ans, communiait encore tous les dimanches, l'est aussi dans son âme. De l'expérience du stalag naît sa prise de distance avec l'Eglise, son détachement progressif avec l'univers religieux qui a marqué son enfance et son adolescence. Ce « retrait » – c'est le mot qu'il employait plutôt que rupture ou divorce – se produit paradoxalement alors que le désespoir de la captivité pousse, au contraire, ses camarades prisonniers à ce qu'il appellera « un étonnant regain de spiritualité autour du catholicisme ».

Au stalag, les messes rassemblent des centaines de fidèles. François Mitterrand, qu'un réflexe naturel porte encore vers Dieu, y participe. Comme en cette nuit de Noël 1940 qu'il décrit avec émotion : « C'était un vieux rite, une vieille habitude que ces hommes reprenaient [...] La messe a été

1. Entretien avec Michel Charasse, le 14 octobre 2008.

simple : on a chanté le Credo *et le* Minuit chrétien *[...] On eût dit qu'une délivrance secrète avait éclairci les visages, ouvert les cœurs*[1]. »

Il n'a rien oublié des « envoûtements » religieux de sa jeunesse. Il ne renie rien de l'éducation reçue dans sa famille et chez les pères diocésains d'Angoulême. Il n'entre pas en rébellion contre Dieu. Il ne rompt pas à proprement parler. Mais le spectacle de la mort, le non-sens de la vie derrière les barbelés lui ont ouvert les yeux « sur le fol univers où le Créateur a jugé bon de nous loger[2] *». Ils ont brouillé ses repères, ébranlé ses certitudes. Mitterrand s'en expliquera au soir de sa vie. A Elie Wiesel qui l'interroge sur sa foi, il répond : « J'ai un tempérament que l'on appelle religieux [...] En réalité, je suis agnostique. Je ne sais pas si je sais, je ne sais pas si je ne sais pas : cela ne peut s'appeler la foi. »*

L'enfant de Jarnac et de Touvent ignorait le doute lorsque pour lui « le temps et les choses parlaient de Dieu comme une évidence ». L'adulte après la guerre ne devient pas athée : « S'il s'agit de l'idée d'un principe – pour ne pas dire d'un Dieu – ordonnant les choses, je dirais, dans mon agnostisme, que si je penche d'un côté, c'est tout de même de celui-là. » Le doute a pris le pas sur la foi. Où est le Dieu juste que ses parents lui ont appris à vénérer ? « Il me semble difficile d'harmoniser ce postulat et les catastrophes qui l'accompagnent [...] Je ne dis pas que Dieu ne soit pas juste, je dis : « Je ne suis pas sûr qu'il est juste », écrit-il encore en avril 1995, neuf mois seulement avant sa mort[3].

Après la disparition de François Mitterrand, le jésuite Henri Madelin, qui a beaucoup parlé avec lui, donnera cette explication : « On peut dire que le grand basculement est survenu dans sa vie au temps de la captivité. Le jeune bourgeois élevé dans une vision du monde imprégnée de christia-

1. Publié dans la *Revue des Chantiers de jeunesse* sous le titre « Une grande paix était descendue sur les prisonniers », décembre 1942.
2. François Mitterrand, *Mémoires interrompus, op. cit.*
3. François Mitterrand, Elie Wiesel, *Mémoire à deux voix, op. cit.*

nisme fait alors l'expérience de la diversité des hommes et du possible illogisme de leur comportement. Il côtoie de près "celui qui croyait au ciel et celui qui n'y croyait pas". Il découvre, étonné, des formes d'incroyance tranquille. Le voilà installé durablement au centre de l'expérience française[1]. » *Pénétrante analyse! La découverte de « celui qui n'y croyait pas », de celui qui ne croit qu'en l'homme et qui, sans la perspective d'un au-delà, d'une vie surnaturelle, est porteur lui aussi d'un message et possède une éthique, a joué un rôle important dans ce que le père Madelin appelle son « basculement ».*

Toute sa vie Mitterrand – « tiraillé entre fascination et retrait devant l'univers chrétien », dira le père Madelin – entretiendra des relations complexes avec l'Eglise et le catholicisme. En janvier 1973, Pierre Desgraupes, dans une interview pour Le Point, *lui demande s'il est catholique. Il répond : « Je suis né chrétien et mourrai sans doute en cet état. Mais dans l'intervalle, hum! L'explication chrétienne est si riche de résonance. Mais j'ai aussi un contentieux inconciliable avec une certaine attitude de l'Eglise complice à travers les siècles d'un ordre établi que j'abhorre. Et je crois que le malheur de notre génération est d'avoir oublié la primauté de la raison. » Tout est dit, ou presque. Mitterrand s'éloigne de la pratique religieuse, il rompt avec l'Eglise « puisqu'elle n'était pas dans le camp de la souffrance et de l'espoir ». Mais il reste imprégné par son éducation. Ses parents à Jarnac, l'abbé Marcellin à Touvent, l'abbé Jobit à Angoulême, le père O'Reilly au 104, ont ancré en lui des principes, des habitudes, des références, une sorte d'héritage, de patrimoine spirituel qui ont fait de lui un catholique culturel.*

D'où un comportement qui peut paraître contradictoire, ambigu mais que, là encore, seules ses racines et leur empreinte indélébile permettent de comprendre.

---

1. *La Croix*, le 27 janvier 1996.

Il n'est plus croyant mais il tient à ce que ses fils reçoivent une instruction religieuse parce que le catholicisme fait partie, à ses yeux, de l'héritage familial et de la culture française.

Il n'est plus croyant mais la Bible qu'il lit et relit est un de ses livres de chevet. « Quelle force et quelle poésie ! », disait-il. Et il continue de se passionner pour l'histoire des religions avec une prédilection pour le judaïsme.

Il n'est plus croyant mais il aime l'architecture religieuse, la pierre élevée pour honorer un Dieu qu'il a cessé de vénérer. Toute sa vie, il a visité les lieux emblématiques de la France catholique : la basilique de Saint-Denis et ses gisants, la cathédrale de Bourges, celle de Chartres, Vézelay dont il se disait l'infatigable pèlerin, l'abbaye de Sully-sur-Loire et ses vitraux, celle de Cluny et tant d'autres sur lesquelles il était intarissable.

Il n'est plus croyant mais il apprécie l'harmonie, la beauté, la paix des cloîtres si propices à la méditation. Lorsqu'il conçoit la Bibliothèque de France, il veut que soit restituée « l'atmosphère du cloître[1] *».*

Il n'est plus croyant mais il continue de fréquenter les hommes de foi. Lorsqu'il est à Lyon où les ecclésiastiques l'ont caché pendant la guerre alors qu'il était recherché par la Gestapo, il se rend souvent chez les jésuites, rue Sainte-Hélène (là où sera tourné le film Les Choristes*). Après un meeting en 1965, il se retrouve dans l'arrière-salle d'un bistrot avec quelques proches. Ces derniers s'étonnent de la présence d'un inconnu qui le tutoie. « François, dit l'homme, la campagne va être éreintante, maman t'a préparé un paquet, elle a mis des saucissons et des pâtés. » François Mitterrand présente l'inconnu à ses amis : c'est un jésuite. Toute sa vie, il dialoguera avec des hommes de foi, Henri Madelin, Jean Guitton, le frère Roger à Taizé, et bien d'autres.*

1. « Avec l'architecte Dominique Perrault, nous avons voulu reconstituer l'atmosphère du cloître. Naturellement avec des moyens modernes et sans vouloir imiter les cloîtres anciens. » François Mitterrand à Bernard Pivot lors du « Bouillon de culture » du 14 octobre 1995.

Il n'est plus croyant mais il prie parfois. A sa manière, disait-il : « Je ne me réfère à rien de particulier. Ce n'est pas une allégeance. Je crois que l'on a besoin de prier, c'est-à-dire de rechercher une communication par la pensée. Honnêtement, il m'arrive de prier, non dans le sens étroit du terme, mais dans son vrai sens. Je ne me pose pas en homme plus détaché de son sort qu'il ne l'est [...] S'il s'agit de diriger sa pensée vers une force supérieure et, au fond, inconnue, cela m'arrive souvent [...] S'il s'agit de réciter des mots appris pour implorer une intervention divine, communiquer avec un monde transcendant, alors oui, il m'arrive de prier [...] Mais je ne prie pas en homme de foi avec le sentiment de communiquer et d'être entendu[1]. » Son ami Charles Salzmann l'a surpris incliné derrière un pilier de la cathédrale de Cologne, ou de Sainte-Anne de Jérusalem. D'autres l'ont vu se recueillir à Vézelay, à Saint-Benoît-sur-Loire, ou dans les églises de son enfance, à Nabinaud, ou à Aubeterre-sur-Dronne. Et aussi, chaque année, après l'escalade de la Roche de Solutré, à Taizé, dans le lieu de culte de cette communauté œcuménique dont il aimait le climat spirituel.

Il n'est plus croyant, mais il ne cesse de s'interroger sur le sens de la vie que la mort arrête. « S'il aimait tant l'Histoire, c'est qu'elle est aussi une leçon de mort parce qu'elle donne à toute vie sa mesure [...] C'est parce que le temps humain n'est que le court répit que nous laisse la mort qu'il lui semblait à la fois si précieux et si futile, si intense et si léger. Rarement, en un être humain, le goût passionné de la vie s'est nourri plus intensément de la conscience aiguë de la mort », écrira son ami Robert Badinter au lendemain de sa disparition[2].

Il n'est plus croyant mais il est obsédé par le moment où la vie s'en va. Il disait : « Je n'aimerais pas être pris de

1. François Mitterrand, Elie Wiesel, *Mémoire à deux voix, op. cit.*
2. *Le Nouvel Observateur* du 17 janvier 2008.

court par l'ultime aventure. » Et ajoutait aussitôt : « Est-ce que vous croyez qu'on s'en rend compte ? Qu'on sent quelque chose ? » Ce mystère a constamment occupé sa pensée. A ses amis qui avaient été donnés pour morts et qui étaient revenus à la vie, il demandait : « Que s'est-il passé, avez-vous vu quelque chose ? » Quelques jours avant sa mort, il interrogeait Michel Charasse : « Croyez-vous que je vais la sentir venir longtemps à l'avance, comme nos amis ? » Il faisait allusion à un camarade de la Résistance mort brutalement en dormant et qui, dans la soirée, avait dit à son chien qui lui sautait sur les genoux : « Tu viens me dire adieu. Toi, tu sais que je vais mourir cette nuit. » Ou à Jean Carmet, terrassé par une crise cardiaque et qui, quelques heures avant, avait dit à Charasse : « Je suis comme un arbre que la sève n'irrigue plus, je suis en train de mourir. » François Mitterrand avait été très impressionné.

Il n'est plus croyant mais il s'interroge sur la transcendance. « Il croyait à une forme de transcendance abstraite, sereine, dégagée de toute appartenance », écrit Jacques Attali[1]*. Il veut croire, même en l'absence d'un Dieu incarné, que la mort n'est qu'un passage, qu'il y a, en l'homme, une part d'éternité, quelque chose – mais quoi ? – que la mort fait naître. Devant la dépouille mortelle de son ami Charles Hernu, il dit à Roland Dumas : « Voyez, Roland, lui seul sait qu'il est mort. » Parce qu'il vivait ailleurs, autrement ?*

Il n'est plus croyant, mais le 31 décembre 1994, prenant congé des Français, il leur dit à la télévision : « Je crois aux forces de l'esprit. » Puis il ajoute : « Je ne vous quitterai pas. » Si cette vie après la mort, à laquelle il veut croire, existe, il ne doute pas de retrouver sa mère.

1. Jacques Attali, *C'était François Mitterrand*, Fayard, 2005.

Vichy

Ces vingt-huit mois, de septembre 1939 à janvier 1942, marquent une rupture dans la vie de François Mitterrand. Le bon jeune homme de Jarnac a perdu des certitudes et gagné de l'expérience. Il a découvert que la France ce n'était pas seulement ces jeunes catholiques comme lui, ces bourgeois engoncés dans leurs certitudes, ces hiérarchies traditionnelles qu'on lui avait enseignées dans sa famille, cette armée qu'admirait tant son grand-père. Il a fait la connaissance d'autres hommes, d'autres croyances, d'autres valeurs.

Dans les tranchées, sous la mitraille, au stalag, au cours de ses trois évasions, François Mitterrand s'est découvert lui-même. Il a pris conscience de sa résistance physique, de son courage, de son ascendant sur les autres, de sa capacité au commandement. Il pressent déjà que le destin auquel il a rêvé depuis l'enfance, dans la chambre aux oiseaux de Jarnac, ou dans le grenier, au milieu des livres à Touvent, peut s'accomplir à travers une action collective qu'il dirigerait.

Et voilà que ce jeune homme de 25 ans qui ne s'est soumis ni à la discipline militaire, ni à celle des camps choisit d'aller à Vichy, capitale de la résignation à la défaite, de la veulerie, de la soumission à l'occupant. Vichy où le pouvoir est détenu par des amiraux et des généraux qui plastronnent malgré la défaite. Voilà que lui, l'ami de Dayan, le Juif socialiste, et de Pelat, le brigadiste de la guerre d'Espagne, lui le patriote, l'anti-Allemand, va, selon l'expression de Jean Lacouture, « retraverser le miroir » pour retrouver des parents par alliance, des amis de la famille, des anciens du 104 et de *L'Echo de Paris*. Décision difficile à comprendre aujourd'hui tant elle paraît illogique. Et pourtant, si l'on prend en compte le contexte familial, elle s'explique.

Que pense, que fait Joseph, ce père qu'il a retrouvé à Jarnac et dont il apprécie tant la sûreté de jugement ? Il est maréchaliste. Comme la grande majorité des Français en ce début de l'année 1942. Patriote, anti-Allemand, effondré par la déroute française, il reste légaliste. Pour lui, Pétain, à la tête de l'Etat français, incarne la légitimité. Le régime n'a-t-il pas été reconnu par la plupart des grandes puissances : les Etats-Unis, l'URSS et, il y est sensible, par le Vatican ! La Révolution nationale, ce retour à l'ordre moral, n'est-elle pas bénie par la hiérarchie de l'Eglise ? Le Maréchal constitue la seule protection, le seul bouclier, fragile certes mais déterminé, pense-t-il, face à l'occupant allemand.

Lorsqu'on lui a proposé de siéger, à partir du 14 mars 1941, au conseil municipal désigné par le préfet, il n'a pas hésité. Joseph n'est pas homme à fuir ses responsabilités, alors que les Jarnacais, comme tous les Français, souffrent. Il a voté les vœux très maréchalistes adressés par le maire à Pétain : « Le chef respecté que la France s'est donné, qui a mis au service du pays quand tout croulait autour de lui l'immense prestige que lui ont valu et ses magnifiques services pendant la Grande Guerre et sa longue vie d'honneur, de droiture et de dignité, nous demande de l'aider à créer un ordre nouveau dans lequel il y aura plus de justice, plus d'équité et aussi plus de loyauté, une France où le foyer familial sera mieux protégé [...] où travail, famille, patrie seront à l'honneur [...] Je vous demande de m'aider à réaliser dans notre petite patrie jarnacaise l'union de tous les hommes de bonne volonté. » Il n'y a rien là qui puisse heurter le catholique, l'homme d'ordre, l'ancien admirateur du général de Castelnau et du colonel de La Rocque. Il approuve encore, le 24 janvier 1942, le télégramme de vœux adressé par la municipalité de Jarnac à « Monsieur le maréchal Pétain », à l'occasion de la nouvelle année, souhaitant notamment « l'heureux développement de l'œuvre de rénovation nationale qu'il a courageusement entreprise [1] ».

Ce père-là ne peut qu'encourager son fils à rejoindre la capitale de l'Etat français. La famille Mitterrand y possède quelques relations : le colonel Cahier, beau-père de Robert, le commandant Le Corbeiller, un ami de Pierre Landry, le mari de Colette, qui est membre du cabinet de l'amiral Darlan, ministre de la Défense nationale. Où François pourrait-il être plus en sécurité ? A Vichy, les évadés sont théoriquement interdits mais ils ne sont pas pourchassés. D'ailleurs, un centre d'accueil des évadés, tout à fait officiel puisqu'il dépend du ministère du Travail, a pignon sur rue, à quelques kilomètres de là, à Saint-Germain-des-Fossés ! Où ce jeune homme ambitieux peut-il rêver meilleur démarrage qu'au « centre de gravité du pays » ? C'est là, pense-t-il, dans cet îlot où subsiste un semblant de souveraineté nationale, autour du Maréchal, que des hommes de convictions peuvent préparer le redressement du pays. Il veut en être.

Lorsqu'il arrive à Vichy, en janvier 1942, François Mitterrand est un illustre inconnu. Il n'accomplit pas de mission pour le régime. Il ne fait partie d'aucun clan, ne participe à aucune lutte de pouvoir. L'aurait-il voulu, il n'était pas en mesure de peser. On ne le dira jamais assez, à

1. L'auteur a pu, grâce au maire de Jarnac, M. Jérôme Royer, consulter tous les comptes rendus des conseils municipaux auxquels a participé Joseph Mitterrand du 21 mars 1941 au 15 juin 1944, date de sa démission. S'il a accepté d'être nommé à la commission des Finances, aux commissions d'hygiène scolaire et du ravitaillement, il n'est intervenu qu'une seule fois, le 13 octobre 1941, pour déplorer l'état de saleté de la rue du Chail, après le passage des animaux se rendant à l'abattoir. A la Libération, le maire, Maurice Lacroux, qui était un de ses amis, fut arrêté. Joseph Mitterrand ne fut pas inquiété.

Vichy il n'a occupé que des emplois subalternes. Il n'est pas fonctionnaire mais contractuel. Il n'a donc pas eu à prêter serment au régime ni à signer un papier certifiant qu'il n'avait pas d'antécédent juif. Contrairement aux grands juristes de l'époque, aux conseillers d'Etat, aux conseillers de la Cour de cassation, aux magistrats – un seul a refusé de prêter serment ! –, contrairement à des hommes comme Michel Debré ou Maurice Couve de Murville, futurs dignitaires du régime gaulliste, qui exerçaient, eux, des responsabilités, le premier au Conseil d'Etat, le second dans un cabinet ministériel.

D'ailleurs, on ne saurait rien ou presque de ce que François Mitterrand a dit, pensé ou fait pendant les premiers mois s'il ne s'était ouvert de ses états d'âme à Marie-Claire Sarrazin [1]. Depuis la rupture avec Marie-Louise, une amitié amoureuse le lie à sa belle cousine aux yeux clairs. D'autant qu'elle lui résiste et qu'elle le traite souvent durement, ce qui accroît sa volonté de la séduire. C'est elle qu'il a choisie comme confidente.

Quel crédit accorder à ce courrier intime ? Aucun, tranchera plus tard Danielle Mitterrand. Il s'agissait de lettres « ouvertes » qui pouvaient être lues par la censure et qui obligeaient donc à des précautions. Danielle renverra à la lecture du livre de l'historien Gérard Guicheteau [2]. Celui-ci possède notamment une lettre écrite par François Mitterrand le 17 janvier 1942, quelques jours après son arrivée à Vichy, aux parents de son ami Jean Munier : « Je vous ai écrit il y a quelque temps pour vous demander des nouvelles de Jean. J'espère toujours que vous pourrez m'en donner de récentes et de bonnes. Seulement j'ai changé d'adresse ! Me voici maintenant à Vichy après avoir réussi mon examen. Si Jean est toujours chez ses anciens patrons, je serais

1. Elle a confié à l'auteur l'intégralité des lettres que François Mitterrand lui a adressées de Vichy.

2. Gérard Guicheteau, *La Résistance et Vichy. François Mitterrand*, Jean-Claude Gawsewitch, 2008.

très heureux de lui écrire. Pouvez-vous m'en donner le moyen ? J'ai d'intéressantes explications à lui faire. »

Les mots sont manifestement cryptés : « Examen » signifie « évasion » ; « patrons », « Allemands », et l'adresse que donne Mitterrand : l'hôtel de Séville, boulevard de Russie, est celle du service de documentation de la Légion où il vient d'entrer. Cette prudence est logique : un prisonnier évadé écrit aux parents d'un prisonnier qui l'est peut-être aussi.

Faut-il en conclure que les lettres à Marie-Claire Sarrazin sont, elles aussi codées, que François Mitterrand, lorsqu'il dit son admiration pour le Maréchal ou lorsqu'il déplore « le manque de fanatisme » des partisans d'une Révolution nationale qu'il appelle de ses vœux, n'exprime pas sa pensée du moment mais celle qu'il croit devoir afficher au cas où son courrier serait lu par la censure ? L'hypothèse est très peu vraisemblable. François Mitterrand est certes assez discret, au moins au début. Il ne donne pas les noms des gens avec qui il travaille ni ne précise la nature exacte de ses fonctions. Mais il n'hésite pas à porter des jugements sévères sur les hommes de Vichy, « beaucoup de nuls », écrit-il.

Ces lettres ont un double intérêt. Elles permettent de comprendre ce qui se passe dans la tête d'un jeune bourgeois catholique, et patriote, encore profondément marqué par les valeurs enseignées dans le giron familial et auxquelles il reste attaché, mais déjà influencé par ses nouveaux amis, évadés comme lui. Elles révèlent aussi les états d'âme d'un jeune romantique blessé par son échec amoureux, endurci par les épreuves de la guerre et de la captivité, agacé d'être incompris de sa séduisante cousine, obsédé par un destin qu'il pressent confusément mais dont il craint qu'il se refuse à lui.

On y découvre sa volonté de jouer un rôle imminent : « Je guette l'avenir et me prépare à m'introduire dans mon siècle. » Son ambivalence : « Je suis installé dans la dualité, mon existence est double, triple. » Sa passion de la politique : « Elle m'absorbe et elle m'enchante. » Sa conception du pouvoir : « On ne dirige une masse qu'avec quelques hommes. » Son admiration pour le Maréchal : « Il est magnifique d'allure. » Sa conviction de vivre des moments exceptionnels : « Une époque magnifique parce que tout est possible. » Et aussi son obsession de remettre la France sur pied. Et encore son curieux mélange d'audace – son goût du risque et de l'aventure – et de prudence – sa difficulté à s'engager. Sa quête de vérité. Son formidable appétit de vie. Son penchant pour l'introspection. Sa propension à philosopher sur l'amour, la vie, la mort. Sa nostalgie de l'enfance, de la terre, de la province saintongeaise. Son attachement viscéral à sa famille. Tout Mitterrand est dans ses lettres.

Le jeune homme arrive donc à Vichy début janvier 1942. Dès le 20, il écrit à Marie-Claire Sarrazin : « J'ai quitté brusquement Saint-Tropez pour aller en zone occupée. Je suis passé à Bordeaux, Jarnac, Paris. Désormais me voici installé à Vichy où je demeure. J'ai donc vu ma famille. Robert toujours à l'Economie nationale, Geneviève, qui vient de se fiancer, et tous. A Vichy je suis dans une ville morne où j'ai la chance de retrouver quelques camarades d'université. Je travaille à la Documentation générale du directoire de la Légion. Je ne suis pas très bousculé et envisage de continuer à travailler pour moi [...] Je m'interroge et je me demande où trouver la paix. Une paix qui ne serait pas seulement faite d'immobilité... »

Le nouvel arrivant semble considérer son emploi comme un travail ordinaire. La Légion des combattants où il entre est pourtant au cœur du système de Vichy. Elle a été créée à l'initiative de Xavier Vallat, ex-cagoulard et ancien avocat de Jean Bouvyer, le fils d'une famille amie des Mitterrand, on l'a vu. Sa mission est de créer entre « le chef et le peuple le lien indispensable ». Le 31 août 1941, à la demande du Maréchal, elle devient la Légion française des combattants et des volontaires de la Révolution nationale. Son chef,

François Valentin, ancien député nationaliste de Nancy, était apprécié avant la guerre au 104. Il passe accord, fin 1941, avec le colonel de La Rocque, fusionne la Légion et le PSF pour mieux s'opposer à l'influence grandissante de Darlan et des SOL qui deviendront la Milice. Valentin, La Rocque..., le pensionnaire des maristes n'est pas dépaysé.

Mitterrand est affecté à un service de documentation dirigé par Jacques Favre de Thierrens. Cet aristocrate protestant est un personnage. Séducteur au verbe haut, il fait confiance au jeune évadé qu'il accueille. Il lui explique que son travail consiste à faire des fiches sur les communistes, les gaullistes, tous ceux qui sont considérés à Vichy comme des antinationaux. Mais il lui demande aussitôt « de faire tout faux ». En fait, Favre de Thierrens travaillait pour les services britanniques. Le Corbeillier et Cahier le savaient-ils lorsqu'ils ont placé François Mitterrand dans son service? C'est peu probable. Et François lui-même? La rencontre de ce chef hors du commun et plus encore les consignes inattendues qu'il lui donne devraient inspirer sa verve. Et pourtant – prudence, peur de la censure? – il n'en dit rien à sa cousine.

A le lire, ce double jeu imposé ne l'amuse pas. Son travail qu'il juge fastidieux paraît l'ennuyer au plus haut point. Lettre du 11 février 1942, à en-tête de la Légion française des combattants : « Parti le 6, je suis revenu à Vichy le 10. J'ai retrouvé mes neuves habitudes, et cette fois sans espoir immédiat de les rompre. Mon travail est tout à fait supportable. Je puis lire et je me suis à cet effet spécialisé dans des ouvrages d'Histoire et d'économie. Je ne suis pas tenté par les romans et ne sais pourquoi. J'ai apprécié en particulier ce chef-d'œuvre qu'est *L'Histoire de l'Armée allemande* de Benoist-Méchin [1]. Lisez-le, vous serez sûrement émerveillée [...] Ma situation me permet de vivre sans souci matériel.

1. L'admiration pour l'ouvrage de Benoist-Méchin peut se justifier par sa qualité incontestable, mais l'auteur est aussi secrétaire d'État à la vice-présidence du Conseil, collaborateur et pro-Allemand.

Mais je ne peux la concevoir comme un état stable. Je suis vraiment ambitieux mais je ne suis pas assez fort de méthode pour contenter mon ambition. Je vois ici des gens intéressants et beaucoup de nuls... »

Sa famille et ses camarades de stalag lui manquent. Le 7 mars 1942, il écrit à sa sœur Geneviève : « Tu me laisses tomber ! J'ai des nouvelles de Jarnac par Colette, Mamie, Tonton Eugène. Papa est silencieux depuis quelque temps. Avez-vous reçu des fiches de mes camarades de camp ? Répondez-y et prévenez-moi de manière à ce que je sache avec qui vous êtes en contact. Moi, je n'y comprends rien : je n'ai pas reçu un seul mot. Silence complet. » Il ajoute, mystérieux : « Il faut agir vite, très vite. C'est essentiel. » Et aussi : « Veille bien à mes livres et à mes affaires. »

Dans une lettre à Marie-Claire Sarrazin datée du 13 mars, à en-tête du Secrétariat général des anciens combattants cette fois, il exprime à nouveau sa volonté de se perfectionner pour se préparer à « son destin ». Un peu à la manière d'un athlète s'entraînant pour la compétition. « A Vichy je me suis composé une vie fort remplie. Non par mon travail professionnel qui n'est pas astreignant. Mais par ce que j'y ajoute. Je prends des leçons d'anglais et d'allemand et je fais du Droit et de l'Histoire. Je voudrais connaître tant de choses que j'ignore [...] Je ne suis pas assez appliqué et manque de constance dans mes efforts : tout cela m'aide à les relier [...] Quand je pense à mon destin, je n'y découvre qu'incertitudes. Je ne sais qu'une chose : vivre hors de l'habitude de vivre et porter au maximum l'intensité de vivre. Ou je filerai vers des pays qui me donneront l'illusion de la découverte. Ou dans la volonté de l'exercice de la puissance je trouverai le goût du risque. Mais je ne voudrais pas être inutile ou vain. »

C'est dans cette lettre qu'il dit son admiration pour Pétain : « Oui, j'ai vu une fois le Maréchal. Au théâtre, j'étais assis juste devant sa loge et ai pu le considérer de près et confortablement. Il est magnifique d'allure. Son visage est celui d'une statue de marbre. » François Mitterrand paraît fasciné par cet homme qui, dans des circonstances tragiques, s'est donné à la France. Il ne doute pas de la volonté du Maréchal de redresser le pays. Il déplore seulement qu'il soit un homme seul trahi par un entourage médiocre, sans idéal : « Tous ceux que je vois, que je connais, ne me paraissent guère transformés par les dures leçons actuelles. La Révolution nationale, c'est malheureusement l'union de deux mots vidés de sens. Il n'y a pas de Révolutionnaires. Et les Nationaux (ou nationalistes ?) sont en général des hommes butés et qui au fond sont de ce bord par facilité. C'est un succès de la droite d'antan – et non pas la prise du Pouvoir par des gens décidés à commander les événements – et jouant leur vie. Nous ne sommes pas encore aux temps de politique dont parle Péguy. Le Maréchal est presque seul et ceux qui croient en ses idées sont loin de lui. » Mitterrand pense sans doute à lui, petit scribouillard sans la moindre influence.

Cette lettre nous apprend encore que François Mitterrand intervient à la radio dans les émissions littéraires de son ami charentais Claude Roy. Il collabore à la rubrique consacrée aux prisonniers sous le nom de François Lorrain. Il a conscience que ses chroniques peuvent déplaire à l'occupant puisqu'il précise : « Je préfère ne pas attirer trop l'attention sur moi car je veux pouvoir me rendre en zone occupée. Trop d'imprudences me mèneraient rapidement où je sais. » Le jeune homme de Jarnac n'oublie pas sa famille. Il informe sa cousine que sa sœur Colette est venue passer quelques jours avec lui, et qu'il est inquiet pour Jacques dont il est sans nouvelles.

Mitterrand a très mal vécu l'effondrement de la France et de son armée. Il a perdu toute estime pour les politiciens de la IIIe République, qu'ils soient de droite ou de gauche, rejoignant la grande majorité des Français qui honnissent les parlementaires. Il espère de Vichy une vraie rupture, une vraie Révolution nationale. La devise Travail-Famille-Patrie défendue avant la guerre, on l'a vu, par le colonel de La Rocque ne le révolte pas, bien au contraire. Ce sont là trois valeurs fondamentales qu'on lui a appris à respecter, à Jarnac et à Angoulême.

Le 26 mars 1942, il répond à sa cousine visiblement plus critique que lui : « Vous me parlez de la Révolution nationale. Puis-je vous avouer que j'ignore absolument cette pègre crapuleuse dont vous m'entretenez ? Je ne connais que des gens honorables sinon honnêtes : hauts fonctionnaires, journalistes officiels, gens de la Radio d'Etat, services de l'information. Et si je m'inquiète des insuffisances, c'est que je les constate non pas d'après des "on dit", mais directement. Personne n'a la foi. Beaucoup travaillent consciencieusement et ce travail fructifiera, c'est sûr. Mais le manque de fanatisme et le manque de compétence conduisent fatalement à l'échec ou plutôt au demi-échec... »

Pour ce qui concerne sa famille, François est rassuré : « J'ai des nouvelles de Jacques à Dakar, de Josette, Colette et Geneviève dont les fiançailles ont été célébrées le 15. »

Ses rapports avec Marie-Claire Sarrazin sont plus tendus : « Vous avez justement incriminé ma sécheresse. Croyez-vous que les quelques années que je viens de vivre m'incitent à l'abandon ? J'ai cette qualité, comme vous : la solidité, et jamais je ne m'effondre. Mais il y a des souffrances qui pèsent sur le cœur et désormais l'empêchent de se livrer. Mes lettres ? Je sais bien que rien ne sera plus le chef-d'œuvre (le mien) qu'elles furent. J'ai trop de choses à réapprendre [...] L'amour, les deuils, la joie même sont-ils plus vrais, plus inquiétants, plus magnifiques que ce simple fait d'un coucher de soleil qui ferme un jour et avec lui brûle le temps, découvre les approches de la mort. J'ai de plus en plus horreur des idées [...] Je ressens fort bien vos reproches et il est certain que je serais désolé de recevoir bien des lettres que j'envoie. Soyez seulement un peu plus patiente, un peu plus intuitive, un peu plus intelligente aussi. »

Au mur de la petite chambre qu'il loue, rue Nationale, il a accroché un seul tableau : un portrait peint par sa sœur Marie-Josèphe. Celui de Marie-Louise, qui lui a fait subir « ces souffrances qui pèsent sur le cœur ». Celle à qui il écrivait ces lettres qui, à ses yeux, confinaient au « chef-d'œuvre » parce qu'il s'y exprimait tout entier, sans retenue, sans fard. Il s'est juré qu'on ne l'y reprendrait plus. Ses sentiments pour Marie-Claire, il les formule à mots couverts, comme s'il répugnait désormais à se livrer, de peur d'être à nouveau déçu.

Pourtant, ce jeu qui ne dit pas son nom, mi-amical mi-amoureux, ne le lasse pas. Le 11 avril 1942, il écrit à sa « Chère Clairette » : « Vous me plaisez assez et vos lettres aussi : vous commencez toujours par provoquer en moi un peu d'irritation mais je finis par y trouver de l'agrément. [...] J'ai une telle horreur du manque de simplicité que je ne sais si maintenant je pourrais aimer une femme fardée. Grosse transformation, il y a deux ans, je réagissais différemment. Sans doute d'avoir vu la simplicité de la mort, la misère un peu grotesque des cadavres rend impossible pour mon esprit le travestissement de la crue vérité. Si je vous parais sec et un peu Code civil, c'est plutôt par besoin de m'exprimer avec le minimum de détours et de décor. »

Il confie encore : « Avec cette avancée du printemps, je sens revivre mes chères impressions d'enfance. C'est bête de grandir dans une ville. Je crois que mes seules richesses sont du temps où je ne craignais pas le soleil. Je regarde avec envie l'autre rive de l'Allier. Il y a de l'herbe et la lumière y joue sans ennui... »

Nostalgie de la Charente et de Touvent encore et toujours...

A Vichy, tout le monde fréquente les mêmes restaurants et les mêmes cafés. On déjeune au Chanteclair ou au Poussin bleu, on dîne aux Ambassadeurs, au Robinson, à la Taverne des fleurs. Ministres, diplomates étrangers, politiciens, vedettes de cinéma, acteurs du Théâtre-Français, industriels, maîtres du barreau, grands couturiers se côtoient. Les bonnes tables sont trop chères pour que le jeune Mitterrand les fréquente régulièrement. Mais c'est un habitué du Cintra. Dans ce bar, où se presse le Tout-Vichy, il retrouve des camarades d'université et des anciens du 104 : Jacques Marot, André Bettencourt, Michel Rosaz, Jean Roy... et son ami royaliste de Jarnac, Claude Roy. Et aussi des prisonniers évadés : Max Varenne, ancien du commando 1515, Marcel Barrois, Albert Roussel qui s'occupent du reclassement des prisonniers au ministère du Travail. Tous sont violemment anti-Allemands. Mais Mitterrand renoue aussi avec ses fréquentations d'avant-guerre, Simon Arbellot, le journaliste charentais dont il connaît la famille, chargé des relations avec la presse; Jean Delage, son ancien patron à *L'Echo de Paris*, attaché de presse du patron des Chantiers de jeunesse, qui lui présentent Gabriel Jeantet, un maurrassien devenu cagoulard et qui dirige *France Revue de l'Etat nouveau*; Paul Creyssel, directeur de la Propagande; Alfred Fabre-Luce, écrivain ultra-pétainiste, tous de la droite extrême.

Suivons-le dans son parcours en zigzag, qui lui fait dire : « Mon existence est double, triple ». Dès le mois de mars 1942, deux mois seulement après son arrivée à Vichy, il est présent à une réunion qui regroupe une quarantaine d'évadés. Début avril, il participe au chahut que les évadés organisent à Clermont-Ferrand pour perturber la conférence de Georges Claude, un savant, membre du conseil national du maréchal Pétain, qui veut s'appuyer sur les prisonniers rapatriés – ils sont 250 000 ayant pu rejoindre la France pour des raisons diverses, souvent la maladie, mais seulement 16 000 évadés qui restent hors la loi – pour prêcher la collaboration. A cette occasion, Mitterrand fait la connaissance du docteur Guy Fric, de Clermont-Ferrand, déjà engagé dans la Résistance.

Le 19 avril, le général Giraud s'évade d'une prison prussienne. Le 20, Pierre Laval est rappelé au pouvoir. Le 22, Mitterrand, l'anti-Allemand, qui vient de s'opposer au savant collabo, écrit, toujours à Marie-Claire Sarrazin, une lettre à l'encre rouge dont la publication, cinquante ans plus tard [1] mettra mal à l'aise ses plus fidèles amis : « Je me suis composé une vie bourrée d'occupations. De toutes sortes. En premier lieu, je suis évidemment passionné par la politique. Comment arriverons-nous à remettre la France sur pied ? Pour moi, je ne crois qu'à ceci : la réunion d'hommes unis par la même foi. C'est l'erreur de la Légion que d'avoir reçu des masses dont le seul lien était de hasard : le fait d'avoir combattu ne crée pas une solidarité. Je comprends davantage les SOL soigneusement choisis, qu'un serment fondé sur les mêmes convictions de cœur lie. Il faudrait qu'on puisse organiser des milices qui nous permettraient d'attendre la fin de la lutte germano-russe sans crainte de ses conséquences. Que l'Allemagne ou la Russie l'emporte, si nous sommes forts de volonté, on nous ménagera. C'est pourquoi je ne participe pas à cette inquiétude née du changement de gouvernement. Laval est sûrement décidé à nous tirer d'affaire. Sa méthode nous paraît mauvaise ? Savons-nous vraiment ce qu'elle est ! Si elle nous permet de durer, elle est bonne. »

Bien sûr, le « Je souhaite la victoire de l'Allemagne » de Pierre Laval ne sera prononcé que quatre mois plus tard. Bien sûr, les SOL, sous la férule de Darnand, ne deviendront la Milice de sinistre mémoire que neuf mois plus tard, le 30 janvier 1943, mais il s'agit déjà d'un service d'ordre fascisant !

Dans cette même lettre, Mitterrand informe sa cousine qu'il quitte la Légion. Est-ce par solidarité avec son chef,

1. Pierre Péan, *Une jeunesse française*, *op. cit.*

François Valentin, maréchaliste anti-Allemand, qu'il admire et qui vient de démissionner pour protester contre le retour de Laval ? Est-ce la volonté de rompre avec Vichy ? Non ! S'il part, c'est qu'il ne supporte plus de végéter dans son petit emploi subalterne alors que tout lui paraît possible. « Cela me déplaît de ne servir à rien. Je compte quand même rester à Vichy. Ne sais encore comment. Je sais en tout cas que jamais je ne serai fonctionnaire [...] Mieux vaut mourir dans le mouvement, dans l'action et à brefs délais en acceptant tous les risques que d'attendre que la mort vienne vous chercher... » Ce François Mitterrand qui aspire à jouer un rôle – mais lequel ? – qui brûle d'agir : « Je suis d'une autre trempe », qui juge l'époque « magnifique », a-t-il frôlé le pire : les abîmes de la collaboration ? Non. Il est trop anti-Allemand pour être collabo ou même avoir été tenté de l'être. Il dira plus tard : « Pétainiste, maréchaliste... Ce sont des subtilités qui m'échappent et qui doivent signifier la même chose. Collaborateur ou pas collaborateur, ça c'est clair[1]. » Il a pourtant été, pendant quelques mois, maréchaliste, rallié, comme son père, à la personne du héros protecteur. Sans doute peut-on même le classer, lui l'inclassable, parmi les pétainistes, c'est-à-dire adhérant aux principes de la Révolution nationale. Lui que l'on connaîtra si habile, si fin politique – si machiavélique, diront ses détracteurs – commet alors une énorme erreur de jugement. Il croit, même après le retour de Laval et jusqu'en novembre 1942, que Pétain et son régime ont la volonté de s'opposer à l'occupant, de conserver la plus grande indépendance possible, de faire naître une France plus forte capable de se libérer du joug allemand.

Il n'est pas le seul ! Avec d'autres maréchalistes qui travaillent officiellement au bureau de reclassement des prisonniers, dépendant du ministère du Travail, il entreprend, dès mai 1942, une activité clandestine : fabriquer des faux

1. François Mitterrand, *Mémoires interrompus*, *op. cit.*

papiers à l'aide de faux tampons et les expédier dans des portraits du Maréchal ou dans le dos des brosses aux prisonniers pour qu'ils s'évadent. Le 11 juin, de retour de Mantry, où il a passé huit jours, il écrit à sa très chère Clo, adoptant un ton élitiste et cynique pour mieux la provoquer : « J'aime les voyages dans les domaines que je crois réservés et quand j'y rencontre un être il me plaît de m'attarder auprès de lui. Dans ce domaine les lois sont rigoureuses, absolues. Ce sont celles de l'amour et de la haine, de la violence, de la fraternité aussi de ceux qui se savent égaux, de la même race. L'oubli? La trahison? Les retours? Les contradictions ? Bah! On ne peut détruire cette attache qui demeure ni cette secrète prédilection [...] Quand le feu brûle il n'est plus rien d'impur. Ne dites pas orgueil. Le seul orgueil serait d'ignorer Dieu. Il m'a semblé que vous étiez parfois aussi de ce monde exigeant où tout est jeu et pourtant horriblement difficile. »

Mitterrand informe sa cousine qu'il est parti pour Montmaur, dans les Hautes-Alpes « où doit avoir lieu un rendez-vous d'ex-prisonniers ». Il dit son espoir « qu'en sortent la création et l'organisation d'un mouvement solide ». Il l'informe qu'il y affirmera ce qu'il appelle ses « leitmotive » :

« 1) On ne dirige une masse qu'avec quelques hommes

2) Qui ne doivent rendre aucun compte à cette masse

3) Et la dirigent selon leur bon plaisir qui, pour notre part, doit être notre conscience et notre volonté de réussite [1]. »

C'est ainsi qu'il concevra le pouvoir toute sa vie, que ce soit à la tête du Mouvement des prisonniers de guerre, de ses ministères sous la IVe République, du Parti socialiste et de la France sous la Ve.

---

1. En 1965, dans un compartiment du train Lille-Paris, François Mitterrand explique à Pierre Mauroy qu'il suffit de cent hommes décidés pour rénover la gauche. Mauroy, le fils d'instituteur, le petit-fils de bûcheron, qui défilait à huit ans dans les rues de son village du Nord en chantant *L'Internationale*, commentera plus tard : « Moi qui pensais que le socialisme est un mouvement de masse ! »

François Mitterrand est invité à Montmaur grâce à Roussel qui a fait la connaissance de Mauduit à Vichy. A son retour, il écrit à Clo, le 16 juin 1942 : « J'ai passé là-bas trois journées curieuses, surprenantes. J'y ai fait la connaissance d'un animateur de mouvement d'entraide aux prisonniers : personnage extraordinaire, attachant et qui mérite qu'on suive ses pas. Dans un château du xve siècle, fort confortable, a été fondé un mouvement que je crois destiné à un avenir marquant. » Mauduit, dont il ne mentionne pas le nom, est un personnage hors du commun. Il a fallu qu'il lui fasse forte impression pour que Mitterrand, qui voudra toujours rester son propre maître, se dise prêt à « suivre ses pas. » Trois ans plus tard, il le décrira ainsi : « Solide, carré, le visage brique, la voix ferme, rien en lui n'évoque le mystique qu'on imagine vulgairement. Pourtant il est mystique essentiellement. L'œuvre qu'il va créer est orientée secrètement : il rêve d'une France chrétienne, forte, saine, généreuse[1]. » Mauduit baptise son mouvement « La Chaîne, réseau d'action pour le redressement de la France et pour défendre la civilisation chrétienne ». Des idées qui ne sont pas, on l'imagine, jugées iconoclastes à Vichy. D'ailleurs Mauduit prend contact avec les dirigeants du CAP, le Comité d'action des prisonniers créé, au début de 1942, par Jean de Fabrègues et Henri Guitton, favorables au principe de la Révolution nationale. Issus de l'Action française, ultra-catholiques, les dirigeants du CAP sont, eux aussi, maréchalistes et anti-allemands.

A Vichy, Mitterrand entre au Commissariat au reclassement des prisonniers. Le 16 juin, il confie à sa cousine : « Désormais, jusqu'à nouvel ordre, je suis exigeant et mon humeur changeante, je m'occuperai des rapports du Commissariat des prisonniers avec la presse. Travail qui doit être intéressant si on me laisse libre d'agir au maximum hors des

1. Texte de François Mitterrand paru dans le numéro 2 de *PG* (*Prisonniers de guerre*) le 1er juillet 1945, quelques semaines après la mort en déportation de Mauduit.

entraves administratives [...] Il me semble qu'il y a là une page de propagande utile à réaliser. Mais l'esprit du Commissariat me paraît bon. Quelques hommes intelligents et actifs, en particulier les dirigeants pour la zone libre. Il doit y avoir possibilité d'obtenir avec eux de bons résultats. » A-t-il déjà décidé de quitter la « pétaudière » ? Il poursuit : « Vichy aujourd'hui me déroute. Cette cuvette où l'air incite à la torpeur, chargé qu'il est d'humidité mauvaise, où les hommes vivent éloignés des souffles et de l'extase, je ne puis en faire ma demeure [...] Je me sens de plus en plus disponible. J'aurais une croyance ferme, rien pour moi ne serait sacrifice. Mais que faire pour poser le pied sans l'élan ? De toute manière, je ne puis me satisfaire d'une existence où la vie est sommeil et copie de la mort. Sensations ? Ou victoire de l'esprit ? Je ne sais encore qui m'attirera. Ce que je sais, c'est que corps ou âme je les ferai courir à fière allure. »

Ce Mitterrand qui n'a plus de « croyance ferme », que Vichy déroute, est à la recherche d'une autre voie. Mais laquelle et avec qui ? Au Commissariat, il approche un autre homme exceptionnel, Maurice Pinot, de son vrai nom Pinot de Périgord de Villechenon. Ce fils de la grande bourgeoisie, issu d'un milieu très conservateur – son père était fondateur du comité des Forges, ancien adjoint du président du patronat, sa mère, une Talleyrand-Périgord – bien que maréchaliste, n'apprécie pas le climat qui règne à Vichy. Ancien journaliste, prisonnier en oflag, il s'est entouré de camarades de captivité tous anti-allemands. Roussel, qui a recruté Mitterrand, lui confie : « Tu devrais venir travailler ici. Ils sont très sympas et en plus, tu verras, on n'est pas dans la ligne [1]. » Une voie qui s'ouvre, peut-être ?

Dans la lettre datée du 19 juin 1942, pas un mot de François Mitterrand sur ses nouvelles activités. Mais une réflexion sur sa difficulté à aimer après Béatrice : « Je ne

1. Jean Lacouture, *Mitterrand, une histoire de Français*, *op. cit.*

veux point vous obliger à conclure que je vous aime (la pente y est). Pour être juste : vous êtes de ceux que je puis aimer et cela suffit à me déconcerter [...] Je ne puis aimer qu'absolument. Je déteste les simulacres. Mais comme j'ai du mal à m'exprimer ! Mon Clo, il ne s'agit pas de mépris. Qui suis-je pour mépriser ? Et moi-même je sais mes pantomimes. Seulement il y a de quoi rager dans ce désir obscur et tout-puissant de l'infini de vivre en composant, et de savoir si mal aimer. Je voudrais que vous sentiez enfin qu'il m'arrive, derrière des lignes bien tracées et des lettres aux sécheresses voulues, de trembler [...] A vous, je puis le dire : si je suis loin de Dieu et de toute chose simple c'est malgré moi. »

Le 21 juin, il parle de ses nouvelles fonctions : « J'ai un boulot considérable. Je suis chargé de tous les rapports avec la presse pour le Commissariat des prisonniers, d'une revue de presse, de la censure des articles concernant les rapatriés et d'un bulletin mensuel de liaison. A cela doivent s'ajouter des articles de semi-propagande qu'il faut fournir à la radio et aux journaux. Aussi deux topos pour Creyssel et toute une page du “journal” à bâtir sur l'œuvre du Commissariat. Cela me plaît d'ailleurs. Ou il me faut un gros travail qui avale mes journées, ou rien du tout et le farniente le plus absolu. Autrement, je me sens en déséquilibre. »

Ce « gros travail » ne l'empêche pas de philosopher : « Seule la passion délivre, je crois, les femmes de l'apprêt de la fadeur, les rend plus magnifiques que l'intelligence. » Ni d'avoir la nostalgie de Jarnac : « Hier, j'ai eu un bref cafard à la pensée de la maison dans ses fastes. Cette guerre et le militaire m'ont interdit bien des mariages : ceux de Colette, Robert, Geneviève (et par-dessus le marché, le mien). J'y suis attaché par toutes les fibres, à ce domaine familial. Il me semble avoir été volé de ce qui était mien. Serais-je donc partout étranger ! »

Pinot et son équipe sont maréchalistes. Ils veulent prendre leur part dans le redressement national. Mais ils ne sont pas collaborationnistes, ils sont avant tout anti-allemands. Avec eux, François Mitterrand, qui devient expert en faux papiers, poursuit son travail clandestin en faveur des camarades en captivité.

Le 5 juillet, il informe Marie-Claire Sarrazin : « J'ai eu hier la visite d'un homme puissant, étrange et dont le Destin commandera certainement pour une part le nôtre, un jour sans doute proche. Un hasard me l'a fait connaître. Je ne sais ce qu'il en sortira. Je reconnais en moi un curieux mélange d'audace et de prudence. Cela pourrait faire une moyenne qui s'appelle : faiblesse, je le crains. Mais j'ai toujours peine à m'engager. En tout cas, j'ai eu là l'occasion de conversations intéressantes d'aperçus sur les hommes qui dirigent. Je crois à mon propos que les trois mois qui vont venir m'orienteront. Peut-être imposeront-ils mon choix... J'ai peur parfois de confondre mes ambitions et ma vérité. Ou plutôt de ne pas savoir les confondre. Une tare terrible : on me disait autrefois que j'étais entêté. Je le remarque aujourd'hui et je distingue la cause : mon entêtement est une forme de fidélité. Je suis fidèle et cela tue. Surtout quand on veut se mêler de politique. Alors, je me méfie. Et je ne m'engage que forcé tant je sais qu'ensuite je ne dévierai pas même si je <u>vois</u> que je me trompe, je suis persuadé que nombre d'hommes d'Etat qui ont laissé dans l'Histoire trace d'imbéciles ou de brutes, ou de bêtas, ont dû agir sachant l'erreur. Mais l'Histoire ne juge que les actes. »

Déjà ce besoin de comparer son comportement à celui des hommes d'Etat ! Quant à la fidélité à ses idées – vingt-trois ans dans l'opposition pure et dure à de Gaulle –, à ses amis – même lorsqu'elle était compromettante pour lui – et à sa faculté de ne pas dévier face à l'adversité, on les retrouvera tout au long de sa vie.

L'homme puissant dont il a fait la connaissance et dont il tait le nom, c'est François Valentin, son ancien patron, le chef de la Légion qui a démissionné au retour de Laval. Le fait que cet « homme puissant », que le petit contractuel n'avait même pas pu approcher quand il travaillait dans ses services, vienne le voir, après sa démission, prouve que François Mitterrand a déjà acquis à Vichy une solide réputation d'anti-allemand

Le 22 juillet, décidément en veine d'introspection, François Mitterrand déplore chez lui « un manque de vie », « un manque de don, de sympathie ». Il affirme : « Un paysage pour moi vit plus qu'un homme [...] J'ai une grande puissance d'indifférence qui devient faiblesse et misère quand il m'advient d'aimer [...] Mais comment distraire cette timidité, ce recul, comme un secret fermé qui m'éloigne de ceux qui me touchent [...] Ce que je demande aujourd'hui aux êtres, c'est de me distraire. J'attends ceux qui me soulèveront de joie. Ils sont venus et partis[1]. » Curieux aveu pour un homme qui a déjà pu mesurer sa capacité d'attraction.

Pour la première fois, en tout cas, il s'interroge sur cette éducation reçue à Jarnac dans sa famille : « Autre méfait de mon éducation (ou de ma nature ?) : qu'on me donne, que je me donne un peu de laisse et je me sens maître d'un beau domaine, avec des jambes alertes et vagabondes. Mais c'est si rare : je me ligote dans trop d'entraves. Libérez-moi ! »

A l'occasion de la deuxième visite de François Valentin, François Mitterrand le nomme dans une lettre à sa cousine datée du 15 août 1942 : « François Valentin est venu me voir, s'est assis dans l'un de mes fauteuils, a fumé trois cigarettes et m'a longuement entretenu de ses projets. Quelle intelligence lumineuse ! Vous auriez vite distingué, présente, la marge énorme qui sépare cet homme du pauvre type qu'est Fabre-Luce. » Enigmatique, Mitterrand dit encore à sa cousine : « Préparez-vous, il y aura tant d'occasions de se dépasser, mais ce n'est pas encore le moment. »

1. A Jacques Attali qui lui demande quelle est pour lui la première qualité de l'homme d'Etat, François Mitterrand, devenu président, répond : « L'indifférence ! »

En l'attendant, ce moment, François Mitterrand traverse une période de doute, il éprouve ce qu'il appelle la « nostalgie des fins prochaines ». Le 28 septembre 1942, il écrit : « J'ai longuement marché sur les bords de l'Allier [...] J'ai pensé insidieusement aux vanités de mes travaux, de mes espoirs, de mes combats. Un enfant qui jouait dans les roseaux m'a rappelé la profonde connaissance qu'autrefois j'avais des choses – et cela me suffisait, me comblait, m'émerveillait. Maintenant j'ai derrière moi une bonne partie de ma vie, j'ai accumulé les péripéties sans jamais avoir éprouvé autant de certitudes que dans mes rêveries paisibles et cependant mêlées de fièvre de mon enfance. Je me représentais tout à l'heure les années mortes et les êtres définitivement emportés. Plus encore les êtres qui déjà s'enfoncent dans la terre : mon père et quelques autres figures aimées et ceux qui s'enfonceront dans la vie sans savoir aussi qu'ils approchent du terme. Dans la rue Georges-Clemenceau, j'ai surpris mon visage et j'y ai vu des narines au coin des lèvres, une trace qui signifie que mon corps aussi est sillonné par les dernières semences, celles qui me mèneront à l'inconnaissance, à la matière tant redoutée, à la vie confuse du sol. Les bruits même sous ma fenêtre [...] tout cela rappelle des processions, des cortèges de volontés, de désirs, d'inquiétudes non pas désormais voilés de sagesse mais enfouis sous l'épaisse couche du temps et des morts successives. »

Ce Mitterrand qui se cherche et s'irrite de ses contradictions – « Il y a longtemps que j'ignore ma vérité » —, ce Mitterrand nostalgique de son enfance, gardien de la mémoire de ses morts, inquiet pour son père malade, a pourtant peu de temps pour se pencher sur son propre passé qui lui paraît déjà long, lui qui n'a pas 30 ans !

Chef-adjoint du service de presse du Commissariat au reclassement des prisonniers, il participe à la création des Maisons du prisonnier et des Centres d'entraide, notamment à Lyon, Clermont, Marseille, Paris. Les responsables locaux qu'il installe avec ses amis Benet et Barrois sont souvent d'anciens La Rocquistes, maréchalistes, mais toujours anti-allemands. Ils sont si peu « dans la ligne », pour reprendre l'expression de Roussel, qu'ils se spécialisent dans la fabrication de faux papiers et d'itinéraires d'évasion. Celui qui deviendra président de la République se révèle un excellent faussaire [1].

A la mi-août, il participe au deuxième colloque de Montmaur. Dans son premier ouvrage, *Les Prisonniers de guerre devant la politique*, publié en 1945, il écrira : « Le 15 août 1942 naissait donc le premier mouvement de résistance des prisonniers de guerre. » Affirmation prématurée. Il est plus juste de dire que Mitterrand et ses amis font de la résistance, qu'ils sont en route vers la Résistance.

En septembre, François Mitterrand rencontre Michel Cailliau dans les brumes d'une rue lyonnaise. Ce dernier n'est autre que le neveu du général de Gaulle. Lui aussi un évadé, il cherche, comme Mitterrand, à regrouper les anciens prisonniers. Mais c'est, bien sûr, pour le compte de son oncle. Entre les deux hommes, la haine, immédiate, instinctive, est réciproque. Toujours à Lyon, le 8 septembre, François Mitterrand prononce sa première conférence, salle Béal, devant les Chantiers de jeunesse. Son père et son frère Robert sont dans la salle.

C'est ce jeune homme, organisateur d'une action clandestine en faveur des prisonniers, admirateur de Valentin, de Pinot, de Mauduit, tous en rupture avec le Vichy de Laval, en marche vers la Résistance, qui est reçu le 15 octobre 1942, à 17 heures, par le maréchal Pétain ! La photo publiée

1. Lors d'un Conseil des ministres de la première cohabitation, Charles Pasqua, ministre de l'Intérieur, présente la première carte d'identité infalsifiable. Le président Mitterrand : « Vous êtes sûr qu'elle l'est ? » Pasqua : « Absolument, monsieur le président. » Mitterrand : « Vous et moi, pour nous être livrés à des activités de faussaire, nous savons qu'il n'y a pas de papiers infalsifiables. » Pasqua : « C'est exact, monsieur le président. » Seuls ceux qui, autour de la table, savent que Mitterrand a travaillé dans la clandestinité avec le père de Charles Pasqua ont compris !

en couverture du livre de Pierre Péan *Une jeunesse française*, paru en septembre 1994 alors que François Mitterrand terminait à l'Elysée son second mandat, a fait sensation. Elle a profondément choqué certains compagnons de route et parfois même des proches de celui qui était, depuis près de trente ans, le leader de la gauche. Ainsi, ce que racontait l'extrême droite sur les compromissions de Mitterrand avec Vichy était vrai !

Contrairement à ce que suggère le cliché – Mitterrand paraît deviser respectueusement avec Pétain –, il ne s'agit pas d'un tête-à-tête entre le chef de l'Etat français et le futur président de la République. Le Maréchal a voulu féliciter les fondateurs du Centre d'entraide des prisonniers de l'Allier – François Mitterrand, Marcel Barrois et Albert Vazeille – « des résultats de la collecte d'effets chauds » entreprise par ledit Centre. Difficile, plus de cinquante ans plus tard, alors que le contexte de l'époque est méconnu de la grande majorité des Français, de s'expliquer. François Mitterrand s'y essaie : « Ah, ces vingt minutes passées à l'hôtel du Parc ! L'éditeur de Pierre Péan a placé cette photo en couverture de son livre. Image-choc qui a naturellement déformé la réalité ! Car, de quoi s'agissait-il ? Pétain nous a reçus au même titre que les représentants d'autres organisations à but social. Deux camarades m'accompagnaient : Barrois et Vazeille. Au centre de la photo on distingue Marcel Barrois qui, quelques mois plus tard, allait être déporté et mourir dans le train qui l'emmenait à Buchenwald. Pétain entreprenait une campagne de séduction à l'égard des mouvements de solidarité qu'il savait hostiles ou réticents, ce qui expliquait sans doute son initiative [1]. » Ces faits de résistance qui provoquèrent, en effet, un an plus tard, l'arrestation de Barrois étaient les mêmes que ceux dont François Mitterrand pouvait se prévaloir…

Le grand tournant pour François Mitterrand et plus globalement pour les maréchalistes anti-allemands, en route pour

1. François Mitterrand, *Mémoires interrompus*, *op. cit.*

la Résistance, a eu lieu en novembre 1942. Le 11, à la suite du débarquement anglo-américain en Afrique du Nord, Hitler envahit la zone sud dite libre. Le Führer a pris acte de ce qu'il appelle la trahison du général Giraud, les troupes françaises d'Afrique du Nord ayant peu résisté. Et du fait que Pétain lui-même a mis deux jours avant de donner l'ordre à l'armée de combattre l'assaillant... lorsqu'il était trop tard. Hitler craint que le gouvernement de Vichy négocie secrètement avec les Alliés. Il ne veut pas laisser le sud de la France sans défense face à la tête de pont nord-africaine.

Que fait Pétain ? Rien. Il pourrait rejoindre Alger. Il reste à Vichy. En son nom, le général Bridoux demande aux cent mille hommes de l'armée d'armistice stationnés en zone libre de se laisser désarmer. Le 8 novembre, les responsables de l'ORA (Organisation de résistance de l'armée) informés de l'imminence du débarquement allié en Afrique du Nord avaient donné ordre aux divisions militaires de s'opposer aux Allemands en zone sud. Seul le général de Lattre de Tassigny a tenté de résister à Montpellier. Il a été aussitôt arrêté. Depuis le printemps 1942, depuis le retour de Laval, l'ORA s'apprêtait à résister. L'un de ses chefs, le colonel Pfister, avait rencontré Mitterrand à la demande de Mauduit resté en contact avec d'anciens légionnaires. Après le 11 novembre, l'ORA se met au service de Giraud. Le mythe Pétain s'écroule. L'homme providentiel ne protège plus rien. Il n'est plus qu'un fantoche dans la main des Allemands.

Le 13 janvier 1943, Pinot est révoqué par Laval et remplacé par André Masson. Le 14, François Mitterrand et les cadres du Commissariat démissionnent. Mitterrand avait passé les fêtes à Jarnac auprès de son père convalescent qui se remettait mal de son opération, début novembre, d'un cancer de la prostate.

Après son départ du Commissariat, il intensifie ses contacts avec des officiers décidés à résister. Avec les

Compagnons de France, les Cadres d'Uriage, les Chantiers de jeunesse, qui furent tous plus ou moins maréchalistes. Pinot lui présente Bernard de Chalvron, un ancien du cabinet du Maréchal qui a rejoint le mouvement de résistance NAP[1]. En février 1943, Mitterrand participe à deux réunions importantes. La première se tient dans la Creuse, près d'Aubusson, chez Pierre Chicot, avec les démissionnaires du Commissariat. La seconde, à Montmaur, avec les membres de « la Chaîne ». François Mitterrand, avant d'en prendre la tête, va servir de passerelle entre les deux groupes qui poursuivent le même but : constituer un mouvement de résistance « Prisonniers de guerre ». Pour le structurer, il s'entoure d'anciens du 104, notamment Benet, Pilven, Marot, Bettencourt; de camarades de captivité : Munier, Pelat, Finifter; de démissionnaires du Commissariat qui restent en contact avec des proches du Maréchal, en guerre ouverte avec Laval et avec Masson, le successeur de Pinot.

Mitterrand a plusieurs vies. Il va bientôt porter plusieurs noms d'emprunt : Morland, Monier ou Monnier, Purgon, Laroche, capitaine François. Morland mène des actions clandestines à Paris, à Lyon, à Toulouse, à Clermont. Une vie dangereuse qui le fascine.

Mitterrand reste à Vichy pour mieux noyauter le Commissariat et détacher les prisonniers de guerre de Masson. Il écrit toujours dans la presse favorable à la « Révolution nationale ». Il est toujours membre du CEA de l'Allier qu'il a fondé.

Il n'a plus beaucoup de temps pour se confier à sa cousine. Il le trouve quand même, le 22 décembre 1942. Est-ce parce qu'il sait désormais sa vie en danger qu'il se défait des « entraves » de son éducation qui, disait-il, le ligotaient ? Il se livre comme il ne l'a jamais fait : « Il y a ce petit élément qui est venu s'infiltrer et qui n'a rencontré en moi qu'une fort brève résistance et qui a bousculé ce que vous appelez

1. NAP : Noyautage des Administrations publiques.

amitié pour s'ériger en état quasi souverain et qui s'appelle : quel est son nom ? désir sans doute, avec un grand ou un petit d ? Amour, j'aime, je t'aime, ou je vous aime, ces mots lèveraient en moi un monde que je n'ai peut-être plus la force de tenir à bout de bras ; et puis on en meurt, ils vous tuent et comment me tuer quand seule m'attend la mort de la tête aux pieds, sans passer par le cœur parce qu'il y aura beau temps qu'on l'aura glacé. Alors je n'ai rien dit de peur de me tromper, de tromper moi le premier. Seulement ma bouche cousue n'a pas fait taire aussi le sang des veines, aussi l'envol de l'âme par hasard ; n'a pas interdit au désir, au cher désir de me pencher corps et âme vers vous jusqu'à la limite de quoi ? Du danger ? Ou seulement du vertige ? »

François Mitterrand s'irrite que sa cousine ne sache pas ce qu'elle veut : « Cher Clo, vous m'accablez et me traitez comme une peau de lapin ou de rat d'égout. Vous vous indignez de ce mot “désir”. Vous vous indignez plus encore de la chose ? Vous vous indignez de ma volonté qui l'a matée ?... » Mais lui, sait-il ce qu'il veut ?

Les lettres de François Mitterrand deviennent de plus en plus rares et n'évoquent plus que succinctement ses activités. Le 26 janvier 1943, il informe sa cousine de sa démission du Commissariat : « J'ai failli me désoler devant tout notre travail de ces derniers mois qu'un trait de plume abolit. Mais mon goût de l'incertain l'emporte, l'incertain si gros de triomphes, et ce départ est vraiment en même temps qu'un éloignement, un rapprochement de ce qui reste vrai. Je démarre et pas du point d'origine, et je regarde les plateaux successifs qu'avec un pied, ma foi solide, je crois avoir escaladés. »

Paris, Lyon, Toulouse, Limoges, Clermont, Mâcon, Dijon, il tisse, dit-il mystérieux, une « solide toile ». Où se fixera-t-il demain ? Toujours Vichy ? Ou bien Lyon ? Il l'ignore. Le 14 mars 1943, après la réunion de Montmaur, il confie à Marie-Claire : « Je mène une vie qui m'absorbe et me plaît. Difficile et peut-être dangereuse. Compliquée en tout cas. A quoi aboutira-t-elle ? Je le pressens et ne le redoute pas. Les années devant moi sont fécondes. Mes deux mains sont pleines. Pour longtemps ? Peu importe. Comme moi vous pensez que la vie ne se compte pas aux années. Si je vous revoyais j'aimerais vous raconter tout de même un peu de cette trame. »

A chacune de ses tournées en province, François Mitterrand s'arrange pour passer voir sa famille. La lettre du 14 mars est écrite à Jarnac. La santé de son père le préoccupe toujours. Philippe, le fils cadet qui vivait auprès de lui et l'aidait dans toutes les tâches domestiques, a été requis par le STO, le Service du Travail Obligatoire. Il est parti pour Hambourg. Plus que jamais la famille est éclatée.

C'est à la fin du printemps ou au début de l'été 1943 que François Mitterrand reçoit la francisque, numéro 22002[1]. Comme l'ont reçue avant lui Maurice Pinot et Pierre Chigot. Son ami Jean Védrine, fervent maréchaliste qui deviendra, lui aussi, un authentique résistant, l'a demandée pour lui. Les parrains de Mitterrand sont Arbelot et Jeantet. Lorsque la décoration vichyste lui est attribuée – il n'a pas été trouvé trace d'une cérémonie de remise –, Mitterrand est déjà entré dans la Résistance, il possède déjà plusieurs identités, il est déjà financé par l'ORA giraudiste, il a déjà rencontré Frenay, il dirige déjà le RNPG, le Rassemblement national des prisonniers de guerre, il risque déjà quotidiennement sa vie.

Cette francisque, il n'hésite pas à l'arborer. A son ami Jean Munier et à sa future femme Geneviève Caillard qui s'étonnent, il explique : « Ça peut nous être utile. » Il est vrai que le BCRA à Londres, dirigé par le colonel Passy, était à ce point convaincu des facilités apportées par la

1. Dans *Les Vichysto-résistants de 1940 à nos jours*, l'historienne Bénédicte Vergez-Chaignon écrit à propos de la francisque de François Mitterrand : « Elle lui fut attribuée pour le distinguer et le soutenir en tant qu'"homme du Maréchal" contre les hommes de Laval. »

décoration maréchaliste qu'il a conseillé à ceux qui le pouvaient de se la faire attribuer.

André Ullmann, pourtant proche de Michel Cailliau qui détestait Mitterrand, confirmera que ce dernier restait en service commandé à Vichy.

Mitterrand niera longtemps avoir reçu cette francisque qui fera couler beaucoup d'encre. En tout cas, elle n'est pas la preuve, comme l'ont soutenu certains de ses adversaires, que Mitterrand était encore maréchaliste jusqu'à l'été 1943 et qu'il a rejoint la Résistance sur le tard quand il a compris que l'Allemagne allait perdre. De Gaulle, sans doute informé au plus près de la vérité et malgré les conseils de certains proches, refusera d'utiliser cette arme contre lui, notamment pendant la campagne présidentielle de 1965.

Les lettres à Marie-Claire Sarrazin prennent un ton de plus en plus personnel. Tout en évitant prudemment de donner des détails sur sa vie de clandestin, François Mitterrand continue de livrer ses états d'âme. Le 8 mai 1943 : « Savez-vous seulement quelle est ma vie? Je suis l'ami de mon plaisir mais je ne lui donne guère plus qu'à mes autres amis, dont vous êtes. Moi aussi j'ai ma chimère qui m'emporte, me dirige, me fait vivre et me tuera et le reste n'est qu'accessoire. Je suis l'homme du monde le moins tenu par mes besoins et il suffirait d'un bon vent de grâce pour que la bouffissure des paupières et les friperies du corps laissent place aux lignes pures. Seulement, je ne suis pas encore l'ami de mon salut ni de ma vérité et si je donne peu aux miens que leur accorderais-je? » Le 16 mai, il évoque ses « occupations absorbantes » : « J'en perds le sens de ma vie personnelle. » François n'oublie pas sa famille : « J'ai tout de même été empêché d'aller au mariage de Philippe qui a déroulé ses fastes en Charente, le 2 mai. Du côté familial rien d'autre d'anormal sinon une maladie sérieuse de la fille de Geneviève. »

Le 30 mai 1943, François Mitterrand tient une importante réunion à Lyon, au *Central Bar*, pour coordonner l'action du CEA. Le matin même, sur un quai de la gare de Perrache, dans le brouillard et le froid, il a fait la connaissance de Philippe Dechartre, l'un des principaux collaborateurs de Cailliau : « On a longuement parlé et ça a marché malgré les réserves que j'avais à son endroit, raconte Dechartre. C'était un homme de droite extrême, puis de droite, mais tout cela corrigé par le catholicisme alors que j'étais moi-même issu d'une famille républicaine, voltairienne et radicale. On a sympathisé. Notre amitié est née dans le brouillard [...] Ce qui m'a frappé, c'est son analyse. Il avait une vision pour l'après-Libération. Il imaginait la France de demain : "Si l'on veut prendre le pouvoir, disait-il, il faudra composer avec les communistes. Ils sont ce qu'ils sont. Il y a une arithmétique communiste. Il faudra en tenir compte pour l'approche du pouvoir. On ne peut passer à côté..." [...] Morland était encore légitimiste, maréchaliste, mais on était d'accord car le patriotisme l'emportait sur tout. C'était un anti-allemand et un authentique résistant[1]. » Remarquable analyse, même si Mitterrand ne croit plus, depuis l'invasion de la zone sud par les Allemands, que Pétain serve la France. Mais il est vrai qu'il continue à maintenir des liens à Vichy avec l'entourage du Maréchal opposé à la politique pro-allemande de Laval, tandis que Morland intensifie ses relations avec l'ORA giraudiste qui le finance et même avec Alger.

Pas un mot de cette rencontre, ni de la réunion le lendemain, dans la lettre datée du 31 mai 1943. Mais une longue réponse à Marie-Claire qui, manifestement, l'a jugé trop sévèrement à ses yeux dans son précédent courrier. Ni son échec avec Béatrice, ni la guerre, ni les dangers qu'il court désormais quotidiennement n'ont tué en lui le jeune homme romantique qui s'exprime au-delà même du dépit : « Je ne suis ni la brute, ni le ver de terre, ni le monstre que vous voulez bien décrire [...] Au lieu de reconnaître ce goût que

1. Pierre Péan, *Une jeunesse française*, *op. cit.*

j'ai (et moi je sais que ma noblesse est là) pour enfermer ce que j'aime dans un cercle de prédilection, vous m'accusez [...] Je ne suis ni cynique, ni vidé, ni crevé, ni faux [...] Moi aussi Clo j'aime ce que j'aime et si Dieu le veut je le porterai si loin et si haut que cela ressemblera à une couronne [...] Je ne suis ni mystérieux, ni secret, mais j'ai besoin d'un peu d'attention [...] et moi, Clo, dites-moi ce qui est à moi. Croyez-vous vraiment que je vis de la poussière des rues, de la fumée des cigarettes, des ardeurs de l'alcool, de l'automatisme des femmes, ou encore de mes petits rêves d'impuissant, ou encore d'un bon marché noir, de l'ambition et de l'argent? [...] Ma vie, je ne la tiens pas si ferme dans mes mains, je ne la mets pas tellement à l'abri derrière les combinaisons, les refus d'engagement, la peur, pour ne pas vouloir en faire dans sa brièveté (possible) un don. »

Le 10 juillet 1943, André Masson, le successeur de Pinot à la tête du Commissariat, organise un grand meeting à la salle Wagram, près de la place de l'Etoile à Paris, en présence de Laval et de trois mille délégués. La salle est comble. Au-dessus de la tribune, un immense portrait du Maréchal, à l'arrière de la salle, un autre, plus petit, de Laval, au-dessus d'une citation de Pétain : « Prisonniers, mes amis, c'est sur vous que je compte pour être l'aile marchante du grand mouvement national. » Masson ayant été chahuté à Lyon et à Mâcon, un solide service d'ordre, assuré par la Milice, a été mis en place. A la tribune, Masson se félicite de la collaboration avec le IIIe Reich dont, dit-il, les prisonniers donnent l'exemple. Lorsqu'il fait l'éloge de la relève – trois ouvriers français doivent partir travailler en Allemagne pour qu'un prisonnier soit libéré –, François Mitterrand monte sur une chaise et hurle : « Non, ce n'est pas vrai. Vous mentez! La France n'est pas derrière vous. Vous ne représentez pas les prisonniers. Vous n'avez pas le droit de parler en leur nom. La relève est un marché honteux, une escroquerie, un moyen de chantage pour justifier la déportation des Français. » Masson menace : « Vous serez convoqué par Pétain et Laval ! » La salle acclame Mitterrand qui profite de la confusion et de l'aide de l'assistance pour échapper à la Milice.

François Mitterrand a-t-il réagi à chaud sous le coup de l'indignation ? Non, il avait prévu d'intervenir. A Paul Racine, proche collaborateur de Pétain et adversaire déclaré de Laval, qui s'était retrouvé par hasard près de lui, il avait glissé : « Ne vous mettez pas à côté de moi, je vais vous compromettre [1]. » Et lorsqu'il quitte précipitamment la salle Wagram, il se rend en courant dans un petit hôtel proche, rue Montenotte, où il a réservé une chambre.

On est en droit de s'interroger sur la pertinence d'une telle intervention pour un homme qui a encore, à Vichy, une activité au grand jour. En tout cas, ce coup d'éclat lui vaut un brevet de patriotisme. Maurice Schumann, « La voix de la France » à la BBC, salue « l'exploit du vaillant patriote ». Cet exploit ne sera pas pour rien dans sa conquête du Mouvement des prisonniers qui jouera un rôle prépondérant dans sa carrière politique.

Y pense-t-il déjà ? Une semaine après Wagram, le 17 juillet, il écrit à Marie-Claire Sarrazin : « J'ai la tête pleine d'idées et de prévisions et j'ai le sentiment de voir juste chaque fois qu'il s'agit du jeu des événements. Je ne puis aimer et agir sur les hommes qu'en bloc. Le détail de chaque être me lasse ou me découvre un champ trop minutieux d'erreurs et d'inutilités. Mais qu'une foule, qu'un peuple soient à ma portée et je sais que je puis discerner leur vérité, leur histoire et leurs ressorts. C'est ainsi, bien incomplet et dangereux d'ailleurs car les saints et les plus grands hommes ont dû aimer chacun parmi tous et puiser dans cette amitié les vertus de l'exemple et du commandement. Cela

1. Témoignage de Racine recueilli par Pierre Péan dans *Une jeunesse française, op. cit.*

me conduit à imposer mes vues à travers des écrans, des barrages, à choisir les trames secrètes et sûres mais lointaines et parfois inanimées. Je ne puis être chef que par la ruse ou par la terreur ou grâce aux réseaux impitoyables de l'inhumain. Mais alors quelle force est en moi et qu'on me laisse ma chance, je la sens digne de gouverner. »

Plus que jamais, à 27 ans, Mitterrand est habité par son destin. Ce qui ne l'empêche pas de s'interroger sur son moi profond : « Mille contradictions sont en moi comme en tous, et la volupté me flatte et me séduit aussi bien dans les éclaboussements de la lumière, les rapidités de l'eau et les courses des vents, que dans le mystère, si vite dévoilé, des êtres. Et vous, qui lointaine, m'êtes si parente par ce qui est noble, au-dessus, et dégagé des désirs, voici que proche je vous souhaite, comme une femme dont la possession serait très douce. Les résolutions n'y font rien. Je suis encore installé dans ma dualité [...] Je vis et j'aime ma vie dont je ne sais plus distinguer le fardeau de la grâce. »

François Mitterrand informe sa cousine qu'après son passage à Mantry, il s'est rendu à Paris, Dijon, Nice, Grenoble, Orléans, et bien sûr Jarnac : « Pas sans raison vous vous en doutez. Mais ces raisons je ne peux les confier à ce papier... » Dans une autre lettre datée du 1er novembre, écrite de la Creuse où il se trouve, au lieu-dit « Chez Livet », avec les démissionnaires du Commissariat, Pinot, Védrine, Chicot, il livre, une nouvelle fois, ses états d'âme, ses appréhensions, mais aussi son exaltation, pour ne pas dire sa jouissance, de se retrouver au cœur de l'action clandestine, d'y jouer un rôle déterminant : « Je guette l'avenir, je me prépare âme et corps à l'introduire dans mon siècle. Et prendre place dans son siècle n'est-ce pas montrer déjà le visage de l'éternité ? Depuis des mois je cours à travers la France. Des hommes croient en moi et j'ai peur pour eux. Je ne crois encore en personne et cela me fait peur pour moi. Mais la piste est exaltante. Les progrès, considérables. Et par-dessus cette recherche qui est mienne, il y a ce qu'on appelle la politique, tactique et stratégique, jeu des hommes et intelligence des choses, qui m'absorbe et m'enchante [...] Mon existence est double, et triple. Et comment mes amis sauraient-ils où est leur part ? Si bien que nous jouons à cache-cache et qu'il faut un beau moment sortir de l'ombre pour se retrouver où conduisent tous les chemins. Evidemment il y a des risques dans le jeu que je mène et de ces risques il faut retirer l'exaltation mais en craindre l'aveuglement. Ne pas confondre les passions, colère ou peur, vengeance ou revanche avec l'intérêt justement calculé de la cause qu'on sert. »

Lettre facile à décoder aujourd'hui. « Se retrouver où conduisent tous les chemins » ? C'est aller à Alger et à Londres. « La politique, jeu des hommes et intelligence des choses » ? C'est son combat pour prendre le contrôle du Mouvement des prisonniers, dont il a déjà perçu l'importance stratégique pour l'avenir. Combat contre Laval et Masson qui veulent embrigader les rapatriés sous la bannière de la collaboration. Combat contre Cailliau, dit « Charrette », le neveu du Général, qui cherche à les regrouper derrière son oncle. « Mon existence est double et triple » ? C'est celle de Mitterrand encore à Vichy et celle de Morland déjà plus ou moins à la tête des démissionnaires du Commissariat, des hommes de Mauduit, de ses amis du 104, des anciens du stalag, qui fréquente encore Arbelot et Jeantet, mais aussi désormais Henri Frenay, le prestigieux chef de Combat, rencontré, en mars 1943 dans une arrière-salle de bistrot, à Mâcon... Et aussi les militaires de l'ORA, giraudistes, qui le financent.

Un demi-siècle plus tard, à l'approche de la mort, François Mitterrand reviendra sur son état d'esprit de l'époque : « Avouerai-je l'orgueil qui m'habitait, entretenu par mes rêveries de captif ? J'ambitionnais de réveiller la France, non pas de l'extérieur mais de l'intérieur, et d'échapper aux factions naissantes. Cela paraîtra singulier à beaucoup. Je n'avais ni l'âge, ni l'autorité qui l'eussent permis et je n'avais pas d'autre passé que l'avenir qu'inventait mon ambition. De tout cela je discerne moi-même l'insolite. Mais j'obéissais à une règle que je m'étais imposée, je ne comptais sur personne ni sur rien qui ne fût l'œuvre de mon propre effort[1]. » Propos stupéfiants ! Jean Lacouture les compare à ceux tenus par Charles de Gaulle dans l'avion qui le conduit à Londres, le 17 juin 1940 : « Je m'apparaissais à moi-même, seul et démuni de tout, comme un homme au bord d'un océan qu'il prétendait franchir à la nage[2]. » Propos qui friseraient le ridicule si le second n'était devenu le personnage historique que l'on sait, si le premier n'avait pas, lui aussi, marqué son temps.

La francisque est une bonne couverture pour échapper à la Milice, pas à la Gestapo. Le 11 novembre 1943, les gestapistes viennent arrêter Mitterrand, 20, rue Nationale, à quelques centaines de mètres de l'hôtel du Parc, quartier général du Maréchal. Mitterrand n'est pas là. Pol Pilven, qui dort dans son lit, est embarqué. Il sera déporté à Buchenwald, tout comme Jean Renaud, le propriétaire des lieux qui, lui, ne reviendra pas. Munier réussit à s'échapper. Mitterrand ne remettra plus les pieds à Vichy. Il se cache à Puy-Guillaume, à une vingtaine de kilomètres de là, dans une maison qui appartient à l'abbaye cistercienne de Terre-Dieu[3].

Un épisode résume à lui seul la complexité de l'époque et le comportement de la famille Mitterrand. Le 2 décembre 1943, Munier, le chef du service Action du réseau de

1. François Mitterrand, *Mémoires interrompus*, *op. cit.*
2. Charles de Gaulle, *Mémoires de guerre.* Tome I : *L'Appel*, cité par Jean Lacouture.
3. En 1978, Michel Charasse rachète la maison sans savoir que Mitterrand y avait été caché en compagnie d'un magistrat juif révoqué par Vichy. Quand Mitterrand devient président, le magistrat – il s'appelait Rosenwald – qui avait été réintégré à la Libération, était à la retraite. Mitterrand l'a fait bénéficier des trois années où il avait été caché, pour le sortir de la retraite et le nommer… premier président de la Cour des comptes !

François, abat Henri Marlin, qui travaille pour la Gestapo, dans un garage de Clermont-Ferrand. Le capitaine Alain de Beaufort, chef de l'ORA d'Auvergne, et le docteur Fric qui ont participé à l'opération sont arrêtés. Beaufort meurt sous la torture, Fric est déporté. Mitterrand dit à Munier qui a réussi à s'échapper : « Va chez mon père, tu seras en sécurité. » Pour lui, Jarnac et sa famille constitueront de tout temps un refuge, un havre de paix. Munier, le "terroriste" recherché par la Gestapo, est caché par Joseph, le maréchaliste. Il s'en souvient encore : « J'ai découvert un homme très droit et très austère. A mots couverts son fils lui avait expliqué la situation. Il était au courant de notre action. Il ne m'a pas posé de questions. Il s'est montré simple, compréhensif[1]. »

Joseph confie Munier à sa fille aînée, Antoinette. Elle ne pose pas davantage de questions. Elle le loge dans le château où elle vit avec son mari... qui sera condamné, on l'a vu, à l'indignité nationale à la Libération. Avant la guerre, Fernand Ivaldi et son père, négociants en cognac, commerçaient avec l'Allemagne, notamment avec Gustave Klebich, fils de négociants... né à Cognac où ses parents ont travaillé[2]. Les Ivaldi ont continué, et Klebich, qui est devenu l'administrateur du Reich pour la région, a table ouverte au château. Munier le croisera à plusieurs reprises. Lui non plus ne posera pas de questions.

Le maréchalisme de Joseph Mitterrand ne l'empêchera pas non plus d'accueillir, rue Abel-Guy, un jeune médecin juif, le docteur Stern et sa femme[3]. Ni d'écouter Radio

1. Entretien avec Jean Munier, le 25 septembre 2008.

2. A partir de 1943, les négociants jarnacais préparent l'après-guerre. Ils vendent leurs stocks d'alcool de médiocre qualité aux Allemands et gardent le meilleur. Klebich n'est pas dupe. Mais il laisse faire.

3. François Mitterrand raconte dans *Mémoire à deux voix* que son père se prit d'une grande affection pour cet homme qui finit par se suicider : « Mon père, extrêmement peiné, mourut peu après. Il disait : "Le monde est fou !" La femme de ce jeune médecin se remaria aux Etats-Unis avec un lauréat du prix Nobel et elle vient toujours nous voir. »

Londres avec Edith, l'épouse de Robert qui, enceinte de son deuxième enfant, passe la fin de l'hiver 1943 à Jarnac [1].

On connaît la suite qui appartient à l'Histoire et qui n'est contestée par personne. La clandestinité, les sabotages, les opérations de renseignement, la mort qu'on frôle, le départ pour Londres dans la nuit du 15 au 16 novembre 1943, à bord d'un Lysander, un petit avion monomoteur — c'est le baptême de l'air de François Mitterrand. L'accueil plutôt froid des gaullistes londoniens, qui le considèrent comme un giraudiste, la rencontre chaleureuse avec le colonel Passy. Le départ pour Alger, le 3 décembre 1943, où il retrouve Frenay, l'ami Dayan, son frère Jacques. L'entrevue avec de Gaulle, qui se passe mal – le Général veut imposer son neveu, qui l'a prévenu contre Mitterrand, à la tête du Mouvement des prisonniers, et ce dernier refuse. Le départ pour Londres, grâce au commandant de La Chénelière, un ami de la famille Mitterrand, membre du cabinet de Giraud, alors que de Gaulle voulait retenir Mitterrand à Alger. Le retour en France. La création, le 12 mars 1944, du FNPGD, mouvement national des prisonniers de guerre et déportés qui regroupe le RNPG de François Mitterrand, le CNPG, communiste, et le MRPGD de Cailliau-Charrette... et dont Mitterrand prendra la présidence.

Il n'a que vingt-huit ans. Il devient le patron d'une organisation officiellement reconnue par le Conseil national de la Résistance et qui représente un million et demi de citoyens. A ses côtés, on retrouve tous ceux qui, à des moments divers, ont croisé sa route : Bénouville, de Saint-Paul à Angoulême ; Benet, Dalle, Bettencourt, du 104 des frères maristes ; Munier, Pelat, Finifter, du stalag ; Pinot, Barrois, Védrine, du Commissariat à Vichy ; Gagnaire, Montjoie, les Lyonnais ; Dechartre, le gaulliste en conflit avec Cailliau ; Beauchamp, Robert Antelme, qui deviendra le mari de Marguerite Duras, Dionys Mascolo, son futur

1. Edith Cahier, *Ma famille Mitterrand*, *op. cit.*

compagnon, authentiques hommes de gauche, Edgar Morin, le communiste. Mitterrand est le lien entre tous ces hommes si différents, venus d'horizons si divers, qu'il a su agréger autour de lui et qui, pour la plupart, lui resteront fidèles toute leur vie.

Après le Débarquement en Normandie, il part se faire oublier quelques jours en Bourgogne. Le 24 juin 1944, il écrit à Marie-Claire Sarrazin, « d'un coin tranquille et magnifique au cœur de ce pays robuste qu'on appelle la Bourgogne ». Il lui recommande la plus grande prudence : « Un télégramme a dû vous prévenir d'interrompre immédiatement toute correspondance avec moi [...] Le seul fait de me connaître et de m'adresser des épîtres ne méritait certes pas de vous entraîner dans les méditations solitaires de culs-de-basse-fosse où l'on aurait paraît-il certain plaisir à me voir. » Il l'informe que « des visiteurs importuns » ont fouillé son appartement et « raflé ses lettres ».

L'étau se resserre mais le danger semble plus que jamais l'exalter : « La force telle que je l'ai conçue est tout de même le seul refuge : se moquer des événements et jouer sa vie sans eux ou avec eux mais sans jamais lier son sort au leur. Toutes les invasions peuvent ravager mon pays et si ma maison brûle je sais encore que demain l'herbe pousse. Quelle époque passionnante. On s'y rogne les talons à force d'y courir et l'on risque de s'y consumer mais le risque vaut cette joie du sang qui va d'un cerveau lucide à des membres agiles, d'un cœur égal à des poumons réguliers. Et l'avenir est dans nos mains cette toute petite chose plus fine qu'un grain de blé mais comme lui porteuse d'un monde. » Se doute-t-il alors que, deux mois plus tard, il va être nommé membre du Gouvernement provisoire présidé par Alexandre Parodi ? Le voilà quasi-ministre des Prisonniers. Promotion inespérée due à Frenay, acceptée par de Gaulle.

Mitterrand et ses hommes participent activement à la Libération de Paris. Le 20 août, arme au poing, il pénètre dans les locaux du Commissariat aux prisonniers, d'où son ami Maurice Pinot avait été chassé par Laval, et entre dans le bureau de Moreau, le successeur de Masson. Le 27 août, il est convoqué par le général de Gaulle comme les autres membres de ce « gouvernement d'attente ». « Encore vous ! », s'exclame de Gaulle en arrivant devant lui. Deux jours plus tard, Mitterrand participe, rue Saint-Dominique, au Conseil de gouvernement présidé par le Général. Il évoquera ce moment exceptionnel : « J'écoutais, j'observais, j'admirais. Nul n'a parlé comme lui le langage de l'Etat[1]. »

Le 5 septembre, Henri Frenay, chef historique de la Résistance intérieure, rentre d'Alger et récupère le ministère où Mitterrand n'aura été en quelque sorte qu'un intérimaire. Il propose à ce dernier, qu'il apprécie, de devenir son secrétaire général. Bref, d'être, à 28 ans, le bras droit d'un homme prestigieux. Mais non ! Mitterrand, déçu de ne pas être confirmé dans ses fonctions – il espérait que Frenay obtiendrait un ministère plus important – refuse poliment. Frenay en sera affecté. Mais il comprend que les ambitions du jeune homme sont « plus grandes encore ».

Mitterrand n'a pas vocation à être un second. Fût-ce d'un homme qu'il admire. Plus que jamais, en ces heures où tout va si vite, il veut être le maître de ce destin qu'il pressent.

1. François Mitterrand, *Ma part de vérité*, *op. cit.*

En 1973, dans Ma part de vérité, *François Mitterrand décrit ainsi son parcours : « Rentré en France (de captivité) je devins résistant, sans problème déchirant. » Singulier raccourci. Quand paraît son livre, le chef du Parti socialiste, le leader de la gauche qui a été son candidat unique à la présidentielle de 1965 et le sera à nouveau en 1974, ne peut pas dire qu'il a été maréchaliste et résistant. Ce Français-là n'existe pas dans la mémoire collective du pays. La plupart des historiens n'ont alors travaillé que sur Vichy ou sur la Résistance. L'un ou l'autre, pas les deux, comme si une paroi totalement étanche avait séparé les deux France au cours de ces douloureuses années 1940-1945. L'acharnement d'anciens serviteurs du Maréchal à vouloir défendre l'image d'un « bon Vichy », d'un Pétain résistant jouant le double jeu, avait par ailleurs justifié la méfiance des historiens.*

Il a fallu attendre les années 1990 pour que certains d'entre eux – Pierre Laborie, Jean-Pierre Azéma, Laurent Douzou, Denis Peschansky notamment – fassent surgir de l'ombre un Français inconnu, grand oublié de l'histoire, le vichysto-résistant. Authentique vichyste, il a fait confiance à Pétain pour diriger la France occupée et adhéré, au moins partiellement, à l'idéologie de la Révolution nationale conçue comme l'instrument de la relève morale du pays. Authentique résistant, il a lutté contre l'occupant, en sachant que son engagement dans l'action impliquait la rupture avec le régime de Vichy. Souvent, le passage de l'un à l'autre intervient après l'invasion par Hitler de la zone sud qui mit fin à la fiction de l'Etat français à laquelle il voulait croire. Donc, au mythe Pétain. « Les historiens me paraissent désormais en mesure, précise Jean-Pierre Azéma, d'esquisser un portrait du vichysto-résistant : il a d'abord été giraudiste, se veut apolitique, mais foncièrement anticommuniste, se défie de tout engagement forcé ; même s'il existe un élément déclencheur, novembre 1942, son entrée en dissidence n'est pas de l'ordre de la conversion mais est plutôt le résultat d'un cheminement relativement long. Car il a fallu du temps pour inverser l'ordre des priorités : faire passer celle du combat contre l'ennemi extérieur avant toute autre considération, en acceptant de transgresser la légalité, de rompre avec l'Etat vichyssois, de devenir dissident[1]. »

Azéma dresse en fait le portrait du jeune Mitterrand à Vichy tel que ce dernier le brossera lui-même.

L'apolitisme : « J'étais pour ainsi dire sorti du stalag dans un état de non-être politique mais pétri de mon amour pour la France[2]. »

L'anticommunisme : plusieurs témoignages montrent que Mitterrand se méfiait des communistes tout en pensant déjà qu'ils étaient incontournables, qu'il faudrait composer avec eux pour conquérir le pouvoir. C'est ce qu'il a dit à Dechartre lors de leur première rencontre le 28 mai 1943 : « Dites, Dechartre, vous les gobez je crois, vous, les communistes ? Moi, je n'y arrive pas trop. Mais ce qui est clair

1. Entretien avec Jean-Pierre Azéma, le 27 mai 2006.
2. François Mitterrand, *Mémoires interrompus, op. cit.*

c'est que nous aurons besoin d'eux au moment de prendre le pouvoir[1]*. »*

Le cheminement long du maréchalisme à la Résistance : « Cette maturation m'a pris du temps. » Mais Mitterrand était devenu dissident bien avant novembre 1942. Dès mars, on l'a vu, il prend contact avec d'anciens prisonniers anti-allemands. Dès avril, il perturbe la réunion de Georges Claude, le savant collabo. Dès mai, il fabrique de faux papiers. Dès juin, il participe à la réunion de Montmaur.

Le giraudisme : même si son beau-frère Landry est l'ami du fils du général, même si un ami de la famille, le commandant La Chénelière était à son cabinet, même si son organisation de résistance fut financée par l'ORA giraudiste, François Mitterrand s'est toujours défendu d'être giraudiste. Pourtant c'est bien ainsi qu'il est perçu quand il arrive à Alger. Son frère Jacques, qui était présent, confirme : « Le point d'appui de François à Alger c'était le général Giraud. L'erreur à ne pas commettre [...] Pour le Tout-Alger, François était giraudiste. C'est son giraudisme présumé qui a cabré le général de Gaulle contre lui[2]*. » Si la tentation giraudiste a existé, elle n'a pas résisté à ses rencontres algéroises. Autant Mitterrand admire « l'étonnante sûreté de jugement » et « l'autorité naturelle sans égal » de De Gaulle, autant Giraud lui apparaît falot. Plus tard, il confiera, agacé, à un proche, Maurice Benassayag, originaire d'Algérie : « Je ne pouvais pas avoir la moindre sympathie, la moindre estime pour un homme qui répétait : "Le bicot au champ et le juif à l'échoppe*[3]*". »*

Lorsqu'au printemps 1993, Pierre Péan informe François Mitterrand de son projet – enquêter sur treize années de sa vie, de 1934 à 1947 – il lui répond d'abord : « Est-ce bien utile ? » Puis, devant la détermination de Péan, il

---

1. Jean Lacouture, *Mitterrand, une histoire de Français, op. cit.*
2. Franz-Olivier Giesbert, *François Mitterrand ou la tentation de l'histoire*, Seuil, 1977.
3. Entretien avec l'auteur, le 14 juillet 2008.

accepte de collaborer à son projet : « Je n'ai rien à cacher, je vous aiderai. » Le président a tenu parole. Sans doute a-t-il jugé, lui si soucieux de la trace qu'il laisserait dans l'histoire, que, après tout, le temps était venu de mettre au jour la face cachée de son passé. Et que mieux valait encore s'en expliquer lui-même. Il prit quand même le soin de préciser à Péan, un journaliste qu'il estimait honnête : « Dans ces périodes troublées, quand on est jeune de surcroît, il est difficile de faire des choix. Je m'en suis plutôt bien sorti. C'est injuste de juger des gens sur des erreurs qui s'expliquent par l'atmosphère de l'époque. »

Erreur ! C'est la première fois que le mot est lâché. Il s'en expliquera au soir de sa vie : « Quand Pétain est arrivé au pouvoir, je pensais – comme presque tout le monde – qu'il pouvait protéger la France. On avait le sentiment qu'il était anti-allemand. C'était un vieillard d'allure magnifique. Verdun, dont le souvenir était proche, lui conférait une aura. » Et Mitterrand de reconnaître : « […] Mieux formé idéologiquement et mieux instruit des événements d'avant-guerre, j'aurais discerné de quoi se nourrissait la montée des fascismes et j'aurais observé avec plus de méfiance la façon dont Philippe Pétain et sa camarilla avaient tiré parti des défaillances de la République. Je ne m'étais pas encore délivré de l'alibi "national" – ce mot à tout faire – qui, à l'expérience, a presque toujours servi les ennemis de la patrie. J'ai compris cela plus tard. Par la grâce de la dure, de la cruelle expérience des années 40. J'ai connu par la suite, au Parti socialiste notamment, des camarades dont j'ai admiré la sûreté de jugement. Leur origine sociale, leurs combats politiques les avaient préparés aux analyses qui m'échappaient […] L'injustice m'a ouvert les yeux. Cette maturation m'a pris du temps[1]*. »*

Cette « maturation » – ce que Mitterrand appelle aussi « virer sa cuti » – a été longue en effet. Trop longue. Autre

1. Dans *Mémoires interrompus*, dont les dernières pages ont été écrites quelques jours avant sa mort.

mea culpa *pour la francisque : « J'y ai vu un moyen d'agir plus commodément dans la clandestinité. J'ai eu tort. C'était une erreur de jugement. Je n'ai aucune peine à l'admettre. » Erreur encore ! Mitterrand ne le dit pas, et sans doute s'interdit-il même de le penser, mais cette absence de « formation idéologique », de méfiance instinctive vis-à-vis de Vichy, c'est son milieu familial, son éducation, avec ses préjugés de la petite bourgeoisie catholique et pratiquante qui en sont responsables. Son père, qui était l'« incarnation » de ce milieu, ne croyait-il pas en Pétain « le garant des valeurs morales et de la pérennité nationale », rappelle-t-il.*

Un jour de 1984, évoquant la guerre avec une de ses collaboratrices de l'Elysée, Michèle Gendreau-Massaloux, il prit une feuille de papier blanc et y traça une ligne qui incarnait la limite du tolérable et de l'intolérable. Au-dessus, Pétain, le héros de 1918. « Le moment où l'intolérable l'emporte, celui où l'intérêt national n'est plus du côté de Pétain, c'est ce moment-là qui était difficile à fixer. » Le retour de Laval ? Le limogeage de Pinot ? L'envahissement de la zone sud par les Allemands ? Mitterrand ne le précise pas à la jeune femme. A ses yeux, en tout cas, il n'y a pas eu de rupture puisque l'essentiel était : marcher avec l'ennemi ou contre lui. Il a toujours eu conscience de marcher contre. L'erreur a consisté à croire, pendant quelques mois, que Pétain marchait contre, lui aussi.

Danielle

Dans sa lettre du 24 juin 1944, écrite de Bourgogne où il se cache, François Mitterrand confie à Marie-Claire Sarrazin « être en compagnie d'une jolie fille dont les yeux de chat admirables restent fixés sur un au-delà dont j'ignore les bornes et les accidents »... Exceptionnellement, le propos n'est pas assorti de ses habituelles considérations sur le vide, l'inculture, la sottise des jeunes filles qu'il est amené à fréquenter. François, le beau ténébreux, le romantique, encore marqué par son échec avec Marie-Louise, agacé par les réticences d'une cousine à la fois séduite et méfiante, serait-il amoureux ?

A son retour de Londres, il a fait la connaissance d'une jeune femme, Madeleine Gouze, dont la beauté l'attire[1]. Mais elle est déjà l'amie de son ami Patrice Pelat. Au domicile parisien de Madeleine, François aperçoit sur le piano la photographie de la jeune fille aux yeux de chat.

« Qui est-ce ? demande-t-il.

– Ma sœur.

– Elle est ravissante, je l'épouse[2]. »

---

1. Elle déteste son prénom, lui préfère celui de Christine. Productrice de cinéma, Christine Gouze-Raynal deviendra plus tard la femme de Roger Hanin.

2. C'est la légende rapportée dans une biographie publiée avec son aval, *Danielle Mitterrand, portrait*, de Michel Picar et Julie Montanard. Mais ni

Madeleine écrit à sa sœur : « J'ai un fiancé pour toi… » Pendant les vacances de Pâques qui, en 1944, tombent en avril, Danielle monte à Paris. Elle n'a pas 20 ans. Elle fait beaucoup plus jeune lorsqu'elle débarque gare de Lyon, vêtue d'une jupe plissée et de chaussettes blanches. Madeleine la force à mettre des bas pour être plus présentable !

La rencontre a lieu chez Beulemans, un restaurant du boulevard Saint-Germain. Les deux sœurs arrivent les premières. Madeleine dit à Danielle : « Si c'est le coup de foudre, tu me fais un petit signe d'approbation ; s'il ne te plaît pas, une moue. » Morland, toujours recherché par la Gestapo, entre. Il est coiffé d'un grand chapeau, vêtu d'un long manteau mastic et porte moustache et rouflaquettes. Danielle fait la moue. Au premier coup d'œil, ses allures de « danseur de tango », dira-t-elle, lui déplaisent. Ses manières aussi : son charme trop appuyé l'agace. Sa causticité la blesse. Ses apartés énigmatiques avec Patrice Pelat qui s'est joint à eux la déroutent. Bref, elle est mal à l'aise devant cet homme qui a « l'air d'un type en face duquel on n'aimerait pas se trouver au coin d'un bois ».

Sur le chemin du retour, rue Campagne-Première, Christine lui demande :

« Alors, qu'en penses-tu, Danielle ?

– Je ne sais pas…

– Ce n'est pas le coup de foudre ?

– C'est un homme.

– Bien sûr que c'est un homme !

– Je ne suis pas sûre de peser lourd dans ses préoccupations. Pourtant, il ne m'est pas indifférent… »

Danielle, dans *Le Livre de ma mémoire*, ni François Mitterrand interrogé par Jean Lacouture ne confirment le dialogue. Selon Pierre Merli, futur maire d'Antibes, témoin de la scène, seul le début de la réplique, « elle est ravissante », est juste. Qu'importe ! La suite montrera que François a bel et bien jeté son dévolu sur la jeune fille aux yeux de chat.

Christine se souvient d'une réplique qui ne s'invente pas : « C'est un homme, moi ce que j'aime ce sont les garçons [1] ! » Autrement dit, les petits flirts. Pour le grand amour, elle n'est pas prête !

A Charles Moulin, un ami de Résistance de François, elle confiera en 1982 : « Au début de cette année 1944, j'étais une jeune fille toute simple qui vivait très strictement avec ses parents, à l'écart de tout, insouciante, heureuse et libre [...] Mes parents m'avaient tout caché de leurs activités clandestines mais je devais bien m'étonner de ces visiteurs qui se glissaient chez nous, des locataires invisibles de la maison attenante, de ces plis que l'on me donnait parfois à porter discrètement ici ou là [...] Et puis il y a eu ce tourbillon nommé François [2]... »

Danielle hésite, ce Morland l'attire mais ne lui inspire pas confiance. Il est trop sûr de lui, trop pressé, trop insistant, trop mystérieux aussi. Elle le repousse. Il s'éloigne, dépité. Les parents de Danielle ne la comprennent pas. Eux ont tout de suite eu l'intuition que l'homme était exceptionnel. Elle regrette, lui écrit une lettre « enflammée ». A peine l'a-t-elle expédiée qu'elle en reçoit une de François, « formidable » dira-t-elle, et qu'elle a gardée. Cette fois, elle est séduite.

Danielle fait la connaissance de la famille Mitterrand peu de temps avant son mariage. Elle a été accueillie avec une curiosité un peu soupçonneuse par ses futures belles-sœurs. Comme l'avait été, avant elle, Edith Cahier. Elles ont à ce point le sentiment d'appartenir à une famille exemplaire, au-dessus du lot aussi bien pour sa morale que pour sa culture, qu'elles ont tendance à trouver les fiancées de leurs frères pas « à la hauteur ». Et elles ont une telle adoration pour François, qu'elles s'interrogent : cette fille d'instituteurs est-elle la femme qu'il lui faut ? Ne se précipite-t-il pas

1. Catherine Nay, *Le Noir et le Rouge*, *op. cit.*
2. Charles Moulin, *Mitterrand intime*, *op. cit.*

alors qu'il la connaît à peine ? Et elle, a-t-elle suffisamment réfléchi ? Geneviève, la cadette, la plus catholique de toutes, pour qui le mariage est à la fois un sacrement et un des actes essentiels d'une vie, demande à la fiancée sur quels critères elle a choisi François.

« Aucun.

– Comment cela, aucun ? On ne peut pas bâtir une vie à deux comme cela !

– Pour moi, explique Danielle, le mariage est une loterie. Un élan m'a poussé vers François que je ne connais pas encore et de cet élan nous allons essayer de faire un bon mariage. »

Geneviève reste interdite.

André Bettencourt s'étonne, lui, que son ami François, si brillant, promis à un tel avenir, épouse une jeune fille d'origine aussi modeste. Pourquoi ne cherche-t-il pas à faire « un beau mariage » qui constituerait un tremplin supplémentaire pour son ascension vers les sommets ? Bettencourt, lui, épousera la fille d'Eugène Schueller, patron de L'Oréal, qui deviendra la femme la plus riche de France.

Et François ? Qu'est-ce qui le pousse à se marier aussi vite dans le tourbillon de la Libération ? Est-ce la volonté d'effacer son échec avec Marie-Louise ? Est-ce le désir de fonder un foyer, d'avoir des enfants comme ses frères et sœurs qui, à l'exception de Jacques, sont déjà tous mariés ? Sans doute. Mais c'est aussi la séduction de cette jeune fille de vingt ans, dans l'éclat de sa beauté, qui l'écoute et qui l'admire. Contrairement à Marie-Louise, elle est prête à l'épouser. Contrairement à Marie-Claire, elle ne lui tient pas systématiquement tête, ne le traite pas d'égal à égal. « Il a pensé qu'il pouvait la former, la modeler. Moi, j'avais déjà ma propre pensée, je savais lui résister », dira Marie-Claire Sarrazin[1].

Les parents de Danielle habitent Cluny, un peu à l'écart de la ville, une maison qu'ils ont appelée Romada (les deux

1. Entretien avec l'auteur, le 24 janvier 2007.

premières lettres des prénoms de leurs enfants : Roger, Madeleine, Danielle). Au fond du jardin, une autre petite maison donne sur une autre route. Une situation géographique qui se révélera bien utile pour échapper à la Gestapo. Le père, Antoine, instituteur, puis professeur, puis directeur de collège à Villefranche-sur-Saône, et la mère, Renée, institutrice elle aussi, ont été mis à pied, sans salaire, par Vichy. Quand il a refusé de communiquer les noms des professeurs et des élèves juifs de son établissement, Antoine savait qu'il serait sanctionné. Franc-maçon, dignitaire du Grand Orient, socialiste, il était déjà dans le collimateur. Le couple se réfugie dans la maison de famille de Cluny. Sous couvert de location, elle va vite devenir un refuge pour clandestins. Notamment pour « M. et Mme Moulin », les fausses identités d'Henri Frenay, le patron de Combat, et de Bertie Albrecht. Le 26 mai 1943, cette dernière est arrêtée à Cluny. Le 28, la Gestapo investit Romada à la recherche d'autres « terroristes ». La mère de Danielle est frappée mais elle ne parle pas et les hommes en noir finissent par partir.

Le 18 mai 1944, pendant le week-end de l'Ascension, Danielle a la surprise de voir arriver François Mitterrand venu de Châlon-sur-Saône à vélo. Il a donné rendez-vous à Cluny à ses amis Pelat, Bettencourt, Finifter, Munier. François n'a pas oublié les « yeux de chat ». Il s'arrange pour que ses périples provinciaux le ramènent le plus souvent possible à Cluny. Danielle est subjuguée par son charisme. Elle le rejoint à Paris, mais elle le voit peu : il part, disparaît, réapparaît, c'est un courant d'air.

Que sait-elle, cette jeune fille qui aura 20 ans le lendemain de son mariage, de cet homme de 28 ans qui devient son mari ? Rien ou presque. Elle ne sait rien de la région à laquelle il est viscéralement attaché, ni de son enfance qui l'a si profondément marqué, ni de sa famille qui compte tant à ses yeux. Fin mai, elle ne connaissait même pas son nom ! Alors qu'elle se promenait à son bras dans les rues de Cluny,

Jean-Louis, un copain de régiment, tape sur l'épaule de François : « Bonjour, Mitterrand, que fais-tu à Cluny ? » Elle ignorait encore qu'il ne s'appelait pas vraiment Morland !

Le mariage a lieu le 27 octobre, à la mairie du 5e arrondissement de Paris. Le maire, sans doute intimidé par la qualité des témoins – Henri Frenay, ministre du Général, Patrice Pelat, le colonel Patrice, et aussi Jean Munier et Christine Gouze – commet un joli lapsus : « Le choix de la Résistance incombe au mari… » Il voulait dire « de la résidence », bien sûr ! La cérémonie religieuse se déroule le lendemain à l'église Saint-Séverin, au cœur du Quartier latin. Le père de la mariée, Antoine Gouze, laïque militant, s'en serait bien passé, lui qui aime à répéter : « Devant l'or, le sabre et le goupillon, le peuple aura toujours une révolution à faire. » Dix ans plus tôt, son fils Roger, laïque et socialiste lui aussi, s'est marié civilement. Mais les Mitterrand ont tellement insisté !

Avant la cérémonie religieuse, Danielle a dû rencontrer le curé qui veut la préparer au sacrement.

« Il faut vous confesser, mon enfant. Depuis quand votre dernière confession ?

– Depuis toujours, je ne suis jamais entrée dans un confessionnal !

– Bon, qu'avez-vous sur la conscience ?

– Certainement beaucoup de choses, mais je n'ai jamais tué, ni volé, j'ai sans doute menti et fait péché de gourmandise… peut-être.

– Ça va, je vous donne l'absolution, vous direz deux *Pater* et trois *Ave*…

– Je ne les sais pas [1]… »

Le curé était compréhensif. Il s'attachera à Danielle et, jusqu'à sa mort, restera en relation avec elle.

Lorsque les jeunes époux sortent sur le parvis de l'église Saint-Séverin inondé de soleil, des officiers du « bataillon

1. Danielle Mitterrand, *Le Livre de ma mémoire*, *op cit.*

Liberté » commandés par Pelat leur font une haie d'honneur tout au long du tapis rouge. Le déjeuner, grâce au patron du Petit Colombier, rue des Acacias, ignore les restrictions qui sont encore sévères. Antoinette, la sœur aînée de François, est à la gauche de la mariée. Danielle écrira : « Elle me parle de “sa guerre”, de ses frayeurs lorsque les Allemands ont été chassés par les maquisards et les résistants. Sa fuite dans une autre région éloignée de Charente avec sa sœur Colette. » Et Danielle de conclure sans autre commentaire : « Je comprends bien que nous n'avons pas vécu la même guerre [1]. »

Les deux familles se découvrent, ce 28 octobre. C'est peu dire qu'elles sont différentes. Les Mitterrand et les Gouze incarnent deux France que tout oppose. Qu'ont-ils de commun, ces bourgeois charentais, traditionalistes, conservateurs, catholiques très pratiquants, qui se méfient des « rouges » et ces enseignants bourguignons francs-maçons, laïques militants, qui bouffent du curé, ces socialistes, qui rêvent de révolution ? Entre Joseph, le vinaigrier de Jarnac, maréchaliste, et Antoine, le prof de Cluny, résistant de la première heure révoqué par Vichy, il y a un monde.

Et pourtant, les Mitterrand et les Gouze sont des provinciaux cultivés, ils ont le même mépris de l'argent, le même goût pour les débats d'idées, le même respect pour une éthique exigeante. Un an plus tard, à la veille de sa mort, Joseph appellera sa belle-fille pour lui dire : « J'ai craint votre entrée dans notre famille. J'en suis heureux maintenant [2]. »

Antoine, le beau-père de François, qui le présentait en souriant : « Mon gendre est un calotin », se félicitera qu'il se convertisse aux idées de gauche. Et Roger Gouze, son beau-frère, universitaire, auteur notamment d'une *Anthologie de la poésie française*, après avoir déploré que François

1. *Ibid.*
2. Jean Lacouture, *François Mitterrand, une histoire de Français*, *op. cit.*

n'eut pas « la tripe populaire et le cœur à gauche[1] », l'appréciera au point de publier, beaucoup plus tard, un portrait original et élogieux de lui en partant de ses écrits[2].

Ce 28 octobre 1944, à peine le repas de noce terminé, François regarde la montre de son voisin. Dix-sept heures ! Il faut qu'il parte. Danielle s'étonne. On ne quitte pas ainsi la table le jour de ses noces : « Où allez-vous[3] ? » C'est le genre de question qu'il déteste, au point qu'il lui répondra plus tard qu'il ne s'est pas marié « pour épouser l'Inquisition ». Mais aujourd'hui il ne veut pas gâcher la fête :

« Je vais à une réunion au MNPDG, avenue Matignon !

– Je vous accompagne ! »

C'est en robe de mariée que Danielle assiste, pour la première fois, à une séance de travail dirigée par François. « Dans un petit coin, dit-elle, le jour de mon mariage ! A 20 ans, ça ne passe pas bien. » Elle rêvait d'un amour fusionnel, d'une complicité de tous les instants. Ce à quoi rêvait aussi François. Mais c'était six ans plus tôt. La rupture avec Béatrice, la captivité, la guerre, l'ont changé. Son frère Robert remarque qu'il s'est durci, qu'il est devenu plus cynique. Bref, il ne croit plus au grand amour.

Danielle comprend dès ce premier jour qu'elle aura du mal à trouver sa place auprès d'un mari qui, plus que jamais dans la Résistance, a cultivé le goût du secret et appris à cloisonner ses vies.

Lui qui n'est plus rien depuis son refus de devenir le premier collaborateur de Frenay brûle d'exister. De commander. De peser sur le destin des autres pour accomplir le sien. De gravir la montagne, comme il disait en arrivant à Paris à 18 ans. Sa soif de s'affirmer, de dominer, de conquérir, ne se satisfera pas longtemps de la seule politique.

Le jeune couple emménage dans le 16e arrondissement de Paris, à Auteuil, dans un appartement abandonné à la hâte

1. Roger Gouze, *Mémoires parallèles*, Calmann-Lévy, 1968.
2. Roger Gouze, *Mitterrand par Mitterrand*, Le Cherche-Midi, 1994.
3. Les jeunes époux se sont vouvoyé au début de leur mariage.

par ses occupants allemands. Pour les deux jeunes provinciaux rousseauistes, le choix paraît judicieux : leurs fenêtres donnent sur les frondaisons du bois de Boulogne. Auteuil est alors presque un village, pas ce qu'il est devenu. Mais le quartier ne plaît pas à Danielle. Elle le juge « sans âme, sans rues, sans animation ». Elle résume d'une phrase : « Je ne me sentais ni à Paris ni à la campagne[1]. » Et François qui n'est jamais là ! Et qui ne dit même pas où il est. Elle confiera : « Je l'ai cherché partout ! » Elle souffre de ses absences mais elle l'excuse : « Il avait gardé ses habitudes de secret qui étaient obligatoires au temps de la Résistance [...] Remarquez, c'était bien normal : on ne perd pas en un moment les routines de prudence acquises en deux ans et demie de clandestinité, ni le goût inné de la liberté », explique-t-elle à Charles Moulin.

François Mitterrand est partout, en effet, en ce début d'année 1945. Dès avril, il s'impose à la tête du Mouvement des prisonniers, après une rude bataille contre les communistes et les gaullistes. Dans la foulée, il prend le contrôle du journal du mouvement, *Libres*, dont il devient le directeur et l'éditorialiste. En avril toujours, il découvre l'horreur des camps de concentration. De Gaulle lui a demandé d'être présent au côté du général américain Lewis, à la libération des camps de Landsberg et de Dachau. Alors qu'il enjambait les corps dans le carré des morts, il entend murmurer son prénom. C'est son ami Robert Antelme, le mari de Marguerite Duras. Il le fait rapatrier à Paris où Antelme écrira l'un des plus beaux livres sur la déportation, *L'Espèce humaine*.

En juillet, pour *Libres*, il suit le procès Pétain. Exprime-t-il l'état d'esprit des prisonniers ? Ils se sont sentis trahis par les politiciens de la IIIe République qui les ont envoyés au front dans les pires conditions. Cherche-t-il à justifier les

1. Michel Picard et Julie Montanard, *Danielle Mitterrand, portrait*, Ramsay, 1982.

quelques mois où il fut maréchaliste ? Ou bien est-ce son goût de la provocation ? Toujours est-il qu'il accable moins Pétain que les deux Edouard : Daladier, signataire des accords de Munich, et Herriot qui a voté les pleins pouvoirs au Maréchal. Il les juge mal placés pour dénoncer les forfaitures du vieux chef de l'Etat français. Danielle, la fille des enseignants résistants ne s'en offusque pas. Elle l'admire tellement, son courant d'air de mari !

Mais il faut vivre et Danielle est enceinte. *Libres* ne nourrit pas son homme. Mitterrand, qui détestera toute sa vie devoir quelque chose à quelqu'un, se voit contraint de demander à ses amis Dalle et Bettencourt, qui occupent tous deux des postes de responsabilité chez L'Oréal, de lui trouver un emploi. Qu'importe si le patron du groupe n'est autre qu'Eugène Schueller, ancien financier de la Cagoule, fondateur en octobre 1940, avec Eugène Deloncle, du Mouvement social révolutionnaire, avant de rejoindre le NRP du collaborateur Marcel Déat ! Grâce à ses deux amis, Mitterrand devient rédacteur en chef de *Votre beauté*, un magazine féminin. Il s'y ennuie mais le salaire est confortable et il dispose même d'une voiture de fonction. Danielle ne s'offusque pas davantage. Cinquante ans plus tard, elle s'interrogera : « Un jeune chef de la Résistance devait-il servir le temps nécessaire à redorer le blason d'une revue assez laxiste sous l'Occupation[1] ? » Poser la question, c'est y répondre.

Très vite, Mitterrand entre en conflit avec le directeur du journal. Dalle et Bettencourt le parachutent alors à la direction des éditions du Rond-Point. Mitterrand dit aussitôt vouloir concurrencer Gallimard. Rien moins ! En attendant, François, l'éditeur, publie François, l'essayiste : *Les Prisonniers de guerre devant la politique*. L'auteur dénonce la volonté d'hégémonie des communistes qui, écrit-il, voulaient traiter les anciens captifs comme « une colonie

1. Danielle Mitterrand, *Le Livre de ma mémoire*, *op cit.*

de peuplement et d'exploitation ». Mais il fustige aussi les « prétendues valeurs bourgeoises », leur oppose « les valeurs réelles des droits de l'homme » et affirme qu'il faut « préférer la vérité et la justice au respect de l'ordre établi ».

Dans cette France en plein bouleversement qui émerge meurtrie de la guerre, François Mitterrand brûle de jouer un rôle politique. Le moment est propice pour cet homme qui n'a pas trente ans et qui, depuis l'enfance, croit en son étoile. Mais où aller ? Avec qui ? Une lettre à son ami Georges Dayan, avocat au barreau d'Alger, datée du 3 juillet 1945, écrite sur papier à en-tête des éditions du Rond-Point, révèle l'état de sa réflexion : « Dès la Libération, j'ai participé à de nombreux organismes et comités en compagnie des communistes. Je suis proche d'eux par les buts poursuivis, mais n'étant pas membre du Parti et ayant gardé de fait mon indépendance, j'ai dû m'opposer à lui à diverses occasions. De ce fait, les relations sont tendues au point qu'aujourd'hui on me qualifierait assez facilement de vichyssois ou de néofasciste. Ces gens-là sont impossibles. Leur sectarisme est sans limites. Leur obédience stricte ne leur permet aucune ouverture amicale et humaine : ou se laisser absorber, ou combattre. Je préfère la deuxième solution. Malgré tout je n'ai encore adhéré à aucun parti. Aller au Parti socialiste m'embête : scission prévisible entre les éléments unitaires et les éléments réformistes, vieillesse et carence des cadres, anarchie des fédérations. Si j'y vais j'y serai noyé, perdu : et je n'ai pas envie d'entrer dans un parti comme on entre en religion. Aller au MRP m'embête aussi : sa clientèle est trop conservatrice, ses dirigeants sont un peu bêtes et son allégeance catholique me gêne, moi catholique qui ai la naïveté de croire à l'universalité du christianisme. Alors ? Je réfléchis. Tu penseras que tout cela ressort du calcul et non pas de l'idéal : pas aussi simplement. Mon idéal est pour l'unité ouvrière et restera fidèle [...] Mais à l'expérience les hommes sont de tels chiens qu'on a envie de fouailler et qu'il est normal de conclure que le premier but à atteindre est de se dégager à tout prix de la vase, de la médiocrité, de la sottise dans lesquelles nos concitoyens conscients et organisés se débattent avec tant de bonheur. »

Cette lettre témoigne du choc des deux cultures de François Mitterrand à la sortie de la guerre. De sa jeunesse, il a conservé cet élitisme « de droite ». De l'expérience du stalag, sont nés des élans « de gauche ». Il dit non à la SFIO trop sclérosée, non à une démocratie chrétienne trop conservatrice et trop liée à l'Eglise. Avec le PCF c'est plus compliqué : pas question de le rejoindre, bien sûr. Il récuse les méthodes totalitaires de ses dirigeants avec qui il est en conflit permanent à la Fédération des prisonniers. Mais il a appris au stalag à connaître les militants et à les apprécier. Il a compris dès 1943 – souvenons-nous de ce qu'il dit à Dechartre : « On aura besoin d'eux » – qu'ils peuvent être des alliés à condition de ne rien leur céder. Ce qu'il traduira dans les années 1970 par la formule « L'union est un combat ». François Mitterrand est en route vers la gauche. Il y va lentement, comme il est allé lentement vers la Résistance.

Pas un mot dans cette lettre à l'ami Dayan sur l'UDSR, l'Union démocratique et socialiste de la Résistance, née fin juin, issue de mouvements tels que celui d'Henri Frenay et qu'il rejoindra quelques semaines plus tard. Socialiste ! François, le fils de Joseph, dans un parti qui se dit socialiste ! Robert, le frère aîné, écrira : « Des oreilles jarnacaises et plus précisément celle du 22, rue Abel-Guy éprouvaient quelque peine à entendre l'adjectif "socialiste" dont la connotation avait quelque chose d'incongru dans cette maison catholique et bourgeoise[1]. »

En fait, l'UDSR n'a de socialiste que le nom. C'est un parti centriste, plutôt de centre droit, où l'on retrouve des hommes aussi divers que René Pleven, Claudius-Petit, Jacques Baumel, Jacques Soustelle et... Michel Debré.

1. Robert Mitterrand, *Frère de quelqu'un*, *op. cit.*

Les absences de François dues à ses multiples activités mais aussi à son irrépressible besoin de liberté sont d'autant plus cruelles pour Danielle qu'elle vit une grossesse difficile. Et que trois mois après sa naissance son premier fils, Pascal, est emporté par le choléra infantile. Une mort qui la plonge, dira-t-elle, « dans un désespoir permanent ». Elle n'a pas 21 ans et elle souffre au point de ne plus supporter sa vie de recluse. Elle veut se rapprocher de François, lui aussi très touché et qui se reproche de ne pas avoir été assez présent. Sans le lui dire elle prend des cours de sténotypiste chez Pigier : elle a décidé de le suivre partout où il prononcera des discours. Lorsqu'elle l'informe de son projet, il s'y oppose : « Tu ne seras jamais ma secrétaire, ne mélangeons pas le travail et la vie familiale[1]. »

La première campagne électorale nivernaise va permettre à Danielle de se rapprocher enfin de son mari. Parachuté quinze jours avant le vote dans un département où il n'a jamais mis les pieds, il fait campagne pratiquement seul avec des colistiers dont il a fait la connaissance deux heures avant le dépôt des listes. Enceinte jusqu'aux yeux, Danielle est à son côté nuit et jour. Elle confectionne des affiches, les colle, suit le candidat partout. Parfois, pendant la nuit, dans les forêts, ils dorment dans la petite Matford. « Serrés l'un contre l'autre, tremblant de froid et protégeant mon gros ventre enceint de huit mois », dira-t-elle. Jamais elle n'aura été aussi proche de lui !

A l'issue de cette courte mais harassante campagne, François Mitterrand, candidat de l'UDSR, arrive en deuxième position derrière le PC et devant la SFIO. Il doit son élection à sa pugnacité, à son éloquence et, au second tour, à l'aide d'Edouard Barrachin, un professionnel de l'anticommunisme. Ancien chef du bureau politique du Parti social français du colonel de La Rocque, il a mis ses réseaux nivernais au service de Mitterrand : le *Journal du Centre* l'a

1. Danielle Mitterrand, *Le Livre de ma mémoire*, *op cit.*

soutenu, le marquis de Roualle, propriétaire des conserves Olida, a financé ses tracts et le clergé local a fait voter pour ce jeune homme si pieux qui appelle à se mobiliser contre la « bolchevisation de la France ». Le député Mitterrand a été élu par la droite, contre les communistes. Il a fait campagne sur des thèmes – non au déficit budgétaire, non à la gabegie administrative, non à la participation des communistes au pouvoir, oui à la liberté de l'enseignement – chers au grand-père Lorrain et à Joseph Mitterrand. Danielle ne s'en offusque pas. L'essentiel est que François ait gagné, qu'il entre à l'Assemblée nationale, qu'il soit heureux.

Elle accouche le 19 décembre 1946. Jean Munier, l'ami, le résistant de choc est le parrain de Jean-Christophe. Antoinette Bouvyer, la mère de Jean, l'ex-cagoulard, l'ex-collaborateur, est la marraine. Choix symbolique, sorte de trait d'union pour François Mitterrand entre la France de l'après-guerre et celle de son enfance. Danielle est d'autant plus d'accord qu'elle considère Antoinette Bouvyer comme une seconde mère.

Moins d'un mois plus tard, le 27 janvier 1947, François Mitterrand devient ministre des Anciens Combattants et Victimes de guerre dans le gouvernement Ramadier. Ministre à part entière cette fois, et le plus jeune de France !

Entre 1947 et 1958, il participe à onze gouvernements. Au total, près de sept ans sur les onze de la IVe République dans les palais nationaux. Partout, aux Anciens combattants, à l'Information, à la France d'Outre-mer, aux Affaires européennes, à l'Intérieur, à la Justice, il imprime sa marque. Etoile montante de la IVe, vedette du milieu politico-parisien, on le voit souvent en habit ou en smoking dans les cérémonies officielles et les soirées mondaines. L'amoureux transi de Béatrice, le jeune homme sage et romantique se libère des « entraves » de son éducation. Comme s'il voulait rattraper le temps perdu. Il aime séduire et collectionne les conquêtes. Il s'affiche en compagnie des jolies femmes. Il est entre autre sensible au talent et au charme de l'actrice Danièle Delorme. Comme par hasard, elle est la fille du dirigeant du réseau « Carte », proche de Bénouville et des Américains. En octobre 1951, le magazine *Elle* le classe, avec Jacques Chaban-Delmas, parmi les dix hommes les plus beaux de France. En 1956, il représente la République au mariage princier de Rainier et de Grace Kelly, puis il ouvre le festival de Cannes où il couve du regard la chute de rein d'une certaine Brigitte Bardot.

Le week-end, on le voit souvent dans la propriété des Bleustein-Blanchet. Il y fréquente les Lazareff, JJSS et Françoise Giroud. Il y dispute des tournois de tennis avec d'autres jeunes loups de la IVe : Félix Gaillard, Jacques Chaban-Delmas, Georges Duhamel, dans une ambiance très IIIe République [1].

Des préceptes familiaux, il a conservé le goût de la rigueur et du devoir. Le tourbillon de la vie parisienne ne l'empêche pas de travailler beaucoup. Dans chacun de ses ministères, il s'impose. Et il poursuit, avec opiniâtreté, son implantation dans la Nièvre. En 1947, il devient conseiller municipal de Nevers, en mars 1949, conseiller général de Montsauche, en 1950, directeur politique du *Courrier de la Nièvre*. A Paris aussi, il grimpe : après sept ans de patientes et habiles manœuvres, il ravit la présidence de l'UDSR à celui qui en avait été le créateur et l'âme, René Pleven.

Pour Danielle, tout s'est emballé trop vite. Elle n'a que 22 ans quand elle devient femme de ministre ! Cette fille de professeurs habituée à une vie toute simple est gênée par la présence d'officiers de police qui veillent sur sa sécurité, angoissée à l'idée qu'elle pourrait perdre les bagues prêtées

1. Chaban, excellent tennisman, est intouchable. Duhamel et Gaillard jouent mieux que Mitterrand. Mais ce dernier ne s'avoue jamais battu. Comme au 104, il renvoie tout. Robert Badinter se souvient avoir arbitré une demi-finale Gaillard-Mitterrand qui dura quatre heures et demie, sous un soleil de plomb. Mitterrand finit par l'emporter à l'usure. Il confiera à Badinter : « Je voulais gagner. J'étais épuisé. Je suis allé au bout de mes forces. J'ai mis un mois à me remettre. »

par Van Cleef ou Cartier pour les cérémonies officielles. Elle suit son mari dans les réceptions et dans certains déplacements à l'étranger. Une vie à laquelle elle n'était pas préparée et qui ne correspond pas à ses aspirations. Elle s'adapte du mieux qu'elle peut.

Le couple a emménagé 4, rue Guynemer, au quatrième étage d'un bel immeuble qui donne sur le jardin du Luxembourg. Mais il a été dévasté par l'occupant allemand. Les soldats ont brûlé les boiseries et les planchers pour se chauffer. Puis il a été « squatté par une association d'entraide aux femmes déportées et aux épouses de déportés morts dans les camps », écrira Danielle[1]. Elle ne dit pas que cette association était animée par Geneviève de Gaulle et Germaine Tillon. Ni que toutes deux prirent très mal d'être contraintes de laisser la place à un jeune ministre. Le propriétaire, le Vatican, loue l'appartement à un prix dérisoire à condition que le locataire le remette en état. Danielle s'y emploie avec ardeur.

Le 4 février 1949, le jour de la Saint-Gilbert, elle met au monde un second garçon qui se prénomme... Gilbert comme plusieurs des ancêtres de Mitterrand. C'est un mercredi. A peine a-t-il le temps d'embrasser sa femme et de porter un regard attendri au bébé et déjà François se sauve. On l'attend en Conseil des ministres où il arrivera avec une bonne demi-heure de retard. Ce mari est décidément un courant d'air.

Il vit sa vie en marge de la famille. Comme un célibataire qui n'appartient qu'à lui. Il s'est aménagé un refuge. Une petite chambre garnie de souvenirs, tapissée de livres et un bureau plus austère : une table, toujours méticuleusement rangée et devant, deux fauteuils pour les visiteurs. Dans ces deux pièces, des éditions originales qu'il recherche et collectionne avec passion et des objets familiers : « Ils sont là, donc je suis chez moi, vraiment [...] Ils me sont chers [...]

1. *Ibid.*

Ils sont mon décor, créant cette ambiance intime et personnelle qui m'est nécessaire, dans laquelle je me sens mieux moi-même, je suis mieux avec moi-même [...] Je suis heureux aussi de retrouver ces portraits de familles ramenés de Jarnac, ces portraits familiers de mon enfance et ces photographies des miens[1]. »

Danielle est l'une de ses vies. Celle de la rue Guynemer où ses amis politiques défilent, où il passe de temps à autre une soirée à lire ou à regarder un match de football ou de rugby avec ses fils pendant qu'elle tricote. Celle des vacances dans la maison d'Hossegor, toujours pleine d'amis, qu'ils ont fait construire en 1955 entre le lac et l'océan. Mais François a d'autres vies et Danielle sait bien que la politique, si prenante soit-elle, est loin d'expliquer toutes les absences du beau François.

Un jour, à la fin des années 1950, elle lui dit tout à trac qu'elle en a assez, qu'elle veut divorcer. Il tombe des nues. Divorcer ! Il n'en est pas question. Cela ne se fait pas. Ce n'est pas dans la culture familiale. Quand on se marie, c'est pour la vie. Le divorce est la sanction d'un échec. Quel échec ? Avec Danielle, rien de tel : elle est sa femme. Et puis, il y a les garçons. Et Christine Gouze, sa belle-sœur qu'il aime beaucoup, et son mari Roger Hanin qui le fait tant rire, et ses beaux-parents, sa belle-mère surtout pour laquelle il a une affection sincère, et Roger Gouze, le beau-frère, qu'il considère comme un ami, et la maison de Cluny, et les grandes tablées rue Guynemer et à Hossegor, si accueillantes. Mitterrand est sincère. Il aura toujours la même réaction quand ses amis l'informeront qu'ils divorcent. Mais pourquoi, leur demandera-t-il. Sans doute aussi pense-t-il à sa carrière. A l'époque, imagine-t-on de Gaulle rompant avec Tante Yvonne, ou le président Coty se séparant de sa femme ! Il paraît difficile de briguer les plus hautes fonctions en étant divorcé. François Mitterrand propose

1. Charles Moulin, *Mitterrand intime*, *op. cit.*

un pacte à sa femme : pour leurs fils, pour la famille, pour les amis, pour la presse, pour les Français, rien ne change. Ils restent un couple. Mais, désormais, chacun pourra vivre sa vie sans en rendre compte à l'autre. Danielle regimbe, elle boude, finit par accepter.

En 1968, Roger Gouze, le frère de Danielle, écrit : « J'ignore pourquoi la vie publique fait rarement bon ménage avec la vie privée. Je me suis assez vite demandé comment ma plus jeune sœur dont je devinais le caractère un peu farouche, fille de la nature plus que de la ville, “le plus bel exemple d'éducation à la Rousseau”, m'a dit un jour son mari, s'accommodait d'une existence aussi décousue. L'amour unit souvent des êtres dissemblables. Seule la difficulté enrichit : “Ce qui se fait facilement se fait sans nous”, dit Valéry. J'ai l'impression que dans leur cas rien ne se fait sans eux… Où réside la perfection d'un couple ? Dans la sérénité partagée et privilégiée ou dans les orages d'une passion qui ne sait ni unir ni séparer[1] ? » Le couple vivra ainsi pendant près de quarante ans, ni vraiment uni, ni vraiment séparé, suffisamment lié pour résister à tout, même à la naissance de Mazarine et au choc du pouvoir.

Lorsque François Mitterrand fait la connaissance d'Anne Pingeot, au début des années 1960, le couple a déjà passé son pacte de communauté réduite aux apparences. Pour lui, c'est prendre acte de ce qui est sa vie. Pour Danielle, c'est la perspective d'un autre mode d'existence auquel elle n'est pas préparée et qu'elle n'a pas choisi. Elle va s'y adapter et finir par prendre François au mot… qui peut-être ne s'y attendait pas.

La famille, les amis, tous ceux qui fréquentent la rue Guynemer et Hossegor voient apparaître un beau garçon brun, pas très grand mais athlétique, épaules larges et ventre plat. C'est Jean. Professeur de gymnastique, membre organisateur du Club des loisirs alpins et nautiques (CLAN).

1. Roger Gouze, *Mémoires parallèles*, *op. cit.*

L'été, il est à Hossegor où il a fait la connaissance des Mitterrand. Pour les vacances d'hiver, à Noël et à Pâques, à bord de sa Dauphine Gordini, il emmène Danielle et ses enfants skier à Courchevel, à Cervina, ou à Saas Fee, en Suisse. François, lui, ne vient pas. Le reste du temps, Jean vit rue Guynemer, dans une chambre de bonne, au-dessus de l'appartement des Mitterrand. Il est très souvent à la table familiale. Pour les enfants, pour la famille, les amis, il est l'homme à tout faire, prof de gym, prof de tennis et de natation, chauffeur, garde du corps. Les habitués de la rue Guynemer se font à sa présence. Malgré son tact et sa discrétion, ils comprennent vite qu'il est aussi le compagnon de Danielle[1]. Une présence qui agace François Mitterrand – il lui lance parfois des piques – mais qui l'arrange. Il est le prix de sa propre liberté. Jean sera là pendant près de vingt ans. Il suit la famille de la rue Guynemer à la rue de Bièvre où elle s'installe en 1973. Comme il l'avait suivi d'Hossegor à Latche quelques années plus tôt. Quand deux jeunes militants socialistes, Maurice Benassayag et Gérard Le Gall, viennent dans les Landes pour la préface d'une publication du parti que Mitterrand doit leur remettre, en 1972, Jean est là. Il déjeune et dîne avec eux, en compagnie de Danielle, François, Christine Gouze-Raynal et Roger Hanin. Présence discrète assumée par le couple, connue des intimes qui font preuve de discrétion.

Pendant toutes ces années, Danielle reste la femme officielle, celle que l'on voit au côté de François dans sa vie publique. Elle est là pendant la longue traversée du désert après le retour de De Gaulle en 1958. Elle est là les soirs des défaites. Celle, prometteuse, de 1965 quand, candidat unique de la gauche – bien qu'il s'oppose toujours durement

1. Pour la première fois Danielle, qui n'avait pas dit un mot de Jean dans les 518 pages de ses mémoires, évoque sa présence dans un film de Thierry Machado, *Danielle Mitterrand, l'insoumise*, qui lui est consacré. Elle parle du « compagnon d'une période difficile qui correspond à l'entrée d'Anne Pingeot dans la vie de François ».

aux communistes dans sa ville de Château-Chinon conquise en 1959 ! –, il met de Gaulle en ballottage et devient président de la FGDS, Fédération de la gauche démocrate et socialiste. Celle, cruelle, des législatives de 1968 dans la foulée de mai : la gauche est laminée. Et François Mitterrand qui s'est imprudemment dit prêt à gouverner, le 25 mai 1968, est battu et désavoué par les partis de gauche. Elle épouse tous ses combats : la conquête du PS à Epinay en 1971, la signature du Programme commun en 1972. Elle pleure le soir de sa courte défaite face à Giscard en 1974[1]. Elle est souvent présente dans ses meetings : municipales victorieuses en 1977, législatives perdues en 1978, bien que la gauche ait été majoritaire en voix au premier tour. Elle est à son côté au congrès de Metz, en 1979, où il est sifflé par les partisans de Michel Rocard, mais dont il sort renforcé. Chaque fois, elle admire son talent d'orateur, déclenchant l'enthousiasme des foules de gauche : « Je tremblais, j'étais ému, François avait des discours qui partaient des tripes, qui étaient formidables, qui m'arrachaient des larmes[2]. » Elle approuve le tribun qui pourfend le capitalisme : « En l'écoutant, je savais pourquoi j'étais de gauche ! »

Le 10 mai 1981, comme à chaque grand rendez-vous électoral, elle est à l'hôtel du Vieux Morvan à Château-Chinon. Elle, dans une petite chambre où elle joue au scrabble avec sa sœur pour tuer le temps. Lui, enfermé dans son petit bureau de la mairie, puis dans sa chambre, la numéro 7. Les estimations donnent François vainqueur mais il faut attendre 20 heures pour en être sûr. Quand le visage du candidat socialiste se dessine sur l'écran, elle est « pétrifiée ».

1. A la Pentecôte 1974, Mitterrand, comme chaque année gravit la Roche de Solutré. Epuisé, encore sous le choc de la défaite, il fausse compagnie à ses amis. Danielle, pourtant habituée à ses brusques disparitions, s'inquiète. Elle demande à André Soulier, un avocat ami de la famille, d'aller voir si tout va bien. Soulier découvre un Mitterrand couché sur le dos, sous un arbre, regardant les nuages qui défilent dans le ciel. « Ça va ? » Il obtient pour toute réponse : « Et pourtant j'étais prêt ! »

2. *Danielle Mitterrand, l'insoumise*, documentaire de Thierry Machado.

Elle sent François lui serrer le bras en murmurant à son oreille : « Que nous arrive-t-il, mon Danou ? » Ce « nous », pour elle, signifie que désormais plus rien ni personne ne peut les séparer. Danielle a éprouvé une joie intense à l'annonce de la victoire de François. Lorsque dans la voiture escortée de motards qui les ramène à Paris ils entonnent tous deux *L'Internationale*, elle se sent aussi proche de lui que lorsqu'ils faisaient campagne dans la Nièvre dans la petite Matford déglinguée.

Quand la cérémonie du Panthéon se termine, le jour de l'investiture officielle, elle dit avoir ressenti « une grande bouffée d'amour » pour François Mitterrand qui fit « battre son cœur au rythme des envolées de la *Neuvième Symphonie* de Beethoven ». Et si une nouvelle vie commençait pour ce couple désuni et complice !

Jean a compris qu'il doit s'effacer. Sa place n'est plus à côté de celle qui est devenue la première dame de France. Elle le pense aussi mais elle souffre de la séparation : « Jean habite Dax, je ne l'ai jamais revu », dira-t-elle vingt-sept ans plus tard[1]. Elle est persuadée que François va quitter Anne : impossible, pense-t-elle, de mener une double vie lorsqu'on devient président. C'est bien mal connaître l'homme dont elle partage, en partie, l'existence depuis trente-sept ans !

Les premières semaines sont difficiles pour Danielle. Elle peine à s'habituer à ces regards qui soudain la voient autrement. A ces agents de sécurité dont elle doit supporter la présence, à cette appellation de première dame qui l'agace, à l'absence de Jean qui crée un vide d'autant plus grand qu'elle a très vite compris que François ne renoncerait pas à Anne.

Danielle remplit ses obligations aux côtés de son président de mari. Elle l'accompagne à Londres au mariage du prince de Galles, à Cincinatti, pour le bicentenaire de

1. *Ibid.*

la bataille de Yorktown qui marque la fin de la guerre d'Indépendance et aussi au Mexique, au Japon... Elle n'est éblouie ni par les fastes protocolaires, ni par la personnalité des chefs d'Etat. A sa sœur Christine, qui la presse de questions : « Comment as-tu trouvé les Reagan ? », elle répond qu'elle a surtout retenu que le président américain aime raconter des histoires. Notamment sa première visite en France. Il est tout jeune marié et un douanier lui fait ouvrir la valise de Nancy pleine de petites culottes ! Danielle ne saurait mieux désacraliser son nouveau rôle.

A sa manière, elle va vivre, elle aussi, deux vies. Celle de la présidente, rôle obligé de représentation qui lui pèse : « Je ne veux pas être une potiche », dit-elle. Celle de la militante humanitaire qui profite de sa position nouvelle pour se rendre utile et faire avancer ses idées.

Avant 1981, elle a milité à Solidarité internationale, une association proche du PS. Elle s'est notamment mobilisée contre la répression au Salvador. A l'Elysée, la militante veut continuer d'agir.

Le 21 juin 1981, elle invite plusieurs représentants d'associations humanitaires pour leur proposer ses services. Elle comprend vite qu'ils ne veulent pas d'elle. Ils tiennent à leur indépendance et se méfient : pas question d'être récupérés par la femme du président, donc par le pouvoir. Vers 17 heures, comme chaque jour ou presque depuis qu'ils sont à l'Elysée, Danielle fait le tour du parc avec François. Elle est visiblement désemparée : « Je suppose que leur imagination perverse leur a fait croire que tu me pilotais pour récupérer les mouvements associatifs. » Lui : « Si tu veux continuer à militer, créé ton association et tu seras leur égale ! » Mais comment l'appeler ? « Nous sommes le 21 juin, appelle-la l'Association du 21 juin ! », dit-il[1]. C'est ainsi que naît la première des associations de Danielle Mitterrand, pour défendre les droits de l'homme et celui des

1. Danielle Mitterrand, *Le Livre de ma mémoire*, *op. cit.*

peuples à s'autodéterminer. Il y en aura d'autres. Elle lance successivement Cause commune pour aider les créateurs qui, faute de caution, ne peuvent réaliser leurs projets. Puis une troisième qui se donne pour mission de remettre en état des matériels obsolètes qui serviront dans les pays du tiers-monde. En 1985, la femme du président décide de regrouper les trois équipes en une seule, la Fondation Danielle Mitterrand, France-Libertés.

Au cours des premiers mois de la présidence, Danielle approuve tout ce que fait le gouvernement sous l'impulsion de son mari : les nationalisations, l'impôt sur la fortune, la réévaluation des bas salaires et des prestations sociales, la décentralisation ! Mais elle ne comprend pas le tournant de la rigueur de 1983. Pourquoi plier devant les forces de l'argent ? Et encore moins les louvoiements des socialistes sur l'école. La règle qui paraît la plus juste à la fille d'enseignants est pourtant simple : école publique, argent public ; école privée, argent privé ! Elle trouve Mauroy « bien précautionneux » qui, le 9 mai 1982, au Bourget, à l'occasion de la célébration du centenaire de l'école laïque de Jules Ferry, affirme que la mise en œuvre progressive d'un véritable service public de l'Education ne sera pas décrétée mais négociée. Et elle désapprouve François quand il lui explique qu'il est inutile de se battre sur ce terrain miné et « qu'il y a autre chose à faire que de raviver la guerre scolaire ». Elle l'avait toujours entendu affirmer que tout pouvoir doit susciter un contre-pouvoir ! Eh bien, elle va le prendre au mot.

Elle le harcèle : « Je ne comprends pas, François, puisque tu as le pouvoir, pourquoi ton gouvernement ne prend-il pas telle ou telle décision qui… que… » Il lui répond, lassé : « Je n'ai pas le pouvoir. La France, comme le reste du monde est assujettie à une dictature financière qui gère tout, décide de tout, à chacun de s'organiser pour résister[1]. » Elle s'organise. Lorsque François reproche à ses amis du milieu asso-

1. *Ibid.*

ciatif de le « poignarder dans le dos », elle est bouleversée. Comment peut-il lui faire un tel reproche ? Elle a encore en mémoire ce qu'il lui dit alors. Pendant trois ans, il a réformé, comme il s'y était engagé. Les Français « ont engrangé ». « Dès que les puissances financières et le FMI se sont mis en demeure de freiner nos ambitions sociales, j'ai dû composer, lui dit-il. Et plutôt que de trouver un appui populaire j'ai dû me battre dos au mur avec la contestation des miens et les lazzis de l'opposition qui comptait les points[1]. » Bref, au lieu d'accompagner un gouvernement de progrès, de l'aider à convaincre l'opinion, des associations, apparemment proches de la gauche, lui ont compliqué la tâche. Un quart de siècle plus tard, Danielle fera son *mea culpa* : « Je reconnais bien tardivement avoir été cruelle avec lui [...] Il avait pensé un contre-pouvoir constructif qu'il avait appelé de ses vœux en favorisant l'explosion des associations nées en 1981. Et nous, nous n'avons su que critiquer chaque fois qu'il y avait retard ou hésitation, ou entrave. Sans se demander pourquoi. »

Danielle ne veut pas gêner François. Désormais, elle s'investira davantage hors de l'Hexagone. La première dame de France défile avec les Amérindiens réunis au Guatemala, défend les droits des Indiens du Chiapas, des Zapatistes du Mexique, des guérilleros du Salvador, des Tibétains, des Kurdes[2]. Danielle est l'amie du sous-commandant Marcos, de Fidel Castro. Elle veut persuader François qu'il faut prendre exemple sur les Indiens d'Amérique qui ont retrouvé les fondements des valeurs démocratiques. Il lui répond qu'elle a sans doute raison mais qu'il est trop tôt ! Sa dénonciation de l'impérialisme américain, son soutien à certains

1. *Ibid.*
2. Un mois après sa seconde opération, François Mitterrand, très affaibli, invite l'auteur à déjeuner en tête à tête à l'Elysée. Danielle nous rejoint au café. En souriant, il dit : « Vous, Schneider, vous avez de la chance, votre femme est française ! La femme du président de la République, elle, est Kurde ! Elle m'a fait rencontrer récemment un courageux résistant dont j'ai appris ensuite qu'il était un dangereux terroriste ! »

peuples, à certains dirigeants, ses prises de position abruptes contrecarrent souvent la diplomatie française et risquent de faire échouer des échanges commerciaux. Parce que François lui a dit un jour : « Puisque ta cause est juste, ne te résigne pas », elle y a vu comme un feu vert généralisé pour tous les combats qui, à ses yeux, sont justes. Ses écrits, ses déclarations le gênent souvent. Il laisse faire. Difficile d'ailleurs de faire autrement. Le courage, la ténacité de sa femme ne lui déplaisent pas. Mais son entêtement, sa naïveté l'agacent.

Parfois, rarement, il ne peut lui cacher son exaspération. Ainsi, lorsqu'elle lui fait lire, devant témoin, le premier chapitre de son premier livre.

« C'est trop naïf et puis, en quelques lignes seulement, tu te contredis...

– Tu trouves que c'est nul !

– Non, mais ce n'est pas au niveau...

– De toute façon, tu m'as toujours prise pour une conne !

– Je ne dis pas que tu es conne, je dis que le début de ton livre est con ! »

Vexée, elle quitte le bureau présidentiel avec ses quelques feuillets dont elle était si fière.

A chacun de ses voyages à risques, les ambassadeurs sont discrètement chargés de la surveiller, de corriger ses dérapages, de faire en sorte qu'elle ait le moins de contacts possibles avec la presse. Mais lorsqu'on l'attaque, il la défend. « Il ne supportait pas qu'on émette la moindre critique sur elle en sa présence », se souvient André Rousselet[1].

Après la mort de François, elle continue à courir d'un continent à l'autre. Elle devient l'une des figures de l'altermondialisme, participant à tous les forums. Plus elle avance en âge, plus Danielle se radicalise, plus elle déconcerte. Même ses collaborateurs de France-Libertés ont parfois du mal à la suivre. Elle se sépare d'ailleurs de plusieurs d'entre

1. Entretien avec l'auteur, le 22 novembre 2007.

eux sous prétexte « qu'ils font trop de droit ». A un ami qui s'étonne : « Comment lutter pour les droits de l'homme sans invoquer le droit ? », elle répond : « Mais notre rôle c'est de changer le monde ! » Elle continue de croire au triomphe prochain du socialisme mondial.

Le soir du 21 avril 2002, au siège de la campagne de Lionel Jospin, alors que tout le monde est effondré par l'élimination du candidat socialiste, elle glisse en guise d'explication à l'oreille de Jean Glavany : « Vous auriez dû vous inspirer de l'expérience socialiste des Indiens du Chiapas ! » Depuis, elle s'est lancée dans une nouvelle croisade. La sauvegarde de l'eau, « préalable à toutes les démarches pour défendre les droits de l'homme ». Danielle, la Cassandre, annonce : « Il y aura une guerre de l'eau. Celui qui sera maître de l'eau sera maître du monde. » Comment ne pas se mobiliser pour une telle cause ?

Ses combats lui laissent peu de temps pour souffler. Lorsqu'elle est chez elle rue de Bièvre, ou à Latche, elle regarde les vieilles photos de famille. Il y en a une qu'elle aime particulièrement : François et elle se regardent avec une grande tendresse. Cette photo résume, à ses yeux, cinquante ans de complicité. « Les gens peuvent dire ce qu'ils veulent, ce regard-là, c'est toute ma vie. » Une vie de couple. Malgré tout. Même si ce fut une vie partagée. Et un couple à temps partiel.

Quand François Mitterrand lit, en décembre 1983, le pamphlet que Jean-Edern Hallier fait circuler sous le manteau, il prend peur. Le brûlot dévoile l'existence de « la bâtarde », Mazarine. Le président fait venir son vieil ami Roland Dumas à l'Elysée, l'informe et lui dit : « Allez parler à Danielle, il ne faut pas qu'elle l'apprenne par la rumeur ! » Dumas s'exécute.

« Danielle, il faut que je te dise... un brûlot qui colporte une rumeur...

– Mazarine ? Ne te fatigue pas, Roland. Tu ne m'apprends rien. Je sais tout et je sais depuis le premier jour ! »

Et elle ajoute : « C'est la vie privée de François. C'est sa fille. Entre elle et moi, il n'y aura jamais de conflit[1]*. »*

Elle savait ! Le savait-il ? En tout cas, il n'en a jamais parlé. Danielle a même su avant la naissance de Mazarine. Dès qu'elle a appris qu'Anne Pingeot était enceinte, elle a compris : « Elle ne pouvait l'être que de François[2]*. » Avait-elle surpris des regards entre François et Anne sur la terrasse de la villa des Pingeot à Hossegor au début des années 1960 ? Au printemps 1961, quand Roland Dumas se marie en Gironde avec Anne-Marie, elle lui glisse à l'oreille : « Tu*

1. Entretien avec Roland Dumas, le 13 septembre 2007.
2. Thierry Machado, *Danielle Mitterrand, l'insoumise.*

épouses une fille beaucoup plus jeune que toi, tu me fais un sale coup, tu donnes le mauvais exemple à François! »

En 1996, après la mort de François, Danielle affirmait : « La naissance de Mazarine n'a été ni une découverte, ni un drame pour moi. Je l'ai assumée. » Douze ans plus tard, en 2008, devant la caméra de Thierry Machado, elle évoque encore cette naissance : « François était tellement heureux d'avoir une fille! Moi, je ne savais faire que des garçons! [...] Mazarine a éclairé sa vie. Il faut dire qu'elle était très mignonne. Moi, je l'ai connue adulte[1]. »

Danielle sait que Mazarine est née. Elle lit sur le visage de François le bonheur, blessant pour elle, qu'il éprouve. Et pourtant, en 1976, elle signe avec son mari l'acte de vente d'un terrain qu'ils avaient acheté en 1968 à Gordes. Les acquéreurs ? François de Groussouvre, un ami de François, sa femme et... « Mademoiselle Anne Pingeot, conservatrice de musée ».

Danielle a accepté de partager François. Elle est, elle restera l'épouse officielle. Lorsque, en 1983, le roi du Maroc, Hassan II, furieux des prises de position de Danielle en faveur du peuple Sahraoui, dénonce les ingérences de « l'épouse morganatique du président français », elle bondit sur son dictionnaire. Et lance, bravache, à une collaboratrice : « Morganatique! Le roi se trompe. Je ne suis pas la femme épousée en secret mais l'épouse officielle... Ça supposerait qu'il y en ait une autre... »

L'autre n'est pas officielle, mais elle existe, discrète, qui prend néanmoins toute sa place dans la vie de François et dans son calendrier rituel.

Avec Danielle, le Nouvel An et le mois d'août, à Latche; le week-end de Pentecôte, avec les pèlerins de Solutré, en Bourgogne; le dîner du dimanche soir rue de Bièvre. Avec Anne, Noël, souvent en Egypte; le carnaval de Venise; des voyages en Europe; les week-ends de printemps et le mois

1. *Ibid.*

de juillet à Gordes ; les soirées et les nuits quai Branly. Aux côtés de Danielle, les fidèles du dimanche soir : Roland Dumas, les Lang, les Burguburu, et bien sûr Christine et Roger Hanin. Ils sont habitués à voir arriver et partir François, sans qu'il dise jamais d'où il vient ni où il va. Personne n'a jamais osé poser la question. Tous savent que la qualité qu'il apprécie le plus chez ses proches est la discrétion.

Aux côtés d'Anne, des amis qui les accueillent, François et elle, dans leur propriété, à l'abri des regards. François de Grossouvre, dans son château de Lusigny, dans l'Allier ; les Badinter dans leur propriété de l'Oise ; Laurence Soudet et son mari à Gordes ; Charles Salzmann dans sa ferme des Cévennes. Et aussi Patrice Pelat, André Rousselet, Michel Charasse.

En 1984, François Mitterrand reconnaît sa fille qui a 10 ans, devant le notaire, dans la plus grande discrétion. Pour plus de prudence, les papiers officiels sont signés chez les Badinter. Danielle l'a-t-elle appris ? Toujours est-il que la même année elle oblige son mari à la communauté universelle. S'il décède, elle est propriétaire de tout. L'acte doit être signé par les enfants : Jean-Christophe et Gilbert apposent leur paraphe. Mais pas Mazarine. Elle aurait pu faire annuler le contrat...

La seconde naissance de Mazarine, la publication de sa photo à la une de Paris Match, *le 3 novembre 1994, qui révèle son existence à la France entière est la plus dure pour Danielle. Le choc est d'autant plus fort qu'elle se remet difficilement d'une grave opération à cœur ouvert subie le 15 juillet, à l'hôpital Broussais. Elle est dépressive, et elle, si active, habituée à courir le monde, reste cloîtrée rue de Bièvre. François était tellement inquiet avant l'intervention qu'il a repoussé sa propre opération qui pourtant était urgente. « Avant d'y aller, je veux savoir comment ça se passe pour elle », confie-t-il à Roland Dumas.*

Comment va-t-elle réagir lorsqu'elle va voir, étalée au grand jour, la double vie de François Mitterrand ? Quand, onze ans plus tôt, la rumeur colportée par Jean-Edern Hallier enflait, il avait appelé son beau-frère Roger Hanin : « Roger, vous savez peut-être que j'ai une fille, Mazarine. Je ne voulais pas que vous l'appreniez par la rumeur. » C'était sa manière à lui de prévenir Christine Gouze-Raynal qu'il aimait beaucoup. Cette fois, c'est à elle qu'il s'adresse directement par téléphone : « Allez tout de suite voir Danielle, qu'elle ne prenne pas ça de plein fouet. Je suis sûr qu'elle est au courant mais je ne sais pas comment elle prendra le fait que ce soit public. Restez auprès d'elle, je vous en prie[1]*. »*

Danielle réagit mal. Savoir que quelques dizaines de Français, proches, voisins, journalistes savent, et voir le visage de « la fille cachée » de son mari à la une de Paris Match*, ce n'est pas la même chose. Deux jours plus tard, François Mitterrand qui travaille à son livre,* Mémoires interrompus *avec Georges-Marc Benamou*[2] *l'invite à déjeuner avant une séance de travail l'après-midi.*

Rue de Bièvre, Benamou se retrouve à table avec François Mitterrand, son fils Jean-Christophe et sa belle-sœur, Christine Gouze-Raynal. Danielle finit par les rejoindre. Les yeux cernés, le visage douloureux, elle ne desserre pas les dents. Les trois jours qu'elle vient de passer à l'hôpital pour des contrôles expliquent-ils ce mutisme boudeur, ou bien est-ce la révélation de l'existence de Mazarine ? L'atmosphère est pesante. Jean-Christophe parle politique. François Mitterrand tente d'intéresser sa femme en faisant l'éloge du courageux peuple sahraoui, mais elle reste le nez dans son assiette, muette. Il change de registre, s'essaie à l'humour, s'adresse à Benamou : « Ah, vous êtes tombé dans une maison d'éclopés... On devrait

1. Ariane Chemin, Géraldine Catalano, *Une famille au secret*, Stock, 2005.
2. L'ancien patron de *Globe*, un hebdomadaire financé par Pierre Bergé, qui a défendu bec et ongles le président.

peut-être nous mettre dans un hospice de vieillards. N'est-ce pas, Danielle ? On prendrait quelques meubles, hein ? Quels meubles prendrais-tu ? » Elle sourit enfin, mais, comme souvent, répond au premier degré : « Mais François, nous avons Latche, c'est tout de même mieux qu'un hospice ! »

Il évoque le faible héritage qu'ils laisseront à leurs enfants : « Et dire qu'on me prête la plus grosse fortune de France. Ce que les journaux vont chercher tout de même ! »

Ah, ces journaux! François n'aurait pas dû. Elle se renfrogne puis elle explose : « On en a marre de cette ambiance de chasse à l'homme, de règlements de compte... » Il acquiesce. Ce n'est pas le moment de contrarier Danielle. Et d'ailleurs, il est d'accord avec elle.

Danielle fait connaissance avec Mazarine quelques semaines avant la mort de François. Elle est à son chevet avenue Frédéric-Le Play et elle sait que la jeune fille est dans la chambre voisine : « François, tu ne vas pas la cacher! » Il appelle sa fille. Elle entre dans la chambre, intimidée. Elle se trouve face à cette femme frêle qu'elle a si souvent vue à la télévision ou dans les journaux au côté de son père. Mitterrand dit simplement : « Mazarine, je te présente Danielle, Danielle, voilà Mazarine. » Danielle embrasse la fille de François. Et lui, qui veut rompre le silence : « Tu sais, Mazarine s'intéresse beaucoup aux autres. Elle est admirative de ce que tu fais à la Fondation et commence à s'occuper de l'alphabétisation des femmes arabes dans les quartiers difficiles[1]. » Il a trouvé un trait commun : sa fille s'intéresse aux autres. Comme Danielle. Comme lui quand il était membre actif de Saint-Vincent-de-Paul.

Après ses funérailles, Danielle et Mazarine se sont revues. Depuis, elles participent, chaque année ou presque, au dîner d'anniversaire de la mort de François qui réunit des proches et d'anciens collaborateurs chez Lulu, ou à la

1. Ariane Chemin, Géraldine Catalano, *Une famille au secret*, *op. cit.*

Cagouille, deux restaurants du 14e arrondissement de Paris où il avait ses habitudes. Certaines années, elles s'isolent pour parler en tête à tête. Tous disent, même ceux qui n'aiment pas Danielle : « Elle s'est comportée avec beaucoup d'élégance. »

Les fils

L'enfant sage qui vénérait parents et grands-parents, le bon jeune homme qui ne manquait pas un rendez-vous familial à Jarnac, le politique attaché à ses frères et sœurs au point d'être toujours disponible pour eux quel que soit son emploi du temps, le *pater familias* de l'Elysée qui veillait sur son clan, promouvant neveux et nièces, a-t-il été, pour ses fils, un bon père ? Il a été un père à éclipses. Moins présent qu'il n'aurait dû. Plus attentif qu'on ne l'a dit.

François Mitterrand ne concevait pas la vie sans une famille et des enfants. Quand Danielle met au monde son premier fils, Pascal, il est conscient de vivre un moment important. Il s'empresse d'en informer son ami Georges Dayan qui est en Algérie : « D'abord j'ai à t'annoncer la naissance d'un fils, Pascal. Il est né le 10 juillet. Il est solide et beau bébé. Je voudrais que tu connaisses ma femme. » En septembre, c'est encore à Dayan qu'il dit sa peine : « Tu sais par télégramme que j'ai perdu mon petit garçon (Pascal) âgé de deux mois et demi. Un choléra (infantile ?) et sans remède nous l'a enlevé en quarante-huit heures. » Très marqué, Mitterrand se reproche d'avoir négligé sa vie privée. Il s'interroge même : « A quoi sert tout ce travail ? »

Mais il est trop habité par son destin, trop épris de liberté, trop assoiffé de conquêtes, et pas seulement politiques, pour s'interroger longtemps. Emporté par ses combats, il ne peut être un père comme les autres. En décembre 1946, quand Jean-Christophe vient au monde, il fête, à 30 ans, ses premiers pas de député de la Nièvre. En février 1949, quand naît Gilbert, il est ministre. Ce mari intermittent que Danielle cherche en vain est un père « en pointillé », dira Jean-Christophe. Même lorsqu'il est présent, rue Guynemer. Quand il ne s'enferme pas dans son bureau, comme son père à Jarnac, il reçoit amis, politiques, écrivains, artistes. François aime les grandes tablées, comme son grand-père maternel. C'est toujours lui qui anime et oriente les discussions. Gilbert, fasciné, tient un livre d'or des invités prestigieux : Bob Kennedy, Jean Vilar, Jacques Brel, Benoîte Groult. Jean-Christophe, lui, vit ce défilé comme une agression : « Nous étions une famille assiégée[1]. »

Père à éclipses, Mitterrand n'est pas un père indifférent. Il serait injuste de lui appliquer cette formule d'un homme politique valable pour beaucoup d'entre eux : « Mes enfants ont été élevés par une veuve[2]. » Lorsqu'il est là, c'est même un père exigeant qui exerce son autorité. C'est ce que Gilbert appellera « une présence intense quoique irrégulière[3]. » Jean-Christophe le décrit « veillant sur nous comme une vieille duègne, soucieux de notre éducation, attentif à tout : tenue vestimentaire, scolarité, messe dominicale ». Eh oui, la messe ! François se dit agnostique depuis la guerre, sa femme est incroyante depuis toujours mais il tient à ce que ses fils reçoivent une éducation religieuse. Moins stricte que la sienne, bien sûr. Mais ils feront leur première communion. Antoine Mitterrand, le fils de Philippe, qui, adolescent, passe des vacances d'été avec ses cousins à Hossegor, a la surprise de constater qu'« oncle François veille, chaque soir, à ce que ses fils n'oublient pas de dire leur prière avant de s'endormir ! ». Pendant l'année scolaire, Mitterrand ne

1. Jean-Christophe Mitterrand, *Mémoire meurtrie*, Plon, 2001.
2. Cité par Pierre Joxe, *Pourquoi Mitterrand*, Philippe Rey éditeur, 2006.
3. *Le Quotidien de Paris* du 2 décembre 1982.

badine pas avec la discipline : les enfants, qui dînent rarement avec leurs parents – et qui, lorsqu'ils sont à table avec eux, doivent demander la permission pour prendre la parole, comme François à Jarnac et à Touvent mais c'était une autre époque ! –, doivent être couchés tôt, devoirs faits.

Quand Jean-Christophe et Gilbert ont-ils pris conscience que leurs parents ne formaient pas un couple ordinaire ? Que leur père, sitôt franchi le seuil du domicile familial, menait une vie de célibataire ? Que Jean, qui vivait avec eux à la maison, n'était pas seulement le moniteur de sport de la famille, mais le garde du corps très spécial de leur mère ? Gilbert, vrai Mitterrand, peu loquace et peu porté à la confidence, n'en dira jamais rien. Jean-Christophe, l'écorché vif, sera plus explicite : « Mon père et ma mère vivaient ensemble, parallèlement. Leur complicité paradoxale était inscrite dans le marbre. C'est la force des couples d'antan, même si les coups de canif étaient parfois de sacrées lames[1]. » Il confiera avoir fait ce constat lucide à l'âge de 17 ans.

Jean-Christophe est le fils rebelle, Gilbert le fils modèle. Le premier est un enfant difficile. A 10 ans, il fugue une nuit dans le jardin du Luxembourg, face au domicile familial. Il abandonne le latin, dès la sixième. Il est renvoyé de l'Ecole alsacienne, dès la cinquième. Au grand dam de son père. D'établissement privé en établissement privé, il poursuit une scolarité chaotique, rétif aux réprimandes paternelles. Pour le dresser, ses parents le mettent en pension. A Cluny d'abord, où habitent ses grands-parents, puis à Aix-les-Bains, notamment, où il passe deux ans. Sa mère ne vient jamais le voir. Son père passe quand ses activités politiques l'appellent dans la région. « C'était toujours au moment où j'allais craquer, désespéré de solitude, que je le voyais surgir, attentif et impérial, dans cet univers gris [...] Il lui suffisait d'un mot, d'un geste, pour resserrer les liens qui

1. Jean-Christophe Mitterrand, *Mémoire meurtrie*, *op. cit.*

s'étaient dénoués[1]. » Jean-Christophe souffre d'être « né tendre au sein d'une famille qui ne l'était guère ». Il pense que son père et sa mère ne l'aiment pas. Lui, dit-il, aime les siens à sa façon comme Rimbaud aimait sa mère et sa sœur. En les fuyant. Jean-Christophe ne cessera de fuir.

Le second, Gilbert, adore sa mère et voue une admiration sans borne à son père. C'est un enfant sans problème, un élève suffisamment consciencieux pour ne pas avoir d'ennuis, un adolescent convivial bien dans sa peau, très attaché à ses racines familiales. Tout le monde l'aime.

L'été, les deux frères, qui se bagarraient souvent lorsqu'ils étaient petits, se retrouvent à Hossegor. Gilbert joue au golf avec son père et les adultes. Jean-Christophe préfère la plage. Il tombe amoureux d'une jolie brune qui ressemble à Audrey Hepburn. Elle s'appelle Danièle Combaldieu. Elle est la fille d'un haut magistrat, président de chambre à la Cour de cassation. Elle oubliera vite Jean-Christophe et épousera un brillant avocat, Jean-Marie Burguburu[2].

En 1967, Jean-Christophe part pour New York. Jean Riboud, le patron de Schlumberger, a assuré son père qu'il lui serait plus facile d'y obtenir ce bac mathélem auquel, en France, il a échoué. Et, en plus, il apprendra l'anglais pour lequel il n'est pas doué. Comme il n'a pas beaucoup d'argent de poche et qu'il aime la fête, Jean-Christophe fait des petits boulots : baby-sitter, laveur de voitures, voix française pour la méthode Assimil. Il fréquente beaucoup les clubs de Greenwich Village où se produisent les musiciens vedettes de l'époque et où l'on boit et fume beaucoup. Pour le Nouvel An, il rejoint ses parents qui, accompagnés de Patrice Pelat, sont en Californie où François donne une conférence. Le père s'étonne de la faiblesse des progrès en anglais de son fils. Ce dernier lui répond qu'il est plutôt mal placé pour

1. *Ibid.*
2. Jean-Marie Burguburu deviendra bâtonnier de Paris et Danièle secrétaire générale du Conseil supérieur de la magistrature, puis conseillère d'Etat. Un couple qui restera très proche de François et de Danielle Mitterrand.

juger, lui qui ne parle quasiment pas cette langue. « Une question d'oreille ! », tranche Mitterrand.

Son bac en poche, Jean-Christophe rentre en France en juin 1968. Le pays est encore paralysé par les grèves. Il déambule dans Paris, pieds nus, en jeans, les cheveux longs noués par un catogan. Ce qui, à l'époque, n'est pas très original mais détonne chez les Mitterrand. Gilbert, lui, s'est inscrit à la fac de droit, comme son père avant lui. François aimerait que Jean-Christophe fasse Sciences Po. Lui préfère la fac de Vincennes. Il laissera tomber l'année suivante, part pour Israël où il vit dans un kibboutz du nord du pays. Il tond les moutons, ramasse des pamplemousses et aime cette vie collective... presque une vie de famille. Puis il choisit de faire son service militaire dans la Coopération, part pour le sud de l'Algérie. La fuite, toujours plus loin. Gilbert le rejoint à El Oued pour les vacances d'été, accompagné d'un cousin et d'une amie, Elisabeth Dupuy, une ravissante jeune fille blonde qui deviendra la femme de Jean-Christophe [1].

Que faire de ce garçon qui n'a d'autre diplôme que son bac et d'autre aspiration que l'évasion ? François Mitterrand appelle son ami Jean Marin, P-DG de l'AFP, qui ne sait rien lui refuser. Un stage à Londres, un remplacement au siège de l'agence, place de la Bourse à Paris, Jean-Christophe est engagé en 1973. Il est nommé à Nouakchott, en Mauritanie. Ce n'est pas là qu'on envoie les éléments les plus prometteurs ! François Mitterrand veille aussi sur la carrière politique de Gilbert. En novembre 1972, il téléphone à maître André Soulier, maire de Villié-Morgon, dans le Beaujolais, brillant avocat du barreau de Lyon. C'est chez lui qu'il couche à chacune de ses visites dans cette ville où il a tant de souvenirs de la Résistance : « A la mémoire de mon beau-père qui fut principal de collège à Villefranche, j'aimerais que vous soyez candidat dans cette circonscription et que

1. C'est François Mitterrand qui les mariera à la mairie de Château-Chinon le 12 avril 1975.

Gilbert soit votre suppléant. Il faut qu'il apprenne. Avec vous, il sera entre de bonnes mains [1]. » Gilbert a 23 ans. Son père appelle Soulier à plusieurs reprises durant la campagne : « Comment ça va ? Comment le trouvez-vous ? » Soulier : « Il est intelligent, sympathique, il aime le contact avec les électeurs qui l'apprécient. Il fera une belle carrière. » François Mitterrand vient les soutenir mais ils seront battus.

Gilbert ressemble étonnamment à son père – mêmes traits, mêmes yeux noisette, mêmes cillements, même manière de passer une main sur l'autre, doigts écartés, mêmes intonations. Comme lui, c'est un terrien, un amoureux de la nature, un sédentaire attaché à ses racines. Comme lui, il a une formation de juriste. Comme lui, il fera de la politique. Mimétisme naturel d'un fils qui n'a jamais songé à tuer le père ni à le singer mais à le suivre, à l'accompagner dans ses combats.

Jean-Christophe est tout différent. Plus grand, plus élancé, plus massif l'âge venant, plus solitaire, plus indépendant aussi. Il n'aime pas la politique parce qu'elle lui a pris son père. Il s'ennuie quand ce dernier, avec son frère mais aussi avec sa tante Christine, une passionnée, et son mari Roger Hanin, discutent à n'en plus finir de football et de cyclisme. Lui ne sait même pas dans quel club joue Platini ! Il fuit les rituels – Solutré, les voyages en Charente – que Gilbert ne raterait pour rien au monde. Il résume d'une formule : « Gilbert et mon père, c'est la famille Mitterrand une et indivisible. Je n'ai jamais désiré suivre les traces de mon père, il m'est juste arrivé de l'accompagner. Je ne suis pas le mauvais fils, le fils prodigue, juste le fils d'à côté. Et sans doute le moins Mitterrand de tous [2]. » On ne saurait être plus clair.

1981 sera le grand tournant pour les deux fils Mitterrand. L'élection du père condamne Jean-Christophe à quitter

1. Entretien avec André Soulier, le 24 septembre 2008.
2. Jean-Christophe Mitterrand, *Mémoire meurtrie*, *op. cit.*

l'AFP. Il souffre qu'on lui interdise d'écrire et qu'on le placardise. « Je découvrais que mon nom et mon illustre parenté m'interdisaient certains métiers [...] Ma personnalité ? Je n'en avais pas. Mon métier ? Usurpé. Condamné avant d'être jugé », écrit-il[1]. Etrangement naïf, il ne comprend apparemment pas qu'une grande agence internationale perdrait toute crédibilité si elle mettait sur le fil des dépêches diplomatiques signées du fils du président ! Son père battu, il aurait sans doute poursuivi une carrière honorable, le plus souvent en Afrique. Mitterrand président, la question se pose à nouveau : que faire de lui ?

Puisqu'il connaît l'Afrique, puisqu'il l'aime, François Mitterrand, poussé par Danielle, décide de le nommer à la « cellule africaine » de l'Elysée. Sans doute est-ce aussi pour ce père qui n'a pas réussi à avoir avec son fils les relations qu'il aurait souhaitées une manière de se rapprocher de lui. Il travaillera dans « sa maison » ; il voyagera avec lui. Jean-Christophe sera l'adjoint de Guy Penne, le stomatologue de la famille Mitterrand, sénateur socialiste du Vaucluse et haut dignitaire de la franc-maçonnerie[2].

Penne demande à Laurence Soudet qu'il sait proche du Président de tenter de le dissuader de nommer son fils. Elle s'exécute d'autant plus volontiers qu'elle estime, elle aussi, qu'il s'agit d'une mauvaise décision. Pour le père, qu'on accusera de népotisme, voire de néocolonialisme. Pour le fils, surtout, qui a une réputation de fêtard : « Vous le mettez à la tentation. C'est très dangereux[3] ! » Mitterrand le prend mal, ne veut pas voir où sont les risques. André Rousselet lui aussi met en garde le Président. Mitterrand refuse d'écouter ses amis. Où sont les risques ? Il aime charnellement l'Afrique, il connaît son histoire, ses conflits, ses ethnies mieux que personne. Si Jean-Christophe dérape, il sera là pour le remettre dans le droit chemin. Le fils du

1. *Ibid.*
2. Très influente en Afrique.
3. Entretien avec Laurence Soudet, le 6 mai 2008.

Président intègre donc la cellule africaine, il y restera près de dix ans, de 1982 à 1992 et en deviendra le responsable en 1986. Grave erreur du père qui entraînera la descente aux enfers du fils.

Pour Gilbert, le 10 mai 1981 est au contraire un tremplin. Après le Rhône, il a tenté de s'implanter en Aquitaine. Professeur de droit à l'université de Villetaneuse, dépendant de Paris XIII, il est candidat sur la liste socialiste aux municipales de 1977 à Libourne, le fief du ministre Robert Boulin. Nouvelle défaite. Pourquoi la Gironde ? Deux ans après Jean-Christophe, le 30 avril 1977, toujours à Château-Chinon, François Mitterrand a marié son fils cadet avec Françoise Lafargue. Elle est landaise, de Capbreton, et possède de la famille à Libourne. Gilbert qui, comme son père, se veut d'abord Aquitain, s'y installe. C'est là qu'il a décidé de s'implanter politiquement. Aux législatives, en 1978, suppléant de Pierre Lart, il est à nouveau battu par Robert Boulin.

En 1981, porté par la vague rose, il l'emporte largement. Il restera député de Gironde pendant vingt-sept ans. Il conquerra aussi la mairie le Libourne, un fief de droite, qu'il détient toujours. Et deviendra vice-président de la région Aquitaine. Une belle carrière qui apparemment lui suffit. Il n'a pas l'appétit de son père. Sans doute parce qu'il sait ce qu'il a fallu d'efforts, de renoncements, de sacrifices à ce dernier, mais aussi combien il en a coûté à sa mère, à son frère, à lui-même. Il n'a pas davantage son talent. Un jour, alors qu'il venait de prononcer un discours, un proche dit à sa mère : « Il a été très bon ! » Elle opine, et ajoute aussitôt : « Mais ce n'est pas son père ! » Gilbert n'était pas loin. L'a-t-il entendue ? Il aurait approuvé. Il le plaçait si haut, ce père, qu'il n'a jamais ambitionné de l'égaler. Il est toujours resté dans son ombre. Discret, forcément discret, pour ne pas le gêner. A l'Assemblée nationale, il s'investit dans les commissions, loin des projecteurs et ne s'exprime pas dans l'hémicycle. On ne l'entend pas, on ne le voit pas. Lui n'a pas sacrifié sa vie. Il est devenu un notable provincial, sans renoncer aux plaisirs de la vie, du golf notamment, dans une région qu'il aime par-dessus tout. Cela suffit à son bonheur. Très lié à ses deux filles, Pascale et Justine, nées de son premier mariage, il s'est remarié, le 24 juin 1995, avec Cornelia Van Huijgevoort, une jeune enseignante hollandaise qui lui donnera un fils, Guillaume.

Mariage décontracté à Sion, un petit village du Gers. Et résolument familial : il est célébré par Elisabeth, la femme de Jean-Christophe, adjointe au maire. Gilbert le veut « à quatre mains », qui passe aussi l'anneau à ses deux filles, Pascale et Justine. Appuyé sur sa canne anglaise, François Mitterrand assiste à la cérémonie. Petites, les filles de Gilbert étaient fascinées par ce grand-père qu'elles aimaient et craignaient à la fois. Il leur paraissait tantôt distant, tantôt très proche lorsqu'il les faisait rire. Notamment en imitant la poule : « Il faisait cot, cot, codet et il sortait un œuf de sous la nappe », se souvient l'aînée, Pascale. Elle avait 8 ans. Plus tard, la communication sera plus difficile : « Il ne fallait pas le déranger parce qu'il travaillait sans cesse. Lors des repas, même petit, il ne fallait pas lui couper la parole. Je savais que ce n'était pas un grand-père comme les autres [...] Avec Papy, ça a toujours été ainsi : de petites touches, des flashs. Et je m'en veux de ne pas être allée vers lui parce qu'avec le recul, maintenant qu'il n'est plus là, je me dis qu'il aurait apprécié [1]. »

Elle lui en a voulu de ne pas lui avoir parlé de Mazarine. Quand elle a lu *Paris Match*, elle a pensé : « Encore des histoires ! » Mais Danielle lui a dit : « Oui, c'est vrai ! » Et Gilbert lui a répondu, agacé : « Oui, et alors ? Il était comme ça, voilà ! » Elle et sa sœur feront la connaissance de Mazarine lors de l'enterrement. Ce grand-père « pas comme

1. Interview donnée à *Paris Match* un an après la mort de François Mitterrand.

les autres » n'a jamais su dire son amour à ses petites-filles. Mais lorsque Justine faillit perdre la vie dans un accident de voiture, au cours de l'été 1987, le président a à ce point vacillé que certains collaborateurs ont craint qu'il ne démissionne. Avant sa mort, François Mitterrand a connu le compagnon de Pascale, Robbie Page, un champion de surf australien. A Latche, il lui préparait des jus de blé. Mitterrand les buvait, sans penser qu'il s'agissait d'un remède miracle.

Depuis son remariage, Gilbert partage sa vie entre l'Aquitaine, où il est toujours maire de Libourne et vice-président du conseil général de la Gironde chargé des relations extérieures, le poste le moins prenant, Lille, où sa femme donne des cours à la faculté, et Paris.

Lorsque son frère Jean-Christophe est nommé, André Rousselet le prévient : « En devenant conseiller de ton père tu te jettes dans la gueule du loup[1]. » Il n'avait pas tort. On connaît la suite. Convivial, naïf, imprudent, Jean-Christophe copine avec les chefs d'Etat africains qui le tutoient, part à la pêche avec Mobutu, fréquente le fils d'Omar Bongo. Pour les leaders africains, il est le fils du chef français. A Paris, on l'appelle « le petit télégraphiste ».

Pierre Joxe, alors ministre de l'Intérieur, a des informations sur ses fréquentations africaines. Le ministre s'inquiète et s'en ouvre à François Mitterrand avec qui il a toujours eu son franc-parler : « Il faut qu'il quitte vos bureaux. Que pendant quelques années l'un de vos fils ait été votre collaborateur, pourquoi pas ? Mais les années passent. A présent, on le surnomme "Papa m'a dit", ce n'est pas sérieux. Ni pour lui, ni pour vous. » Le président élude : « Je ne comprends pas ce que vous voulez dire, c'est très fréquent… » Joxe réplique : « Il est aussi très fréquent que cela se termine mal ! » Puis il ajoute : « Quant à votre fils, c'est comme si vous jugiez qu'il n'est pas capable de

1. Entretien avec André Rousselet, le 22 novembre 2007.

travailler ailleurs. Ce n'est pas, ce n'est plus un service que vous lui rendez[1]. » Mitterrand paraît troublé par l'argument. Mais il maintient Jean-Christophe dans ses fonctions. Chaque fois qu'on le met en garde contre lui, il le défend.

Mais lorsque les rumeurs d'affairisme parviennent à ses oreilles, il le convoque, lui demande des explications : « Tu as quelque chose à voir avec ça ? — Rien », répond le fils. L'agacement du président est visible. Jean-Christophe parle même de « rupture » entre son père et lui : « Une rupture sans un mot, dira-t-il. Il m'a enfermé dans son silence[2]. » Des blessures qui raniment chez lui celles de l'enfance. Il faudra l'intervention du journaliste Pierre Péan pour que le président se rapproche de son fils. Péan explique au président qu'il a la preuve que François de Grossouvre mène une cabale contre Jean-Christophe pour préserver ses propres intérêts en Afrique.

Quand, en pleine tourmente, François Mitterrand convoque son fils, celui-ci n'en mène pas large. Lorsque son père lui glisse : « Je voulais te dire que je suis très content de ton travail et de la façon dont tu gères la cellule africaine », Jean-Christophe lui répond : « Eh bien, heureusement que tu m'as fait asseoir. C'est bien la première fois en quarante-cinq ans que tu m'adresses un compliment[3]. » Cette réplique en dit long sur l'amertume d'un fils qui s'est toujours vécu comme le mal-aimé sans se demander quelle part de responsabilité pouvait lui en incomber.

Plus tard, Joxe, devenu ministre de la Défense, revient à la charge : « Il faut absolument que Jean-Christophe travaille ailleurs. » Et Mitterrand, soudain désarmé : « Ah ! Vous croyez ! Mais qu'est-ce qu'on peut faire ? C'est vrai, maintenant qu'il est là, il est prisonnier de sa fonction, de moi... On a peut-être eu tort. » Ce dernier « on » fait sourire Joxe, mais le « qu'est-ce qu'on peut faire » l'émeut. C'est le

1. Pierre Joxe, *Pourquoi Mitterrand*, *op. cit.*
2. Jean-Christophe Mitterrand, *Mémoire meurtrie*, *op. cit.*
3. *Ibid.*

désarroi d'un père qui cherche à protéger son fils qui a déjà largement dépassé la quarantaine. Un père qui mettra huit mois à accepter la démission d'un Jean-Christophe devenu pourtant bien encombrant.

François Mitterrand n'a pas toujours su montrer à ses fils qu'il les aimait. Comme Joseph, son père, il est trop pudique, il a trop de difficulté à exprimer ses sentiments. Mais il a toujours veillé sur eux. Lorsque la France fait l'objet de menaces terroristes, il leur impose de coucher à l'Elysée.

Tant qu'il sera là, « on » veillera sur Jean-Christophe. En 1992, ce dernier quitte l'Elysée et devient consultant d'une société installée à Genève, travaillant notamment pour Elf. Fin 1993, il entre à la Générale des eaux avec un salaire mensuel de cent mille francs. C'est cette année-là, un jour d'automne, à Latche, que Jean-Christophe a osé. Il dit à son père : « J'aimerais rencontrer Mazarine. » Comme Mitterrand paraît hésiter, il ajoute : « Ecoute, papa, j'ai 50 ans. Il y a des secrets qui sont ridicules. » Son père finit par lui dire : « Je te donne son numéro de téléphone. » Jean-Christophe : « Ah non ! C'est trop facile. C'est toi qui l'appelles et qui lui demandes ! » Rendez-vous est pris chez Marius et Janette, un restaurant de poissons à l'Alma. Quand Mazarine entre, Jean-Christophe n'a aucun mal à la reconnaître : la ressemblance avec son père et son frère Gilbert est frappante. Entre ces deux enfants blessés, le courant passe, ils seront les derniers à quitter le restaurant.

Mitterrand pressent-il que les ennuis commenceront pour Jean-Christophe lorsque lui ne sera plus là pour le protéger ? A-t-il conscience, à la fin de sa vie, qu'il n'a pas donné assez d'affection à ce fils rebelle ? Qu'il n'a pas su lui montrer qu'il l'aimait, lui qui, à 20 ans déjà, déplorait son incapacité à communiquer ses sentiments ? François Mitterrand, si attentif aux signes, aux gestes symboliques, les multiplie à la fin de sa vie. A plusieurs reprises, il choisit Jean-Christophe comme compagnon de promenade sur le

Champ-de-Mars. Une manière de resserrer les liens avec lui. Le soir de son dernier réveillon à Latche quand, épuisé, il quitte ses invités pour rejoindre sa chambre distante de quelques dizaines de mètres, c'est au bras de Jean-Christophe et de son fils Adrien, alors âgé de 13 ans, qu'il s'appuie pour ne pas glisser sur l'herbe mouillée. D'une main affectueuse le patriarche caresse la tête de son petit-fils. Un geste qui ne lui était pas habituel, qu'il n'a jamais eu pour Jean-Christophe.

Ce dernier revoit son père une dernière fois avenue Frédéric-Le Play. François Mitterrand a choisi de se laisser mourir. Pour rester maître autant qu'il le peut de sa fin comme il a toujours voulu l'être de sa vie. Il ne prend plus ses médicaments, ne s'alimente plus. Allongé, les yeux mi-clos, il dit d'une voix faible ce que son fils veut entendre : il a bien été victime des attaques répétées de François de Grossouvre pour le déstabiliser, le discréditer. Et la dernière phrase du père qui, dans un souffle, lui demande pardon : « Excuse-moi, je t'ai fait beaucoup de mal... » Ces mots de la fin n'effacent pas tout mais ils lui font tant de bien.

François Mitterrand s'éteint trois jours plus tard, le 8 janvier 1996.

Jean-Christophe Mitterrand doit quitter son bureau de la Générale au lendemain même des obsèques de son père. A nouveau se pose la question : que faire ? Il repart en Mauritanie où il devient « consultant international » et travaille au lancement d'une usine de traitement des produits de la pêche.

En 2000, c'est la chute. Le 2 décembre, le juge Courroye vient perquisitionner rue de Bièvre. Le 21, Jean-Christophe est convoqué à la Brigade financière. Il quitte sa mère en lui disant : « A ce soir. » Le soir même, il est mis en examen – nom, prénom du père ? – pour trafic d'armes, trafic d'influence aggravé et recel d'abus de biens sociaux. Il est menotté, livré à une meute de photographes, incarcéré. Il pense à son fils Adrien qui passe son bac cette année. Comment affrontera-t-il le regard de ses camarades ? Souffrira-t-il, comme lui a souffert, jeune adolescent, lorsqu'il a dû subir les quolibets des collégiens au moment de l'affaire de l'Observatoire ? Il passe le réveillon de Noël et celui du Nouvel An en prison. Trois semaines à la Santé. Il est remis en liberté provisoire contre une caution – une rançon, dira sa mère – de cinq millions de francs. Les amis se mobilisent. André Rousselet envoie un chèque d'un million de francs au nom de Danielle. Elle le prend mal, l'interprète comme une défiance vis-à-vis de son fils : il fallait le libeller au nom de Jean-Christophe. Rousselet lui répond : « Les Mitterrand ne sont pas une dynastie. Je fais le chèque à toi que je connais parce que tu as été la femme de mon ami[1]*. » Elle le lui renvoie. Rousselet téléphone à Gilbert qui le remercie mais lui dit qu'ils ont trouvé l'argent.*

Avant même sa sortie de prison, Jean-Christophe accuse le juge Philippe Courroye de faire preuve à son égard « d'une hostilité poisseuse, avec une véritable expression de haine » et de se comporter comme « les juges dans les pays totalitaires[2] *». A travers lui, dit-il, c'est la mémoire de son père qu'on attaque.*

Le fils de François Mitterrand est condamné avant même d'être jugé. Les faits, il est vrai, paraissent accablants. On apprend que Jean-Christophe travaillait pour la société de Pierre Falcone qui sera poursuivi pour trafic d'armes. Qu'il a touché l'équivalent de plus de deux millions d'euros de 1997 à 1999, sur un compte numéroté en Suisse, qu'il n'a pas payé d'impôts en France et qu'il a perçu pendant deux ans les Assedic. « Il n'y a rien là d'illégal, » soutient Jean-Christophe Mitterrand. La justice en décidera. Mais, légal ou pas, son comportement est choquant, scandaleux. En a-t-il seulement conscience, lui qui a fini par admettre avoir été « léger » en ne déclarant pas treize millions de francs au fisc. Léger ? Au-delà d'éventuelles sanctions pénales, a-t-il conscience d'avoir commis une faute morale d'autant plus grave qu'il s'appelle Mitterrand ?

Jean-Christophe est libre. Mais il n'a plus de passeport. Il ne peut plus aller en Mauritanie où il avait investi une grande partie de ses commissions. En son absence, son associé en a profité pour l'escroquer. Danielle doit hypothéquer la maison de la rue de Bièvre pour emprunter trois cent mille euros et sauver l'entreprise de son fils. A plus de

1. Entretien avec André Rousselet, le 26 novembre 2008.
2. Interview donnée au *Nouvel Observateur* le 11 janvier 2001.

cinquante ans, seul, lâché par ses amis, sans ressources, Jean-Christophe est dépressif. Il vit aux crochets de sa mère : « Sans elle, je serais SDF », confie-t-il à Jean Glavany. Voilà qui au moins tord le cou à la légende du « magot de François Mitterrand ». Le fils occupe rue de Bièvre la petite chambre de son père pleine de souvenirs de Jarnac et de Touvent, de photos de famille qui le concernaient si peu. Il n'a osé toucher à rien si ce n'est le lit qui lui paraissait trop inconfortable. Comme si l'ombre de son père l'écrasait encore.

Il aurait pu sombrer. Il avoue avoir eu parfois envie de « dormir pour de bon ». Sa rencontre avec Francesca Brenda, une artiste peintre dont il partage la vie depuis 2002, lui a redonné l'envie de se battre. Mais plus encore peut-être la manière dont sa mère et son frère l'ont défendu bec et ongles. Elle, avec maladresse, lui, sorti de son silence, avec talent. Dans l'adversité, les Mitterrand ont fait bloc. Jean-Christophe n'en est pas revenu : « Ma mère et mon frère se sont engagés d'une manière extraordinaire. Ils m'ont surpris. » Celui qui se définit comme le moins Mitterrand des Mitterrand a eu le sentiment, pour la première fois, peut-être, de faire partie du clan, dont il s'était éloigné lui-même. Au moment où il lui rendait le plus mauvais des services.

La fratrie

Onze fois ministre sous la IVe République, puis trois fois candidat à la magistrature suprême avant de devenir président pour quatorze ans, cet homme, qui a eu plusieurs vies et deux familles, s'est toujours montré disponible pour sa fratrie. Entendue au sens large, « pièces rapportées » ou neveux éloignés compris. Mais aussi pour ses beaux-parents, ses belles-sœurs et ses beaux-frères, pour leurs parents, pour ses neveux et nièces. « A tous, il savait dire des choses qui faisaient plaisir. Toute sa vie, il est resté sentimental », se souvient sa cousine « Lolotte » qu'il a toujours considérée comme une sœur[1]. En famille aussi, François Mitterrand aimait séduire.

C'est de son frère aîné qu'il est le plus proche. Robert est plus grand, plus élégant, plus mondain. Il fréquentera toute sa vie la grande bourgeoisie du 16e arrondissement de Paris, où il habite, et les milieux d'affaires. Jeune marié, alors que François tire le diable par la queue, il est déjà membre du Racing Club de France, à la Croix-Catelan, joue au golf au club très chic de Fontainebleau, monte à cheval à l'Etrier, au bois de Boulogne. L'hiver, il skie à Megève ; l'été, il est à Saint-Jean-de-Luz ou à Deauville. Ses fils commencent leurs études à Sainte-Croix de Neuilly et les poursuivent à Janson

1. Entretien avec l'auteur, le 13 décembre 2006.

de Sailly. Ils sont brillants, beaucoup plus que ceux de François.

Robert fréquente les salons et les dîners en ville que son frère, devenu homme de gauche, fuira. Il se définit lui-même « au carrefour des liaisons internationales, aux frontières des mondanités [1] ». Tout au long des années 1960, il fait partie des habitués qui déjeunent, le samedi, à Saint-Cloud, dans la belle propriété des Vilmorin qui domine Paris. Autour de Louise, un ambassadeur indien, un lord britannique, des joueurs de polo et des pilotes de course automobile argentins, tous fortunés, Jean Jardin, le père de Pascal, le général André Beaufre qui a commandé en Egypte après le coup de force de Nasser, David Lean, Peter Ustinov, Guy Béart. L'été, Robert et sa femme se joignent parfois aux invités de Louise de Vilmorin qui se retrouvent dans la grande maison de Tanger.

Robert voyage beaucoup. Associé pendant cinq ans à Patrice Pelat, l'ami de Résistance de son frère, puis directeur de la Sofremines, une société d'engenering qui travaille pour les Houillères et les mines de fer françaises, il prospecte en Amérique latine, en Afrique, en Asie.

Autant dire que style de vie et carrière professionnelle auraient dû éloigner les deux frères. Au contraire, Robert a répondu presque toujours présent quand François a eu besoin de lui.

Lorsque son cadet devient ministre des Anciens Combattants dans le gouvernement Ramadier, le 22 janvier 1947, il l'appelle aussitôt : « Viens diriger mon cabinet. » Robert réside en Allemagne. Détaché depuis peu de l'administration des Finances, il est secrétaire général du séquestre de la société IG Farbenindustrie, le numéro 1 de la chimie, dans le pays de Bade. Il accourt. Trois jours après sa nomination, le jeune ministre – il a 30 ans – écrit, de sa main, une note de service :

1. Robert Mitterrand, *Frère de quelqu'un*, *op. cit.*

« Monsieur Robert Mitterrand, à compter d'aujourd'hui, 25 janvier 1947, remplira les fonctions de Directeur de mon cabinet. Pendant mon absence, il devra bénéficier de tous les concours pour les affaires à traiter[1]. »

Pour la première fois, l'aîné des Mitterrand est placé, de fait, sous l'autorité de son cadet. Jusqu'alors il avait été le grand frère protecteur, que ce soit l'été chez les petites Anglaises ou à Barrèges avec les scouts du père Dieuzède, un jésuite bordelais, ou encore la première année au collège Saint-Paul à Angoulême. Robert accepte volontiers cette nouvelle situation. « Cela ne change en rien nos rapports fraternels, et la zone interdite que je me dois de respecter n'est que le supplément de ce jardin secret que chacun porte en soi et que, précisément, parents et grands-parents nous ont appris à respecter[2]. »

François Mitterrand succède à un ministre communiste, Laurent Casanova. Il prend ses fonctions sous la surveillance d'un comité de grève. La plupart des directeurs et des chefs de service sont communistes et grévistes. François Mitterrand les suspend aussitôt et menace de faire évacuer les locaux par la police. Le bras de fer commence. Le leader CGT, M. Zimmermann, dit : « En ce qui concerne les sanctions, nous exigeons… » Le ministre le coupe : « Ce n'est pas dans ces termes que je conçois le dialogue entre un ministre et les membres du personnel. Je vous prierais de changer de langage. » L'autre persiste. François Mitterrand : « Je considère la séance terminée. » Il quitte la salle, après avoir prié les contestataires de s'adresser désormais à son directeur de cabinet. Pendant des mois, c'est Robert qui négocie avec les syndicats. En février, François adresse une note à son frère : « Vous convoquerez cet après-midi les secrétaires du syndicat du personnel afin de leur communiquer ceci : “Mes décisions n'ont pas varié. Aucun

1. Note manuscrite de François Mitterrand, archives familiales.
2. Robert Mitterrand, *Frère de quelqu'un*, *op. cit.*

ultimatum n'y changera quoi que ce soit. Vous rappellerez aux représentants du syndicat que j'ai, seul, la responsabilité du ministère et que si je tiens en toutes circonstances à m'entourer d'avis qualifiés, c'est en définitive ma décision qui compte. J'ai pour mission de faire appliquer et respecter la loi[1]." »

Les tensions sociales frisent l'insurrection en novembre 1947, pendant la grande grève des mineurs. Les cadres du ministère cessent le travail, François Mitterrand les suspend à nouveau de leurs fonctions par un arrêté ministériel du 1er décembre. Les grèves cessent à la mi-décembre. Au fil des mois, Robert, puis François finiront par renouer des contacts normaux avec les délégués syndicaux.

Robert gère le ministère. Il a aussi une fonction de représentation auprès des cent cinquante associations d'anciens prisonniers et d'anciens combattants qui tiennent toutes congrès et veulent toutes la présence du ministre ou à défaut celle de son directeur de cabinet qui porte son nom ! Robert sera, pendant trois ans, le bras droit de François, sous cinq gouvernements successifs. Après dix-huit mois passés au ministère des Anciens Combattants, il le suit à l'Information, où il est chargé de la radio, de la télévision naissante, de la presse et du cinéma. Robert préside notamment la « Commission de censure des films », instituée en juillet 1945, par une ordonnance signée de Gaulle et Billoux, le ministre communiste. Il court, chaque semaine, avec Hubert Beuve-Méry, le fondateur du *Monde*, et Paul Delouvrier, le haut fonctionnaire. Il fréquente Hervé Mille, qui lance *Paris Match*, Patrice Blank et Pierre Lazareff qui se disputent *France-Soir*. En 1949, à Cannes, François Mitterrand, après la cérémonie d'inauguration qu'il préside, lui laisse la place, ce qui lui permet de faire la connaissance d'Orson Welles. Fin octobre 1949, Robert est en Amérique latine lorsqu'il apprend la chute du gouvernement. C'est la fin de la colla-

1. Note manuscrite de François Mitterrand, archives familiales.

boration avec François. Une belle carrière de haut fonctionnaire s'annonce pour ce frère de ministre sorti de Polytechnique dans la « botte ». Mais non ! Il préfère se lancer, on l'a vu, dans le commerce international, avec Patrice Pelat.

Lorsque Edith, sa femme, lassée de ses absences, lui annonce qu'elle a décidé de changer de mari, le coup est d'autant plus rude qu'elle s'installe tout près de leur ancien domicile commun, où Robert reste avec ses trois garçons. De sa fenêtre, il peut voir plusieurs de ses amis se rendre à la réception donnée pour le remariage de son ex-épouse. Cette proximité se révélera douloureuse pour lui, pratique pour ses trois fils, Jean-Gabriel, Olivier et Frédéric, qui pourront ainsi se partager entre leur père et leur mère.

François est là, qui aide son frère à traverser cette passe difficile. Il l'invite rue Guynemer, mais aussi dans la Nièvre ou à Hossegor. Robert vient souvent avec ses aînés, Jean-Gabriel et Olivier, à la fois intimidés et fascinés par leur oncle, si simple avec eux, et pourtant déjà célèbre.

Lorsqu'il rentre de ses voyages lointains, Robert passe des heures avec son frère. Ils marchent dans Paris, parlent politique, littérature – comme lorsqu'ils avaient 20 ans – et religion. Tous deux se sont éloignés du catholicisme et de Dieu. Robert en est plus désolé que François. Il se console en constatant que dans sa famille cet éloignement est sensiblement inférieur à la moyenne nationale ! A Hossegor, Robert pratique le golf – François s'y mettra un peu plus tard –, le tennis où il joue en double avec son frère et avec Roger Cazes, le patron de la brasserie Lipp.

Quand Robert apprend l'attentat commis contre François, près des jardins de l'Observatoire, le 16 octobre 1959, il est à Oviedo, en Espagne, où il visite des bassins miniers. De retour à Madrid, le 20, ses amis lui manifestent leur sympathie : son frère a heureusement échappé à un terrible attentat ! Mais le 23, toujours à Madrid, il est accueilli fraîchement par le directeur adjoint de la SNCF avec qui il a rendez-vous : « Mon cher Robert, il y a des choses qui ne se font pas dans la vie ! Je viens d'avoir Paris au téléphone et j'apprends que l'attaque survenue la semaine dernière, dans les jardins de l'Observatoire, était un attentat monté de toutes pièces par votre frère lui-même [...] Je trouve cela honteux ! » Robert accuse le coup – « Je voudrais être à cent pieds sous terre » – et murmure : « Cela me paraît impensable, je suis désolé ! » Et il ajoute tout bas pour lui-même : « Ce n'est pas possible, François n'aurait jamais commis un tel acte[1]. »

De Barcelone, étape suivante de sa visite professionnelle, il réussit à joindre son frère qui paraît heureux de son appel. A son arrivée à Paris, Robert prend la mesure des dégâts en donnant quelques coups de téléphone : sa sœur, Colette, et les amis Dayan décrivent un homme prostré, au bord des larmes, la tête entre les mains, répétant : « Tout ce travail pour rien, tout ça pour rien ! » Pendant quelques jours, ses proches craignent même qu'il ne se suicide.

Pourtant, arrivé rue Guynemer le lendemain, Robert découvre un François blessé, certes, mais déterminé. La démarche de Pesquet qui, à la requête de Michel Debré, demande la levée de son immunité de sénateur, lui a redonné l'envie de se battre[2]. Toute la fratrie fait front. Geneviève, proche du garde des Sceaux, Edmond Michelet, adversaire farouche de Mitterrand, tente de le convaincre de la bonne foi de son frère. En vain. A Jarnac, Philippe fait le tour des relations familiales : « François a été abusé. » Il en est tellement convaincu que beaucoup le croient. Jacques, le militaire, est le plus mal à l'aise. Voilà pourquoi c'est à Georges Dayan qu'il téléphone : « Je présume dans quel état doit être

1. Robert Mitterrand, *Frère de quelqu'un*, *op. cit.*

2. Cette levée d'immunité est votée par le Sénat. Mitterrand est même inculpé, mais la justice, curieusement, ne donne pas suite. En fait, il est tombé dans un traquenard. Le député gaulliste devenu poujadiste, Robert Pesquet, reconnaîtra avoir agi sur ordre de Michel Debré pour « exécuter moralement » un adversaire jugé dangereux.

mon frère. Où puis-je le rencontrer discrètement ? » Autrement dit, sans être vu ! Dayan lui répond : « Le seul endroit où vous pouvez avoir confiance en tout le monde, c'est chez lui, 4 rue Guynemer. » Jacques finira par s'y rendre...

Au cours de ces années 1950, Robert se définit à la fois comme un père exigeant, qui surveille de près l'éducation de ses fils, un ingénieur passionné par ses négociations à l'étranger, un célibataire qui aspire à fonder un nouveau foyer. Son fils, Olivier, alors âgé d'une douzaine d'années, ne lui avait-il pas dit un jour : « Papa, vous devriez vous remarier ! » Il suivra son conseil. Le 8 septembre 1960, à la mairie du 16e arrondissement, il épouse Arlette Paris, divorcée, comme lui, et mère d'une petite Catherine que Robert considérera comme sa fille. Le couple aura un fils, Maxime, qui, comme son père, comme ses demi-frères, sera un brillant élève.

Pendant plus de trente ans, Robert sera un témoin privilégié, parfois un acteur au côté de son frère. En 1965, il lui organise une rencontre discrète avec Antoine Pinay. Il a parcouru le monde, dans le cadre de ses activités professionnelles, avec l'ancien président du Conseil et il est devenu son ami. La droite antigaulliste et, en sous-main, le socialiste Guy Mollet poussent celui qu'on appelle « l'homme au chapeau rond » à être candidat contre de Gaulle. François Mitterrand le convainc qu'il n'a aucune chance d'être au second tour. Son remplaçant, Jean Lecanuet, est beaucoup moins dangereux pour Mitterrand parce que la droite antigaulliste ne vote pas pour un européiste, ni la SFIO pour un « tala », un catholique pratiquant.

En 1966, Robert, en désaccord avec son président, Pierre Signard, qui est devenu son beau-frère, quitte la Sofremines et prend une année sabbatique. Il en profite pour préparer le premier voyage politique de son frère aux Etats-Unis, en novembre 1967. La même année, à la demande de François qui préside la Fédération, Robert est candidat de la FGDS, aux législatives, en Corrèze, contre un parachuté nommé Jacques Chirac. Pour gagner, Robert doit devancer le candidat communiste, solidement implanté, au premier tour. Il échoue et Chirac l'emporte au second.

Avant chaque grand rendez-vous politique, Robert est là. En avril 1979, il participe, avec quelques fidèles, aux réunions que François organise chaque matin, rue de Bièvre, pour préparer le congrès de Metz qui l'opposera à Rocard et à Mauroy.

Le 10 mai 1981, avant 20 heures, François, que les estimations donnent vainqueur, s'est enfermé dans sa chambre de l'hôtel du Vieux Morvan, à Château-Chinon. Il rédige la déclaration qu'il lira tout à l'heure. Dans les pièces voisines, chacun tue le temps comme il peut. Personne n'ose importuner le futur président. Seul Robert le rejoint. Il entre doucement, sans bruit, sans dire un mot. François, sans se retourner, sait que c'est lui. Il est le seul, ici et maintenant, à pouvoir rompre ainsi sa solitude. Robert est frappé par le silence qui règne dans la pièce, alors que déjà une foule bruyante se presse dehors, devant l'hôtel. Ce silence lui rappelle celui des soirées d'été, à Jarnac ou à Touvent, lorsque chacun était plongé dans sa lecture. Debout, derrière François, il s'interroge. A quoi, à qui pense-t-il, ce frère, si proche de lui et cependant toujours secret et personnel ? A leurs parents, à coup sûr.

Quand François a fini d'écrire le texte de sa déclaration sur une feuille blanche qu'il plie et enfouit dans sa poche, il lève la tête en direction de Robert et lui sourit. Avant d'ouvrir la porte, il embrasse son frère. Sans un mot. Plus tard, Robert dira : « Chez nous, on se parle sans se parler. »

Robert qui, selon son expression, s'était « habitué à être frère de quelqu'un », se retrouve frère du président de la République. Dès la fin du mois de mai 1981, François l'envoie à Brasilia, où il a beaucoup travaillé et noué des relations. Robert rencontre notamment le président João

Figueiredo, pour l'assurer, au nom de son frère, que le Brésil n'a rien à craindre d'un président de gauche et encourager les Brésiliens à acheter d'autres Airbus.

En juin, atteint par l'âge de la retraite, Robert quitte, comme prévu, la Compagnie générale d'électricité. Ce qui oblige son président, Ambroise Roux, le parrain du patronat français, adversaire déclaré de la gauche, et lui-même, à faire preuve de beaucoup de diplomatie pour leurs allocutions.

Robert reprend ses activités d'ingénieur conseil et multiplie à nouveau les voyages hors de France. La presse, qui connaît ses relations avec les grands patrons, en France et à l'étranger, voit en lui « l'homme de liaison du président avec les milieux d'affaires, l'avocat de François Mitterrand dans la haute bourgeoisie. » Pas toujours à tort. Lorsqu'il est à Paris, Robert, chaque mercredi ou presque, avant le Conseil des ministres, prend son petit déjeuner avec François. « Je voyais bien, alors, que son plaisir était aussi grand que le mien », constate-t-il, enchanté. A-t-il parlé d'Anne et de Mazarine à ce frère, si proche ? En tout cas, il ne les lui a pas présentées. Le hasard les réunit dans un restaurant parisien. François dit simplement à Robert : « Voilà mes deux femmes [1]. » Il lui promet d'organiser un déjeuner avec elles. Il n'aura jamais lieu.

Avec sa sœur cadette, Geneviève, François a partagé, au cours de leur enfance et de leur adolescence, la même ferveur religieuse, la même passion pour les livres et pour l'écriture. L'étudiant parisien confie volontiers ses états d'âme à sa jeune sœur restée à Jarnac, dont il connaît la sensibilité. Le 5 mars 1938, il lui écrit : « J'ai l'impression que j'ai précisément besoin de me concentrer pour ne pas perdre le fil et être le jeu de l'extérieur. Tout se résume à ceci : gagner ou perdre. On ne reste jamais stationnaire. Car

1. Ariane Chemin, Géraldine Catalano, *Une famille au secret*, *op. cit.*

ne pas bouger, c'est commencer à perdre. » A Geneviève, qu'il juge trop réservée, il conseille, le 4 décembre de la même année, de se battre : « Ou on vit dans le monde, ou on vit hors de lui. Si on ne le rejette pas, il faut savoir l'accepter. Il faut vouloir le conquérir. En lui coexistent le bien et le mal. Mais tu connais la parabole : à vouloir l'ivraie on saccage le blé [1]. »

Comme en témoigne son échange de lettres avec Dayan, Geneviève s'inquiète pour son frère quand Béatrice rompt leurs fiançailles. Lorsque François lui présente Danielle, ainsi qu'à la famille, elle craint qu'entre les deux jeunes gens il s'agisse d'un coup de tête plutôt que d'un coup de foudre et qu'ils ne soient pas vraiment faits pour vivre durablement ensemble.

Tout au long de sa vie, Geneviève s'inspirera de l'exemple de ses parents, de sa mère notamment qui lui a communiqué sa foi indéfectible, et se comportera toujours en chrétienne. Très jeune, Geneviève milite à l'Action catholique. A 18 ans, alors qu'elle a la responsabilité de la maison de Jarnac, elle effectue régulièrement, par tous les temps, le trajet Jarnac-Angoulême – 25 kilomètres – ou Jarnac-Cognac – 15 kilomètres – à vélo, pour participer aux réunions de l'ACI, l'Action catholique indépendante.

Le 19 juin 1942, à 22 ans, elle épouse Eugène Delachenal, un polytechnicien ami de son frère Robert, fils d'une famille de la grande bourgeoisie savoyarde. Député de Chambéry, le père d'Eugène est professeur de droit à l'Institut catholique. Sa mère, née Montgolfier, est une descendante directe de l'inventeur du ballon à air chaud.

Eugène et Geneviève emménagent dans un appartement de 80 mètres carrés, avenue de Suffren, à Paris. Tous deux militent dans des associations catholiques. Elle exerce rapidement des responsabilités nationales à l'ACI. Lui est

1. Franz-Olivier Giesbert, *François Mitterrand ou la tentation de l'Histoire*, *op. cit.*

président de l'Union des ingénieurs catholiques, qui se reconnaissaient dans les idées du Sillon, où militait le grand-oncle de Geneviève, Robert Lorrain.

En 1954, le couple quitte l'appartement de l'avenue de Suffren, devenu trop petit à cause de leurs six enfants – cinq filles et un garçon – et emménage dans 300 mètres carrés, rue Georges-Berger, face au parc Monceau. Eugène vient d'entrer à la Banque européenne d'investissements de Bruxelles quand le drame se produit. Cet alpiniste expérimenté disparaît le 12 août 1958, emporté par une avalanche. Sa dernière fille, Claude, est baptisée le lendemain de son enterrement.

Comme son frère François, Geneviève ne se plaindra jamais. Et elle veillera à ne jamais dépendre de personne. Cette autodidacte, très cultivée, douée d'une mémoire exceptionnelle, animée d'une grande curiosité, est une hyperactive qui dort peu et travaille beaucoup. Elle collabore d'abord à une association qui accueille les jeunes étrangers. Puis elle entre chez Bayard Presse, qui regroupe des journaux catholiques, où elle crée le service de relations publiques, en 1969. Au sein du groupe, peu de gens savent qu'elle est la sœur de François Mitterrand. Sauf, bien sûr, les journalistes politiques de *La Croix*. Quand d'autres journaux mettent son frère en accusation, elle déboule dans le bureau du responsable, Dominique Gerbaud : « Vous, les journalistes, vous ne comprenez rien[1]. » Mais, en seize ans, elle n'a jamais exercé une seule pression... ni donné une seule information !

Parallèlement à sa vie professionnelle, Geneviève, qui a inscrit ses cinq filles au collège Madeleine-Daniélou, milite dans des associations féministes et catholiques. Comme François, elle a l'esprit de famille. Quand Philippe, ou Colette, restés à Jarnac, viennent à Paris, elle les héberge dans son appartement dont elle loue deux chambres à des

1. Entretien avec l'auteur, le 25 juin 2008.

étudiantes américaines. Chaque année, elle reçoit toute la fratrie. Un déjeuner réunit les frères et sœurs Mitterrand avec leurs conjoints. L'après-midi, tous les cousins sont conviés, au total deux cents personnes environ.

Lorsque François Mitterrand devient président de la République, elle démissionne du groupe Bayard. La direction organise un pot pour son départ. *Minute* ironise sur cette presse catholique qui fête l'élection du socialiste François Mitterrand !

Le jour de la prise de fonction officielle de son frère à l'Elysée, elle découvre que seuls les trois frères Mitterrand ont reçu des cartons d'invitation. Elle se fâche, obtient que ses trois sœurs et Lolotte soient également de la partie, mais, pour marquer sa réprobation, elle refuse de venir.

Désormais, Geneviève se consacre, à plein-temps, à ses activités de militante catholique, pro-européenne et féministe. Elle devient présidente du Mouvement européen des femmes, où elle côtoie Simone Veil et Catherine Lalumière ; prend des responsabilités à l'ACI et à l'Union féminine et sociale. Elle lance, en Ile-de-France, l'association « Jusqu'à la mort, accompagner la vie », qui s'insérera dans la Fédération des soins palliatifs. Elle s'oppose à Léon Schwarzenberg et parvient à faire bloquer sa loi sur l'euthanasie.

A l'occasion du conflit de l'école, elle joue un rôle d'intermédiaire dans l'ombre de son frère. A la fin de l'année 1982, après plusieurs mois de négociations, Alain Savary ébauche le principe d'« un grand service public unifié et laïque de l'Education nationale ». Les établissements privés devront se soumettre aux normes communes. C'est l'une des promesses phare du candidat Mitterrand, la 90e de ses « 110 propositions ». Les catholiques estiment que la loi en préparation équivaut à la mort de nombreux établissement confessionnel. Ils mobilisent. Les manifestations, aux allures de croisade, se succèdent, toujours plus massives, plus déterminées.

Geneviève, proche du cardinal Lustiger et du chanoine Guiberteau, tente de dissuader son frère de poursuivre la réforme. A plusieurs reprises, Roland Dumas est témoin de ses irruptions, rue de Bièvre ou à l'Elysée : « François, tu ne peux pas faire ça. Pense à nos parents, à l'éducation qu'ils nous ont donnée, pense à l'abbé Marcellin qui t'a appris le latin. » Chaque fois, François la rassure : « Ne t'inquiète pas, laisse-moi faire ! » Des sept frères et sœurs du président, elle est la seule qui s'autorise à débouler ainsi, chez lui, ou dans son bureau de l'Elysée. Même Robert se fait annoncer. Elle est aussi la seule à lui reprocher de fréquenter certains amis qu'elle juge infréquentables : « Tu devrais te méfier, c'est dangereux pour toi, tu es président de la République. » Il lui répond, sur un ton sans appel : « Ce sont mes amis ! »

Geneviève adore François. Elle est fière de lui et elle le défend, même, et c'est souvent le cas, lorsqu'elle est en désaccord avec lui. Elle cherche à persuader ses amis catholiques que son frère ne veut pas la mort de l'enseignement confessionnel et qu'ils doivent lâcher du lest.

Le 2 juin 1983, Mitterrand tente de dédramatiser. Il n'entend pas, dit-il, remettre en question la liberté ou le choix des parents : « Je ne veux aucune contrainte, surtout dans un domaine de cette importance vitale. Ma philosophie personnelle et profonde, qui sera la mienne jusqu'à mon dernier souffle, c'est le respect des consciences. » En privé, plus prosaïque, il dit à ses amis laïques : « Vous ne pouvez pas empêcher les parents d'offrir une deuxième chance à leurs enfants avec l'école privée. »

C'est au domicile de Geneviève que se sont déroulées, dans le plus grand secret, les premières négociations entre Pierre Daniel, le président des Associations de parents d'élèves, et le chanoine Paul Guiberteau, et les collaborateurs d'Alain Savary, le ministre de l'Education nationale. C'est chez elle encore, en novembre 1983, que François

Mitterrand rencontre discrètement Mgr Vilnet et Mgr Lustiger, le moins ouvert au dialogue, et leur dit : « Je ne laisserai pas étouffer l'enseignement privé. » Au début de 1984, il se sépare de son conseiller pour l'éducation jugé trop « laïcard ». Il le remplace par une jeune femme, Michèle Gendreau-Massaloux. Elle est recteur d'Orléans-Tours, où elle entretient de bonnes relations avec les laïques, les syndicats d'enseignants et l'archevêque de Tours, Mgr Honoré. François Mitterrand lui dit : « Occupez-vous de la loi Mauroy qui ne passe pas. Il faut la réécrire et regarder plus loin que les partenaires de Savary. » Puis il rajoute : « Si vous voulez comprendre, adressez-vous à ma sœur[1]. »

Michèle Gendreau-Massaloux sympathise avec Geneviève. Elle découvre une femme de caractère, attachée à la transmission des valeurs qui lui ont été inculquées par ses parents. Elle découvre aussi que sa famille et celle des Mitterrand ont un point commun : des ancêtres dans deux villages de la Vienne, près de la Charente, Sérilhac et Feytiat. L'arrière-grand-oncle de Gendreau-Massaloux, Marcel Villouturex, agrégé de grammaire, spécialiste de patois limousin, auteur d'une *Grammaire de la langue d'oc*, celle des troubadours, a été le voisin de chambre de François Mitterrand au 104.

Geneviève, toujours vêtue de robes noires à pois blancs ou de robes blanches à pois noirs, aide la conseillère de son frère dans ses rapports avec Mgr Lustiger, les jésuites, le chanoine Paul Guiberteau, Pierre Daniel. Elle ne cesse de répéter à François : « Il faut que l'enseignement catholique puisse vivre. » Michèle Gendreau-Massaloux comprend que les efforts d'Attali et de Savary pour rédiger une loi acceptable par tous, sont vains. La hiérarchie catholique – soutenue par la droite et l'extrême droite qui accusent les socialistes d'être « liberticides » – veut, en fait, le *statu quo* et rien d'autre. Peut-être aurait-elle fini par accepter le projet de loi

1. Entretien avec l'auteur, le 6 mai 2008.

équilibré échafaudé sur recommandation de l'Elysée. Mais trois amendements nocturnes des « laïcards » du groupe socialiste à l'Assemblée nationale rendent le texte inacceptable, même pour les catholiques modérés, et jettent plusieurs centaines de milliers – deux millions, diront les organisateurs – de manifestants dans la rue, fin juin, à Versailles.

Le 5 juillet, à l'hôtel de ville du Puy-en-Velay, Mitterrand répond vertement au discours du maire qui l'accuse quasiment de vouloir tordre le cou à la liberté. Ensuite, il s'entretient en tête à tête avec l'homme fort du département, le démocrate chrétien Jacques Barrot. Chacun reste sur ses positions, le président défendant encore sa loi, sans les amendements socialistes. Barrot dira : « J'ai quand même eu le sentiment de parler avec un catholique. »

Mitterrand comprend que la situation est bloquée, que la France risque d'être brisée en deux. Il dit à Michel Charasse : « Je ne veux pas qu'elle se casse. » Le Sénat ayant demandé un référendum qui est constitutionnellement impossible sans révision de la Constitution, Mitterrand invente le référendum sur le référendum, qui enterre, en fait, la loi. On connaît la suite : le départ de Mauroy, la nomination de Laurent Fabius, l'habileté du nouveau ministre de l'Education nationale, Jean-Pierre Chevènement, à enterrer la guerre de l'école.

Geneviève aura une influence, décisive cette fois, à la mort de son frère. « Une messe est possible », a écrit François Mitterrand dans son testament, rédigé le 10 septembre 1992, à la veille de son opération qui révélera sa maladie aux Français. Mais Danielle n'en veut pas. Geneviève réussit à imposer un office religieux à Jarnac, dans cette église Saint-Pierre où son frère et elle ont été baptisés. Elle avait même prévu une grand-messe, mais André Rousselet, le légataire testamentaire, a convaincu le curé de Jarnac qu'un office plus léger correspondait mieux à la formule, très mitterrandienne, de François Mitterrand : « Une messe est possible. » Qu'importe ! L'essentiel, pour Geneviève, est que son frère soit enterré comme un chrétien. Elle confiera au journaliste Dominique Gerbaud : « Vous ne pouvez pas savoir le combat que cela a été. Vous ne pouvez pas imaginer à quel point cela a été dur. » Ce combat-là, pour elle, était essentiel : elle a toujours considéré que les préoccupations métaphysiques de son frère demeuraient. Pour elle, à sa manière, presque malgré lui, François restait croyant, fidèle à l'éducation de ses parents.

Avec Geneviève, François Mitterrand évoquait souvent la famille, Jarnac et Touvent. Mais il ne lui a jamais parlé d'Anne et de Mazarine. Sans doute parce que, connaissant les convictions religieuses et la conception de la famille de sa sœur, il savait qu'elle éprouverait de la peine et qu'elle le désapprouverait. Lorsque Geneviève apprendra, par la presse, comme tout le monde, l'existence de Mazarine, elle fondra en larmes. Elle en voudra à son frère de ne lui avoir parlé ni d'Anne, ni de sa fille. Mais elle lui pardonnera vite... comme toujours.

Les trois autres sœurs savaient depuis longtemps. François Mitterrand présente d'abord Anne Pingeot à Marie-Josèphe. C'est une femme libre, affranchie des traditions familiales. Elle a quitté le marquis de Corlieu, qui la maltraitait, a vécu avec Jean Bouvyer, l'ancien cagoulard, qu'elle voulait épouser, s'est remariée avec Jean Wegmann, le 14 avril 1955, à Nabinaud. « Wegmann, Wegmann ! C'est pas un nom, ça ! », disait-elle.

Elle décrit ainsi ce second mari, un Alsacien, ancien officier de cavalerie : « Un grand buveur qui tenait remarquablement l'alcool mais qui devenait désagréable avec moi lorsqu'il avait bu. Il disait : " La marquise n'est pas contente ! " C'était un phallocrate fini. Il proclamait volontiers que les femmes sont des êtres inférieurs[1]... » Ceux qui ont côtoyé le couple se souviennent au contraire d'un homme charmant qu'elle menait par le bout du nez. Et à qui elle devait tout. C'est lui qui l'avait fait entrer à la radio où elle a travaillé, lui qui écrivait ses textes !

Lorsque, en 1958, elle a découvert la maison de Mérindol-les-Oliviers, elle était en ruine. Elle a remonté les murs, les poutres de la charpente : « On est très fort physiquement chez les Mitterrand. »

Marie-Josèphe se rapproche encore de Gordes lorsqu'elle emménage à Vaison-la-Romaine. François et Anne y viendront souvent. Anne s'amuse à écouter le frère et la sœur réciter des poèmes en patois charentais. Marie-Josèphe est sympathique, drôle, chaleureuse. Avec elle, Anne peut parler peinture, dessin, littérature. Marie-Josèphe a connu Géraldy, Carpeaux, André Maurois. Blaise Cendrars lui a commandé des illustrations : « J'étais sa meilleure amie. Il me sortait... en tout bien tout honneur. » Elle montre ses carnets de croquis, le portrait de François peint avant la guerre, long jeune homme à l'œil sombre. Comme lui qui l'appelait la « panthère noire », elle ne porte jamais de montre.

Après l'élection de son frère, en 1981, Marie-Josèphe tente un come-back artistique et médiatique. Elle expose ses toiles dans une galerie parisienne. Mais il ne suffit pas d'être la sœur du président pour avoir un vrai talent ! Lorsqu'elle vient à Paris, elle vit à l'Elysée. François lui a fait aménager une chambre dans les combles du palais, au-dessus de l'appartement présidentiel. Colette et Antoinette en profiteront, elles aussi. Marie-Josèphe se plaît à l'Elysée, même si elle se plaint de ne pas voir son frère assez souvent. A la fin de son second mandat, le président disait en riant à ses collaborateurs : « C'est mon successeur qui héritera de ma sœur ! » Ou encore : « Il ne faut pas que je l'oublie en par-

1. Entretien donné au *Quotidien de Paris*, le 11 novembre 1982.

tant ! » Avant la passation des pouvoirs entre son frère et Jacques Chirac, on prévient Marie-Josèphe qu'elle va devoir quitter les lieux Elle s'étonne : « Pourquoi partir ? Moi, je l'aime bien, monsieur Chirac ! »

François présentera aussi Anne à sa sœur Colette. Lorsqu'ils étaient enfants, à Jarnac, il était très proche d'elle. Ils étaient tous les deux à la fois les plus calmes et les plus obstinés. On les surnommait les « doux entêtés ». Comme François, contrairement à Geneviève ou à Philippe, Colette aime la maison de Jarnac. Elle y vit pendant toute la guerre, son mari, Pierre Landry, étant prisonnier cinq ans en Allemagne. Comme Robert, plus que Robert, elle a souvent vécu loin de la métropole. Jeune mariée, elle a suivi son époux, militaire, en Algérie, puis, lorsqu'il démissionne de l'armée, après la guerre, ils deviennent cinéastes-conférenciers. Ils quittent tout, même leurs enfants, pour courir le monde. A la mort de Pierre Landry, le 8 juin 1957, à Madagascar, où il est enterré, elle continue, seule, les conférences. Mais, comme sa mère, elle souffre d'une maladie cardiaque. Opérée à cœur ouvert au début des années soixante, c'était alors une opération peu fréquente et à haut risque, Colette doit désormais mener une vie sédentaire. Elle entre au service culturel du ministère des Affaires étrangères : elle sélectionne les films envoyés dans les Alliances françaises. Elle y travaillera jusqu'à sa retraite. En dehors des mois d'été où elle est à Jarnac, dans la maison familiale qu'elle a rachetée à ses frères et sœurs, elle habite, avec sa fille aînée, Marie-Pierre, dans un ensemble HLM, rue de Picpus, à Paris, construit à la Libération. Elle ne s'est jamais remariée. Après la mort de son mari, comme sa grand-mère, Maman Ninie, elle s'est toujours vêtue de noir. Comme ses parents, elle est restée très pratiquante. Comme Geneviève, elle est proche de François, elle l'admire. Comme elle, elle s'intéresse à la politique. Mais Colette est plus douce, plus tolérante, c'est pourquoi François n'a pas hésité à lui présenter Anne.

Antoinette, l'aînée, connaîtra aussi Anne, mais seulement une fois veuve. Elle n'a jamais eu la vie facile. Non seulement son mari, Fernand Ivaldi, a été condamné à la Libération, mais il la battait. Elle a fini par divorcer, ce qui n'allait pas de soi dans la famille. Elle a perdu son fils Michel, mort jeune, aux Etats-Unis où il était parti vivre. Son second mariage, sur le tard, avec Pierre Signard, a été plus heureux. Lorsque ce dernier est parti à la retraite, au milieu des années soixante, ils sont allés vivre dans le Midi. Avant de quitter Paris, ils ont donné une grande fête. Toute la fratrie était présente, sauf François, absent de France. Les voisins se sont plaints : trop de bruit. C'est Jacques qui accueille les policiers. Très pète-sec : « Dites à vos supérieurs que le général Mitterrand est là et qu'il s'amuse. » La fête a continué. Antoinette, qui a l'esprit large, recevra volontiers Anne dans sa belle maison du sud de la Drôme. Elle sait la place qu'elle tient dans la vie de son frère François.

Si Robert est le frère le plus proche, le plus complice, Philippe est le plus aimé. François retrouve chez lui des vertus de son père, tempérées par une grande bonhomie. Il aime la qualité de son accueil, l'ambiance chaleureuse qui règne dans son foyer. Enfant, Philippe a souffert d'être tenu à l'écart par ses frères : trop petit pour jouer avec eux, pas assez âgé pour être dans les classes des grands en même temps qu'eux, à Angoulême. Il n'a que treize ans quand sa mère meurt. Adolescent, il a peur de l'échec, peur de ne pas être à la hauteur de ses frères, si brillants. Il voulait être vétérinaire, mais la guerre en a décidé autrement. Joseph, son père, est malade, et il doit l'aider à faire tourner la vinaigrerie. En mars 1943, il est raflé pour le STO et envoyé à Hambourg, puis transféré en Autriche. Neuf mois plus tard, il obtient une permission pour venir au chevet de son père et « oublie » de rejoindre son poste. Le 1er mai 1944, il épouse Jacqueline Richard, à Bourg-Charente. C'est la fille d'une vieille famille charentaise, très respectée, et très fidèle, comme les Mitterrand, à la tradition catholique. Une union qui comble Joseph. Jacqueline s'installe rue Abel-Guy, à Jarnac. C'est elle qui fait tourner la maison des Mitterrand.

A la mort de Joseph, le 5 mai 1946, la cousine Lolotte – assistée, les deux premières années, de Jean Munier, le camarade de Résistance de François caché à Jarnac sous l'Occupation – dirige la vinaigrerie. Philippe, lui, part travailler avec son beau-père qui possède une propriété viticole à Bourg-Charente, à quelques kilomètres de Jarnac. En 1952, il succède à Lolotte. La vinaigrerie connaît des difficultés financières et Philippe doit faire appel à son beau-frère, Eugène Delachenal, le mari de Geneviève, et à ses relations dans les milieux bancaires, pour sauver l'entreprise. Jacqueline ayant hérité des vignes et de la distillerie de cognac de son père, Philippe les exploite.

Comme François, Philippe aime les arbres et les chiens. Il possède un élevage d'une soixantaine de chiens de chasse, recrée des races disparues. Chef de meute, il chasse le lièvre à courre. Lieutenant de louveterie, il chasse aussi le loup et le sanglier et collectionne les ouvrages de vénerie. Il préside l'Association des colombophiles de Charente. Maire de Saint-Simon, une commune de deux cent cinquante habitants, il organise des repas de chasse. En 1984, il invite cinq cents personnes dans sa propriété. Chaque 14 juillet, il fait tirer un feu d'artifice, le deuxième de la Charente, après celui d'Angoulême. On y accourt de toute la région.

Quand François Mitterrand vient à Saint-Simon, il se promène sur les berges de la Charente, ou dans les vignes, goûte le calme de la grande maison de Philippe, assis près de la cheminée, dans le grand fauteuil tendu de velours rouge. Ce frère fidèle à ses racines, à la terre de ses parents, n'est-il pas le plus sage, le plus heureux ? A chacune de ses visites, ou presque, François dit à Philippe : « Vous êtes bien ici, hein ? » Comme s'il voulait s'assurer que son frère avait conscience d'avoir fait le bon choix en restant au pays.

Lorsque les intempéries menacent la vigne, le gel de 1982 notamment, il téléphone aussitôt, et à plusieurs reprises. Chaque fois qu'il le peut, il est présent pour les baptêmes et les mariages. Le 3 juillet 1982, lorsque sa nièce, Sophie, la fille de Philippe et de Jacqueline Mitterrand, épouse Dominique Lavena, le fils du maire de Bassac, « oncle François » est là, sans protocole. La cérémonie a lieu dans l'église romane du XIe siècle, qu'il visite à chacun de ses déplacements en Charente, et dont il connaît la particularité, cette inscription datant de la Révolution, sur le porche : « Le peuple français reconnaît l'être suprême et l'immortalité de l'âme[1]. »

Quand Philippe meurt, le 13 mai 1992, au Val-de-Grâce, à Paris, des suites d'un cancer de la prostate, comme son père, François est profondément affecté. Avant cette disparition, il disait souvent, à 71 ans : « Nous sommes huit frères et sœurs, tous vivants ! Tous, vous vous rendez compte ! » Comme si cette robustesse des Mitterrand était la garantie de sa propre longévité.

Quatre mois après, le 11 septembre, François Mitterrand est à son tour opéré d'un cancer de la prostate. Cinq jours plus tard, à sa sortie de l'hôpital Cochin, la France découvre que son président est gravement malade. Lui l'a appris dès l'automne 1981, peu après son élection, mais il a bénéficié d'une longue rémission. Il mourra quatre ans plus tard, le 8 janvier 1996, dans sa quatre-vingtième année. Six frères et sœurs lui survivent : Marie-Josèphe disparaît le 1er juin 1997, à 85 ans ; Antoinette, le 28 août 1999, à 90 ans ; Robert, le 9 septembre 2002, à 85 ans ; Colette, le 16 août 2004, à 90 ans ; Geneviève, le 17 novembre 2006, à 87 ans.

---

1. Vincent Rousset, *François Mitterrand et les Charentes*, *op. cit.*

Jacques, le dernier en vie, 90 ans, est, après François, l'enfant de Joseph et d'Yvonne Mitterrand qui a réussi le plus beau parcours. Il est aussi celui qui, avec Geneviève et Philippe, est resté le plus fidèle aux valeurs traditionnelles chères à leurs parents. Jeune, il est allé, selon son expression, de saint en saint : le collège Saint-Paul, à Angoulême, le lycée Saint-Louis, à Paris, pour préparer Saint-Cyr. Il a toujours voulu se mesurer à ses frères aînés : « Il y avait peu de militaires dans ma famille. En fait, j'ai pensé à cette hypothèse dès mon adolescence, avec peut-être l'arrière-pensée de me personnaliser par rapport à mes frères, Robert ayant choisi Polytechnique, et François la faculté de droit et Sciences Po. Ainsi, chacun de nous a suivi sa propre voie : l'armée, les affaires, la politique », explique-t-il dans un entretien de six pages accordé à *L'Expansion* en décembre 1977. L'ordre dans lequel il cite les trois activités révèle son échelle des valeurs.

Enfant, il est le compagnon de jeu de François, à Touvent, où il passe plus de la moitié de l'année. Etudiant à Paris, il sort presque exclusivement avec ses deux frères aînés. Comme eux, il est brillant, pudique, peu démonstratif, il a de l'autorité et l'esprit de clan. Il faudra la guerre pour les séparer. Jacques parvient à rejoindre Alger. Il participe aux combats aériens et aux bombardements des campagnes d'Afrique du Nord, d'Italie, de France et d'Allemagne. Promu capitaine à 28 ans, il est cité à quatre reprises à l'ordre de l'armée, reçoit la Croix de guerre 1939-1945.

Alors que François est ministre de la IVe République, Jacques participe, dès l'origine, à la mise sur pied des forces nucléaires françaises. En 1968, quand François se porte maladroitement candidat à la succession du général de Gaulle, Jacques se félicite que l'« armée ait tenu ». Dans la foulée, il est promu général de division aérienne.

Puis il accède au commandement de la Force aérienne stratégique, c'est-à-dire des bombardiers, des Mirage 4 et des missiles nucléaires du plateau d'Albion. De Gaulle dira : « Très bien ! L'un bâtira ce que l'autre combat. »

En 1975, à 57 ans, Jacques Mitterrand devient inspecteur général de l'Armée de l'air. L'année suivante, mis en congé du personnel navigant, il est nommé, sous Giscard, P-DG de la SNIAS, la Société industrielle de l'Aerospatiale – Concorde, Airbus, engins spatiaux, missiles – qu'il redressera. Autant dire qu'il n'est pas suspect d'être politiquement proche de son frère. Aux journalistes de *L'Expansion* qui lui demandent : « Discutez-vous des grands problèmes nationaux avec votre frère François ? », il répond : « Cela nous arrive. Mais, comme nous n'avons pas l'occasion – ou le temps – de nous rencontrer souvent, nous ne parlons guère de nos problèmes "professionnels..." » Mieux vaut sans doute. Ils ne pourraient que constater leurs désaccords. Ce n'est pas François, c'est Robert qui l'affirme : « Notre frère Jacques a toutes les attitudes de l'homme de droite [1]. » C'est peu dire.

En 1974, le général Mitterrand dénonce « l'appel des cent », qui réclame une amélioration des conditions des appelés. C'est, dit-il « un salmigondis de choses raisonnables et illogiques ». Et il tranche : « La discussion politique à la caserne est le pire des maux. » Le 20 février, dans une interview à *Valeurs actuelles*, il fustige ce qu'il appelle « l'antimilitarisme du 16e arrondissement », celui d'une certaine bourgeoisie, et, pis encore, celui des intellectuels « engagés dans la remise en question de tout ». Il dénonce « ceux qui se sont fixé comme objectif d'abattre notre société » et qui « trouvent des alliés objectifs puissants dans la presse et le show-business ». Il leur oppose « la grande masse des Français, celle des petites gens et des classes populaires où survivent bon sens et patriotisme ». Rhétorique de droite classique.

Le patron est aussi « réac' » que le militaire. Devenu P-DG de l'Aérospatiale, ce grand bourgeois, à la forte per-

1. *L'Evénement du jeudi*, le 4 février 1988.

sonnalité, s'en prend aux syndicats accusés de transformés l'entreprise en « champ de manœuvres. »

Malgré ces divergences politiques, le mot est faible, François Mitterrand, sitôt élu à l'Elysée, charge Jacques, qui signe à Riyad le contrat Arabsat, de remettre un message au roi Khaled. Le nouveau président y exprime la volonté de la France de poursuivre les relations existant entre les deux pays et avec le monde arabe en général. Cette marque de confiance n'empêche pas le général Mitterrand de déclarer, quelques jours après son retour de Riyad, au micro d'Europe 1 : « Je ne suis pas sûr que les nationalisations soient une urgence capitale et d'un intérêt fondamental. » Pas question d'être la voix de son frère.

A ce Mitterrand qui désapprouve son engagement politique et sa vie privée, François n'a jamais parlé d'Anne ni de Mazarine. Un soir d'été, pendant le second septennat, le président dîne, à la terrasse du Plaza-Athénée, avec Anne, Mazarine et Michel Charasse. Le général est assis à une table voisine. Il hésite, se lève, gêné, va saluer son frère. François Mitterrand fait les présentations. Jacques salue Anne et Mazarine et, glacial, rejoint sa table. Le président se tourne alors vers sa fille : « Tu vois, c'est ton oncle ! »

Chaque année, pour l'anniversaire de son élection, François Mitterrand invitait sa famille à l'Elysée. Un dîner d'une quinzaine de couverts réunissant ses frères, ses sœurs et leurs conjoints. Puis les enfants et petits-enfants les rejoignaient autour d'un buffet. Au total, près de deux cents personnes. Une famille française, d'origine provinciale et bourgeoise, devenue exceptionnelle parce que l'un des siens a accédé à la magistrature suprême.

Le président joue les pater familias, *va d'une table à l'autre, dit un mot à chacun. Il retrouve ses nombreux neveux et nièces. Ce sont sans doute les fils de Robert et d'Edith Cahier que François connaît le mieux. Il les a vus grandir. Au fil des années, il sera témoin de leur réussite. L'aîné, Jean-Gabriel, ex-publicitaire, spécialisé dans l'art contemporain, est devenu un galeriste de réputation internationale. Olivier, le polytechnicien, diplômé de Harvard Business School, a fait fortune dans l'immobilier. Frédéric, le cadet, sera le seul des Mitterrand qui, après François, accédera à la notoriété. Est-ce un hasard? Il est celui qui lui ressemble le plus. Même passion pour les livres, pour l'histoire, même soif de liberté, même force de caractère, même besoin d'écrire, même capacité à mener sa vie comme il l'entend, hors des sentiers battus. Entre l'oncle, prestigieux, et le neveu, médiatique, passionné de cinéma, vedette de télévision, ami des stars, dont la voix précieuse et le verbe lyrique sont devenus familiers aux Français, les rapports ont parfois été difficiles. Est-ce la comparaison entre sa brillante trajectoire et celle, plus modeste, des fils de François, dont Danielle, dit-on dans la famille, avait pris ombrage ? Est-ce le caractère rebelle de Frédéric, qui ne voulait pas être le « neveu de » ? Douze ans après la mort de son oncle, le neveu éprouve un grand respect et une vraie affection pour cet homme dont il aurait sans doute aimé être plus proche. Il déplore qu'on le caricature encore, qu'on le réduise à sa seule habileté. On ne dit pas suffisamment, à ses yeux, la complexité d'un être « très gentil », d'une « fidélité incroyable », qui « possédait le sens du devoir, une notion très forte du bien et du mal, notion fondamentale des vertus chrétiennes ». Mais qui n'était pas un être moral, au sens classique du terme, puisqu'il avait « adopté sa propre morale ». François Mitterrand était surtout, dit-il, « le contraire d'un pervers. Il faisait montre d'une grande pitié, d'une grande compassion pour la nature humaine[1] ». Lorsqu'il est nommé à la tête de la prestigieuse Villa Médicis, à Rome, Frédéric ne peut s'empêcher de confier qu'il a déposé seul sa candidature, « un peu comme François Mitterrand en 1965. On ne l'attendait pas ». Une comparaison qui en dit long. Frédéric n'était pas un habitué des réunions du clan. Trop individualiste, trop élitiste, trop conscient de la qualité de la fratrie de Jarnac, il regrettait que la génération suivante ne se situe pas toujours à la même hauteur intellectuelle.*

Autres visages familiers : les filles de Colette, Marie-Pierre et Brigitte Landry. La première était responsable de la Galerie du Bateau-Lavoir. François l'a fait nommer au ministère de la Culture, où elle est devenue administrateur général des Arts. C'est elle qui s'est occupée, pendant les

1. Entretien avec l'auteur, le 27 mars 2008.

deux septennats, des cadeaux que le président devait remettre à ses hôtes étrangers. La seconde, qu'il hébergea, enfant, est peintre. Elle lui a offert un portrait de sa mère, dessiné au crayon, qu'il a gardé dans sa chambre, à Latche. Lorsque Brigitte et son mari ont divorcé, François s'est occupé de leur fils, Jérôme Lambert. « Il a pris la place de mon père », dit le futur député socialiste de la Charente.

Le pater familias *connaît bien aussi Cécile Mithois, la fille de son cousin Pierre Sarrazin. Elle a vécu quelques mois chez lui, rue Guynemer, en 1962. Pierre avait appelé François : « Ma fille vient redoubler sa philo à Paris, au cours Désir (celui où Simone de Beauvoir fut élève). Peux-tu l'héberger quelques jours, le temps de lui trouver une chambre ? » Réponse immédiate : « Bien sûr, elle sera chez elle ! » Il la gardera six mois, lui fera rencontrer des amis, l'emmènera en vacances à Hossegor. Avant 1981, Cécile était journaliste. François la fait venir au service de presse de l'Elysée. Elle l'accompagnera dans ses voyages. Cécile et son mari, le journaliste Jean-Pierre Mithois, ont une maison dans le Gard, près de Bagnols-sur-Cèze, pas très loin de celle d'Antoinette. Un jour d'été, François s'invite à déjeuner. A l'heure dite, il arrive, à pied, venant apparemment de nulle part. Lorsqu'il repart, dans l'après-midi, il dit : « Déposez-moi au village, je me débrouillerai. » Cécile, qui l'a emmené, voit le président monter dans une voiture conduite par une femme brune. A l'arrière, une petite-fille joue. Elle comprendra beaucoup plus tard.*

D'autres visages évoquent d'autres souvenirs. Il sait gré à Anne de Corlieu, la fille de Marie-Josèphe, mère de quatre enfants, de s'être mariée à Aubeterre, dans cette église où il s'est si souvent recueilli, et plus encore d'avoir loué la maison de Touvent pour héberger une partie de la famille.

Il connaît bien aussi les enfants de Philippe, Antoine et sa femme Danielle, enseignante, qui le reçoivent à Saint-Simon ; Bernard, ingénieur au CEA de La Hague, et Sophie, secrétaire bilingue d'une maison de cognac, restée au pays, elle aussi. Il a vu souvent les enfants de Geneviève : Bernard, le seul garçon, qui travaille dans les Travaux publics, à Melun, et milite dans les associations catholiques; Béatrice Gaspard, psychologue et pédopsychiatre, collaboratrice de la BEI – où avait démarré son père – à Bruxelles, pour le développement des pays de l'Est dans l'Union européenne, et dont la fille aînée, Anne Gaspard, est coordinatrice de l'égalité des chances et de la non-discrimination raciale au niveau européen; Hélène, infirmière, qui vit à Angers, et Claire, conseillère du député-maire de Céret, près de Perpignan. Les deux autres filles de Geneviève ont vécu à l'étranger : Elisabeth, aux Etats-Unis, où elle est décédée en 2006, et Laurence, à Montréal, où elle donne toujours des cours de français aux étrangers émigrants et fait du théâtre.

Il connaît moins Nicole de l'Epervenche, la fille d'Antoinette, mère de quatre enfants elle aussi, et les deux filles de Jacques, Véronique et Edwige.

Après la mort de François, les Mitterrand ont éprouvé le besoin de continuer à se réunir. Ainsi sont nées ce qu'ils appellent les « cousinades ». Tous les deux ans, ils sont deux cents environ à se rassembler. Les dernières ont eu lieu les 21 et 22 juillet 2007, à Saint-Simon, chez Antoine et Danielle Mitterrand qui savent si bien recevoir. Il n'est plus là, mais « oncle François » reste le centre, comme il l'a toujours été, où qu'il soit, de son vivant. Le ciment familial.

Anne Pingeot

Au cours de l'été 1965, François Mitterrand marche, à son habitude, sur les sentiers à peine tracés de la forêt landaise. Dans une petite clairière, il découvre une ferme de gemmeurs [1], à moitié en ruine. Cet endroit perdu a un nom : Latche. Le marcheur n'est pas seul. Il est accompagné d'une jeune fille, mince, au pas de ballerine. Elle a 22 ans. Elle s'appelle Anne Pingeot. Le couple – c'en est déjà un – tombe amoureux de cet endroit perdu au milieu des pins. C'est d'abord pour Anne que François envisage d'acheter Latche. Il sait déjà qu'avec elle, il ne s'agit pas d'une aventure passagère, comme les autres. Elle est la femme qu'il attendait, depuis Béatrice. Elle n'a connu que lui et c'est elle qui va donner au séducteur quinquagénaire cet amour auquel aspirait le jeune homme sage et romantique. Anne sera la compagne de la seconde partie de sa vie. Son autre famille. Et il ne conçoit pas une famille sans maison. Son idée est alors de laisser Hossegor à Danielle et d'abriter, dans cette clairière enfouie au cœur de la forêt landaise, un amour d'autant plus précieux qu'il devra rester caché.

Pourquoi François Mitterrand a-t-il renoncé à son projet ? Est-ce l'hostilité du propriétaire, qui, pendant des années, fera les pires difficultés pour vendre les pins entourant la

---

1. C'est le nom donné à l'agriculteur landais qui recueille la résine des pins.

maison à celui qu'il appelle « ce voyou de Mitterrand », ce politicien qui a eu l'impudence de mettre son héros, le général de Gaulle, en ballottage ? Comment espérer la moindre discrétion de cet homme ? Est-ce la trop grande proximité d'Hossegor qui risquait de poser problème, avec Danielle et les garçons ? Est-ce déjà l'envie de s'installer un jour au soleil de Gordes, ce village provençal bâti sur un promontoire qui domine les oliviers et la garrigue ? François et Anne sont souvent les hôtes de Pierre et Laurence Soudet, et leur proche voisin, l'historien Gérard Vincent, est, lui, d'une discrétion exemplaire. Toujours est-il que Latche, d'abord destiné à Anne, est devenu la maison de la famille officielle et le lieu de ralliement estival des amis politiques.

François a fait la connaissance des parents d'Anne à Hossegor, où il passe ses vacances, en famille, depuis le début des années 1950. Christine Gouze-Raynal, qui s'y est mariée en 1950 avec Roger Hanin, et Georges Beauchamp, le camarade de la Résistance de François, lui ont fait découvrir l'élégante station balnéaire de la côte landaise. En 1955, les Mitterrand font construire une villa, entre le lac et l'océan, avenue des Fauvettes.

Le docteur Raillard, l'un des piliers du réputé golf d'Hossegor, présente Pierre Pingeot, le père d'Anne, à François Mitterrand. Ils ont pratiquement le même âge et sont tous deux des hommes influents. Le second est ministre ; le premier est le P-DG des établissements Pingeot-Bardin. Cousin des Michelin, il fabrique des accessoires automobiles. Vice-président de la Caisse d'épargne de Clermont, il est aussi président de l'Automobile Club d'Auvergne et du golf de Royat-Charade. Pierre Pingeot, un des grands notables de Clermont, habite un hôtel particulier, rue de l'Oratoire, près de la cathédrale en pierres de lave noires. Ancien élève des jésuites, centralien, il est issu, comme François, d'une famille provinciale, catholique, conservatrice, cultivée. Mais beaucoup plus fortunée.

Les deux hommes sympathisent d'autant plus facilement qu'ils partagent le même plaisir de se détendre en jouant au golf. Les Mitterrand sont invités villa Lohia, la belle maison landaise des Pingeot. Le charme, l'intelligence, le charisme de François séduisent tout le monde. Et d'abord la mère de Pierre, Gabrielle, et sa femme Thérèse, née Chaudesolle, petite-fille du maréchal Fayolle, le héros de la famille, qui commanda l'armée d'Orient puis un groupe d'armées dans les combats décisifs de 1918. Ils séduisent aussi Anne, la dernière des filles, qui vient de passer son bac. A 18 ans, elle vit en marge de la petite bande de jeunes gens qui se retrouvent à la plage, au tennis-club ou au golf. Elle préfère la solitude des promenades à cheval, des balades à vélo, des soirées de lecture. Avec sa taille de guêpe, ses jupes plissées, ses cheveux bruns coiffés en chignon, son regard qui ne se dérobe pas, sa voix de tête et son rire cristallin, elle ressemble à une héroïne de Jules Barbey d'Aurevilly.

François, qui a toujours été sensible au charme des bourgeoises provinciales, la remarque. Elle est si différente ! Lui aussi est différent : il ne ressemble pas aux autres invités de son père, grands industriels et hommes d'affaires, qu'elle voit défiler à la maison. Il ne parle pas pour ne rien dire. Et il sait écouter. L'écouter, elle : il l'interroge sur ses lectures, sur ses études, sur son goût pour le dessin. Il aime la manière spontanée, directe, dont elle répond, avec ce mélange d'assurance et de timidité des jeunes filles de bonne famille.

Thérèse Pingeot ignore tout du pacte passé entre François et Danielle. Un soir d'été, sur la terrasse de la ville Lohia, elle demande à celui qu'elle considère désormais comme un ami : « Dites-moi, cher François, ma fille veut poursuivre des études d'art. Elle monte à Paris à la rentrée. Nous ne connaissons pas grand monde dans la capitale. Vous ne voudriez pas la prendre un peu sous votre aile ? »

Il répond : « Comptez sur moi, Thérèse, je m'en occuperai[1]. » François tiendra parole.

La jeune Clermontoise s'inscrit, à l'automne 1961, dans deux facultés : droit et lettres. Elle obtiendra les deux licences. Mais elle s'intéresse d'abord à l'art. Elle suit les cours de l'Ecole du Louvre et ceux des Métiers d'art. François lui fait découvrir Paris, l'emmène dans les musées, les expositions, l'invite au théâtre, dans les restaurants fréquentés par les écrivains et les artistes. Entre l'étudiante de 19 ans, qui brave les interdits de son éducation, et l'ancien ministre de 47 ans, qui rajeunit à son côté, une idylle naît. Chacun des deux sent d'instinct qu'elle les engage pour le reste de leur vie. Leur union durera trente-cinq ans. Jusqu'à la mort de François.

Mais Anne comprend vite qu'il ne quittera pas Danielle. Elle ne portera jamais le nom de l'homme à qui elle va donner sa vie. Elle sera la femme cachée. Elle l'accepte, bien qu'elle en connaisse le prix : une rupture assumée avec son milieu, son éducation, sa famille. Avec sa religion aussi : elle intégrera à ce point le sentiment de vivre dans le péché qu'elle ne communiera plus jamais.

François et Anne vivent près l'un de l'autre. Lui, rue Guynemer, avec sa femme et ses fils, dont l'aîné, Jean-Christophe, n'a que trois ans de moins qu'Anne. Elle, d'abord près du Bon Marché où elle partage une chambre avec une autre étudiante, puis rue Jacob.

Anne vit dans l'ombre de François, l'homme qui affronte de Gaulle en 1965. L'entourage du candidat de la gauche remarque, parfois, au premier rang des meetings, une jeune fille qui possède la prestance et le charme discret des bourgeoises de province. Il y prête d'autant moins attention que Mitterrand l'a habitué à être souvent accompagné ainsi de jeunes admiratrices. Anne suit, de loin toujours, celui qui devient le premier secrétaire du PS, à Epinay, en 1971, signe

1. Ariane Chemin, Géraldine Catalano, *Une famille au secret*, *op. cit.*

le Programme commun avec le PC, l'année suivante, et affronte Valéry Giscard d'Estaing en 1974. Elle a le cœur à gauche, mais la politique ne la passionnera pas.

Le 10 mai 1974, Anne, comme vingt millions de Français, est pourtant devant son téléviseur. François Mitterrand et Valéry Giscard d'Estaing sont face à face. Giscard connaît bien les Pingeot : quand Anne était enfant, ses parents allaient prendre le thé, le dimanche, au château de Chanonat, qui n'est qu'à quelques kilomètres de leur maison de Saulzet. De ce duel télévisé, l'histoire politique a retenu la petite phrase de Giscard qui fit mouche : « Vous n'avez pas le monopole du cœur. » Une autre, plus perfide, et tout aussi ciselée, passa inaperçue des commentateurs. Pas de François, ni d'Anne. Giscard, son regard rivé sur celui de son adversaire : « Vous avez noté les résultats de Clermont-Ferrand. Clermont-Ferrand est une ville qui a une des plus grandes usines de France et qui a une municipalité socialiste. Et c'est une ville qui vous connaît bien, et qui me connaît bien, et qui donc sait ce que je suis et ce que je représente. Eh bien, vous avez noté comme moi, que la ville de Clermont-Ferrand m'a donné plus de voix qu'à vous. Et il y a des travailleurs à Clermont-Ferrand, monsieur Mitterrand. » Le candidat socialiste ne bronche pas. « Clermont-Ferrand, une ville qui vous connaît bien », Clermont-Ferrand citée à quatre reprises ! L'objectif est clair : le déstabiliser en lui montrant qu'il sait. Devant son téléviseur, Anne aussi a compris.

Le couple, pourtant, est discret. François Mitterrand, qui professe volontiers : « Dire quelque chose à quelqu'un c'est le dire à tout le monde », n'a mis que quelques rares intimes, dont il connaît la discrétion, dans la confidence. Deux d'entre eux ont joué un rôle important auprès du couple : François de Grossouvre, un riche médecin devenu homme d'affaires, amateur de chasse et de chevaux, que Pierre Mendès France lui a présenté, et Laurence Soudet, la seconde épouse de son ami Pierre Soudet, qui fut son conseiller lorsqu'il était ministre de la Justice, en 1956. Le premier est propriétaire d'un château à Lusigny, dans l'Allier, où François et Anne disposent, quand ils le veulent, d'un petit pavillon baptisé la « maison de François ». C'est Grossouvre, on l'a vu, qui, en 1976, achète la majorité des parts de la maison de Gordes, qu'il cédera peu à peu à Anne Pingeot. La seconde, qui a été la collaboratrice de Mendès France, accueille aussi, souvent, le couple dans sa maison de Gordes. Elle devient vite l'amie et la confidente d'Anne. C'est elle qui l'accompagne dans les meetings et l'intègre dans les cortèges qui suivent le candidat. Parfois, François Mitterrand ne résiste pas au plaisir de la présenter aux amis socialistes qui l'accompagnent : « C'est la spécialiste mondiale du XIXe siècle », leur glisse-t-il. Elle rosit, dit qu'il exagère.

En 1970, elle réussit le très difficile concours des conservateurs de musées nationaux. Deux ans plus tard, elle est nommée au Louvre, et c'est en effet une spécialiste de la sculpture du XIXe siècle qui, à l'époque, n'intéressait pas grand monde. Dès 1974, elle fait partie de l'équipe qui prépare le musée d'Orsay. Au Louvre, elle partage un petit bureau avec un collègue : un seul téléphone pour deux. Tous les jours, plusieurs fois par jour, un homme appelle Anne. Quand le collègue décroche, il lui passe la communication : « C'est la voix de velours qui vous appelle ! »

Passionnée par son métier, Anne travaille beaucoup, et vite. Elle supporte mal les lenteurs administratives. Et elle le dit, sans prendre de gants. Ses notes, écrites dans un style inhabituel dans la profession, agacent ses supérieurs. Elle a la réputation de n'être pas commode et se moque de ses colères : « Je vais finir par mourir comme mon arrière-grand-père, le maréchal Fayolle ! »

Avec François aussi, elle fait montre de caractère. Elle accepte d'être une femme de l'ombre – « l'héroïne d'un film que personne ne verra jamais », écrira plus tard sa fille[1] – mais pas question d'être une femme soumise. Elle a eu l'habitude, chez les Pingeot, d'obtenir ce qu'elle désirait. En 1973, elle vient d'avoir 30 ans, elle dit à François qu'elle veut un enfant. Il hésite. Cinquante-huit ans, c'est âgé. On ne programme pas des orphelins, lui oppose-t-il. Mais Anne ne cède pas. Elle lui bat froid, s'éloigne. Il ne le supporte pas longtemps.

Lorsqu'elle le suit, ombre anonyme, pendant la courte campagne de 1974, elle est enceinte. Seuls quelques intimes sont mis dans la confidence : Grossouvre et Laurence Soudet, bien sûr, mais aussi Robert et Elisabeth Badinter, Charles Salzmann, et Georges Dayan, l'inséparable ami, le confident. A la fin du mois d'août 1974, lorsque la grossesse devient trop visible, Anne part pour l'Angleterre où elle vit quatre mois.

Où accoucher ? A Clermont, près des Pingeot, ce serait de la provocation. Il n'en est pas question. Il a déjà été suffisamment pénible pour elle d'informer sa famille. Leur fille, pas mariée, enceinte d'un homme qui, lui, l'est ! Les Pingeot vivent mal cette situation qui heurte leurs convictions religieuses et que désapprouvent les conventions bourgeoises. A Paris, les risques d'indiscrétion ne seraient pas plus grands qu'ailleurs. Plutôt moindres. Mais Anne et François restent des provinciaux. Ils ont conscience d'être de leur terre, auvergnate pour elle, charentaise pour lui. Paris, il faut y vivre, pas y naître. C'est une ville sans terre, sans racines. Pour leur fille – ce sera une fille, comme le souhaitait François –, ils veulent un vrai ancrage. François choisit Avignon. Il aime cette ville, sa cathédrale romane, son palais où vécurent plusieurs papes, ses hôtels particuliers. Et puis, Avignon est près de Gordes, près de la maison d'Anne. Mazarine sera de ce pays-là. Toujours précieuse, Laurence Soudet a une amie, un médecin, dont elle répond comme

1. Mazarine Pingeot, *Bouche cousue*, Julliard, 2005.

d'elle-même, le docteur Madeleine Souchan. C'est elle qui met Mazarine au monde, le 18 décembre 1974, dans la polyclinique Urbain-V d'Avignon. Elle qui déclarera la naissance, le lendemain, à la mairie : Mazarine, Marie, de sexe féminin, fille d'Anne Pingeot, conservateur de musée, domiciliée à Paris (6e, Seine). Mazarine est née de père trop connu. Officiellement, elle n'en a donc pas.

Le second prénom, Marie, s'imposait, pour des catholiques. Marie, comme lui, (François, Marie), comme ses sœurs (Antoinette, Marie ; Marie-Josèphe ; Colette, Marie ; Geneviève, Marie). Mais pourquoi Mazarine ? Anne et François voulaient un prénom hors du commun, comme leur histoire. L'ont-ils choisi en référence à Mazarin, le virtuose de la politique que Mitterrand admirait, ou à la Mazarine, la bibliothèque de l'Institut de France, exceptionnelle elle aussi ? « C'est un secret que je ne connais pas », dira Mazarine au magazine *Elle*.

Lorsque Anne a accouché, seule une de ses sœurs était à son côté. A sa sortie de la clinique, elle est partie pour Saulzet où sa grand-mère vit dans la grande maison familiale. La jeune maman retrouve sa chambre de jeune fille. Pour « Mamé », pour les voisins, Anne joue, pour quelques semaines, les baby-sitters. Mais il y a des gestes maternels qui ne trompent pas. La grand-mère a sans doute compris que le bébé était son arrière-petite-fille...

François, comme chaque année pour les fêtes de fin d'année, avait rejoint Latche avec Danielle et leurs fils. Il mettra du temps à venir voir sa fille. Anne sait qu'il doit préparer le congrès socialiste qui se tient du 31 janvier au 2 février, à Pau. Battu par Giscard, en mai, François Mitterrand pense déjà la prochaine échéance, 1981. Il lui faut asseoir son autorité sur le PS. Le congrès est déterminant pour l'avenir. Mitterrand doit intégrer des nouveaux venus – des syndicalistes de la CFDT et une partie du PSU entraînée par Michel Rocard, dont il se méfie – et marginaliser le CERES de Jean-Pierre Chevènement à qui il reproche d'être trop complaisant avec le PC : « Avec les communistes, ils confondent l'amour et le strip-tease », dit-il.

Bien sûr, il téléphone tous les jours ou presque, mais Anne s'inquiète quand même. Ce calendrier politique justifie-t-il une aussi longue absence? Ne signifie-t-elle pas qu'il redoute la paternité aux abords de la soixantaine? Ne lui a-t-il pas confié le peu d'intérêt qu'il éprouve pour les nourrissons! Il vient à Saulzet après sa victoire de Pau, et Anne est vite rassurée : il fond à la vue du bébé qu'elle vient de lui donner. Les parents de la jeune femme sont suffisamment intelligents, malgré leurs préjugés, pour s'adapter à la situation. Anne ne leur a guère laissé le choix : elle leur a imposé la présence du père de sa fille. François est à nouveau reçu rue de l'Oratoire. Il y est accueilli avec « humour et amitié », selon l'expression de Mazarine. Anne aurait aimé d'autres enfants. Mais, pour lui, il était trop tard. « Alors, elle a oublié de conjuguer, écrit Mazarine. Une fois un égale un. Un homme, un enfant, un métier [...] Nous sommes l'épure d'une famille, un noyau sans fruit mais avec coque, un cœur à trois, mais sans corps [1]... »

François, fou de sa fille, est de plus en plus présent rue Jacob. Avec Anne et Mazarine, ils réussissent souvent à s'échapper, le week-end, chez des amis sûrs, en France ou à l'étranger, voire dans les meetings des campagnes électorales.

Le 10 mai 1981, Anne, assise, rue Jacob, dans son fauteuil marron, est, comme toute la France, devant son téléviseur. Mais, comme quelques privilégiés, elle sait bien avant 20 heures : François lui a téléphoné que, selon des estimations, il a gagné.

Quand le visage du nouveau président, dessiné par l'ordinateur Honeywell Bull, apparaît, elle pleure en silence. Joie

1. *Ibid.*

et peur mêlées. François, l'homme qu'elle aime, a atteint l'objectif de sa vie. Mais que va-t-il se passer maintenant ? Elle connaît trop Mitterrand pour redouter que la fonction change ses sentiments. Mais pourra-t-elle continuer d'être la femme de l'ombre d'un président qui sera, lui, constamment en pleine lumière ? Et Mazarine, comment la protéger ? Elle était la fille cachée d'un homme public, elle devient un secret d'Etat.

Dans la rue, c'est la fête. Son frère François apporte le champagne. Il est de gauche, membre du Parti socialiste, il sera conseiller de Roger Quilliot, puis de Paul Quilès, au Logement. Il veut entraîner Anne et Mazarine à la Bastille. Anne refuse : Mazarine va à l'école le lendemain matin.

« Changer la vie », c'était l'utopique slogan du candidat. La vie d'Anne est réellement bouleversée. Plus que jamais, la mère et la fille sont condamnées à une discrétion absolue. Mais, paradoxalement, pour protéger leur anonymat, il faut mettre beaucoup de monde au courant. Les gendarmes du GIGN, qui assurent la sécurité du président – il ne fait pas confiance à la police – et celle des siens. Ce sont eux qui veilleront aussi, désormais, sur Anne et Mazarine. Les commerçants de la rue Jacob, les parents des petits camarades d'école de Mazarine sont plus ou moins mis dans la confidence : elle n'est pas une élève ordinaire. Au-dessus de l'appartement d'Anne, une chambre de bonne est louée, où les gendarmes se relaient. Les visites du président se veulent discrètes. Elles le sont de moins en moins. La rue où les piétons se pressent est souvent encombrée, sa voiture immobilisée. Et les gendarmes affirment que l'appartement n'est pas facile à sécuriser. A contrecœur, Anne doit se résoudre à quitter son appartement, ce quartier qu'elle aime tant, pour le 11, quai Branly, un palais national, annexe de l'Elysée.

Plusieurs collaborateurs du Président bénéficient de logements de fonction dans ce bâtiment clos où est installé le service du courrier de la présidence : Gilles Ménage, le futur directeur de cabinet, Jean Glavany, le chef de cabinet, ainsi que le général Saulnier, le chef d'état-major particulier.

Au début de l'année 1982, Anne et Mazarine emménagent dans un cinq pièces dont les fenêtres donnent sur la Seine et sur la grande cour intérieure. Officiellement, le logement a été attribué à Laurence Soudet qui, en fait, habite Neuilly, avec son second mari, le banquier René Thomas, patron de la BNP nationalisée. Un autre appartement, situé juste au-dessus est attribué à François de Grossouvre, le parrain de Mazarine. Il sert d'alibi. Si Mitterrand se rend chaque soir quai Branly, c'est pour y passer quelques heures avec son vieil ami.

Anne va vivre treize ans dans cette suite hôtelière sous haute surveillance où elle n'a même pas pu installer un meuble qui lui appartienne. Avec en tête la nostalgie de la rue Jacob, de Saint-Germain, de ses galeries, de ses librairies. Lorsque François part en visite officielle à l'étranger, elle revient pendant quelques jours chez elle. Mais elle s'habitue d'autant mieux à sa nouvelle demeure que François y vit désormais. Il est là tous les jours, pour dîner avec elle et sa fille, et il y passe la majeure partie de ses nuits. Le matin, vers 9 heures, par tous les temps, elle file à vélo jusqu'au musée d'Orsay. Lui part quelques minutes après, dans la voiture présidentielle. Lorsque son chauffeur, Pierre Tourlier, la rattrape, ils se font un petit signe de la main.

Pour 1986, Anne Pingeot imagine, avec trois autres conservateurs du Louvre, d'organiser au Grand Palais une exposition sur la sculpture du XIXe siècle. Elle sillonne la France, découvre des trésors dans les réserves des musées provinciaux, parfois même des sculptures abandonnées entre des bretelles d'autoroutes ou dans des décharges publiques.

Mais l'exposition ne peut être montée sans le financement de la RMN, la Réunion des musées nationaux. Or, celle-ci juge le sujet sans grand intérêt et pas à la mode.

D'où son refus programmé. Stupeur, contre toute attente, Hubert Landais, le directeur des Musées de France, annonce : l'exposition aura lieu. Difficile de ne pas voir là une discrète intervention de François Mitterrand. Anne l'a convaincu. L'exposition est inaugurée par François Léotard. On est au tout début de la première cohabitation. C'est un succès. Le catalogue est épuisé en quelques jours.

Une semaine plus tard, Anne informe ses collègues que le Président va venir. Il arrive, le jour dit, accompagné de Robert Badinter, Jack Lang, Frédérique Bredin. Anne accueille ses invités, leur présente l'exposition. Devant les photos d'ateliers d'artistes qui, pour la plupart, sont pratiquement inconnus, François Mitterrand cite les lieux et les noms des sculpteurs. Ceux qui ne connaissent pas les liens qui unissent le Président et la conservatrice s'extasient devant son immense culture. Les autres sourient. Etrange atmosphère où tout est dans le clin d'œil et dans le non-dit. A la fin de la visite, au pied de l'escalier mécanique, l'architecte de l'exposition, troublé, demande aux conservateurs : « Expliquez-moi. » Ils lui expliquent. Il blêmit, et admet : « C'est aussi bien que je n'aie rien su, j'étais plus décontracté. » Pour fêter le succès de l'exposition, Anne invite ses collègues chez elle, rue Jacob. Eux savent : elle peut leur faire servir le champagne « Cuvée de l'Elysée » par des jeunes gens « baraqués », qui sont ses gardes du corps.

Pour la première et la dernière fois, Anne Pingeot va apparaître, en pleine lumière, devant le Tout-Etat, le 19 décembre 1986. Ce jour-là, le musée d'Orsay est inauguré en présence de François Mitterrand, de Jacques Chirac, le Premier ministre de la cohabitation, et de Valéry Giscard d'Estaing qui avait lancé le projet. C'est Anne, vêtue d'une longue robe blanche, un châle rouge sur les épaules, qui guide les invités dans la monumentale allée centrale où sont exposées « ses » statues. Le visage fin, mangé par de trop grandes lunettes carrées, comme celles que porte François, volubile, expressive, portée par son sujet qui la passionne, elle s'arrête devant chacune des œuvres et explique son histoire. Elle, d'ordinaire si réservée, si discrète, devient démonstrative. Elle est, comme il l'a voulu, la vedette de la soirée. Aujourd'hui encore, des proches de Mitterrand affirment qu'il avait veillé à ce que la plupart des personnalités soient invitées sans leurs épouses pour qu'il y ait peu de femmes, qu'on remarque davantage encore Anne. Derrière François, planté devant « sa » conservatrice, Giscard, Chirac et Léotard. Le Premier ministre glisse à l'oreille de son ministre de la Culture : « C'est elle ! » Jean Glavany, qui est au côté de Mitterrand, se retourne et dit sèchement : « Elle, qui ? » Chirac, gêné, détourne le regard.

Elle garde le souvenir de ces quelques heures exceptionnelles volées à la clandestinité, de ces regards fixés sur elle, de cet auditoire suspendu à ses lèvres. Elle fera encore visiter des expositions, en plus petit comité, mais toujours avec la même passion, à des hôtes de marque. Lors de la venue du prince Joachim de Danemark, est prise l'une des rares photographies que l'on connaisse d'elle. Elle illustre, avec celle d'un buste de Rodin, d'une toile pointilliste de Signac et d'une autre de Théodore Van Rysselberghe, la seule interview qu'elle ait jamais donnée. C'était pour le numéro du 20 mars 1997 de *Paris Match*, à l'occasion de l'exposition « Paris-Bruxelles ».

Même en famille, Anne refusait d'être photographiée. Comme si elle voulait ne pas laisser de traces. Les photos, elle aimait les prendre. Des photos de François, elle en a fait des centaines. Comme si elle voulait le garder, l'immortaliser. Lui se prêtait volontiers au jeu. Il aimait classer les photos dans des albums. En bonne conservatrice, Anne a tout gardé.

La jeune femme n'a apparemment pas souffert de devoir rester cachée. Elle a choisi, par amour, d'être la femme de l'ombre. Son destin à elle était de partager la vie de François Mitterrand. Tous ceux qui la connaissent la décrivent comme une femme exceptionnelle. Les mêmes mots reviennent : brillante, cultivée, intègre, modeste. Ils louent son élégance intellectuelle, sa richesse de cœur. « Elle possédait toutes les qualités qu'un homme demandait à une épouse : le côté vierge, la pureté, la fidélité, la loyauté. Et, en plus, l'exercice d'un métier noble », résume Laurence Soudet[1]. « Son amour pour François Mitterrand était exceptionnel. Je n'en ai pas connu de comparable », se souvient Robert Badinter. Même Grossouvre n'a jamais dit que du bien d'elle. Pourtant, avant son suicide, lorsqu'il s'estimait délaissé par son vieil ami au profit de ceux qu'il appelait les « valets de comédie » – les Lang, Pascal Sevran, Benamou –, Grossouvre n'était pas avare de confidences désobligeantes sur Mitterrand à ses pires ennemis, notamment le journaliste Jean Montaldo, un ancien de *Minute*.

Tous ceux qui ont vu vivre Anne et François parlent d'un couple fusionnel, d'une communion de pensée faite de complicité, de respect et d'admiration mutuelle. Ensemble, ils étaient seuls au monde. Jean Glavany se souvient d'un vol Paris-Biarritz où il fut le témoin muet de leur longue discussion, très savante, sur l'Antiquité grecque. Anne lisait, elle était cultivée. Et François aimait les femmes « qui savaient ».

C'est à Gordes que l'harmonie exceptionnelle de ce couple était la plus visible. Mais les témoins étaient rares tant ils vivaient en reclus. Anne travaillait. Elle travaillait toujours : elle rédigeait ses fiches ou des textes pour des catalogues, elle faisait les courses, accompagnée des chiens, ou cultivait le jardin. Lui lisait, quatre ou cinq livres en même temps, passant de l'un à l'autre. Ils partageaient le même goût pour la vie simple, les repas simples, et pour leur cher XIXe siècle, ses sculptures à elle, ses écrivains à lui.

1. Entretien avec l'auteur, le 6 mai 2008.

Un jour, un de ses amis, suffisamment proche pour risquer un jugement sur ses manières de Don Juan – ce qu'il détestait –, dit à Mitterrand : « Tu sais bien qu'avoir cent femmes, c'est n'en avoir aucune ! » Il répond par un haussement d'épaules. L'autre ne sait pas qu'il y en a bien une dans sa vie, et qu'elle seule compte. Casanova est resté romantique.

Lorsque Anne a été nommée conservateur général, très tôt dans sa carrière, ceux qui savaient y ont vu un coup de pouce présidentiel. Mais personne n'a crié au scandale. Elle a la réputation d'une professionnelle, très organisée. Au Louvre, elle a mis au point un système de fiches toujours en vigueur aujourd'hui. Elle a sauvé des centaines de bronzes, de marbres, de moulages, de plâtres. Grâce à elle, on sait désormais que Degas n'était pas seulement un grand peintre impressionniste, mais aussi un sculpteur de grand talent.

Elle aura eu la satisfaction d'être, dans son domaine, une femme d'influence. Sans elle, sans sa passion pour le Louvre, sans sa connaissance très précise de l'histoire de son agrandissement sous Napoléon III, François aurait-il pensé à l'agrandir à son tour, pour que des centaines de sculptures et de tableaux entassés dans les réserves puissent y être exposés et pour que des millions de visiteurs supplémentaires puissent être accueillis ? Aurait-il chassé le ministère des Finances de l'aile Richelieu pour l'installer à Bercy ? La pyramide de Pei qu'il fallait imposer, malgré la polémique, aurait-elle vu le jour ? Anne a suivi toutes les étapes de sa construction, au jour le jour, passionnément. Du musée d'Orsay tout proche, elle vient, à vélo, à l'heure du déjeuner, surveiller l'avancement des travaux. Le soir, il n'est pas rare que François lui montre – dans l'appartement du quai Branly – parfois même dans son bureau de l'Elysée où elle s'introduit quand le palais est vide – les plans et les maquettes.

Quelques jours avant l'inauguration officielle, le 29 mai 1989, François Mitterrand organise une visite très privée, commentée par Pei, qui lui était réservée. Ce Louvre, agrandi d'un tiers, cette pyramide de verre qui étincelle comme un diamant, au centre de la cour Richelieu, c'est le cadeau fait par François à Anne.

Seule la maladie va un peu éloigner le président du quai Branly. Après son opération, il a besoin d'une assistance médicale quasi permanente qu'il ne trouve qu'à l'Elysée. Lorsqu'il a appris, en 1981, peu après son élection, qu'il était atteint d'un cancer de la prostate, comme son père, il n'en a parlé qu'à une seule personne : Anne. Ce fut leur autre secret, encore mieux gardé que le premier. Le professeur Steg, le grand spécialiste, qui avait opéré de Gaulle, avait prévenu Mitterrand. Selon toute probabilité, il en avait, au maximum, pour trois ans ! Il a tenu plus de quatorze. Il a même connu une longue rémission. Au point qu'il s'est cru guéri, en 1988, quand il s'est représenté.

Lorsqu'il quitte l'Elysée, en 1995, François Mitterrand choisit de finir ses jours qui, cette fois, sont comptés, dans un appartement mis à sa disposition avenue Frédéric-Le Play. Ultime clin d'œil du destin : le Président est sans doute l'un des rares à savoir que ce catholique social avait inspiré l'engagement de son oncle, Robert, dans le Sillon de Marc Sangnier. Un terrain neutre, en quelque sorte, pour ses deux familles. Enfin, pas tout à fait. Si Danielle et ses fils y viennent souvent, Anne y a sa chambre. Tout comme Mazarine. L'annonce, par les policiers qui gardent l'immeuble, des visites de Danielle, lorsqu'elles sont impromptues, permet d'éviter les rencontres gênantes. Anne, qui passe ses journées au chevet de François, a alors le temps de retourner dans sa chambre, ou de quitter discrètement les lieux.

Les Français découvrent Anne Pingeot aux obsèques de François Mitterrand. Une femme écrasée de douleur, qui se tient un peu en retrait, le visage à moitié dissimulé par une voilette noire d'un autre âge. Encore et toujours cachée, mais présente, le plus souvent serrée contre sa fille, dont le visage rappelle tellement celui du Président. Première et dernière apparition publique de cette femme, dont la discrétion fut la règle. « L'unique journée où sa vie intime rencontrait l'espace public parce que la mort exigeait cette coïncidence[1]. »

Elle est retournée à son anonymat et à ses sculptures. De François Mitterrand, elle a gardé des lettres et des centaines de photos. Lui, lui et Mazarine. Ses souvenirs. Il lui reste aussi la mémoire de ces lieux – le quai Branly, Souzy-la-Briche, l'avenu Frédéric-Le Play – où ils ont vécu comme un vrai couple. Mais ils ne lui appartenaient pas, elle ne les reverra jamais.

Le 25 juin 2008, elle a accroché, pour la dernière fois son vélo à panier d'osier, au parvis du musée d'Orsay. Comme elle l'a fait pendant plus de trente ans. Ce jour-là, des conservateurs du monde entier se sont donné rendez-vous dans son musée, pour lui rendre hommage, à l'occasion de

1. Mazarine Pingeot, *Bouche cousue, op. cit.*

son départ à la retraite. Ils lui ont offert un luxueux recueil, La sculpture au XIXe siècle [1] *qui en dit long sur ce qu'on lui doit. Sans elle, « s'intéresserait-on encore à la statuaire monumentale des places publiques en France ? », écrit Judith Kayan, conservateur en chef du patrimoine. Guy Cogeval, le président du musée, a même suggéré qu'on conserve le vélo d'Anne, comme le War Museum de Londres a conservé la canne de Churchill. Mais elle est repartie avec son vélo. Discrètement, comme toujours. Elle ne quitte pas le monde dans lequel elle a vécu. Elle devient professeur de l'Ecole du Louvre. L'art, encore et toujours. L'autre passion de sa vie.*

1. *La sculpture au XIXe siècle* (mélanges pour Anne Pingeot), 75 études inédites, Nicolas Chaudun éditeur.

Mazarine

La photo était au-dessus de son lit bateau, rue Jacob. Celle où l'on voit la mère de François entourée de ses huit enfants fixant tous l'objectif. Et le père, comme absent, qui regarde ailleurs. Et François, déjà un peu en avant des autres. Des Mitterrand, elle n'a longtemps connu que cette photo. Plus une autre, plus petite : ses arrière-grands-parents, Papa Jules et Maman Ninie assis sur un banc. La famille, pour elle, c'est celle de sa mère, les Pingeot. Une vraie famille. Avec des maisons, des grands-parents, des oncles et des tantes, des neveux et des nièces, des grandes tablées joyeuses. Une famille nombreuse qu'elle chérit. Catholique et conservatrice, ce qui n'a pas empêché la plupart de ses oncles et de ses tantes de faire Mai 68.

Côté Mitterrand, l'arbre tient du cyprès : une seule branche, son père. Lui, et lui seul. Et encore, pour dire vrai, seule une partie de lui. Pour Mazarine, son père est né le jour où elle est venue au monde. Et, à ses yeux, sa naissance, à elle, a engendré un nouvel homme. L'autre, celui d'avant, cinquante-huit ans de vie, elle ne veut pas le connaître. Elle « fait l'impasse », comme elle dit. Son père, elle le veut sans attaches, sans passé. Et lui, qui y tient tant, à ses racines, se prête au jeu. Après tout, ça l'arrange. En réagissant ainsi, Mazarine l'aide à cloisonner ses vies. Il lui en parle quand même, de temps en temps, par petites touches, au détour d'une phrase, de ce passé charentais. « J'ai compris, très jeune, l'importance que cela avait pour lui [1]. »

Mazarine n'occulte pas seulement le Mitterrand d'avant. Elle veut aussi ignorer celui qu'elle voit à la télévision. On le dit froid, calculateur, cynique. Ces gestes, ce regard, cette voix, elle ne les reconnaît pas. Son père, à elle, est un homme doux, tendre, affectueux, il n'élève jamais la voix, ne s'énerve jamais. Il sait tout, a réponse à toutes ses questions. Contrairement à sa mère, qui est très stricte, il ne lui impose rien, ne lui interdit rien. Il conseille ou déconseille, comme on le fait avec les adultes : « Il m'a appris la liberté d'agir suivant ma conscience. »

Le soir, à Gordes, sur le banc de pierre, il lui montre la Grande Ourse et l'Etoile du Berger. Avec elle, il dit bonsoir à la nuit : « Bonsoir les étoiles, bonsoir le lion qui n'a pas de dents et qui ne mange que du yaourt, sous le vieux château de Gordes, bonsoir la mer, les nuages, bonsoir le tilleul, le micocoulier et le chêne, bonsoir l'olivier [2]. » Elle l'écoute, émerveillée.

Pour elle, à Saulzet, chez les Pingeot, c'est lui qui joue au train. Il se lève, fait « tchou tchou » et les enfants s'accrochent à lui qui court autour de la table. Plus tard, toujours à Gordes, toujours avec Mazarine, il dessine, peint, sculpte. A Souzy, il joue à Dallas, lui en JR, avec son chapeau de cow-boy, elle en Sue Ellen. « Vous m'avez trompée, JR. – Mais je ne fais que cela, Sue Ellen. » La scène a été filmée par son oncle, au magnétoscope. Ce Mitterrand-là n'a rien à voir avec celui de la télévision et des journaux.

Très tôt, Mazarine a senti que son père l'aimait, au-delà des mots. Très tôt aussi, elle a compris qu'elle devait être sa fille cachée. Comme pour les enfants malades que l'on isole dans une bulle afin de leur éviter tout microbe, il a créé, pour elle, une bulle idéale : le père, la mère, et elle, l'enfant.

1. Entretien avec l'auteur, le 14 janvier 2009.
2. Mazarine Pingeot, *Bouche cousue*, *op cit.*

Le huis clos à trois. Trois comme les tilleuls plantés devant la maison. Trois et personne d'autre. Elle est aimée, choyée, protégée, comme peu d'enfants le sont. Mais elle se sent prisonnière du secret, condamnée au silence, à la solitude avec ses poupées.

A l'école, elle ne peut même pas porter son prénom. Trop risqué, Mazarine ! Déjà un nom ! Pour ses petites camarades de classe, elle est Marie, son deuxième prénom. « C'est celui de la Vierge et de la clandestinité », écrira-t-elle plus tard[1]. Parfois, très rarement, sa mère invite des enfants de collègues pour que Marie se sente moins seule. Quand la fille d'un des conservateurs du Louvre voit François Mitterrand à la télévision, elle s'écrie : « Je le connais, c'est le papa de Marie ! » Ses parents ne la croient évidemment pas.

Elle n'a pas 7 ans, en 1981, quand son père devient président de la République. Elle était un secret de famille, elle devient un secret d'Etat[2]. Plus question d'inviter une copine à la maison. Pas même, lorsque sa mère emménage derrière les hauts murs du quai Branly, de jouer, avec les autres, dans la cour. Les fils de Jean Glavany, qui savent, la jugent prétentieuse. Ils ne comprennent pas que cette solitude lui pèse. Elle la vit comme un devoir. Elle protège son père. Mazarine n'est pas malheureuse, seulement triste de ne pas être comme les autres. Alors, son père décide de la sortir un peu de la bulle.

Il lui présente ses amis les plus sûrs, prend même le risque de la laisser inviter des camarades de classe et de la sortir. Elle est fière quand il l'emmène au restaurant ou se

1. *Ibid.*

2. Dès son arrivée à l'Elysée, François Mitterrand se méfie de la police qu'il juge noyautée par les gaullistes. Il confie sa sécurité et celle des siens – Danielle, ses fils et leurs enfants, Anne et Mazarine – aux gendarmes du GIGN. Au cours de l'été 1982, face à la menace terroriste, il donne le feu vert à la création du GSPR, le groupe de sécurité de la présidence de la République. C'est cette cellule qui, avec l'aval de l'Elysée, met sur pied le système des écoutes téléphoniques qui ont, entre autres, pour but de protéger la double-vie du président. Système pervers contre lequel François Mitterrand s'était élevé, à juste titre, lorsqu'il était pratiqué, à une tout autre échelle il est vrai, au cours des premières années de la Ve République.

promène avec elle dans les rues de Paris, la tenant par la main. Fière et anxieuse à la fois : elle a toujours peur de se trouver face à face avec quelqu'un qu'elle connaît et qui, d'un coup d'œil, comprendrait. Parfois, c'est elle qui oublie ce qu'elle appelle sa « muselière ». A la fin de 1981, Anne Pingeot est convoquée par la directrice de l'école de la rue Saint-Benoît : « Votre fille est une excellente élève, mais elle a des problèmes psychologiques. Elle dit que son père est président de la République »...

Mazarine a de grands copains que ses copines n'ont pas : ses gardes du corps. Discrets, mais toujours présents, « ils sont un peu ma famille ». Avec eux, elle n'a rien à cacher. Ils savent. C'est même pour cela qu'ils sont là. Ils la déposent au lycée, vont la chercher. A sa demande, ils se garent un peu loin pour que les autres élèves ne la voient pas entourée de ceux qu'elle appelle ses « grands frères ». Adolescente, elle cherchera à leur échapper. Ils sont devenus gênants : difficiles, les premiers baisers, lorsqu'on se sait épiée en permanence.

En 1985, elle a 11 ans. Elle entre en sixième, à Henri-IV. Sa mère l'accompagne. Elle lui montre l'aumônerie où l'oncle de son père, Robert, est mort à 20 ans. Anne, elle, connaît toute l'histoire familiale de François. Il lui en parle souvent, l'emmène à Angoulême et à Jarnac.

En 1988, dans la cour du lycée, les élèves parlent de la campagne présidentielle. Certains traitent son père de « con », de « salaud ». Savent-ils qui elle est ? Dans le doute, elle se tait. Après les cours, seule, elle colle des affichettes, des autocollants. Elle suit son père à la télévision avec, dit-elle, « cette angoisse obsessionnelle qu'il bute sur un mot [...] J'étais accrochée à ses lèvres, guettais l'infléchissement de la bouche qui me dirait qu'il souffre, qu'il a peur, qu'il doute. Il ne le sait pas, mais je suis son gri-gri silencieux [1] ».

Le soir de la victoire, elle passe, en coup de vent, à la Maison de l'Amérique latine où se presse le Tout-Paris de

1. *Ibid.*

gauche. Discrète, les yeux baissés, elle embrasse furtivement son père et s'éclipse avec ses oncles et ses tantes. Sous son pull, elle porte le tee-shirt de la campagne « Génération Mitterrand ». Elle écrira : « J'aurais aimé, à cet instant précis, que l'on sache que j'étais sa fille, depuis toujours, sans que ce soit un scandale [...] J'aurais voulu rester à ses côtés, prendre plaisir à être présentée, au lieu de rougir, avoir envie de rester au lieu de brûler de partir, parce que, décidément, non, on me regardait avec curiosité plutôt qu'avec plaisir, je n'étais pas chez moi, je n'étais pas des leurs. Je n'étais plus au centre de la vie de mon père. Il pensait que ça m'amuserait, de voir tout ça. Et c'est bien cela, voir le spectacle, ne pas le jouer[1]. »

Elle a 14 ans et toujours ce sentiment que son père, dès qu'il redevient l'homme public, lui échappe : « Je fêtais à la Bastille la victoire d'un homme qui n'était plus mon père, et qui continuait d'être autre chose, la victoire de François Mitterrand, nom qui n'est pas le mien et que j'entendais prononcer par d'autres, comme s'il leur appartenait. Et j'étais heureuse qu'il leur appartienne. » Elle voudrait leur crier : cet homme dont vous fêtez la victoire, c'est mon père, mon père à moi ! Ils la croiraient peut-être, tant elle lui ressemble.

Quand François Mitterrand vient au lycée Henri-IV avec son ami Helmut Kohl, le chancelier allemand, elle regarde son arrivée derrière une vitre, puis rejoint les autres élèves dans la cour. Elle aimerait bien être au premier rang, lui faire des petits signes auxquels il répondrait, mais elle se cache derrière les autres : « J'avais peur de le croiser, de me trouver face à face avec lui[2]. »

Cette réélection, qu'elle a tant souhaitée, signifie pour elle sept ans de silence à nouveau. Elle sera toujours protégée. Toujours prisonnière. Et de plus en plus gâtée. De ses

1. *Ibid.*
2. Entretien avec l'auteur, le 14 janvier 2009.

nombreux voyages, son père lui ramène des cadeaux. Il demande conseil à ses collaboratrices, parfois même à des journalistes : c'est pour la fille d'une amie, ou pour une nièce. Il trompe de moins en moins de monde, mais il s'en tient à ses petits stratagèmes. Même avec ceux dont il sait qu'ils savent.

Ainsi, lorsqu'il demande des places pour les JO de Barcelone à Jean Glavany :

« Je connais des jeunes gens qui veulent aller aux Jeux. Vous pouvez trouver des billets ?

– Dites-moi la date, la discipline, l'épreuve…

– Surtout l'équitation !

Glavany ne peut s'empêcher de sourire. Mitterrand précise : « Vous me remettrez bien les places à moi [1] ! » Même avec Glavany, qui est de toute confiance, il n'a jamais évoqué l'existence de sa fille.

Mazarine passe tous ses week-ends à Souzy, une des résidences mises à la disposition du président. Il y invite le clan, les amis sûrs, l'oncle Pierre Pingeot et sa femme. Au déjeuner, Mazarine est toujours à droite de son père. C'est sa place. Elle aime ces week-ends en famille où elle peut monter à cheval. Mais elle redoute les repas qui s'éternisent et surtout les retours du dimanche soir. Elle est malade en voiture. Et son père qui part le premier pour aller dîner rue de Bièvre ! Lorsqu'il rejoint le quai Branly, elle dort déjà.

C'est près de Souzy que Mazarine est victime d'un accident de cheval. Elle participe à une compétition de saut, rate l'obstacle, chute. Direction l'hôpital d'Arpajon. Cette fois, c'est lui, le père, qui est condamné au silence, prisonnier du secret. Il enrage : sa fille est blessée, gravement sans doute, et il ne peut être à son côté. Trop de monde – ambulanciers, personnel hospitalier – serait témoin. Il lui faut attendre l'admission dans un lieu sûr, le Val-de-Grâce, à Paris, pour qu'il puisse enfin venir lui prendre la main et vérifier qu'elle n'a pas de fracture de la colonne vertébrale.

1. Entretien avec l'auteur, le 15 octobre 2008.

Mazarine entre en hypokhâgne à Henri-IV. Elle lit la fierté dans le regard de son père. Non seulement sa fille est belle – il ne cesse de le répéter devant elle, ce qui agace Mazarine – mais elle est intelligente.

Quand François Mitterrand est en visite officielle, il l'appelle tous les jours, plusieurs fois par jour. Il ne peut pas se passer d'elle. Pendant les conférences internationales, il dit souvent à Dumas : « Ecoutez et dites-moi si je dois intervenir. » Lui s'abstrait pour écrire à Mazarine.

A chaque anniversaire, il lui dit qu'il l'aime davantage. Le mot est faible. Elle en a conscience, même si elle comprendra mieux, plus tard, la force de cet amour. Par moments, il l'étouffe. Alors, elle ose ce que personne n'ose : elle lui coupe la parole, le contredit, le boude. Il en souffre, mais il se dit que c'est l'âge. Son ami Dumas n'a-t-il pas les mêmes problèmes avec sa fille ?

Il lui a tout appris, sans jamais la contraindre : la France, son histoire et sa géographie, ses rois et ses Républiques, ses écrivains et ses poètes. « A six ou sept ans, je connaissais tout des Capétiens. Jusqu'aux dates de leur règne qu'il me faisait réciter. Et aussi les capitales de tous les pays. Mais ce n'était jamais scolaire. Entre nous, c'était une espèce de jeu », se souvient-elle[1]. Il lui a donné le goût de la lecture. Très jeune, elle a lu les auteurs préférés de son père, Dostoïevski – *Les Frères Karamazov* qu'il considérait comme son chef-d'œuvre –, Stendhal, Balzac, Zola, mais aussi Barbey d'Aurevilly, Eugène Fromentin, Jacques Chardonne, que peu d'adolescentes de son âge connaissent. Il lui a surtout enseigné l'essentiel : l'art d'être soi-même, libre, de ne dépendre de rien ni de personne. Elle lui a donné une seconde jeunesse et, plus elle grandissait, plus elle devenait elle-même, plus il vivait une sorte de continuité à travers elle.

Déjà, lorsqu'elle avait 6 ou 7 ans, il la jugeait exceptionnelle. Ses amis Burguburu s'étonnent alors de l'intérêt

1. Entretien avec l'auteur, le 3 décembre 2008.

soudain qu'il porte à leur fille – du même âge que Mazarine dont ils ignorent alors l'existence –, lui peu attentif d'ordinaire aux jeunes enfants. Il la prend sur ses genoux, la fait lire, lui pose des questions. Lorsqu'ils sauront beaucoup plus tard, ils comprendront que François voulait comparer avec sa fille. Etait-elle vraiment douée pour son âge ?

A Henri-IV, Mazarine se fait une amie. Mais c'est toujours la même histoire. Sait-elle ? Doit-elle lui parler ? Comment réagira-t-elle ? Comme elle l'a fait avec d'autres, elle la met, selon son expression, « devant le fait accompli ». Elle l'invite chez elle. L'amie comprend : elle partagera son secret. Ils sont de plus en plus nombreux à le partager. François est si fier de sa fille qu'il a envie de la montrer. Il l'invite au restaurant, tous les mercredis, après le Conseil des ministres, avec Anne et souvent Badinter, Charasse, Bergé... A des projections de cinéma, privées bien sûr, chez Rousselet à Canal, chez Badinter à Publicis, ou chez Seydoux. Elle découvre même l'Elysée, et le bureau de papa. Le cercle des initiés s'agrandit. Mazarine sort petit à petit de l'ombre, mais elle n'a pas encore droit à une identité publique. « Période compliquée », dit-elle. Ce n'est pas une vraie « libération ». Sa vie, c'est encore la cellule familiale. Les soirées devant la télévision, « le cinéma des prisonniers ». Avec son père, elle regarde *Dallas*, *Dynastie*, *Starsky et Huch*.

Novembre 1994. La parution, en couverture de *Paris Match*, de sa photographie, avec son père, à la sortie du restaurant *Le Divellec*, sur l'esplanade des Invalides, fut, pour elle, « un choc terrible ». Elle passe, d'un coup, de l'ombre où elle vit depuis dix-neuf ans, à la lumière crue des projecteurs. « Avant, j'avais tendance à ne pas trop me montrer, à rester discrète. J'étais invisible et, d'une certaine façon, j'avais appris à aimer ça. Tout à coup, les gens se sont mis à me dévisager, à me déshabiller du regard. J'ai vécu ça comme une sorte de viol[1]. » D'autant plus cruel qu'elle était à un âge où, dit-elle, « on ne s'assume pas, on ne s'aime pas, on ne se connaît pas ». Elle est la « bâtarde » montrée du doigt. Elle aimerait disparaître, redevenir invisible.

On a beaucoup dit que François Mitterrand avait, en quelque sorte, organisé la fuite, qu'il s'était mis en colère pour la galerie, mais qu'en fait il était soulagé. L'existence de sa fille, enfin révélée, il mettait sa vie en ordre à l'approche de la mort. Il n'en est rien. Il savait, certes, que *Match* possédait des photos volées, mais il ne pensait pas qu'ils oseraient. Quand il apprend, la veille, que l'hebdomadaire va publier la photo, il est furieux. Il étudie même, avec Dumas, la possibilité d'empêcher la sortie du journal par une ordonnance de référé. Mais la saisie de *Match* ne pourrait intervenir que dans l'après-midi, plusieurs heures après sa parution ! Ce serait lui faire une publicité supplémentaire. Après coup, Mitterrand se dit que *Paris Match*, sans le vouloir, lui a rendu service. Il confiera : « C'est tout de même une belle histoire ! »

Les Français ont bien réagi, Danielle, pas trop mal. Mazarine a surmonté l'épreuve. Elle a fini par s'habituer à ce passage du « statut de la fille cachée à celui d'héritière naturelle de son père ». Désormais, il peut se montrer librement avec sa fille, l'emmener partout, voyager avec elle. Elle aussi admettra, avec le temps, qu'il valait mieux que son existence soit révélée alors que son père était encore en vie. Elle aussi rêve de voyager avec lui quand il aura quitté l'Elysée, en mai 1995. Des voyages comme tout le monde. Ils n'en auront pas le temps, il n'en aura pas la force.

Ses parents ne lui ont rien dit mais, petite, encore enfant, elle a eu l'intuition que son père était malade : « Je ne savais rien de son état de santé mais la mort rôdait. Dans ses

1. Interview donnée au *Parisien* le 2 mars 2005.

paroles, dans ses préoccupations[1]. » Pendant des mois elle lui demande s'il est possible de continuer à vivre ensemble, après. Il lui répond : « On ne sait pas. Sans doute existe-t-il une communion entre morts et vivants, quand on s'est beaucoup aimé. » Pour une fois, il la déçoit. Ce sont des preuves qu'elle attendait.

Plus tard, beaucoup plus tard, elle apprendra que cette transmission, qu'on appelle empathie, peut exister. Elle se promène dans une rue de Mexico avec son compagnon, Ali Baddou, le fils d'un ambassadeur marocain. Soudain, elle est prise d'une sorte de malaise. Incapable d'avancer : « Une pointe, un vide acéré et brûlant et puis, un creux au ventre. » Le soir, elle appelle sa mère, qui lui apprend que « l'opération s'est bien passée. » Elle n'était pas au courant. Ses parents n'avaient pas voulu l'inquiéter. Mais, à des milliers de kilomètres, elle avait ressenti l'angoisse de perdre son père. Ce jour-là, elle se dit qu'elle a peut-être la réponse à ses questions de petite fille : pourquoi cette communion entre deux êtres n'existerait-elle pas au-delà de la vie ?

Maintenant, elle sait son père malade, gravement malade. Mais elle refuse de se préparer à sa mort. Elle veut croire qu'il sera le plus fort, qu'il maîtrisera la maladie, comme il a toujours tout maîtrisé. Mais elle se doute bien que, cette fois, il se bat contre plus fort que lui.

Un dernier Noël, un dernier séjour à Assouan, il y tenait tant ! Malgré la souffrance, malgré son extrême faiblesse. Elle dit d'abord qu'elle ne veut pas venir, qu'elle préfère aller dans sa famille, à Clermont. Rire avec ses cousins et ses cousines. Mais elle comprend qu'elle le blesse, que sa présence lui est indispensable. Ces quelques jours à l'*Old Cataract*, au bord du Nil, dans ce lieu magique où il avait connu le bonheur avec elle et avec Anne, sont en quelque sorte son adieu à la vie, à leur vie commune : « Nos dernières vacances sont à l'image de notre vie, hors de l'ordinaire,

1. Mazarine Pingeot, *Bouche cousue*, *op. cit.*

intenses, irréelles. Plus que jamais nous sommes en sursis. Je ne connaîtrai pas la vie simple que nous promettaient – peut-être – la fin de la présidence et la trahison de mon identité [...] Je savais que nous transportions dans nos bagages la maladie et l'imminence de la mort[1]. »

Retour à Paris. Mazarine part pour Clermont-Ferrand, François pour Latche. Dernier Jour de l'An avec l'autre famille et quelques intimes. Il revient avenue Frédéric-Le Play pour mourir. Le jeudi, elle lui parle, lui tenant la main, le quitte en l'embrassant sur le bout du nez, comme d'habitude. Il est très faible. Sa mère attend Mazarine dans la bibliothèque et lui annonce qu'il a décidé d'être enterré à Jarnac. Un terrain neutre pour les deux familles. C'est important pour elle. S'il avait choisi la Bourgogne, comme Danielle l'y poussait, elle aurait été exclue de sa mort. Mazarine comprend, mais elle s'étonne que sa mère puisse ainsi parler d'enterrement alors qu'il est là, à côté, encore vivant. Anne sait qu'il a décidé de mourir, d'arrêter les médicaments. Pour rester maître, autant que possible, et jusqu'au bout, de ce qui lui reste de vie. Mazarine l'ignore.

Le dimanche, elle invite sa tante, sa cousine, des copains, à déjeuner avenue Frédéric-Le Play. Elle rit, elle parle. Trop fort. Ne pas laisser le silence et la mort triompher. Sa mère, elle, refuse de la rejoindre, elle ne quitte plus la chambre de François. Avant de partir chez elle, rue Jacob, avec sa bande de copains, Mazarine embrasse son père sur le bout du nez. Elle ne sait pas que c'est la dernière fois. A 6 heures du matin, sa mère la réveille : « Papa est mort cette nuit, tu peux venir le voir avant qu'on ne l'annonce et que les visiteurs arrivent. » Elle hésite. Elle y va. Devant le corps sans vie, seule, elle hurle, laisse couler ses larmes, elle qui déteste les pleurs des autres. Plus tard, elle écrira : « Cette fois, il était tout ensemble : mon père, un ancien président, un homme politique, celui qui avait accompagné mon enfance,

1. *Ibid.*

celui qui connaissait beaucoup de monde, celui qui me connaissait mieux que personne. »

Le 11 janvier 1996, Mazarine découvre Jarnac, cette petite ville de Charente qui comptait tant pour lui. Là où tout avait commencé quatre-vingts ans plus tôt. Elle a pris place dans l'avion militaire qui transporte le corps, avec ses demi-frères. Ils sont réunis tous les trois, pour la première fois. Autour du cercueil de leur père. Le même père dont la personnalité, si forte, a écrasé ses fils et dont sa fille s'est nourrie. Le dialogue entre eux est d'autant plus difficile que le moteur de l'appareil est très bruyant. A l'aéroport, les fils retrouvent Danielle, elle retrouve Anne. On monte dans des mini-cars. Le général Mitterrand ne veut pas prendre place dans le même véhicule que Mazarine et sa mère. Quelques heures plus tard, les images des deux familles du président, réunies devant son cercueil, feront le tour du monde.

Pour la première fois, Mazarine a le sentiment d'être légitime : « Pendant un jour, j'avais le droit de souffrir, sans que personne me demande pourquoi, sans qu'on m'attaque, j'avais le droit aux mots de consolation, aux gestes tendres, aux fous rires de nervosité, j'avais le droit d'être fière de mon père, de montrer que je l'aimais sans qu'on m'accuse, je gagnais la légitimité par la souffrance. J'étais libre de me montrer telle que j'étais. C'était un peu tard et ce fut la seule fois. Mais, en ce jour, j'ai été totalement la fille de mon père. C'était à moi de le continuer [1]. »

Depuis, Mazarine s'y emploie. Son père a fait d'elle l'héritière de ses droits moraux. Autant dire qu'elle était à la fois pour lui sa fille génétique et sa fille spirituelle. Elle est devenue gardienne de sa mémoire. Comme il se voulait gardien de ses morts.

---

1. *Ibid.*

En juillet 1996, sept mois après la mort de son père, Mazarine est reçue – 18e sur 73 – à l'agrégation de philosophie. Sa mère, sa tante, Agnès, Ali, son compagnon, ses amis, sont là. Pour tous, c'est un moment d'émotion, de joie, de fierté. Pour elle, c'est différent : « J'ai fermé les yeux de soulagement, de bonheur et de détresse. Je ne pensais qu'à lui. Pourquoi n'était-il pas là pour savourer ma victoire, sans lui, elle était tronquée. Maman aussi, j'en suis sûre, songeait à celui qui aurait été si fier, le père de son enfant. Dans la cour, le ciel était bleu, et je savais que mes joies désormais seraient toujours mêlées d'un regret[1]. *»*

Mazarine a mis longtemps à faire son deuil. Elle a dû se reconstruire, comme elle dit. Dans la douleur. Mais elle a fait front, elle a tenu bon, comme son père le lui avait enseigné. Elle ne supporte toujours pas qu'on l'attaque. Elle poursuit en justice les journaux qui, à ses yeux, le diffament. Ce qui n'est pas la meilleure façon de se faire des amis dans les médias. Elle ne le défend pas naïvement, en bloc, comme le fait Danielle, de manière manichéenne. Elle aussi le voudrait idéal, mais elle admet que « la vie lui a fait commettre quelques erreurs de précipitation », que « de droite, il flirta avec des réseaux nationalistes et extrêmes. » Que, jeune

1. Mazarine Pingeot, *Bouche cousue, op. cit.*

homme de 23 ans – référence à Vichy dont le nom n'est pas cité –, il s'« abîme un peu dans des erreurs qui auraient pu être lourdes de conséquences et qui l'ont été aux yeux des procureurs de quarante ans ses cadets ». Elle comprend, à la rigueur, que ceux qui ne l'aiment pas dénoncent sa soif de pouvoir et ce qu'ils appellent son machiavélisme. Mais elle ne tolère pas qu'on fasse de lui un homme d'argent – où est-elle, sa soi-disant fortune cachée ? – et moins encore qu'on l'accuse d'antisémitisme. Parce que c'est trop injuste, tellement loin de ce qu'il était.

François Mitterrand ne lui a pas seulement légué une ressemblance troublante, elle a aussi hérité de sa force de caractère, de son amour des livres et des chiens, de son goût, de son besoin même d'écrire. Son père a tenu une telle place dans sa vie, il s'est, à ses yeux, tellement identifié à la France – « Il a occupé tout l'espace français » – qu'elle dit ne pouvoir vivre qu'avec un homme d'une autre culture. Boutade ? Pas vraiment[1] *!*

Elle est prof de philo, c'est son métier, qu'elle aime, et son gagne-pain. Mais son ambition, c'est d'être écrivain. Ce sera sa manière à elle de sortir de l'ombre où elle fut reléguée trop longtemps. Paru en 1998, son premier roman, qu'elle appelle Premier roman, *est un succès de librairie. Près de soixante mille exemplaires vendus. Mais les critiques décrètent que ce succès doit plus au lancement médiatique du livre et à la curiosité que suscite l'auteur qu'à son talent. Peut-être, mais le début est prometteur. C'est l'histoire des relations d'un père avec sa fille. Pas la sienne, se défend-elle. Elle avoue quand même que* Premier roman *l'a « sauvée ». Un peu comme une psychanalyse pour vaincre la névrose.*

Pourtant, elle vit la sortie de ce premier livre et celle du deuxième, Zeyn ou la reconquête, *« comme deux affronts, deux larmes qui brûlent, que je conserve. Allez dire votre*

1. Entretien avec l'auteur, le 14 janvier 2009.

tristesse de vous voir ainsi éconduite, vous la petite fille gâtée, l'enfant de l'Elysée, symbole de toutes les outrances, elle qui fut la ruine des contribuables, qui n'eut qu'à écrire pour publier... ». Blessures.

Bouche cousue, *un récit autobiographique, viendra sept ans plus tard. C'est son quatrième livre, de loin le plus réussi et le plus vendu, deux cent mille exemplaires. Elle y exprime sa souffrance d'avoir été pendant dix-neuf ans la fille cachée, illégitime, coupable socialement, qui existait trop dans le cœur de son père, pas assez dans le réel. Mais elle y dit, surtout, son amour pour ce père. Il était si fort qu'elle n'a jamais pensé « pouvoir lui reprocher quoi que ce soit », qu'elle ne s'est jamais « octroyé le droit de lui reconnaître des faiblesses ». Si, peut-être, une fois, reproche implicite, celui de ne pas l'avoir reconnue plus tôt. Elle comprend ses raisons, mais quand même! En 2005, elle écrit : « Vers la fin de sa vie, papa insiste pour que je porte, enfin, ce nom qui est le mien. Il aimerait bien. Pas moi. C'est trop tard, ou trop tôt. Ma petite vengeance. »*

Après sa mort, elle s'est interrogée. Aujourd'hui, elle est acquise au principe. Mais elle ne fait toujours pas la démarche nécessaire. Peut-être la fera-t-elle pour ses enfants, dont le père, Mohammed Ulad-Mohand, est un réalisateur de cinéma. Son fils, Ascot, sait déjà, à 3 ans, qui était son grand-père maternel. Il dit : « Mon papy Ahmed réparait les téléphones, mon papy François réparait la France. »

Epilogue

Dernières volontés

François Mitterrand a rédigé son testament le 10 septembre 1992, à la veille de sa première opération. Trois feuillets demi-format écrits à l'encre bleue, d'une main ferme, sans une rature. Son exécuteur testamentaire, André Rousselet, ne le recevra que quatre ans plus tard. Venu le 6 janvier 1996 au chevet de son ami mourant, Rousselet, à sa grande surprise, repartira de l'avenue Frédéric-Le Play sans le document. François Mitterrand le remettra le lendemain, la veille de sa mort, au docteur Tarot – qui lui a tenu la main jusqu'à son dernier souffle – à charge de le transmettre à Rousselet. Les trois feuillets enregistrés officiellement chez maître Rivoire, notaire avenue de Suffren, sont aujourd'hui encore dans le coffre du bureau de l'exécuteur testamentaire, avenue George-V.

Ce testament, en dix-sept points, n'est pas ordinaire. Il ne pouvait pas l'être venant d'un homme qui toute sa vie a cultivé le secret[1]. Seule la première prescription est purement formelle : elle confirme le contrat de communauté universelle entre époux de 1984. « Le dernier vivant », en

1. A André Rousselet qui lui dit un jour : « Si vous deviez donner un pourcentage de ce que l'on connaît de votre vie… », Mitterrand répondit : « Dites un chiffre ! » Rousselet hasarda : « 30 % ? » Mitterrand, souriant : « 30 %, c'est beaucoup ! »

l'occurrence Danielle, hérite des biens immobiliers. François Mitterrand précise seulement qu'à la mort de leur mère, la rue de Bièvre reviendra à Jean-Christophe, et Latche à Gilbert, profondément attaché comme lui à l'Aquitaine.

Ce qui donne leur sens à ces trois feuillets, c'est l'ordonnancement des obsèques et la répartition des livres et des objets qui étaient chers à François Mitterrand. Rien n'a été laissé au hasard.

Onzième prescription : « Je souhaite être enterré à Jarnac, avec ma famille, ou dans le caveau Faure Touzet. » (La famille de la grand-mère Eugénie Faure.) Retour aux sources, provinciale et familiale. Mitterrand a choisi de finir là où tout avait commencé. De reposer au côté des siens, ses grands-parents Lorrain, ses parents, son oncle Robert. Même s'il évoque un autre caveau familial, il sait qu'il reste une place, une seule, la sienne, dans celui des Lorrain. Il allait s'y recueillir à chacune de ses visites à Jarnac.

François Mitterrand n'oublie pas Touvent, qui précise : « J'aimerais qu'un groupe d'amis se réunisse dans la chapelle de Nabinaud en souvenir de moi. » Là où il a servi la messe enfant, tout près de la maison du grand-père, là où officiait l'abbé Marcellin, son premier professeur de latin qui disait : « Cet enfant fera parler de lui ! » Il pense aussi à la Nièvre qui fut son fief électoral : « Une autre réunion amicale devrait avoir lieu à Château-Chinon, chez les Chevrier (les propriétaires de l'hôtel du Vieux Morvan), saluer les amis du canton de Montsauche. » Son canton.

Etre enterré à Jarnac, là où était « le pied », comme il disait, lui permettait aussi de ne pas choisir entre ses deux familles. Une inhumation au mont Beuvray, comme l'y incitait Danielle, aurait été, elle aussi, symbolique. Ce lieu chargé d'histoire – le mont domine l'antique cité de Bibracte où Vercingétorix fut désigné chef des Gaulois – est proche du berceau familial de sa femme et de sa propre terre d'élection.

Mitterrand a-t-il hésité ? Les révélations de *L'Evénement du jeudi* – un are de terres inaliénables cédé pour le franc symbolique au président – lui ont permis de justifier son refus auprès de Danielle. Etre enterré là, avec elle, c'eût été nier la place éminente tenue dans sa vie pendant plus de trente ans par Anne. Il ne l'a pas voulu.

« Une messe dans l'église de Jarnac est possible », c'est la formule la plus mitterrandienne du testament. « Quelle figure de rhétorique a inventée là ce maître de la litote ! » écrit Jean Lacouture.

Tout est en effet dans l'adjectif « possible ». Mitterrand a douté jusqu'au bout, il n'a pas voulu renier son agnosticisme. Le lecteur assidu de la Bible, le mystique obsédé par le mystère du passage dans l'au-delà, a formulé l'hypothèse d'un ultime rapprochement avec le Dieu de son enfance. Mais il ne s'agissait pas, dans son esprit, d'un retour au catholicisme traditionnel, à ses dogmes et à ses rites. Cette messe est aussi un choix familial : Danielle n'en voulait en aucun cas. Anne, Geneviève et tous les Mitterrand disparus qu'il ne désespérait pas de rejoindre y tenaient.

En fait, il y eut deux messes, simultanément, le 11 janvier. La première, officielle, à Notre-Dame, où soixante et un chefs d'Etat ou de gouvernement viennent du monde entier se recueillir en souvenir de l'homme d'Etat qu'ils ont connu et pour la plupart estimé. Hommage solennel de la République et de l'Eglise qui récupère un peu vite le défunt. « François Mitterrand croyait à la communion des saints », affirme Mgr Lustiger. La seconde dans l'église Saint-Pierre, à Jarnac, en présence des deux familles, des proches, des Jarnacais. Cette fois, c'est la Charente qui récupère le Charentais. Le curé de la paroisse, Jacques Fau, plus en phase avec la formule de François Mitterrand, lit l'Evangile selon saint Jean : « La maison de mon père peut être la demeure de beaucoup de monde... »

Pour la répartition des livres, des tableaux et des objets posés sur ses différents bureaux – « Je tiens à chacun d'entre eux », précise-t-il – chaque mot compte aussi, chacun a sa fonction précise. « Les livres du XXe siècle seront vendus au profit de France-Libertés et de mes fils ». Mais « les livres rares du XIXe siècle et avant », et toute la collection de la Pléiade iront à Mazarine. Ce sont, bien sûr, ceux auxquels il tenait le plus, ceux qui possèdent la plus grande valeur.

De même pour les tableaux. La neuvième prescription précise : « Danielle les donnera à qui elle veut, sauf les deux portraits de mes grands-parents Lorrain, une photo de ma grand-mère Eugénie Lorrain, qui sont dans ma chambre rue de Bièvre, ainsi qu'une peinture de Zoran Music, une statuette et un buste qui iront à Mazarine. » Les grands-parents vénérés, le tableau du peintre qu'André Rousselet lui a fait connaître à Venise et chez qui il résidait souvent avec Anne et Mazarine, là encore ce qui lui est le plus cher est donné à sa fille.

Autre prescription chargée de sens, celle concernant « les objets qui l'ont entouré ». Ils reviendront, écrit-il, à « Danielle, Christophe, Anne, Mazarine et Gilbert. » Anne... Le prénom est glissé, comme si cela allait de soi. L'existence de la seconde famille est ainsi officialisée sans qu'il soit besoin d'en dire plus.

Mazarine est dépositaire de tout ce qui appartient à la personne de François Mitterrand, héritière des droits d'auteur, gardienne de sa mémoire. Elle n'a pas conservé les livres près d'elle. Avec son compagnon, ses deux enfants et ses chiens, son appartement parisien est trop petit. Elle les retrouve chez sa mère, rue Jacob, et à Gordes qui devient de plus en plus sa maison.

L'avant-dernière prescription est consacrée aux quatre secrétaires de François Mitterrand : l'exécuteur testamentaire devra remettre à chacune d'elle un objet lui ayant appartenu.

La dix-septième et dernière exprime le souhait que deux gerbes de fleurs naturelles soient déposées à Vézelay et à la Roche de Solutré, deux lieux auxquels il était particulièrement attaché.

Ce testament est à l'image de son auteur : il a additionné les vies, comme des strates, sans jamais rien retrancher des précédentes. Il a été provincial et parisien, catholique et agnostique, agnostique et mystique, maréchaliste et résistant, patriote amoureux de la France et Européen convaincu, de droite et socialiste. Sa vie ressemble à ces meubles chinois uniquement composés de multiples petits tiroirs. Parents, femmes, enfants, frères et sœurs, proches, amis politiques, chacun avait le sien qui ne communiquait avec aucun autre. C'était sa manière à lui de demeurer fidèle à tous. De rester au centre de son monde. Ses dernières volontés n'avaient d'autre objectif que de réunifier ses vies, de leur donner une ultime cohérence. Sans oublier personne. Sans rien renier.

Table

Cet ouvrage a été composé et imprimé par
CPI Firmin Didot à Mesnil-sur-l'Estrée
pour le compte des Éditions Perrin
11, rue de Grenelle
Paris 7e
en mars 2009

Imprimé en France
Dépôt légal : mars 2009
N° d'édition : 2483 – N° d'impression : 94094